Isaak Babel · Briefe 1925–1939

Isaak Babel

Briefe 1925 – 1939

Herausgegeben und aus dem
Russischen übersetzt von Gerhard Hacker

Verlag Johannes Lang

Originaltitel: Pis'ma 1925–1939

Inhalt

Briefe

Anhang

Briefe

1925

Moskau, 23. Februar 1925

Madame Marie Chapochnikoff,

hier die Ergebnisse unseres letzten Familienrates: In einigen Tagen fahre ich wahrscheinlich in den Kaukasus, um dort eine Kur zu machen. Meine Reise wird anderthalb bis zwei Monate dauern (es ist eine 6wöchige Kur). Nach meiner Rückkehr nach Moskau werde ich entschiedene Schritte unternehmen, damit wir ins Ausland fahren können – das heißt, daß ich (mit Shenja natürlich) nach Südfrankreich oder nach Italien kann, um endlich, wenn das möglich ist, meine Malaisen loszuwerden, und Mama könnte man für die Dauer dieser Kur den Sommer über gut bei Dir unterbringen, so daß wir im Herbst dann alle in Paris zusammenkämen. Ich schreibe das unter Vorbehalt, da ich Deine Pläne für den Sommer nicht kenne, doch ich denke, wir werden sie jederzeit mit unseren abstimmen können. Wenn Du keine Einwände gegen diese Kombination hast, so bitte ich Dich sehr, Dich unverzüglich um ein Visum für Mama zu kümmern, denn das ist eine langwierige Geschichte. Für uns ist ein belgisches Visum natürlich nicht erforderlich, da wir vorhaben, Mama nur bis Berlin zu begleiten, sie dort in Deine Obhut zu geben und anschließend in irgendein Kurbad weiterzureisen, das man mir noch verschreiben wird. Setze uns hinsichtlich aller angesprochenen Fragen unverzüglich und baldmöglichst in Kenntnis, denn wir werden in ein paar Tagen die Auslandspässe beantragen, damit diese ausgestellt werden, während ich im Kaukasus bin. Schreib an die Moskauer Adresse, denn Mama und Shenja werden nun v.a. in Moskau wohnen.

Ich finde, daß der von mir entworfene Plan umzusetzen ist, denn es wird Zeit, entschiedene Schritte zur Wiederherstellung meiner Gesundheit zu unternehmen, und ich glaube, wir werden die Gelegenheit dazu bekommen. Übermittle Schap. meine Bitte wg. des Visums; wenn er dieser Bitte nachkommt, wird er sich unsere ganze »Familie« sehr zu Dank verpflichten. Ich warte in Moskau auf Deine unverzügliche Antwort. Meine Adresse im Kaukasus werde ich Dir zu gegebener Zeit mitteilen.

Dein Is.

P.S. Ich habe Dir den Sachverhalt so trocken auseinandergesetzt, weil ich beschlossen habe, Mama Gelegenheit zu geben, einen feuchten Schrieb von circa sechzehn Seiten an Dich aufzusetzen, den Du morgen bekommst. Wie Du siehst, sorgen wir uns nicht nur um Niedrigkeiten – Kaviar, Halwa –, sondern wachen über Deine geistigen Interessen und verschaffen Dir unterhaltsame Odessaer Lektüre.

IB

Moskau, 12. Mai 1925

Lieber *Poupik*.
Bin seit knapp drei Tagen zurück von meiner Reise nach Kiew und Charkow. Habe sehr viel Arbeit. Morgen plane ich, nach Sergijewo umzuziehen, um dort diese Arbeit zu bewältigen. Ich habe etliche Szenarien zu schreiben. Möglicherweise werde ich etwa einen Monat oder sogar länger in Sergijewo herumsitzen müssen. Shenja werde ich auch herkommen lassen. B. D. geht es ein bißchen besser, doch ist sie eine sehr lästige Kranke. Shenja wird sie auf die Datscha expedieren, eine Krankenpflegerin anstellen und dann nach Moskau kommen, um die Scherereien wegen Paß und Visum zu erledigen. Höchstwahrscheinlich fährt Shenja im Sommer allein ins Ausland, denn ich habe unzählige Dinge zu erledigen, vor denen ich mich keinesfalls drücken kann. Auch Mamas Reise zu Dir halten wir vorläufig für undurchführbar. Mama kann erst dann zu Dir fahren, wenn Ihr Euch irgendwo auf Dauer (beispielsweise in Paris) eingerichtet habt, sie kann nicht auf der Suche

nach einem festen Wohnsitz durch fremde Länder reisen. Deshalb werden Mama und ich diesbezüglich auf Nachricht von Dir warten. Erst wenn Sch. in diesem Jahr fertig und zum Herbst irgendwo seßhaft wird, läßt sich über eine Übersiedlung Mamas reden. Shenja beabsichtigt – nach meinen Gesprächen mit ihr in Kiew zu urteilen –, nach Frankreich oder Italien zu reisen, doch ist es eine schwierige Angelegenheit, in Moskau ein französisches Visum zu bekommen, sie wird über Italien fahren oder irgendeinen anderen Weg suchen müssen. Kannst Du uns in dieser Hinsicht nicht weiterbringen – durch einen Ratschlag oder durch reale Unterstützung? Mama hat Dir wahrscheinlich geschrieben, daß es mir gesundheitlich besser geht. Ich habe einen üblen Winter hinter mir, jetzt fühle ich mich gut, offenbar wirkt sich der nördliche Winter verheerend auf mich aus.

Meine seelische Verfassung läßt sehr zu wünschen übrig – mich bedrücken, wie all die anderen Menschen meines Berufs, die spezifischen Arbeitsbedingungen in Moskau, das heißt, wir schuften in einem abscheulichen Berufsmilieu, bar jeglicher Kunst und Schaffensfreiheit; jetzt, da ich bei Generälen ein und aus gehe, wird dies stärker fühlbar als früher. Mein Einkommen ist zufriedenstellend, in ein paar Tagen schicken wir Dir ein kleines Kistchen voll Geld. Die Photos haben wir erhalten; ich finde, sie sind sehr hübsch geworden. Erkundige Dich, ob in Paris mein Buch auf russisch herausgekommen ist. Ob es wohl zu beschaffen ist? Treibst Du nach wie vor Sprachstudien? Wie planst Du, den Sommer zu nutzen? Du solltest ein wenig bummeln und ins Grüne fahren. Im Westen läßt sich so etwas leicht verwirklichen. Hauptsache: nicht faulenzen.

Damit – auf Wiedersehen. Gruß an Schaposchnikow.

Dein Dich liebender I.

Moskau, 5. Juni 1925

Verehrte Mera, nach Sergijewo bin ich noch nicht gefahren, daher habe ich Deine Briefe nicht gelesen. Mama bringt sie wahrscheinlich morgen mit nach Moskau. Euren Umzug nach Brüssel begrüße ich von ganzem Herzen. Knausert nicht um hundert Francs mehr oder weniger und mietet Euch eine bessere Wohnung; man muß im Blick behalten, daß Mama Dich irgendwann mit ihrem Besuch beehren kann. Ein belgisches Transitvisum ist hier nicht zu bekommen; in vier oder fünf Tagen wird Shenja nach Paris fahren. Die zu übersetzende Erzählung schicke ich in ein paar Tagen aus Sergijewo ab. Nächste Woche übersenden wir Dir fünfzig Dollar. Nur, wohin? Nach Brüssel oder nach Liège? Anbei ein Brief an den Doktor für Chirurgie und Geburtshilfe Schaposchnikow.

Dein I.

Moskau, 15. Juli 1925

Morgen, am 16. 7. überweise ich Dir 75 Rubel und bitte Dich, sie rechtzeitig abzuheben und nach Gutdünken auszugeben. Übermorgen werde ich aufs Gestüt von Chrenowoje im Gouvernement Woronesh fahren, dort etwa zwei Wochen verbringen und anschließend nach Moskau zurückkehren, um Shenja zu verabschieden. Die ganze Sache hängt davon ab, ob Silvia das Visum beschaffen kann. Es ist jetzt eine schwierige Zeit. Ende des Sommers habe ich dennoch vor, mich in Kislowodsk kurieren zu lassen. Ich würde das Familienleben liebend gern vereinfachen, das heißt, nicht zugleich an drei oder vier Orten leben. Ich warte voller Ungeduld auf die Zeit, wo Ihr irgendwo seßhaft werdet; dann erst wird Mamas oder meine Reise spruchreif. Wie sehen diesbezüglich Eure Pläne und Perspektiven aus? Shenja verspricht, medizinische Fachzeitschriften zu schicken. Ich bitte Dich, mir alle Dir in die Hände fallenden Übersetzungen und mich betreffenden Artikel zu schicken. Im August planen Mama und ich, nach Odessa zu fahren, um den Grabstein setzen zu lassen. Zum Herbst wird Sergijewo aufgelöst, denn ich muß den Winter unbedingt im Süden verbringen. Das Szenarium fürs Kino habe ich fertig. Nach dem Urteil der maßgeblichen Leute ist es gut geschrieben; überhaupt ist bei mir unversehens eine Ader für das Kino zu Tage getreten, und jetzt beherrsche ich dieses Gebiet. In materieller Hinsicht ist das einträglicher als die reine Literatur. Nun, nach dem Abschluß des Szenariums, wende ich mich wieder meinen üblichen Tätigkeiten zu, im Herbst werde ich noch ein Szenarium schreiben. Du mußt unbedingt an die Küste fahren; Ostende ist, wie ich glaube, ein allzu teures und für Dich unnützes Kurbad, aber es wäre doch, so meine ich, ein riesiges Vergnügen, in irgendein kleines Fischerdörfchen zu ziehen. Das Geld, das Du dafür brauchst, werden wir Dir telegraphisch überweisen. Schreib uns schleunigst zu diesem Thema. Morgen ist Dein Geburtstag. Ich gratuliere Dir, bleib gesund und vor allem munter. Schreib, ob Du im Ausland gescheiter geworden bist und ob Du Dich in das dortige Milieu eingelebt hast. Kolja ist jetzt in Moskau. Den einen Posten hat er, wie es scheint, dank seines Charakters verloren, aber es gibt Hoffnung auf einen anderen. Einen glühenden Gruß an Schaposchnikow. Auf Wiedersehen, lieber, teurer Pupik.

Dein Dich liebender I. Babel

SERGIJEWO, 21. AUGUST 1925

Teure Meri. Dein Brief ist angekommen. Shenja ist am 18. d.M. nach Kiew gefahren. Mama fährt am 25. d.M. nach Odessa. In den nächsten Wochen werde ich allein sein. Ich bin nach wie vor mit dem Kino beschäftigt. Es ist sehr gut möglich, daß ich in Sachen Kino ins Ausland reise, ein genaueres Datum wird sich zwischen dem 1. und dem 10. September ergeben. Wie denkst Du über ein belgisches Visum für uns? Es wäre der Mühe wert, falls es sehr leicht geht. Von *Mme Rollin* kam ein Brief; sie schreibt, die Sache laufe wie geschmiert, *M. Rollin* gebe sich alle Mühe, der Form halber sei es aber erforderlich, bei der hiesigen franz. Botschaft *une demande* einzureichen, aber hier nimmt man unglücklicherweise keinerlei *demande* entgegen, da die Einreise nach Frankreich in höchstem Maße erschwert wird. Dieses unvermutete Hindernis bremst die Angelegenheit sehr, aber ich hoffe, es irgendwie zu überwinden. Es ist gut möglich, ja sogar sicher, daß ich mich während der Reise für ein paar Tage von der Gruppe losreißen und einen Abstecher nach Liège machen kann. Wenn es Euch nicht gelingt, nach Frankreich zu ziehen – was werdet Ihr dann tun? Ihr müßt Euch, wie mir scheint, darauf einstellen, daß man Euch nicht so bald einreisen läßt, und vorsorglich noch einen zusätzlichen Plan schmieden. Diese Frage interessiert mich sehr, denn für den Fall, daß sich bei Euch nichts entscheidet, müßte Mama den Winter über allein in Moskau sitzen. Schreib mir Deine Meinung zu all den hier angesprochenen Fragen.

Ich habe Dir ein Photo geschickt. Hast Du es bekommen? Mama müßt Ihr jetzt nach Odessa schreiben, und mir nach Sergijewo. Mama wird Dir vor ihrer Abfahrt natürlich noch schreiben. Das Geld hast Du hoffentlich erhalten.

Ansonsten ist nichts Wichtiges passiert. Ledskij war bei uns und überbrachte den Gruß von der Tante eines Bekannten, der im letzten Jahr Schaposchnikow einmal in der Garderobe irgendeines Kinos begegnet sei, wobei die Tante nicht genau wisse, ob es nun Schaposchnikow oder ein anderer Mann war, der ihm ähnlich sieht. Aber ein ausgezeichneter Film sei damals gelaufen, anscheinend *Das Zeichen des Zorro* mit Douglas Fairbanks. Es sei brechend voll gewesen, und irgendwelche Galgenstricke hätten probiert, der Tante die Manteltasche aufzutrennen, aber das hätten die nicht geschafft. Was jedoch ihren Neffen – ein prächtiger junger Mann mit dem Kopf eines Ministers – angehe, so… mit einem Wort, Ledskij hat uns den Gruß bestellt.

Damit wünsche ich Dir und Deinem Gemahl Gesundheit und bleibe DEIN BRUDER!

Iwan Babel

Moskau, 16. November 1925

Verehrte Mera. Die Lage ist folgende: Shenja hat heute alle Transitvisa bekommen, morgen kaufen wir ihr eine Fahrkarte. Es ist anzunehmen, daß sie in drei oder vier Tagen abreist. Mich werden die Geschäfte noch etwa anderthalb Monate in Moskau aufhalten. Erst nach Ablauf dieser Frist werde ich imstande sein, für Mama und mich irgendeinen Plan zu schmieden. Lebe Du Dich unterdessen in Brüssel ein, möglicherweise klärt sich für Schaposchnikow seine berufliche Situation usf. Für Mama bedeutet die Reise einen ernsten Schritt, deshalb darf man ihn nicht überhastet gehen. Vergiß nicht, Du wirst ihr für einen mehr oder minder langen Zeitraum einen festen Wohnsitz garantieren müssen.

Von der Medizinskoje obosrenije habe ich einige Nummern bestellt, und Sch. wird sie bald erhalten. Mit der *Reiter-*

armee zögere ich noch, weil ich mit einigen Streichungen nicht einverstanden bin. Bis heute habe ich mich mit dem Kino herumgeschlagen, in etwa zehn Tagen werde ich zum rein literarischen Schaffen zurückkehren. Das Geld (75 Dollar) hast Du hoffentlich schon erhalten. Der Rückstand in Sachen Geld ist deshalb entstanden, weil für Shenjas Reise außergewöhnlich hohe Ausgaben notwendig waren. Ich rechne damit, nach Ablieferung des Szenariums ein hübsches Sümmchen zu bekommen, und dann wird Deine Brennstoffversorgung ohne Störung laufen. Richte Schap. aus, sein Artikel werde unverzüglich untergebracht und das Honorar an ihn abgeschickt.

Meine Gesundheit ist die ganze Zeit über zufriedenstellend.

Mit sozialistischem Gruß. Dein Dich verehrender

I.B.

P.S. Das Geld ist an die Adresse in Liège abgegangen. Hast Du veranlaßt, daß man es Dir überweist? Mama ist die ganze Zeit über in Moskau, sie rüstet Shenja für die Reise aus. Sie wird Dir sicherlich schreiben.

MOSKAU, 20. DEZEMBER 1925

Verehrtes Dummchen. Es lohnt nicht, Dir zu schreiben, denn Du hast auf meinen Brief nicht geantwortet, doch mein Gemüt ist sanft und wortreich meine Feder. Ein kurzer Rechenschaftsbericht über die Neuigkeiten: Ljussja geht es gut, dem Töchterchen auch. Morgen, am Montag, werden sie aus der Klinik nach Hause entlassen. Sergijewo lösen wir auf. Ein Zimmer, in dem das Mobiliar aufbewahrt wird, haben wir uns ausbedungen. Einen Teil der Möbel bringen wir nach Moskau. Mit den Arbeiten fürs Kino werde ich in der Tat nun endlich fertig. Nach Neujahr werde ich mich mit anderen Dingen befassen. Möglicherweise schickt man mich für einen Monat auf eine interessante Reise. Mama wird dann allein in Moskau herumsitzen müssen. Eine Neuigkeit aus unserer Wohnung – Rosa Lwowna kommt aus Paris zurück. Das kann lustig werden. Bobrowskij ist nur ein einziges Zimmer geblieben. Was meinst Du zu meinem Vorschlag, Euch in Rußland ein Nest zu bauen? Ich muß unbedingt Deine Ansicht zu diesem Vorhaben kennen, weil ich dementsprechend auch mein eigenes Leben einrichten muß. Es ist mein heißer Wunsch, daß aus unserer zerstreuten Familie wenigstens Du dauerhaft und beständig seßhaft würdest und Mama ein Plätzchen fände, wohin sie ihr Haupt betten kann. Ich muß, um die Dinge, die mir vorschweben, zu verwirklichen, in den nächsten Jahren viel unterwegs sein und mich noch auf das ein oder andere Abenteuer einlassen. Da ist nichts zu machen – ein verteufelter Beruf. Und wenn Du in Rußland ein Plätzchen hättest, wo wir uns alle einfinden könnten, würde dadurch das Leben viel einfacher. Schlaf drüber. Von Shenja kommen nur Telegramme an. Sie ist wohlbehalten in Paris eingetroffen. Ich schreibe ihr vorerst an die Adresse von Silvia – *Paris XIV*^{e} *64, Avenue du Maine.*

Das ist ein Vögelchen, hat seit zwei Wochen kein Wort mehr geschrieben. Richte dem Gen. Sch. aus, daß medizinische Fachzeitschriften in großer Zahl an ihn abgegangen sind und daß ich mich vor ihm bis zur feuchten Erde hinab verneige. Und schreib uns fröhliche Briefe, Arrestantin. Der Dich liebende Verwandte und Angehörige der Vereinigung Rabotpros Nr. 3929.

IB.

1926

Moskau, 1. Januar 1926

Teurer Mendel. Zuallererst – Dir und Deinem Gemahl alles Gute zum Neuen Jahr, ich wünsche Euch frohen Mut, Gelassenheit und Beharrlichkeit, um Eure Ziele zu erreichen. Diese drei Eigenschaften werden, wie ich meine, Glück genannt.

Nun zu mir. Heute ist der Tag der Jahresbilanz. Für mich persönlich war dies kein ertragreiches Jahr. In aller Offenheit muß ich sagen, daß ich nicht vorwärtsgekommen, sondern zurückgefallen bin. Ungefähr 10 Monate lang habe ich, was die Literatur angeht, nichts getan, sondern mich vielmehr auf der Suche nach hohen Honoraren in Moskau herumgetrieben, d.h. ich bin den Weg des geringsten Widerstandes gegangen, jenen Weg, den ich so sehr verachte. Mir fehlte die nötige Kraft und Weitsicht, um nicht auf diese abscheuliche Bahn zu geraten; jetzt muß ich zumindest in mir Kraft finden, um haltzumachen. Auf mir lasten grundlos übernommene Verpflichtungen. Falls es mir gelingt, meine Auftragsarbeiten im Januar abzuliefern, werde ich anschließend nach Paris oder an einen noch exotischeren Ort fahren müssen, um dort meine überlastete Seele aufzurichten und wirklich zu arbeiten. Diese Erwägungen und vor allem der Umstand, daß im Jahr 1926 meine einzige Rettung im Geldverdienen liegt, zwingt uns, über unser künftiges Schicksal nachzudenken, und v.a. über das Schicksal Mamas. Sie und ich halten eine Reise ins Ausland für unnötig. Diese Sache ist abgetan. Wenn sie aber abgetan ist, so wäre es nicht schlecht, wenn Ihr Euch einen ständigen Wohnsitz in Rußland schaffen würdet, wo man (wie ich und viele andere verständige Leute meinen) besser, vornehmer und günstiger unterkommen kann als irgendwo sonst. Wobei ein Unterkommen nicht ohne meine Mithilfe möglich ist. Was kann man Euch anbieten? Auf der Stelle eine Arbeit – für Schap. wie auch für Dich –, d.h. ein also gesichertes Existenzminimum. Gewiß erleichtern Eure Fremdsprachenkenntnisse die Lösung dieses Problems beträchtlich. Außerdem kann man Euch in Leningrad eine komfortabel eingerichtete Wohnung anbieten, die selbstredend nicht schlechter wäre als Eure Brüsseler. Allerdings läßt es sich in Moskau leichter leben und verdienen als in Leningrad. Ich glaube, es würde keine großen Schwierigkeiten bereiten, unser ausgezeichnetes Zimmer gegen zwei Zimmer zu tauschen (mit einer kleinen Zuzahlung). Folglich könnte ich Euch zum Frühlingsanfang zwei Zimmer einrichten. Mehr läßt sich bei der augenblicklichen Wohnungsnot in Moskau nicht zu Wege bringen. Das wäre es also, was man Euch hinsichtlich der äußeren Lebensumstände anbieten kann; was aber das geistige Leben Rußlands – und die Wissenschaft – angeht, so brauche ich Dir nicht auseinanderzusetzen, daß es reicher und vielversprechender ist als im Westen.

Denk über diesen Brief nach. Seinen Inhalt übermittle in eigenen Worten Schaposchnikow. Wägt nüchtern Eure Perspektiven – im Osten und im Westen – gegeneinander ab und entscheidet. Berücksichtige, daß man mir aus der Klemme, in der ich stecke, heraushelfen und daß man Mama ein inhaltsreicheres Leben schaffen muß.

Ich schildere Dir in diesem Brief meine und Mamas Lebensumstände und ziehe aufgrund dieser Gegebenheiten meine Schlüsse. Ihr habt u.U. Argumente, die all meine Schlußfolgerungen widerlegen; laß sie mich bitte wissen.

Teurer Pupik, angesichts dessen, daß die Frauen in unserer Familie seit Generationen engstirnig und beschränkt sind, steht zu erwarten, daß Du in Panik verfällst. Gründe zur Panik gibt es freilich gar keine. Du mußt schlicht ein »mitleidiges Herz« haben. Überdies stellen meine und Mamas Vorschläge bloß Vorschläge dar, auf die wir Gegenvorschläge erwarten. Halt Dich wacker, alter Racker.

Dein I.

Moskau, 6. Januar 1926

Verehrte Mme Schaposchnikowa. Ich bitte Dich, unverzüglich nach Empfang dieser Sendung endlich auch mir ein Päckchen zu schicken. In Rußland ist der Import von engl. Pfeifentabak verboten. Unter diesem Verbot leide ich sehr. Schicken darf man ihn nur in Päckchen von je einem halben Kilo Gewicht. Kauf ein paar Dosen Pfeifentabak, unbedingt *Capstan Mild,* d.h. den leichten, denn es gibt diesen Tabak stark, dann mittelstark *(Medium strength)* und leicht *(Mild)*. Für mich ist der leichte am besten, falls es den nirgends geben sollte, dann *Medium strength.* Schicke zwei Päckchen zu je einem halben Kilo, das eine auf meinen Namen, das andere auf den Namen von Isja Liwschiz. Die Auslagen für dieses Päckchen werde ich Dir bei der nächsten Geldsendung erstatten. Ich bitte Dich sehr, Pupik, dies noch am selben Tag, an dem Du diesen Brief erhältst, zu erledigen. Ich werde Dir sehr dankbar sein. Tu mir den Gefallen, Kätzchen.

Dein I.

Falls Du ein paar Francs übrig hast, kauf mir einen ganz modernen Tabaksbeutel – mit einem speziellen Verschluß, wie ihn die neuesten Damenhandtäschchen haben. Ich verlaß mich da ganz auf Dich.

Moskau, 8. Februar 1926

Närrische Marija. Wir haben Deinen Brief erhalten. Ich weiß nicht, ob er eine Antwort auf meine vor Mama geheimgehaltene Epistel darstellt. Auf alle Fälle haben mich Deine Mitteilungen sehr entmutigt. Du schreibst von Reisen nach Rumänien und nach Paris; das alles sind Dinge, die schnell vorbei sind, während ich jetzt vor der entschiedenen Notwendigkeit stehe, mich dauerhaft einzurichten. Solange weder Mama noch Du irgendwo einen festen Wohnsitz finden, kann ich mich nicht vom Fleck rühren; ich muß mich aber unbedingt rühren können, mit jedem Tag wird mein Bleiben in Moskau beklemmender und unfruchtbarer; den Aufenthalt hier auf unbestimmte Zeit zu verlängern, bedeutet, mich materiellen und moralischen Nöten auszusetzen. Ich bitte Euch, nachzudenken und einen Entschluß für wenigstens die nächsten ein, zwei Jahre zu fassen: Kehrt Ihr nun nach Moskau zurück, bleibt Ihr in Belgien oder habt Ihr einen dritten Ausweg vor Augen? Ich muß das unbedingt wissen, damit ich Ordnung in mein sehr ungeordnetes Leben bringen kann. Außerdem müssen wir uns auch über Mama Gedanken machen und zwar schleunigst. Mir steht nur sehr wenig Zeit zur Verfügung, und Du mußt diese Zeit zu Deinem Vorteil nutzen, weil ich mich in Zukunft vor allem um mich selbst und um meine vernachlässigte Arbeit kümmern muß. Ich bitte Dich sehr, mein Flehen zu erhören und mir wenigstens dadurch zu helfen, daß Du Klarheit in unsere vertrackte und weitverstreute »Lage« bringst. Voller Ungeduld warte ich auf den Tabak. Wir haben hier einen grimmigen Winter, Frost von –15, 20 und 25°, doch im Zimmer ist es warm. Den kommenden Monat werde ich wahrscheinlich herumreisen müssen; ich muß nach Petersburg, nach Charkow… Ich habe viel zu arbeiten, langweilige Arbeit, Stümperkram, aber ich kann mich nicht zu echten »Taten« durchringen.

Dein erwartungsvoller I.

Leningrad, 22. März 1926

Teure Mera. Die arme Mama hat mir Deinen und Shenjas Brief geschickt. Wenn sie wüßte, was in diesen Briefen steht! Über den Eindruck, den die letzten Nachrichten auf mich gemacht haben, werde ich mich nicht auslassen. Die Dinge gestalten sich traurig genug. Wenn die Operation unvermeidlich ist und sie Dir von Grund auf helfen kann, dann sollte man sie meiner Meinung nach auf der Stelle machen lassen. Die Sache zu verkomplizieren, das heißt, wegen der Operation nach Paris zu fahren, lohnt meiner Meinung nach nicht. Ich glaube, daß es in Brüssel Professoren gibt, die eine solche letzten Endes unkomplizierte Operation gut ausführen können. Außerdem ist die Anwesenheit Schaposchnikows natürlich sehr wichtig. Ich weiß nicht, ob man auch nur im Traum daran denken kann, daß ich komme, wenn Deine Operation ansteht. Was all meine Pläne betrifft, bringen mich die Briefe von Shenja und

Dir voll und ganz durcheinander. Trotz meiner zahlreichen Briefe habt Ihr ja nicht die geringste Vorstellung von der Lage der Dinge, die für mich katastrophal und unerträglich geworden ist. Ich kann nirgendwohin fahren – und Mama ihrem Schicksal überlassen. Ich kann nicht für ein oder zwei Monate nach Paris fliegen und danach nach Moskau hetzen – dem Geld hinterher, Geld, das nur dann zu bekommen ist, wenn man arbeitet, während ich im Augenblick dermaßen gebeutelt und zermartert bin, daß ich nicht arbeiten kann. Es geht um eine grundlegende Umgestaltung meines Lebens, und dabei ist weder auf Dich noch auf Shenja Verlaß, denn jeder Brief von Euch widerspricht dem vorhergehenden. Ich werde diese Woche wieder in Moskau sein und dann noch einmal darüber nachdenken, was weiter zu tun ist. Schreib mir, wieviel die Operation ungefähr kosten soll, und ob Schaposchnikow eine Arbeit gefunden hat. All Deine Umzugspläne sind nun gegenstandslos geworden, zuerst mußt Du gesund werden. Ich erwarte ausführliche und häufige Briefe von Dir. Ich beschwöre Dich, die Operation nicht aufzuschieben: Die unangenehmen Dinge muß man sich möglichst schnell vom Halse schaffen. Bei Ljussja bin ich oft: Diese Wohnung ist voller Scheiße und Frust – alle Leute dort sind Nullen. Ljussja ist besser als die anderen, aber nicht gescheiter. Ich glaube, aus mir spricht nicht Intoleranz, sondern Ekel. Und damit bleib… gesund; wehe meinen armen Knochen!

Die Überreste Deines ehedem stolzen Bruders

I.

Moskau, 29. März 1926

Liebe Merotschka. Bin in Moskau angekommen und seit zwei Tagen hier von allen möglichen trostlosen Angelegenheiten in Anspruch genommen; wenn ich sie hinter mir habe, werde ich mir evtl. irgendeine Arbeit vornehmen. Obwohl ich, um die Wahrheit zu sagen, nicht daran glaube, daß dieser glückliche Tag einmal anbrechen wird, an dem der »Schriftsteller« auch schreiben kann. Mama weiß über Deine Operation Bescheid. Jetzt kann, glaube ich, keine Rede mehr davon sein, die Operation in ihrer Abwesenheit machen zu lassen. Ich bin nach wie vor dafür, daß Du das Baumaterial loswirst, das Dir Bauchschmerzen macht. Wie steht es bei Euch mit der Arbeit? Wann wird Mama nach Brüssel fahren können? Das ist für mich die wesentliche Frage. Ich bin buchstäblich angekettet – für mich wäre es gut, mich zu verändern, aber ehe man sich's versieht, bin ich dann statt in drei gleich in vier Wohnungen zu Hause; das wäre wohl völlig widersinnig. An Eure Rückkehr nach Moskau ist zur Zeit nicht zu denken, weil sich hier keine Wohnung auftreiben läßt. Man hat ein Gesetz verabschiedet, wonach Zimmer weder gekauft noch verkauft werden dürfen. Der einzige Weg wäre der Aufbau zerstörter Gebäude, aber dieser Weg kostet acht- oder zehntausend Rubel, und dafür fehlt uns das nötige Kleingeld. Bleibt nur das eine: Mama nach Brüssel zu schicken; aber wann und wie das geschehen soll, habe ich keine Ahnung, und ich gräme mich, weil ich hier auf der Pretschistenka eingesperrt bin und in der Hetze, bei Lärm und Gebrüll, beim Gekreische der Neugeborenen, beim Grammophongedudel der Nachbarn (das ist alles wortwörtlich so!) nicht arbeiten kann. Ein Elend! Möglicherweise werde ich mit Mama einen Abstecher nach Kiew machen: Ich muß nach Charkow und auf dem Weg dahin bringe ich sie vorbei. Heute ist Pessach, der erste Sejder – kummervolle Erinnerungen. Aus diesem traurigen Anlaß wünsche ich Dir Heiterkeit, Mut und Zuversicht. Einen Gruß an Professor Grigorij Roman.

Dein I.

Moskau, 31. März 1926

Verehrter Steinbruch. Da nun unzweifelhaft feststeht, daß Ihr Euch nirgendwohin bewegen sollt, haben wir beschlossen, uns zu rühren. Gleich heute beginnen wir mit den Bemühungen, einige unnütze Sachen loszuschlagen (die unentbehrlichen behalten wir), beantragen einen Paß usf. Deshalb müßt Ihr uns unverzüglich benachrichtigen, sobald das Visum für Mama erneuert ist. Sie wird spätestens zum 1. Mai abreisen. In den nächsten Tagen überweisen wir 100 Dollar an *Mme Braude* und 100 Dollar an Dich. Dieses (unantastbare) Geld bitte ich Dich, auf der Bank in Dollar anzulegen und uns weitere Adressen mitzuteilen. Das alles muß unverzüglich erledigt werden. Genug getrödelt. Ich erwarte von Euch unverzüglich Nachricht und die Bestätigung des Visums. Gleichzeitig mit diesem Brief schicke ich Dir als eingeschriebenes Kreuzband mein kleines Büchlein *Gesch. meines Taubenschlages.* Aus Berlin bekam ich mein im Malik Verlag erschienenes Buch *Geschichten aus Odessa** geschickt. Sehr schön herausgegeben, ich denke, Du kannst es in Brüssel kaufen. *Die Reiterarmee* kommt im April auf russisch und deutsch heraus. Ich schicke sie Dir unverzüglich nach ihrem Erscheinen. Mama hat mir gerade erst Grischas Bitte wegen der Adressen medizin. Zeitschriften ausgerichtet. Ich schwöre, daß ich diese Bitte noch heute erfüllen werde. Schreib über Deine Gesundheit; ich bin nach wie vor für eine unverzügliche Operation; was meint Schap. hierzu? In Moskau werde ich mich nicht lange aufhalten, habe kein Sitzfleisch hier, völlig ausgeschlossen zu arbeiten. Also, mach Dich auf Gäste gefaßt.

I. B.

Moskau, 16. Juli 1926

Verehrte Merotschka. Mamas Angelegenheiten laufen gut. Wir rechnen damit, daß sie am Mittwoch abreisen kann. Das Telegramm betreffs Peters haben wir erhalten. Schade, daß Du ihren Vornamen nicht mitteilst – wenn der fehlt, ist es schwierig, ein Päckchen abzusenden; ob wir es nun schicken werden, ist noch nicht ganz sicher. Mama wird Dir von allen Orten, wo sie Aufenthalt hat, telegraphieren. Vor ihrer Abfahrt schicke ich Dir 100 Rubel. Einen Tag nach Mamas Abreise fahre auch ich weg, höchstwahrscheinlich nach Odessa, wo mich mein Vertrag mit der Wufku verpflichtet, bei den Dreharbeiten zu meinem Film anwesend zu sein. Ich arbeite jetzt sehr viel. Ergebnisse wird man vermutlich erst im Winter zu sehen bekommen. Mir geht es gut, was ich auch Dir aus tiefstem Herzen wünsche. Ich bestehe darauf, daß Du Dich der Operation unterziehst, sobald Mama zugegen ist – es ist unnütz, mit dieser Fäulnis im Organismus herumzulaufen. An den Professor der schwarzen und weißen Magie einen machtvollen proletarischen Gruß.

Dein I.

* im Original deutsch

Moskau, 30. Juli 1926

Teure und unvergeßliche Fenja. Gerade erhielt ich Dein Telegramm aus Berlin. Es hat mir Freude gemacht, wie mich schon lange nichts mehr gefreut hat. Um die Wahrheit zu sagen – ich habe mir große Sorgen um Dich gemacht, aber Du hast Dich prächtig gehalten. Ich warte ungeduldig auf das Telegramm, das mir Deine Ankunft in Brüssel meldet. Ich hoffe, daß es morgen eintrifft. Ich bitte Dich sehr, Deine ganze Reise lang und breit, von Anfang bis Ende zu schildern. Wer in Deinem Abteil mitfuhr, wie Du das mit dem Gepäck geregelt, wie Du Dich in Polen gefühlt, und wie Du den Tag in Berlin verbracht hast, ob Du dort nach meinem Rezept Spazierfahrten im Automobil unternommen hast? Wie ich vermute, ist mit Deinem Visum in der belgischen Botschaft alles glatt gegangen. Spare bei Deinem Brief nicht an Tinte, Papier und Mühe. Jetzt werde ich Dir die Umstände, unter denen Deine Abreise stattfand, erzählen. Einige Stunden vor Deiner Abreise erhielt ich von Ada einen Eilbrief, den ich Dir verschwieg. Ada schrieb, daß die von Doktor Simonowitsch durchgeführte Behandlung (er behandelte Kolja auf Malaria und erlaubte ihm, Salat und rohes Obst und Gemüse zu essen) sich nicht nur als falsch, sondern als sträflich und verhängnisvoll erwiesen habe, denn ein Konsilium von Professoren habe ein schweres Zwölffingerdarmgeschwür festgestellt, eine sehr ernste Krankheit; Geld hätten sie keine Kopeke, die Möbel wolle niemand kaufen, und Ada bat mich zu kommen, um ihnen zu helfen. Ich konnte ja nicht auf der Stelle losfahren, aber sofort nach Deiner Abfahrt, noch gleich auf dem Bahnhof, nahm ich Katja beiseite, und wir beschlossen, daß sie nach Odessa fahren müsse, um den unglücklichen Kuschnirs zu helfen. Mit Müh und Not beschafften wir eine Fahrkarte, und drei Stunden nach Deiner Abfahrt, um 7 Uhr 10 Minuten, fuhr Katja nach Odessa ab. Ich gab ihr auf den Weg zwei Zehnrubelscheine mit und schickte Anjuta noch am selben Tag telegraphisch 50 Rubel. Ich denke, daß ich bald nochmals Geld schicken muß, und zwar ein ganz hübsches Sümmchen. Heute morgen ist Katja in Odessa angekommen, ich warte auf ein Telegramm von ihr, was sie dort vorgefunden hat. Nun weißt Du also, weshalb ich die hundert Rubel nicht an Dich abgesandt habe. Am Dienstag halte ich mit Gossisdat meine Abrechnung und schicke Dir dann 100 R. Für dieses Geld mußt Du (abzuwarten brauchst Du es freilich nicht), ohne Zeit zu verlieren, mit Merotschka ans Meer fahren und mindestens einen Monat dort verbringen. Darauf bestehe ich, weil mir Dein Abstecher wirklich Freude machen wird. Und dann: Was wird mit der Wohnung geschehen? Aufgrund Deiner Ankunft werdet Ihr wahrscheinlich eine größere Wohnung mieten. Am Dienstag, nach meiner »Verabredung« mit Gossisdat wird sich herausstellen, an welchem Tag ich nach Kiew reise; ich werde Dir über alles schreiben. Alle Deine Freunde lassen Dich herzlich grüßen, ich aber – man schämt sich, es zu sagen – habe schreckliche Sehnsucht nach Dir und wandere völlig verloren in unserem Zimmer auf und ab. Bitte sei kein Dummchen und führe ein ungebundenes Leben, und schildere mir als Familienoberhaupt alles.

Grüße unsere *misinki,* wasch keine Wäsche, geh zum Essen ins Restaurant, fahr öfter in Automobilen spazieren und vergiß nicht Deinen Zimmergenossen, den dich liebenden

I.

Merotschka, kauf für Mama ein Handtäschchen, ein gutes Kleid, statte sie so ordentlich wie möglich aus und fahre sie »an der frischen Luft« spazieren…

Moskau, 4. August 1926

Hochverehrte Fenja, das Telegramm mit der freudigen Nachricht von Deiner wohlbehaltenen Ankunft in Brüssel habe ich erhalten, außerdem bekam ich die Ansichtskarte aus Negoreloje, voller Ungeduld warte ich auf einen Brief aus Brüssel. Kommendes Wochenende habe ich vor, nach Kiew zu fahren. Den genauen Tag der Abreise teile ich Dir noch mit. Katja ist in Odessa, sie hat telegraphiert, sie habe Kolja in einem ernsten, aber keineswegs hoffnungslosen Zustand angetroffen, doch darüber hinaus habe ich von ihr keinerlei Nachricht. Heute schicke ich nochmals 30 Rubel hin. Hier bei uns ist alles in bester Ordnung. Mit Ungeduld erwarte ich den Augenblick, der mir einen Weg zeigt aus diesem Moskau, das mir so zum

Hals heraushängt, und wo ich anfangen kann, richtig zu arbeiten. Witenberg wandte sich mit einer Bitte an mich, die ich erfüllen muß, weil dieser Trottel sehr liebenswürdig zu uns war: Meri soll sich erkundigen, ob in Brüssel eine kleine Reiseschreibmaschine von »Remington« mit russischen Typen zu bekommen ist und wieviel sie kostet. Falls man sie in Brüssel kaufen kann, wird Witenberg telegraphisch das Geld überweisen. Kein schwieriger Auftrag, ich bitte Euch sehr, ihn auszuführen. In Anbetracht dessen, daß ich vorhabe, im nächsten Monat viel hin und her zu fahren, werde ich Dir von überall her meine jeweilige Adresse mitteilen. Wie sehen Deine ersten Eindrücke von Brüssel aus, gefällt Dir denn das dortige Leben, welchen Unterschied gibt es zwischen den Preisen dort und den unsrigen? Habt Ihr denn mein Flehen wegen der Sommerfrische erhört? Schreibt, schreibt, schreibt... Insbesondere interessiert mich die Sache mit der Krankheit von Madame Schap., ob sie gut aussieht, ob sie arg dumm geworden ist usf. Seid gegrüßt, Mitbürger.

Dein I.

Chrenowaja, 7. September 1926

Teures Mütterchen. Deinen Brief hat mir B. W. aus Kiew nachgeschickt. Ich lebe hier so gut, wie ich selten einmal gelebt habe. Ich arbeite viel, doch in der Umgebung, die ich liebe, blühe ich auf. Bitte, flenne nicht, jammere nicht... Nach einer Unterbrechung von anderthalb Jahren arbeite ich wieder – das heißt, es wird Geld geben. Du hast niemals sonderlich an mich geglaubt, Du ausgemachtes Dummchen, ich sage Dir, all Deine Macken lackieren wir mit purem Gold. Mein Versprechen hinsichtlich der Geldsendung Ende September oder Anfang Oktober werde ich halten. Am 1. September habe ich Shenja 50 Dollar geschickt. Um das Zimmer mach Dir keine Sorgen. Es ist Gilewitsch anvertraut worden, der mit bewundernswerter Genauigkeit alle meine Aufträge erfüllt. Während meiner Abwesenheit arbeitet er in meinem Zimmer. Nach meiner Ankunft in Kiew erhielt ich einen Brief von Ljachezkij. Er bat um Erlaubnis, einige Tage bei mir zu übernachten. Diese Erlaubnis habe ich nicht gegeben, er ist gewiß beleidigt. Aus

Odessa habe ich nach dem tröstlichen Brief Katjas nichts weiter gehört. Die Sache mit Meras Gesundheit beunruhigt mich sehr – ich weiß nicht, was man hier an den Tag legen soll: Entschlossenheit oder Zögern. Mit einer Krankheit zu leben, ist das denn nicht…

Teurer Pupik, schreib mir ausführlich von Deinen Wehwehchen, worum es sich handelt, ob sie Dir großen Verdruß bereiten, und wie stehst Du zur Operation?

Bändige die wildgewordene Fenja. Erkläre ihr, daß das Gespenst der Armut noch nicht über uns schwebt. Wäre es für Euch nicht ratsam, eine größere Wohnung zu mieten, damit Mama ein eigenes Zimmer hätte? Was eßt Ihr? Gibt es in Belgien Tomaten und geschnetzelte Leber?

Schreibt mir einstweilen nach Chrenowoje, Gouvern. Woronesh, GOSSKONSAWOD, an mich bei W. A. Schtschokin. Wenn ich ein gescheiter Kerl wäre – ich bliebe so lang wie möglich hier. Nun denn, auf Wiedersehen. Ich muß zur »Herde«. Der über Euch Dummchen wachende Sohn und Bruder.

…

CHRENOWAJA, 10. SEPTEMBER 1926

Liebwerte Fedossejuschka,
aus Chrenowaja brauchst Du von mir keine Neuigkeiten zu erwarten. Bis zum Mittagessen arbeite ich, danach gehe ich zu den Pferden oder auch umgekehrt – da hast Du schon mein ganzes Leben. Ob es mir für lange Zeit gelingt, mich selig zu fühlen, weiß ich nicht. Ich bemühe mich, meinen Aufenthalt hier zu verlängern. Betreffs der Schreibmaschine hat es Euch endgültig die Sprache verschlagen. Welche Überzeugungskraft muß man besitzen, um es Euren Holzköpfen einzutrichtern, daß dies eine lohnende, interessante Sache ist? Schreib mir klar und deutlich – ob Du nun diesen Auftrag ausführen wirst oder nicht.

Meine Adresse: Chrenowaja, Gouvern. Woronesh, Dorf des KONNOSAWOD, Haus von Tolbinskij.

Schreibt mir, Ihr dummen Gänse – die alte und die junge.

Euer I. B.

Chrenowaja, 10. September 1926

Ihr kostspieligen Dummchen. B. W. hat mir Euren Brief vom 29. 8. hierher nach Chrenowaja nachgeschickt. Ich bin sehr froh, daß Ihr Euch in Eurem »Kurbad« wohlfühlt. Was Mama betrifft, so finde ich, sie sollte in die Politik gehen. Merotschka, Du mußt alles daransetzen, um sie ins Abgeordnetenhaus zu bringen. Dort könnte sie ihre Gier nach zerstörerischer Tätigkeit angemessen ausleben. Das ist mir eine nicht zu bändigende Alte! Beißt auf die Trense – und nichts hält sie mehr auf!

Ich werde hier bis zum 1. oder 2. Oktober bleiben, dann geht es nach Moskau. Was das Briefeschreiben angeht, richtet Euch nach diesen Daten. Ich arbeite viel, Menschen sehe ich wenig, Pferde sehe ich sehr viele. Gut so! Aus Moskau werde ich mich unverzüglich nach meiner Ankunft bemühen, ein paar Dutzend Rubel nach Odessa zu überweisen. Werde mich bemühen, es so einzurichten, daß der Oktober ein Geldmonat wird; meine Angehörigen werden allmählich aufdringlich mit ihrer Bettelei. Wegen der Schreibmaschine habe ich schon zwanzigmal geschrieben. Ich hab es satt. Wenn Ihr begriffen habt, wo hier der springende Punkt ist, dann ist es gut, wenn nicht, so seid Ihr kleinliche, ausgemachte Dummköpfe.

Gilewitsch schickt mir aus Moskau zweimal pro Woche endlose, zärtlichste Briefe. Man könnte platzen vor Lachen – er wacht über das Zimmer. Ljachezkij hat es irgendwie die Sprache verschlagen... Mehr gibt es nicht zu schreiben, Neuigkeiten kann es hier, dem Himmel sei Dank, auch gar nicht geben. Ich habe dieses Leben ohne Neuigkeiten sehr liebgewonnen.

Wie laufen Schaposchnikows Geschäfte? Grüßt ihn von mir. Ich bitte Euch, leert jeden Tag eine Flasche Wein. Man muß lustiger leben. Damit – auf Wiedersehen. Ich schreibe bald wieder. Nachträglich wünsche ich Euch alles Gute zum Neuen Jahr. Gebt Euch Mühe, in diesem Jahr besser zu leben als im letzten. Seid glücklich, meine hochbetagten Schätzchen.

Euer I.

CHRENOWAJA, 29. SEPTEMBER 1926

Liebe Mama. Ich wollte am 1. Oktober aus Chrenowoje abreisen, aber ich werde hier noch einige Tage verbringen, weil es hier doch sehr ruhig ist und sich gut arbeiten läßt. Alle Deine Briefe habe ich erhalten. An Ljussja Liwschiz habe ich wegen ihrer Sachen geschrieben. Unternimm in dieser Richtung keinerlei Schritte, bevor Du nicht von mir Nachricht aus Moskau erhältst.

Liebe Mama, ich wünsche mir sehr, Du würdest ein wenig zur Ruhe kommen und die Welt nicht mit solch traurigen Augen betrachten. Ich lebe jetzt vernünftig und schaffe, so denke ich, uns allen eine Aussicht auf bessere Zeiten, um mich braucht man sich keine Sorgen zu machen, in den wichtigen grundsätzlichen Dingen war ich immer ein Mensch, der seinen Mann gestanden hat. Mein furchtbarer Kardinalfehler, den Du mir vererbt hast, ist meine Charakterschwäche, die von Menschen, die mich nicht kennen, für Schlechtigkeit gehalten werden kann, doch bin ich jetzt gewissermaßen klüger geworden, auch in dieser Hinsicht.

Nach Odessa zu schreiben, habe ich genauso Angst wie Du, von dort habe ich keinerlei Nachrichten, sobald ich in Moskau angekommen bin, schicke ich ihnen eine mehr oder weniger ansehnliche Summe. Ich will mit aller Kraft ihr schweres Los lindern. An Grigorjew habe ich geschrieben, damit er das Geld für die Stühle nach Odessa schickt, einen Brief gleichen Inhalts schreibe ich an Reginin. Über Ljachezkijs Krankheiten weißt Du genauso gut Bescheid wie wir alle, und seine neurasthenischen Briefe brauchen Dich nicht aufzuregen. Von daher also ruhig Blut, ich bitte Dich, sei wegen der Sachen in Moskau unbesorgt; ich erhalte regelmäßig Briefe von Gilewitsch: Alles in unserem Zimmer ist in bester Ordnung, es wird aufgeräumt, gelüftet usf. Folglich mußt Du Dich nur um Dinge kümmern, die im Bereich Deiner Möglichkeiten liegen – wir müssen darüber nachdenken, wie wir Mera kurieren, wie Ihr Euch in Brüssel inzwischen möglichst gut ein Nest baut, in Rußland aber, teuerste Mitbürgerin, hast Du einen Stellvertreter, dessen Hirn noch nicht vertrocknet und dessen Elan noch nicht erschöpft ist.

Zu früh, den Mut zu verlieren, *F. Babel.* Kopf hoch, alte Närrin! Küsse Dein Töchterchen, und auf Wiedersehen.

Dein I.

Chrenowaja, 3. Oktober 1926

Liebe Mama. Ich schreibe Dir immer noch aus Chrenowaja. Nach Moskau muß ich eine abgeschlossene Arbeit mitbringen, ich beeile mich, doch ich glaube, daß ich nicht vor dem 7. oder 8. von hier wegkomme. Ich hatte die Absicht, auf dem Weg nach Moskau noch einen Abstecher nach Kiew zu machen, aber das wird jetzt wohl kaum gehen. Ich habe diesem Dummkopf Ljachezkij einen Brief geschrieben, um ihn ein klein wenig aufzumuntern. Ich arbeite jetzt den ganzen Tag über, vom Morgen bis in die Nacht, deshalb habe ich für uns beide sehr wenig Gesprächsstoff. Nach einem plötzlichen Temperatursturz scheint hier wieder die Sonne, und es ist warm. Ich wünsche mir sehr, daß Du die Melancholie losgeworden bist. Drei Viertel Deiner Nöte sind eingebildet. Und darum, bleib gesund Fenja, trink, geh spazieren und gib Deinem Töchterchen einen Kuß von mir. Damit auf Wiedersehen, denn ich habe heute den ganzen Tag geschrieben, und jetzt ist es schon ein Uhr in der Nacht.

Dein trotteliger Sohn

I.

Moskau 13. Oktober, 1926

Liebe Mama. Gestern habe ich mich mit Hauswirtschaftsangelegenheiten befaßt. Ich habe die Wäsche zur Wäscherei gegeben (mit den Unterhosen droht eine Katastrophe, sie lösen sich buchstäblich auf), eine Tagelöhnerin hat unser Zimmer gewischt, gescheuert und abgedämpft; wir haben dermaßen viele Wanzen, daß es in der ganzen Wohnung schon sprichwörtlich ist, stell Dir das mal vor!

Ich habe Dir schon geschrieben, daß ich die Überschuhe gefunden habe; die großen Schuhe habe ich zum Ausbessern gegeben; wie sich herausstellte, ist Pracht, unser Schuster, gestorben. Ihm ist am Hals ein Furunkel aufgesprungen – Blut-

Fanja Babel, Marija Schaposchnikowa und Grigorij Schaposchnikow, Brüssel 1926

vergiftung –, und nun sitzt ein jüngerer Schuster auf seinem Stuhl. B. W. schreibt mir, daß Dir Raja in allernächster Zeit das Geld schicken wird. Ich habe gestern mit meinen Sachen angefangen, werde sehr viel Scherereien haben.

Ich habe die kleinen Mädchen von Ljussja und Wescha gesehen. Ljussja hat ein prächtiges Töchterchen, das von Wescha gefällt mir nicht so recht.

Wie steht es um Deine Zähne? Ist Schap. mit seiner Stelle zufrieden? Was werden wir mit Mera machen? Wie steht es mit der Operation? Diese scheußliche Geschichte läßt mir keine Ruhe.

Boris Mironowitsch ist zu Hause, die Sache gegen ihn ist offenbar eingeschlafen, aber seine Lage ist nicht beneidenswert: Er arbeitet von morgens bis abends irgendwo in einer Genossenschaft, und seine Frau malträtiert ihn dermaßen, daß es nicht mitanzusehen ist. Ljachezkij ist, wie ich Dir geschrieben habe, völlig *af zores*. Ein Scheißer ist das, aber kein Mensch. Und dem soll ich wirklich Obdach geben? Es ist schon arg, eine so hundsgemeine Mutter zu haben wie Dich. Hast mich mit trostlosen Scheißkerlen umgeben, und ich darf sie nun verhätscheln. – Sonja schicke ich bald Geld. Morgen werde ich Reginin und Annuschka sehen. Fekluscha schickt Dir die wärmsten Grüße. In dieser stolzen Seele hausen wunderliche Sympathien. Dreimal am Tag denkt sie an Dich. Vergiß nicht, bei der Adresse »Moskau 34« zu schreiben. B. W. schreibt, daß er sich wieder nicht sonderlich gut fühlt. Lustige Geschichten! Bleib gesund und bissig.

Dein Issja

Moskau, 27. Oktober 1926

Teure Mama. Ich schicke Dir den langersehnten Brief von Rosa. Ich schreibe ihr gleich heute und rüge sie, weil sie so lange nichts von sich hören ließ. Dem Brief nach zu urteilen, geht es ihr gut; das macht mich im tiefsten Innern sehr froh. Ich schicke Dir auch den Briefumschlag mit, auf ihm ist die Adresse unleserlich geschrieben, es ist geradezu ein Elend mit ihren Adressen, ich denke, daß man sie so lesen muß: *Mrs. R. Edelson, 470 Rockland Str., Lancaster Penns., U.S. of America.* Ich kann die Straße nicht entziffern: *Rockland* oder *Rocklano,* aber die Stadt – das Allerwichtigste – ist richtig geschrieben. Die Reginina hat Katja 20 Rubel geschickt; sie ist noch 15 Rubel schuldig, die sie auch bald schicken wird. Katja schweigt zu diesem Geld, ich lasse mir natürlich auch nichts anmerken. Ich weiß zwar, daß es Dich betrüben wird, aber ich kann es nicht verschweigen, daß die Dinge der Ljachezkijs sehr schlecht stehen, diese erbärmliche Null ist natürlich »krank«. Ein Elend, ein wahres Elend ist es mit ihnen. Ich habe beschlossen, dem Schicksal meiner verfaulten Verwandten mit Gleichmut zu begegnen, und rate Dir das gleiche. Teure Mama, ich erwarte von Dir eine ausführliche Antwort auf meinen letzten Brief. Meri schrieb mir tröstliche Dinge über ihre Gesundheit, aber führt Ihr mich auch nicht hinters Licht? Ich fürchte sehr, daß Ihr mir nicht die volle Wahrheit schreibt. Ich sitze im Augenblick an der Arbeit und fühle mich folglich gut. Überhaupt verspüre ich einen Elan, wie ich ihn seit etwa drei Jahren nicht mehr besaß, wie ich ihn seit Papas Todestag nicht mehr empfand. Ich möchte hoffen, daß wieder irgend etwas Erfolgreiches dabei herauskommt. Warum hast Du in Meris Brief nichts dazugeschrieben? Mit Dir ist wahrscheinlich wieder irgend etwas passiert. Ich flehe Dich an, schreib mir, wenn möglich, öfter, schreib über alles, was bei Euch los ist, ausführlich. Und dann würde ich Grischa noch sehr bitten, mir die exakte und ausführliche Diagnose von Meris Krankheit mitzuteilen, ich will mir hier bei den Ärzten Rat holen, damit ich auf dem laufenden bin. Seid alle kräftig umarmt.

Euer Issja.

P.S. Schreib doch gleich über alles an Rosa. Eine Schande, daß wir mit ihr nicht immer im regelmäßigen Briefwechsel stehen.

5. November 1926

Liebe Mama. Ich arbeite jetzt viel. Überdies liegt mir vieles auf der Seele. Du weißt ja, die Hauptvoraussetzung für das Gelingen meiner Arbeit ist Ruhe. Die Menschen und die Verhältnisse rauben mir die Ruhe. An vielem bin ich selbst schuld, vieles geschieht, ob ich will oder nicht. Jetzt hast Du Dich zu jenen Leuten geschlagen, die mir die Ruhe rauben. Ich denke, das ist nicht recht und mir gegenüber hartherzig. Wenn man mich nicht stört, wenn man mich nicht quält – dann wird es mit meinen und folglich auch mit Euren Nöten bald ein Ende haben. Ich bitte niemanden um Hilfe, aber es ist bitter, wenn man bedenkt, daß mich die Menschen, die mir am nächsten stehen, zugrunde richten, ohne es selbst zu merken.

I.

P.S. In diesem Monat werde ich Dir 50 Dollar überweisen. Arbeit habe ich noch für einen oder anderthalb Monate. Gut möglich, daß ich bald nach Kiew fahre. Ich muß Dich bitten, mir in Deinen Briefen nur noch über belanglose Dinge zu schreiben. Alles kann ich opfern – außer dem einzigen, was ich noch habe: meine Arbeit.

10. November 1926

Liebe Mama. Deinen Brief vom 29. X. habe ich mit ungeheurer Verspätung erhalten. Bei mir ist alles in bester Ordnung. Ich hoffe, daß auch bei Euch alles glattgehen wird. Es gibt keinen Grund, über irgend etwas zu weinen. Sei ein kluges Mädchen. Ich habe Dir bereits geschrieben, daß ich mich vor der Welt aufs Land verkrochen habe, anders bekomme ich meine Arbeit nie fertig, und sie muß fertig werden. Ich arbeite nicht übel. Die Ljachezkijs ziehen in mein Zimmer. Man hat sie endgültig rausgeworfen. Katja sagt, sie würden nach Taschkent übersiedeln, wo man Ljachezkij eine Arbeit angeboten habe. Ich habe nicht vor, mich im November länger als 2 oder 3 Tage in Moskau aufzuhalten, so daß sie mich nicht stören können, anschließend fahre ich nach Kiew und Anfang Januar ins Ausland. Davon habe ich Dir schon geschrieben. – Ich flehe Dich an, zerbrich Dir über Iwan Iwanowitsch nicht den Kopf. Ich werde ihm sehr bald alle Sachen wegnehmen und sie entweder in Moskau unterstellen oder nach Kiew schicken; so habe ich es mit B. W. vereinbart. Shenja schreibt, daß Ljolja versprochen hat, ihr die 100 Rubel zu ersetzen, die sie mir gestohlen haben. Das wäre schon gut.

Ende dieses Monats schicke ich Dir, wie versprochen, 100 Rubel. – Was ist mit Deinen Zähnen? Du schreibst darüber wie über ein entsetzliches Unglück, das über unsere Familie hereingebrochen ist. Bist ganz schön dumm geworden, Mamascha. Über die Reginina schrieb ich Dir bereits, daß sie Katja das Geld wiedergegeben hat. Ich sage nichts dazu, und man muß auch wirklich den Mund halten. Die Ljachezkijs machen schwierige Zeiten durch. Ich hätte überhaupt nichts gegen ihre Abreise nach Taschkent. Ein paar Verwandte weniger, na zum Henker mit ihnen! Diese Verfluchten martern einen schon. Und jedem tut irgend etwas weh, diese Halunken.

Ich hoffe, daß ich Dich in Brüssel in Gala antreffe. Ich komme – also benimm Dich!

Bleib gesund. Der Gott Israels beschere Dir neue Zähne, neues Geld und vor allem ein neues Hirn. Aber dieser alte Spitzbube läßt vielleicht dann und wann einen knöchernen Zahn springen, aber neuen Grips nie und nimmer. Einen Kuß für Merotschka und einen Gruß an meinen besten Verwandten Schap., einen Menschen, der, auch wenn ihm etwas wehtut, kein Wort darüber verliert. Dankt ihm dafür in meinem Namen.

Dein I.

Moskau, 15. November 1926

Verwandte! Euren Brief vom 2. 11. habe ich erhalten. Bei mir ist alles in bester Ordnung. Es besteht Hoffnung, daß es mir bald gelingt, mein Stück in die nötige Bühnenfassung zu bringen. Das Künstlertheater wartet voller Ungeduld darauf. Ich arbeite viel – wie ein Zugochse, wie ein Zuchthäusler, wie ein Tagelöhner –, aber das verschafft mir Befriedigung. Ich wohne nach wie vor im Erholungsheim des Sownarkom, einer sehr luxuriösen Einrichtung: Stille, Einzelzimmer, Garten. Ich wohne gratis. Meine Adresse halte ich vor allen geheim. In Moskau lasse ich mich nicht blicken. Mir sind die Schafsköpfe lästig geworden, sollen sie sich doch zum Teufel scheren. Ich muß schließlich auch irgendwann einmal so leben, wie ich es brauche. Ljolja verspricht, anstelle von Wolodka die 100 Rubel an Shenja zu bezahlen. Merotschkas Nachricht hat mich mutlos gemacht. Von ganzem Herzen wünsche ich ihr, daß sie die Operation und die ersten Tage danach tapfer und fidel übersteht. Neuigkeiten gibt es bei mir, Gott sei Dank, überhaupt keine. Und woher sollten sie hier auch kommen? Überdies brauche ich keine Neuigkeiten. Wo werdet Ihr mich unterbringen, wenn ich nach Brüssel komme, und was werdet Ihr mir zu essen vorsetzen?

Euer I.

29. November 1926

Liebe Mama, wir verstehen uns beide aufs Wort. Deshalb werde ich mich kurz fassen. In einigen Tagen fahre ich nach Kiew, wo ich mich für eine mehr oder minder lange Zeit aufhalten werde, denn ich will eine Weile in ruhiger und sicherer Umgebung arbeiten. Anschließend fahre ich für längere Zeit ins Ausland. Ich werde die entsetzliche, mich aufreibende »Moskauer Periode« aus meinem Leben tilgen. Wir werden kein Wort mehr darüber verlieren. Durch mein ganzes Leben habe ich bewiesen, daß man an mich glauben kann. Glaub mir also auch dieses Mal. Ums Geld mach Dir keine Sorgen. Innerhalb der nächsten Tage, sehr bald also, werde ich Dir alle Auslagen erstatten, die Du in letzter Zeit übernommen hast. Von Shenja bekomme ich erfrischende, gute Briefe. Ich habe vor, in etwa drei Tagen in die Stadt zurückzukehren. Ich bin in meiner Bewegungsfreiheit sehr eingeschränkt, weil Katja und Ljachezkij in meinem Zimmer wohnen. Das ist die *zore*, die Du mir vererbt hast. Morgen schreibe ich nochmals.

Dein I.

Moskau, 17. Dezember 1926

Teure Mama. Lange ist kein Brief von Dir gekommen. Ich weiß nicht, welchem Umstand ich Dein langes Schweigen zuschreiben soll. Ich mühe mich wegen des Passes ab, viele Scherereien, will die 230 Rubel nicht bezahlen, eine Verordnung wurde erlassen, nach der für ausreisende Künstler und Schriftsteller ab dem 20. 12. eine Ermäßigung eingeführt wird. Sie sollen 50 oder höchstens 100 Rubel bezahlen. Ich warte diesen

Termin ab. Katja hat für sich, wie es scheint, ein Zimmer in Kunzewo gefunden; morgen ziehen sie vielleicht dorthin um. Über meine Stimmung werde ich nichts schreiben, denn leben kann ich erst dann wieder, wenn ich von meinen Füßen den verfluchten Staub, in dem sie derzeit stecken, abgeschüttelt habe. Ich küsse Dich und Merotschka.

I.

1927

Moskau, 22. Januar 1927

Liebwerte Fenja. Ich mußte dringend wegen des Passes und Theaterangelegenheiten nach Moskau fahren. Furchtbar lange habe ich von Euch keinen einzigen Brief mehr bekommen. – Ich bin buchstäblich verzweifelt. Wie sich herausstellt, bin ich so blöd, daß ich es fertigbringe, mir um solch streitsüchtige Verwandte wie Euch Sorgen zu machen. Auf diesen Brief kannst Du nach Kiew antworten, bis dahin werde ich schon dort sein. Meras Gesundheitszustand versetzt mich in große Aufregung. Ich habe hier Erkundigungen eingezogen. Nach Meinung der Ärzte wurde Meras Operation radikal durchgeführt und wird eine vollständige Genesung nach sich ziehen. Schreib mir ausführlich und bitte auch Meri zu schreiben, wie es ihr gesundheitlich geht. Ich hoffe, Du hast die hundert Rubel, die ich aus Kiew geschickt habe, schon erhalten. Am Montag, den 24. 1. 27, schicke ich Dir noch einmal hundert Rubel. Anfang Februar erhält Meri 50 Dollar. Ich hoffe, dieses Geld wird Euch helfen, zurechtzukommen. Von meiner Seite ist alles Notwendige getan, damit Du ab Februar regelmäßig 100 Rubel monatlich erhältst (das heißt außer den 300 Rubeln, die ich nach und nach bis Februar abschicken werde). Ich bitte Euch, dieses Geld so zu verwenden, daß sich Euer Lebensstandard erhöht. Wie der selige Papa sagte: »Ich werde meinen Kopf nicht auf Eure Schultern legen«, und ich denke, Ihr habt keinen Grund zu flennen und noch weniger, Euch um irgendwelchen stinkenden Plunder zu grämen, den absolut niemand brauchen kann, der einem aber das Leben vollpfropft und verstellt. Wenn es darauf ankommt, besitze ich jederzeit Möbel, mit denen ich 5 oder 6 Zimmer einrichten kann, und außerdem habe ich noch einen Teil der Sachen für uns aufgehoben. Meine Moskauer Wohnung ist bei Slonim, L. I., Warwarka 16. Am Montag fahre ich nach Sergijewo und hole bei Iw. Iw. alle Sachen ab. Deine Dummheit macht die einfachsten Dinge kompliziert. Solange Du in Brüssel sitzt, kannst Du nicht über all Deine Schemelchen und Etageren verfügen, und glaub mir, glaub mir doch, daß ich in diesem Fall vernünftig handle, zu unserem Besten und nicht zu unserem Schaden. Was das Geld angeht, so hat die Periode der dürftigen Finanzen ein Ende, und Du wirst in keiner Hinsicht Not leiden. »Die Frage ist erledigt«, wie man hier bei uns sagt. Ich küsse Dich fest, mein alter, lieber kleiner Dummkopf, und warte mit Freude auf unser Wiedersehen. Merotschka, schreib mir Punkt für Punkt von Dir: über Leber, Magen, Hirn usf. Vergiß mich nicht und denk nicht schlechter von mir, als ich in Wirklichkeit bin. In Brüssel gehen wir beide in eine Bierstube, sitzen dort zwei oder drei Stunden, und dann wirst Du über mich mehr und Richtigeres und Wahrhaftigeres erfahren als das Gerede der weltumspannenden Scheiße, die uns umgibt.

Euer I.

Der Umschlag stammt von Anna Grigorjewna; glaubt nicht, ich wäre so verschwenderisch!

Moskau, 28. Januar 1927

Liebe Mama. Ich will Dir ausführlich auf Deine unsinnigen Briefe antworten, deren Zweck mir unklar bleibt. Alle wertvollen Sachen sind in zwei Truhen verstaut und nach Kiew zu den Gronfajns befördert worden, wo sie gut aufgehoben sind. Iw. Iwanowitsch habe ich einen Schrecken eingejagt, er kam heute zu mir gerannt und wird natürlich alles bis aufs letzte Staubkörnchen zurückgeben; am Sonntag bin ich in Sergijewo, Käufer habe ich – ich werde mit den Interessenten hinfahren – und Iw. Iwanowitsch werde ich kein Krümelchen übriglassen. Von den Möbeln habe ich mir den großen Schrank, die Anrichte, den Schreibtisch, den Kleiderständer, die Etagere und die Stühle reserviert. Den Samowar schicke ich nach Kiew, die

Geige habe ich verkauft. Die ganze Wäsche und auch das Bettzeug ist ausnahmslos in Kiew. Auf Shenjas Bitte bemühe ich mich um Visum und Paß für die Alten, die im Sommer für drei Monate zur Kur fahren werden. Sobald ich sie untergebracht habe, reise ich ab. Zu tun habe ich in Moskau eine Menge, ich werde wahrscheinlich noch zwei, drei Wochen hier zubringen; um meine literarischen Angelegenheiten steht es gut. Mich beunruhigt, daß Du noch keine Benachrichtigung wegen des Geldes bekommen hast. Morgen schicke ich Dir 50 Dollar durch die Industrie- und Handelsbank. Schreib mir nach Moskau, Warwarka 16, Wg. 54, bei Slonim. Zwar versuche ich selber, mir meine gute Stimmung und innere Ruhe zu bewahren, aber Eure Briefe bringen mich um. Was ist mit Mera los? Sollte ihr die Operation wirklich nicht geholfen haben? Warum schreibt sie, daß sie in einer todtraurigen Stimmung ist? Falls es die materiellen Dinge sind, die sie aufregen, so schwöre ich Euch, daß sich im Laufe der nächsten Wochen Eure finanzielle Lage gravierend verbessern wird. Falls sie sich meinetwegen aufregt, so mache ihr klar, daß ich nicht zu den Leuten gehöre, die sich so leicht kleinkriegen lassen; ich fühle mich gut und werde auf dieser Welt noch ein paar Dinge bewegen. Wozu also »todtraurig« sein? Wozu dieses erbärmliche Geflenne? Wozu diese neurasthenische Unausgeglichenheit? Der Teufel soll Euch zerfetzen; bewegt Eure Ärsche, und im Gleichschritt marsch! Was seid Ihr doch für Jammerlappen! Dabei habt Ihr nichts zu jammern, und überhaupt gibt's dafür keinen Grund. Wenn mich in manchen Minuten der Jammer überkommt, dann denke ich an Papa. Er hoffte und wollte, daß wir erfolgreich sind, nicht daß wir flennen. Wenn ich an ihn denke, spüre ich, wie die Kraft in mich strömt, und sage mir: Auf geht's! All das, was ich ihm nicht mit Worten, sondern in meiner Seele versprochen habe, werde ich erfüllen, und das ist der Grund, weshalb ich sein Andenken hoch und heilig halte. Und mich schmerzt, daß Ihr diese meine einzige heilige Erinnerung in unnützen Tränen und in Schwäche ertränkt.

Schreibt unverzüglich die Adresse der Tante in Brüssel.

Euer Euch liebender I...

Moskau, 8. Februar 1927

Meine Teuren. Euer Brief hat mich getröstet, allerdings nicht sehr. Offensichtlich wird Meras kränkelnde Verfassung dadurch ausgelöst, daß sich ihr Organismus erst an seinen neuen Zustand anpassen muß. Wir wollen hoffen, daß diese Qualen bald ein Ende haben. Meras Mitteilung, das Geld sei nach Paris geraten und solle nun über New York kommen, hat mich völlig verdutzt. Ich verstehe rein gar nichts. Bekommt Ihr es nun oder nicht, und warum ist das alles geschehen? Ich habe dieses Geld doch auf dem üblichen Weg durch die Staatsbank in Kiew abgeschickt. Heute habe ich Euch fünfzig Dollar geschickt. Ich hoffe, daß mit diesem Geld nichts Außergewöhnliches passiert. Den Erhalt des Geldes bitte ich unverzüglich zu bestätigen. Bei der Bank werde ich vorbeigehen, um die Sparbuchzinsen gutschreiben zu lassen. Die Sachen in Sergijewo habe ich bis auf das letzte Staubkörnchen verkauft. Sie werden am Sonntag abgeholt. Iw. Iw. ist kirre geworden. Ich bin froh, daß ich ihn für immer vom Hals habe. *Benja Krik* wurde verboten (ich hatte nichts dagegen, denn der Film ist schlecht gedreht), aber jetzt wird er wieder freigegeben. Meine Abreise wird sich keinesfalls verzögern, spätestens in einem Monat sehen wir uns wieder. Ich bitte Euch, mir, ohne Zeit zu verlieren, die Adressen der Tanten zu schreiben. Ich brauche sie sehr dringend. Also, beruhigt Euch, meine Teuren. Ich hoffe fest darauf, daß sich alles aufs Allerbeste regeln wird. Schreibt nach Moskau, an die Slonims. Die Lage der Ljachezkijs ist schwer, aber ich habe Grund zu der Annahme, daß ich ihm noch in dieser Woche eine Stelle verschaffen werde. Auf Wiedersehen.

Euer I.

[Kiew], 1. März 1927

Teure Mama. Gestern kam ich in Kiew an. B. W. ist sehr krank – Lungenentzündung. Eine uns wohlbekannte Situation und nebenbei auch noch zum Jahrestag. Die Ärzte versichern immer noch, daß zu 50% Aussicht auf Genesung bestehe. Es wurde beschlossen, Shenja nicht herkommen zu lassen. Das ist zwecklos. Ich hoffe, daß bei Dir alles in Ordnung ist. Mich beunruhigt, daß ich im März gezwungen bin, Dir das Geld über die Kiewer Bank zu schicken, und nach dem letzten Versuch zu urteilen, wird das einen geschlagenen Monat brauchen. Ich hatte damit gerechnet, im März abzureisen, doch jetzt liegt wieder über allem der Schleier der Ungewißheit. Ich werde Dich über alles, was geschieht, genau unterrichten. Nachdem wir Familienrat gehalten hatten, schrieb ich Shenja, alles stehe zur Zufriedenheit.

Dein I.

KIEW, 5. MÄRZ 1927

Teure Mama. Heute ist der 6. Tag, den ich in Kiew verbringe. Der arme B. W. ringt heldenhaft mit seiner furchtbaren Krankheit. Er hat eine grippale Lungenentzündung. Also mußte diese verdammte Grippe über einen 64jährigen alten Mann herfallen. Die Ärzte meinen – sehr ernst, aber nicht hoffnungslos. Um die Wahrheit zu sagen – ich glaube nicht an einen glücklichen Ausgang. Die Lage hier muß Dir einleuchten, wir beide haben eine solche Lage schon erlebt, was kann ich Dir also von meinem Leben sagen? Die Pacht hat man B. W. weggenommen, Geld hat er keins, die volle Bürde der enormen Ausgaben für das ganze Haus lastet auf mir. Zu arbeiten gelingt mir natürlich nicht, es bleibt nur das Eine – die Hoffnung auf eine bessere Zukunft. Schreib mir nach Kiew. Du verstehst sicher, daß ich Dir nicht schreiben kann, wieviel Zeit ich hier noch verbringen werde.

Liebe Mama, schreib mir ausführlich über Euer Leben, über die neue Wohnung, wie Meri und Du Euch fühlt. Ist Schaposchnikow mit seiner Stelle zufrieden? Wie sieht Dein Zimmer aus? Ich bitte Dich, Dir keine Sorgen um das Geld zu machen. Ich hatte die Absicht, Dir in diesem Monat 200 Rubel zu schicken, aber angesichts meiner Sonderausgaben hier wollen wir uns mit 100 Rubeln begnügen. Ich schicke sie Dir per Post, denn ich hoffe, daß Ihr keine akute Not leidet.

Ich küsse Euch fest.

I.

KIEW, 7. MÄRZ 1927

Heute um 5.05 Uhr verschied Boris Wenjaminowitsch. Er starb an der Grippe, die sich durch eine Lungenentzündung noch verschlimmerte. Berta Dawydowna hält sich außerordentlich tapfer. Dieses ihr Verhalten hilft mir bei meiner schweren Pflicht. Morgen schreibe ich ausführlich.

Dein I.

KIEW, 11. MÄRZ 1927

Meine Teuren. Ich erinnere mich nicht, ob ich Euch über den Tod und das Begräbnis von B. W. geschrieben habe. Anscheinend doch. Ich wohne bei der Alten. Aus Winniza sind die Verwandten gekommen, heute reisen sie wieder ab. B. D. hält sich gut, man kann sogar sagen, ausgezeichnet. Ich kümmere mich wieder einmal um eine Erbschaft, o weh! Ich kann hier nicht einmal für einen einzigen Tag wegfahren, weil man sonst alles fortschleppt. Habe ausführlich an Shenja und Ljowa geschrieben. Sollen sie entscheiden, ob sie nun nach Rußland kommen oder ob ich die Alte ins Ausland bringen soll, damit sie sich dort mit Ljowa trifft und nach Amerika weiterreist. Werde auf ihre Antwort warten. Bei mir war alles für die Abreise vorbereitet – ich hatte mich schon aufgemacht, um die Fahrkarte zu kaufen. Es kam anders. Werde mich gedulden. Mit Ungeduld warte ich auf erfreulichere Nachrichten von Euch. Wie ist die neue Wohnung? Was macht Merotschkas Gesundheit? Und die Deine, meine liebe alte Mama?

I.

Kenne Eure Adresse nicht. Staune, daß Ihr sie mir nicht rechtzeitig mitgeteilt habt. Schreibe deshalb per Einschreiben. Hoffe, der Brief kommt an.

KIEW, 18. MÄRZ 1927

Teure Mama. Du bedauerst mich ohne Grund. Wir leben still und glücklich, denn das Unglück liegt hinter uns. Heute oder morgen wird Shenja die »Nachricht« erhalten. Wir warten auf ihre Entscheidung über unser Schicksal – ob wir zu ihr fahren sollen oder ob sie nach Kiew kommt. Ich arbeite. Stell Dir vor, B. D. vergöttert mich dermaßen, daß sie mich nicht einmal bei der Arbeit stört. In ein paar Tagen habe ich in Kiew einen öffentlichen Literaturabend. Ich mache das des Geldes wegen. Solche Abende werden wahrscheinlich auch in Charkow, Odessa, Winniza und Jekaterinoslaw veranstaltet. Falls ich nach Odessa komme, werde ich mich bemühen, Anjuta und Sonja zu helfen. Bei der verdammten Bank hier hat man mir versprochen, daß ich diese Woche das Geld für Dich einzahlen kann. Ich nehme an, daß Du dieses Geld Anfang April bekommen wirst, weil die Überweisungen aus Kiew höllisch lange brauchen. Da ist nichts zu machen… Ich bin sehr froh, daß Dir die neue Wohnung gefällt. Teure Fenja. Im Leben gibt es traurige und frohe Tage, aber man sollte nicht alles schwarzmalen. Man muß über das Traurige traurig sein und sich über das Schöne freuen. Das ist eine sehr schlichte und zugleich sehr wichtige Philosophie. Was Bequemlichkeit, Ruhe und Verköstigung betrifft, geht es mir hier ausgezeichnet. Geld bin ich eine Menge losgeworden, ich war gezwungen, für die Behandlung und für das Begräbnis etwas zu geben, weil das russische Geld nicht gereicht hat. B. W. hat ein Testament hinterlassen, demzufolge Shenja Alleinerbin ist. Für das Haus, das ihm zurückgegeben wurde, bietet man etwa fünfzehntausend, Interessenten gibt es sehr viele. Das Beste wäre natürlich, die Alte nach Amerika zu schaffen. Da es mir in Kiew ganz passabel geht, erwarte ich die Entscheidung von Shenja und Ljowa ohne besondere Ungeduld. Was für eine Arbeit hat Schaposchnikow? Ist es eine feste Stelle? Was für ein Gehalt zahlt man ihm? Versagt Euch nichts, ich bitte Euch. Ich bitte Dich, nicht zu vergessen, daß Dir meine hundert Rubel sicher sind. Ich küsse Dich und Merotschka fest. Gruß an Schap.

Dein I.

Kiew, 26. März 1927

Verehrte Fenja. Habe Deinen Brief vom 19. 3. erhalten. Die Briefe sind genau sieben Tage unterwegs. Wie ich Dir schon schrieb, bedauerst Du mich ohne Grund. Bis jetzt habe ich mich noch immer aus dem Sumpf gezogen. Was Komfort, Verköstigung und Bequemlichkeit angeht, läßt mein Leben nichts zu wünschen übrig. Stepanida ist nach wie vor hier. Mit B. D. komme ich besser aus, als zu vermuten war. Das kommt von ihrer grenzenlosen Verehrung, welche die uns bekannte Kälte abgelöst hat. Und da sie ein dickköpfiger Mensch ist, besitzt diese abgöttische Verehrung den Charakter einer Manie. Ein neues Unheil bricht über mich herein! Ich denke, ein Grund dafür ist meine gräßliche »Berühmtheit«. Sie hat große Augen gemacht, als sie sah, wie man um mich herumscharwenzelt, und nun glaubt sie ein für allemal fest an mich. Von Shenja kam ein Telegramm. Sie weiß über alles Bescheid und hat geschrieben, was zu tun ist. Mit Ungeduld warte ich auf diesen Brief. Ich werde keinerlei Liquidation vornehmen, Du kannst ganz beruhigt sein. Meine Geldangelegenheiten sind in bester Ordnung. Wie ich Dir schrieb, sind aus Kiew 100 Rubel an Dich abgegangen. Gestern habe ich zum ersten Mal mein neues Stück vorgelesen. Der Erfolg ist groß, und wäre ich unbescheiden, würde ich sagen – riesig. Wie es zuging, daß ich unter solch grauenhaften Umständen etwas Ordentliches schreiben konnte, will mir nicht in den Kopf. Ich schicke Dir einen Ausschnitt aus der heutigen Zeitung; ich schicke ihn Dir, weil es die ersten Zeilen über meine neue Schöpfung sind. Bin sehr froh, daß Ihr eine gute Wohnung habt. Ich flehe Dich an – dreht nicht jede Kopeke um und lebt, wie es sich für Menschen gehört. Es ist mittlerweile absolut klar, daß wir nicht zweimal leben. Mein Leben wird viel leichter, viel fröhlicher sein, wenn ich weiß, daß Du Dir das Nötige nicht versagst, daß Du Deinen erzwungenen »Kuraufenthalt« nicht wie eine jüdische Bettlerin, sondern wie eine Dame mit einem Federchen auf dem Hut verbringst.

Ich warte darauf, daß man mir aus Odessa telegraphiert, wann der Literaturabend stattfindet. Ich werde mich bemühen, Anjuta und Sonja zu helfen. Es ist anzunehmen, daß Meras Organismus sich wieder normalisiert. Ich möchte sehr gerne wissen, was der Professor sagt, der sie operiert hat – läuft die Heilung problemlos? Ich schrieb Euch bereits, daß sich die alte Sejliger dieser Operation vor zwanzig Jahren unterzogen hat (sie war also um vieles älter als Meri), und bei ihr war die Krankheit danach wie weggeblasen. Wir wollen hoffen, daß dies bei ihr ebenso sein wird.

Ich küsse Euch fest.

I.

Wie ist das Klima in Brüssel? Gehst Du spazieren? Bei uns ist nach einem richtigen Frühling der grimmige Winter ausgebrochen; reichlich Schnee, kalt ist es.

Kiew, Bahnhof, 30. März 1927

Teure Mama. Ich fahre gleich nach Odessa. Dort lese ich am 1. und 2. April, fahre am 3. weiter, am 4. lese ich in Winniza, am 5. komme ich zurück nach Kiew. Ich werde natürlich alle Unsrigen besuchen – die Toten und die Lebenden. Sobald ich wieder in Kiew bin, bereite ich mich im Eiltempo auf die Abreise vor. Shenjas Brief ist eingetroffen. Sie bittet, das Haus nicht zu verkaufen, sondern nur den überflüssigen Teil des Mobiliars. Ich bin völlig einer Meinung mit ihr. Aus Odessa werde ich Dir schreiben. Ich küsse Dich fest. Erwarte von Dir und Merotschka zahlreiche Briefe.

Dein I.

Kiew, 6. April 1927

Teure Mama. Gestern abend bin ich aus Odessa und Winniza zurückgekommen. Meine Reise verlief sehr erfolgreich. Habe Anjuta gesehen, bei Sonja vorbeizuschauen, habe ich nicht geschafft, weil ich insgesamt nur zwei Tage in Odessa verbrachte, und das waren zwei sehr hektische Tage. In materieller Hinsicht geht es Anjuta ausgesprochen gut. Heute schicke ich ihnen von hier aus Geld. Ich nehme nun die Scherereien wegen der Reise in Angriff. Wir reisen spätestens im Mai ab. Hier wird nur das liquidiert, was ganz und gar unnütz ist, um dadurch Geld für die Reise zu beschaffen. Damit ist unser Wiedersehen nicht mehr allzu fern. Odessa ist tot, kalt, trostlos. Hand aufs Herz, ich sage Dir, Du mußt dem Schicksal danken, das Dich in Brüssel angesiedelt hat. Zu wissen, daß Merotschka endlich wieder auf den Beinen ist, bereichert mein

Leben sehr. Das Geld hast Du, wie ich hoffe, erhalten oder aber Du erhältst es in den nächsten Tagen. Ich hoffe, daß bald die Zeit kommt, wo ich endlich in Ruhe arbeiten kann. Der heutige Brief läuft außer der Reihe; er ist nur die Ankündigung meiner Ankunft. Werde mir erst die eiligen Angelegenheiten vom Halse schaffen und Dir dann ausführlich schreiben.

Ich küsse Euch fest.

Euer I.

KIEW, 17. APRIL 1927

Liebe Mama. Ich wünsche Dir alles Gute zum Feiertag. Den Sejder haben wir bei den Sejligers begangen – nach allen Regeln, genau wie in meinen guten alten Kindertagen. Aus Dir begreiflichen Gründen war mir sehr schwer ums Herz. Obwohl – ich fühle mich in letzter Zeit viel frischer, ich arbeite und blicke mit hoffnungsvollen Augen in die Welt. Zu tun habe ich haufenweise, abgesehen von meinen eigenen Angelegenheiten sind da noch die Scherereien, um Shenjas Erbansprüche geltend zu machen, eine Flut von Formalitäten, Gespräche mit den Käufern, Papierkrieg und natürlich auch die Dressur der armen Berta Dawydowna. Ich hoffe, Du hast das Geld erhalten. Habt Ihr denn Matze und hält man sich in Brüssel noch an die altväterlichen Bräuche? Wie ist der Frühling bei Euch? Bei uns ist er mörderisch. Es war noch keinen einzigen Tag warm. Ich glaube fest daran, daß wir beide das nächste Pessach »zu guter Stunde« gemeinsam feiern werden. Ihren Auslandspaß wird B. D. bald erhalten, ich erwarte von Shenja eine Benachrichtigung hinsichtlich des Visums. Neuigkeiten gibt es bei mir, liebe Mama, überhaupt keine. Ich gewinne so ganz allmählich Abstand zu meiner tiefen Erschütterung und wünsche Dir von ganzem Herzen Gelassenheit und Mut. Ich bin nach wie vor Optimist. Wie steht es um Deine und Meris Gesundheit? Meine verehrte Schwester – geht sie irgendeiner Beschäftigung nach oder ist sie nur »Hausfrau« – *a hejm balebuste?* Seid meiner völligen Ergebenheit gewiß.

Euer Euch liebender Issaj.

Einen Gruß an Stejnach.

P.S. Vor ein paar Tagen kam Ljachezkij auf der Durchreise nach Kiew. Er rief mich vom Bahnhof aus an und sagte, man habe ihn wegen der Krankheit seiner Schwester – welcher, weiß ich nicht – kommen lassen. Es ist anzunehmen, daß der nächste Spaziergang auf den jüdischen Friedhof ansteht. Seine materielle Lage hat sich verbessert, offensichtlich ist ihm irgendeine Sache geglückt.

Kiew, 23. April 1927

Teure Mama. Du mußt mir nicht böse sein, weil ich selten schreibe. Ich habe das Briefeschreiben über, es hängt mir buchstäblich zum Hals heraus. Im Zusammenhang damit, daß ich zum »Testamentsvollstrecker« avanciert bin, muß ich dutzendweise Briefe mit ein und demselben langweiligen Inhalt in alle Richtungen verschicken. Sie Dir nachzuerzählen, ist einfach widerlich. Langsam aber sicher kommen die Dinge hier voran. Aus bitterer Erfahrung klug geworden, überstürze ich nichts, und so verläuft die Liquidation (die Teilliquidation) recht erfolgreich. Die Hauptschwierigkeit liegt darin, Shenjas Erbansprüche geltend zu machen, die Erbsteuern sind ungeheuerlich, sie gehen in die Tausende, da wird es noch viel Scherereien geben. In der nächsten Woche fahre ich nach Lubny, wo es um eine ernste Angelegenheit – die Reprivatisierung des Hauses – geht, und von dort aus nach Moskau, wo es in vielerlei Hinsicht zu tun gibt: die Ablieferung eines Szenariums an Sowkino, die Verhandlungen mit dem Künstlertheater, das Anfang Mai auf Tournee durch die Provinz geht, die Verlängerung meines Passes u.a.m. Werde mehrere Tage in Moskau verbringen. Die Antwort auf diesen Brief kannst Du an die Slonims – Warwarka 16, Wg. 54 – schicken. Zu meinem Schrecken hat sich bei der Staatsbank herausgestellt, daß das Geld an Dich (100 R.) noch immer nicht abgegangen ist. Das liegt daran, daß an Shenja in diesem Monat zweimal etwas überwiesen wurde, und daher konnte mein Gönner nichts an Deine Adresse schicken. Ich werde darauf bestehen, daß es Dir am Dienstag telegraphisch überwiesen wird, schlimmstenfalls werde ich es Dir aus Moskau telegraphisch überweisen. Dieses Geld liegt schon mehr als zwei Wochen auf der Bank, und nichts ließ sich unternehmen; Du kannst mit dem Geld rechnen, und schreib mir um Gottes willen keine Jammerbriefe, Du würdest auf alles verzichten usw. Wenn ich komme, bringe ich Dir alle Sachen mit, die Du brauchst. Ungeachtet der äußerst widrigen Umstände arbeite ich viel und fühle mich daher gut. Mein Pflegekind ernährt sich von Trockeneipulver, und daher arbeitet ihr Magen reibungslos, aber von Tag zu Tag altert sie bedrohlich und wirkt neben ihren Altersgenossinnen wie eine Greisin. Der Regisseur Gritscher in Odessa schuldet mir 100 Rubel. Ich habe veranlaßt, daß Anjuta und Sonja dieses Geld ausgezahlt bekommen. Womit beschäftigt sich Meri? Wer nicht arbeitet, soll auch nicht essen. Daher also: Mit welcher Berechtigung tafelt sie?

Dein vom Schicksal heimgesuchter und dennoch unverzagter

I.

Moskau, 28. April 1927

Liebwerte Fenja. Lange habe ich Dir nicht geschrieben. Bin in einer »Vor-der-Abreise-Stimmung«, deshalb fällt das Schreiben schwer. B. D. hat ihren Paß bekommen, nun muß hier das franz. Visum eingetragen werden. Shenja hat telegraphiert, das Visum sei erteilt, d.h. alles läuft glatt. Shenja hat in Paris eine Wohnung gemietet. Meine Geschäfte hier nähern sich ihrem Abschluß, und ich rechne damit, in einer Woche die Alte in Kiew abholen zu können. Wir werden durch Polen fahren und in Berlin haltmachen; in Berlin habe ich viel zu tun. Was das Geld betrifft, mach Dir keine »Bedenklen«, es wird kommen. Ich will es Dir nicht versprechen, sondern werde es einfach abschicken. Alle Sachen, deretwegen Du geschrieben hast, werde ich Dir mitbringen. Ljachezkij ist in Moskau angekommen. Wir warten nun auf die Ankunft des Leiters von Metallosklad aus Odessa; Ljachezkij schickt man dorthin zur Arbeit. Vielleicht ist es so das Beste, denn er wird Moskau offensichtlich nicht besiegen, eher besiegt Moskau ihn. Damit – auf Wiedersehen, meine Lieben, auf ein baldiges Wiedersehen.

Euer I.

Kiew, Bahnhof, 30. April 1927

Teure Mama. Fahre gleich nach Moskau. Es ist gehupft wie gesprungen. In Moskau muß ich mein Visum in den Paß bekommen, das Stück im Theater abliefern, das Szenarium übergeben. Nun reicht es. Sofort nach meiner Ankunft, genauer am 3. 5. (der 2. ist ein Feiertag) überweise ich Dir das Geld. In Kiew ging es mir nicht übel – ich hätte sogar gearbeitet, wäre da nicht die unerträglich gespannte Beziehung zwischen Berta und den Sejligers. Wie gefalle ich Dir in der Rolle des Friedensstifters? Dabei gibt es keine Seele, die übler stinkt, als die von Raissa Solomonowna… [Ende des Briefes fehlt]

Moskau, 24. Juni 1927

Teure Mama. Nach Kiew fahre ich am Mittwoch, den 29. Alle Angelegenheiten sind erledigt. In materieller Hinsicht stehen die Dinge gut. Hast Du die 100 Rubel bekommen, die ich Dir telegraphisch geschickt habe? Hat Grischa die Bücher bekommen? Nach Odessa habe ich gleichfalls 100 Rubel geschickt. In dieser Woche überweise ich Meri noch einmal hundert Rubel. Alle Sachen, die Du brauchst, bringe ich Dir mit. Auf dem Weg nach Paris werden wir beide uns nur auf dem Bahnhof in Liège sehen, weil ich mit der Alten nicht in Brüssel haltmachen kann. Den Tag der Abreise werde ich Dir telegraphisch aus Berlin mitteilen. In Liège werden wir dann auch gleich besprechen, was geschehen soll – ob Du nach Paris fährst oder ob ich nach einer Weile in Paris dann zu Dir nach Brüssel »auf Stippvisite« komme. Ich denke, unsere Nöte nehmen nun ein Ende. Ich muß für die idiotische Weichheit und »Hochherzigkeit« meines Charakters bezahlen, aber Du, meine arme Kleine, wofür bezahlst Du? Nun ja, ich glaube an mich und weiß genau – alles wird gut. Einen Kuß für Merotschka, einen Gruß an Grischa.

Dein I.

Alle Angelegenheiten habe ich weitaus besser, weitaus glatter geregelt, als ich vermutet hatte. Ich habe mein Pulver noch nicht verschossen!

Moskau, 26. Juni 1927

Ich habe noch fünf Minuten, bis die Luftpost abgeht. Das Buch ist unterwegs. 100 Rubel sind vorgestern telegraphisch abgegangen. Alle Scherereien wegen der Pässe sind zum guten Ende gebracht. Morgen fahre ich den Sonntag über nach Leningrad, um dort mein Stück vor Angehörigen des Alexandrinskij Theaters zu lesen und einen Vertrag abzuschließen. Bin Montag früh wieder in Moskau. Hoffe, am Dienstag nach Kiew abzureisen, und dann – weiter ins Ausland. Die Abreise werde ich Dir telegraphisch mitteilen. Am Montag schreibe ich ausführlich.

Auf Wiedersehen, meine Lieben.

I.

1928

Paris, 2. April 1928

Fenka. Habe Dir lange nicht geschrieben, war sehr beschäftigt, habe viel gearbeitet. Die Reise nach Italien hängt noch immer in der Luft – wird sich diese Woche klären. Wenn ich fahre, dann wahrscheinlich für einen Monat. Nach meiner Rückkehr werden wir beide ein ernstes Wörtchen miteinander zu reden haben. Ich möchte, daß wir den Sommer alle gemeinsam verbringen, und werde deshalb alles dransetzen. Im Laufe dieses Monats müssen sich Ljowas Angelegenheiten klären, was für die Planung des künftigen Lebens sehr wichtig ist. Du weißt selbst, wieviel davon abhängt. Es sieht jetzt tatsächlich danach aus, daß sein Vorhaben kurz vor der Entscheidung steht, und diese Entscheidung muß man abwarten; solange sie nicht gefallen ist, sollte man keinerlei radikale Veränderungen vornehmen. Ich weiß nur, daß sich der jetzige Zustand, das heißt unser Getrenntsein, nicht lange hinziehen darf. Heute schreibe ich an Anna Grigorjewna, damit sie Katja vom ersten Gehalt 50 Rubel aushändigt. Im Augenblick fällt es mir nicht leicht, dies zu tun. Das Stück läuft immerhin noch in Moskau. Mittlerweile wissen alle, daß ich *mon possible* getan habe, aber das Theater vermochte dem Publikum nicht die Feinheiten zu vermitteln, die in diesem dem äußeren Anschein nach ungeschliffenen Stück stecken. Und wenn es sich dennoch mit Ach und Krach auf dem Spielplan halten sollte, so freilich nur durch das, was dieses »Werk« von mir hat, und nicht vom Theater. Das kann man ohne jede Angeberei sagen. Jetzt – Moskauer Neuigkeiten: Gleich nach Polonskij haben sie Olschewez bei Nowyj mir rausgeschmissen, und kannst Du Dir vorstellen weswegen? Trunksucht! Er hat in »betrunkenem Zustand« irgendwo in der Öffentlichkeit Krawall geschlagen, und schon war seine Karriereleiter zu Ende. Sehr bedauerlich. Ich habe diesen Menschenschlag immer gemocht – *a jid, a schiker*... Aber das Spannendste, wie man so sagt, kommt erst noch: Als Nachfolger von Olschewez ist... Ingulow ernannt worden. Ich bekam von ihm einen sehr bewegenden Brief – wir haben doch, sagt er, zusammen angefangen, ich habe als erster an Sie geglaubt, und jetzt bringt uns das Schicksal nach einer Pause von etlichen Jahren wieder in den gleichen Rollen zusammen, und dieses Mal werden wir der Welt zeigen... und so weiter und so fort... In der Tat, wie hier der »Wind an den Ort, da er anfing«, zurückkehrt, das hat etwas Symbolisches und mir persönlich sehr Angenehmes... Traut Euch ja nicht, die Wohnung – trotz der Mieterhöhung – aufzugeben; wenn sie ein Bad erhält, dann lohnt es auch, mehr zu bezahlen, und außerdem glaube ich nicht, daß die Miete übermäßig hoch sein wird, die Belgier scheinen nicht sonderlich gut rechnen zu können. Heute kaufe ich mir Matze und zum Sejder werde ich Dir zur Ehre diesen alten Gauner – den Gott der Juden – lang und breit lobpreisen, weil nach meiner inneren Buchführung das diesjährige Pessach fröhlicher ist als in den letzten Jahren... Aber ich werde mich bemühen, die übrige Gefühlsduselei zu ignorieren – man muß sein Leben ein bißchen strenger anpakken, dann wird auch etwas Gescheites daraus. In Amerika dauern die Verhandlungen immer noch an. Das Theater, an das ich mich gewandt hatte, ist pleite gegangen, ein anderes Theater ist nun an meinem Stück interessiert – ich warte auf seine Entscheidung. Diese wird voraussichtlich nicht so bald fallen. Natürlich lassen Euch alle grüßen und küssen... B. D. blüht prächtig auf (im Hinblick auf die in der Ferne schimmernden Wasserklosett-Millionen) und bricht bei jeder passenden und unpassenden Gelegenheit vor Glück in lautes Gelächter aus. Es gibt schon Sachen auf dieser Welt...

Dein Dich verehrender I.

PARIS, 24. APRIL 1928

Ihr Nichtsnutze, Ihr denkt wohl, ich fliege über den Atlantik oder kandidiere für das französische Abgeordnetenhaus und habe eine Menge Neuigkeiten zu erzählen… Dabei gibt es überhaupt nichts Neues… und Don Pomeranzo schreibt und schreibt, und der Teufel allein weiß, wann er ausgeschrieben hat… Bei uns steht alles, wie man so sagt, zum Besten, wenn man den Umstand nicht rechnet, daß (laut Nachricht von Anna Grigorjewna) das Geld, das am 3. 4. aus Moskau abgeschickt wurde, bislang noch nicht eingetroffen ist. Offensichtlich hat man die arme Anna Grigorjewna übers Ohr gehauen, aber das Geld ist natürlich noch nicht verloren, ich erwarte eine Aufklärung dieser rätselhaften Geschichte… Ich habe sie, zwar mit Verspätung, aber dennoch gebeten, Katja die 50 Rubel auszuhändigen. Die Nachrichten über Grischa freuen mich, ich werde mich unverzüglich um ein Visum für Euch bemühen, wir werden sehr glücklich sein, wenn Ihr kommt; das Einzige, woran ich unablässig denken muß: B. D. könnte Mama wieder Paris verleiden, aber vielleicht kommt ja Ljowa irgendwann und Mama kann ein »individuelles« Leben führen? Shenja hat Euch nach langem Drängen die 1928 erschienenen Hefte von NOWYJ MIR geschickt. Die Literatur darin ist ziemlich schäbig, aber ich denke, sie wird Euch interessieren – ein Gruß aus Rußland… Ich wollte das schon lange erledigt haben, aber bei uns fanden sich ständig neue Leser…

Das Visum wird, wie ich denke, am 1. Mai ausgestellt sein, und wenn bis dahin mein irrlaufendes Geld sein Ziel erreicht hat, werde ich Euch unverzüglich etwas für die Fahrt schicken. Ihr habt wahrscheinlich schon seit langem keinen einzigen Centime mehr in der Tasche. – Geduldet Euch, Kosaken, Ihr werdet auch noch Ataman… Nun also, meine Schätzchen, auf Wiedersehen, ich möchte Euch sehr gern sehen…

I.

P.S. Die Italiener erteilen auch keine Visa, ich rege mich nicht sonderlich auf, habe keine besondere Lust zu reisen, wir wollen lieber arbeiten…

Paris, 28. April 1928

Nichtsnutze! Gerade habe ich Shenja zur Post geschickt, damit sie Euch 500 FF übersendet. Mein Gehalt traf alles in allem mit drei Wochen Verspätung und zudem – dank der Abzüge der Devisenabteilung – nicht in der Höhe ein, mit der ich gerechnet hatte. Auf jeden Fall eine Atempause... Bei uns sind heute alle aus dem Häuschen – von Ljowa kam ein Brief, in dem er mitteilt, er müsse jeden Tag einen Vertrag mit irgend einem amerikanischen Großkopf abschließen und hoffe, im Mai nach Europa zu kommen. Folglich wird es im Mai in unserer bescheidenen *Villa* ein Treffen aller Abordnungen geben. Es ist anzunehmen, daß es ihm dieses Mal gelingen wird, seine Sache zu Ende zu bringen. Shenja hat Euch nur die erste Nummer von Nowyj mir geschickt, denn alle übrigen liest B. D. oder genauer: Ljubka Monarchist. In der vierten Nummer gibt es einen ziemlich gescheiten Artikel über *Sonnenuntergang* von P. Markow, dem besten russischen Theaterkritiker und Spielplanleiter des Künstlertheaters. Offensichtlich sind die Leute doch ein wenig dahintergekommen, was es mit diesem Stück, von dem ich die Nase voll habe, auf sich hat. Ich schikke Euch Nowyj mir spätestens am Montag. Bei uns ist seit etwa drei Tagen der herrlichste Frühling. Ihr solltet möglichst bald kommen, solange das gute Wetter hält. Shenja wird am Montag entschiedene *démarches* im Außenministerium unternehmen. Es gibt keinerlei Grund anzunehmen, daß sie mit einer Absage antworten. Was mich betrifft, so ist alles wie gehabt. Don Pomeranzo schreibt und schreibt... Die Sonne, die sich endlich blicken läßt, trägt dazu bei, daß ich mich munterer fühle, und die Arbeit geht daher leichter und besser von der Hand. Damit – auf Wiedersehen. Schreibt lustige Postkarten, ich grüße das belgische Proletariat, klatscht in die Hände, »auf daß alles gut ausgehe«... *Halewaj!*

I.

Paris, 10. Mai 1928

Verehrte Muska. Habe heute die wohlfeilen fünfhundert Francs (von den Deutschen aus Berlin) erhalten und hielt es für meine

Sohnespflicht, ehrlich mit Dir zu teilen, habe Dir als Taschengeld außer der Reihe 50 belgische Francs geschickt. Ich erwarte jeden Tag die Ankunft meines Gehaltes für den Monat Mai – dann werde ich Dich in angemessener Weise erquicken. Im vergangenen Monat sind wir mit dem Geld so eben über die Runden gekommen, ich hoffe, daß man es im Mai pünktlich schickt; aus Moskau hört man folgendes: Dort werden jetzt (ohne Ausnahme) niemandem Auslandspässe ausgestellt, und auch die Überweisung von Geld ist mit noch nie dagewesenen Schwierigkeiten verbunden. Ich habe mich trotz allem schlecht und recht eingerichtet, freilich nicht üppig und nicht so, wie es sein müßte (insbesondere in Paris, wo ich nicht bis in alle Ewigkeit bleiben werde und wo man ein abwechslungsreicheres Leben führen sollte), aber noch kriegen wir Luft. Habe Ljolja und Nadja gesehen. Schauen drein wie die Teufel persönlich, aber sie halten sich zurück; eine dunkle Geschichte, man kann wahrscheinlich nicht über alles laut reden. Diese arme Spanierin hatte schlicht eine Grippe, die nach Komplikationen blitzartig in eine galoppierende Schwindsucht überging. Diese unglückliche Herzogin. Sie starb in den Armen eines Sohnes aus dem Hause Salomons. Dabei ist nicht zu verstehen, ob seine Liebe so stark war oder ob sich einfach sein Verstand für kurze Zeit getrübt hatte. Auf jeden Fall ist der Tod dieser beiden Menschen, die zusammen noch keine vierzig Jahre zählten, ergreifend und irgendwie außerordentlich romantisch.

Die arme Merotschka, sie kriegt eine Malaise nach der anderen, ich denke aber, es ist eine Lappalie und Ihr meßt dieser Kränkelei mehr Bedeutung zu als nötig. Ich würde sie schrecklich gern sehen. Von Ljowa gibt es keinerlei Nachricht, und dieser arme Schlucker wird uns gewiß noch lange bezüglich seiner Ankunft im Dunkeln tappen lassen. Deshalb habe ich mir überlegt, ob nicht ich (und vielleicht auch Shenja für zwei, drei Tage) zuerst zu Euch kommen sollte, und anschließend könnten wir gemeinsam nach Paris fahren. Das wäre einfacher und sicherer. B. D. könnten wir für drei Tage bei Ljubka Monarchist lassen, Shenja bliebe für etwa drei Tage bei Euch und ich für länger. Eine Frage nur: Werde ich bei Euch denn arbeiten können, spielt in der Nähe auch niemand

Klavier (das ist nach wie vor meine Achillesferse)? Besorgt für alle Fälle ein Visum, und dann werden wir ja sehen; ich werde mich bemühen, so bald als möglich abzufahren. Falls ich irgendwelche Schritte in der hiesigen belgischen Botschaft unternehmen muß, so schreibt es mir. Wollen wir hoffen, daß die Belgier gutmütiger sind als die Italiener und ein Visum herausrücken.

Kann man eigentlich nicht eine Einreiseerlaubnis für einen bestimmten Zeitraum bekommen, so daß es möglich wäre, hin und her zu pendeln? Wir warten auf Antwort, wie man so sagt. Gesundheitlich geht es mir gut, ich arbeite ordentlich, doch die Früchte dieser Arbeit werden wir erst in drei oder vier Monaten zu Gesicht bekommen. Mir scheint, ich habe alles erzählt. Daher einen proletarischen, pflichtbewußten und kollegialen Gruß.

I.

Paris, 21. Mai 1928

Mamascha. Habe Dir heute hundert belgische Francs geschickt. Shenja habe ich gebeten, am Mittwoch wegen Eurer französischen Visa ins Ministerium zu gehen. Mit den Bemühungen hinsichtlich unserer Reise nach Brüssel beginnen wir morgen, aber ich kann mich ohnehin nicht vor dem 1. 6. von hier davonmachen, deshalb lassen wir uns auch Zeit. Morgen schreiben wir Euch, ob es notwendig ist, sich in Brüssel zu bemühen oder nicht. Aus Kiew bekamen wir den Bescheid, daß Shenjas Erbansprüche auf das Haus anerkannt wurden, aber mehr als tausend Rubel Erbschaftssteuer zu zahlen sind. Das ist eine sehr komplizierte und wichtige Angelegenheit, ich kann mich nicht vom Fleck rühren, bevor ich sie nicht geklärt habe, und sie muß dringend geklärt werden. In Rußland ist ein Sammelband mit Aufsätzen über mich erschienen. Er liest sich sehr drollig, man begreift kein Wort, da haben sehr gelehrte Holzköpfe geschrieben. Ich lese das alles, als wäre es über einen Toten geschrieben – so weit ist das, was ich jetzt mache, von dem entfernt, was ich früher gemacht habe. Das Büchlein ziert ein Porträt, das von Altman stammt und auch sehr drollig ist: Ich sehe aus wie ein fröhliches Walroß. Diesen Sammel-

Isaak Babel und seine Schwester Marija Schaposchnikowa, 1928

band schicke ich Euch morgen. Bitte verwahrt ihn gut, man muß trotzdem eine Sammlung anlegen. Es sind jetzt schon drei Tage, daß ich nichts tue. Habe mein Hirn kräftig ausgepreßt und mich überanstrengt. Mittlerweile habe ich mich wohl erholt, und morgen heißt es wieder: *je me remets au travail.* Von Ljowa – keinerlei Nachricht. Das ist um so trauriger, da Shenja früher oder später nach Kiew fahren muß, um das Haus zu verkaufen – das ist eine unaufschiebbare Aufgabe von größter Wichtigkeit –, und diese Sache wird dadurch kompliziert, daß es keine völlige Gewißheit gibt, ob sie für die Rückreise wieder einen Paß bekommt. Übrigens ist es bis zu dieser Reise noch lange hin. Werden noch Zeit genug haben, darüber nachzudenken. Ich habe gelesen, daß das Wetter in Brüssel seit Tagen sehr schön und heiter ist, und bei uns regnet es, *mes amis,* regnet es jeden Tag in allen Variationen: als Platzregen; als würde das Wasser vom Himmel durch ein Haarsieb geschüttet; und sonntags – zur Feier des Tages – mischt sich Hagel in den Regen. Das nennt man nun *la Douce France* und *la Ville Lumière.* Da ist Odessa ganz was anderes…

Hiermit, meine Süßen, mache ich einen Punkt, und bis morgen.

Euer I.

PARIS, 30. SEPTEMBER 1928

Meine Allerliebsten. Wir haben vor, am Dienstag abzufahren. Den exakten Tag der Abreise schreiben wir Euch morgen genau. Gestern war ich auf der Botschaft, habe die Fragebogen erhalten. Morgen schicke ich sie Euch per Einschreiben und mit detaillierten Instruktionen. Grischas Anweisungen, den Apparat betreffend, wurden zur Kenntnis genommen. Werde mich bemühen, alles zu erfüllen. Den ganzen Tag laufe ich von einem Bekannten zum nächsten und verabschiede mich – eine harte Arbeit. Bei uns ist es richtig Herbst geworden. Kann mir vorstellen, wie das in Brüssel aussieht. Bin sehr froh, daß Ihr eine schöne Wohnung bekommt. Und ob es notwendig ist oder nicht, Ihr werdet einmal pro Woche ein Bad nehmen.

Bis morgen.

Euer I.

Kiew, 17. Oktober 1928

Führe bis zur Selbstvergessenheit das Leben eines Händlers und Geschäftsmannes. Habe meinen »Verwalter« Boris Markowitsch und sitze am Tisch, wie der arme B. W. das in früheren Zeiten getan hat. Hoffe, daß es mir gelingt, diese scheußlichen Angelegenheiten zu einem guten Ende zu bringen. Über die Ergebnisse, falls es welche geben sollte, werde ich Euch rechtzeitig informieren. Schickt mir alle Briefe an die Adresse: S. A. Finkelstejn, Krasnoarmejskaja 30, denn ich will aus meinem jetzigen Hotel ausziehen und weiß noch nicht wohin. Bleibt fröhlich und gesund.

Euer I.

Kiew, 20. Oktober 1928

Teure Mamussja. Bei der Wufku erhielt ich gestern als Vorschuß auf mein Honorar 500 Rubel und habe auf der Stelle Anjuta 50 und Sonja 25 Rubel geschickt. Davon abgesehen habe ich jeder der beiden noch gesondert einen Brief geschickt. Sehr gerne würde ich auch an Onkel Grischa Geld schicken, aber ich habe nach wie vor keine Adresse. Mera hat mir versprochen, Adressen in Erfahrung zu bringen, und ich bitte sie, darauf alle denkbare Energie zu verwenden. Ich werde meinerseits alles Notwendige tun. Ich bin von morgens bis abends mit literarischen, geschäftlichen und steuerlichen Angelegenheiten beschäftigt, rase durch alle möglichen Ämter, brülle, bettle und denke, es wird sich alles gut regeln lassen. Trotz all der Scherereien – ich fühle mich wohl auf heimatlichem Boden. Hier ist es ärmlich, in vielerlei Hinsicht traurig, aber das ist mein Material, meine Sprache, das sind meine Interessen. Und ich spüre immer mehr, wie ich mit jedem Tag zu meiner normalen Verfassung zurückfinde, in Paris dagegen gehörte etwas von mir nicht mir selbst, war etwas Aufgesetztes. Ich kann mich wohl darauf verstehen, mich im Ausland zu amüsieren, doch arbeiten muß ich hier. In Kiew werde ich lange bleiben müssen. Erstens sind die Angelegenheiten hier kompliziert, und zweitens muß ich auf meinen Koffer mit meinen Büchern und Habseligkeiten warten, den die Sowtorgflot in

Paris – verflucht sei sie –, weil sie nicht wußte, daß das Kiewer Zollamt aufgelöst ist, nicht dorthin verfrachtet hat, wo er hin sollte. Ich werde mich hier nach einem Zimmer für zwei, drei Wochen umsehen, möglicherweise ziehe ich zu Freunden von Doktor Finkelstejn. Im Augenblick bin ich von einem einzigen Gedanken, einer einzigen Leidenschaft besessen: arbeiten und mir ein dauerhaftes und ruhiges Dasein schaffen, was ich mir ohne Dich nicht vorstellen kann (ich bitte Mera, daran zu denken), kommendes Frühjahr werde ich alles tun, um Dich loszueisen – im übrigen werden wir uns darüber noch später unterhalten, aber diesen Gedanken trage ich fest in meinem Herzen. Da ich nun ein freier, unabhängiger und ausgeglichener Mensch bin, werde ich Euch oft schreiben. Ich grüße Euch alle, drücke Euch die Pfötchen und küsse Euch fest.

I.

Morgen, am Sonntag, schreibe ich an Iossif und Katja.

Kiew, 22. Oktober 1928

Teure Mamascha. Ich habe vergessen, Dir Bescheid zu sagen, daß Du aus Prag von einem gewissen Chalshonnow 10 Dollar bekommen sollst. Keine große Summe, aber ich bitte Dich dennoch, mich über den Erhalt zu benachrichtigen. Meine Mühen hier waren von Erfolg gekrönt – habe das Haus für 15 000 Rubel verkauft. Ein guter Preis – von diesem Geld gehen 4 500 Rubel ab zur Bezahlung der Steuern, des Maklers usf. Die Ausfertigung der Papiere und die Unterzeichnung des Kaufvertrages wird voraussichtlich noch etwa zwei Wochen in Anspruch nehmen – ich suche mir für diese Zeit ein Zimmer, denn im Hotel zu wohnen, ist ungemütlich und geht ins Geld. Was wir mit dem Geld anfangen, überlegen wir uns, wenn wir es haben. Meine persönlichen Geldangelegenheiten stehen, wie ich Dir schon schrieb, gleichfalls zum Besten. Hier ist man nicht in Paris, und irgendwie kommt man ohne große Mühe zu Geld. Aber mit den Koffern ist es ein wahres Elend. Mein Koffer vagabundiert durch ganz Europa und ich fürchte, er wird in einem sehr üblen Zustand ankommen. Hier rückt schon der richtige Winter näher – man muß sich eine Pelzmütze kaufen. Zu meinem Unglück ist auch das warme Einknöpffutter für meinen Mantel in dem unglückseligen Koffer verstaut. Die WUFKU beschwört mich, für ein paar Tage nach Odessa zu fahren, aber ich, der ich immer mit solch großem Vergnügen hingefahren bin, weigere mich nun. Es kommen von dort schon sehr traurige, unerträglich traurige Nachrichten, und ich will nicht, daß sich meinem Herzen ein Bild von Odessa einprägt, das mir nicht lieb und teuer ist. Schreiben könnt Ihr entweder an die Adresse: Kiew, Hauptpost, postlagernd oder an mich, Krasnoarmejskaja 30, bei Doktor S. A. Finkelstejn. Also, bleibt fröhlich, munter und tapfer.

Euer Euch liebender

IB.

KIEW, 28. OKTOBER 1928

Heute ist Sonntag – mein freier Tag. Ich habe mich ausgeschlafen, meinen Durst in der *»Jedalnja«* mit vorzüglichem Tee gelöscht, ein Ränftchen vorzügliches Schwarzbrot mit Butter verspeist, in der PRAWDA Budjonnyjs Brief an Gorkij gelesen, mich prächtig amüsiert, fast geplatzt bin ich vor Vergnügen, und nun, im Überschwang der Gefühle, schreibe ich Euch, meine Lieben, einen Gruß. Alles wäre gut, wäre da nicht Mamas Krankheit. Tröstet mich, schreibt schnell.

Euer Is.

KIEW, 5. NOVEMBER 1928

Die ersten vierundzwanzig Stunden meines Aufenthalts bei Stepanida gehen zur Neige. Ich schwimme im Glück. Ja, das ist die richtige Umgebung für mich: Wir wohnen in einer Arbeitervorstadt, in einem warmen niedrigen Häuschen – still, ordentlich und friedvoll. Ich glaube, hier werde ich sehr gut leben und arbeiten können. Ich habe Dir schon mehrmals geschrieben, daß Onkel Grischa die ihm zustehenden hundert Rubel termingerecht erhalten hat. Warte auf weitere Nachricht von ihm. Ich denke ernsthaft darüber nach, ob es nicht ratsam wäre, daß Ihr tatsächlich nach Südfrankreich fahrt, um Euch auszukurieren. Mamas Gesundheit wiederherzustellen, ist so wichtig, daß es sich evtl. lohnt, das Zusammenleben mit B. D. in Kauf zu nehmen. Und ob Du wohl noch die notwendige Menge Geld auftreiben kannst? Ich bin bereit, alles zu tun, damit Ihr fahren könnt, aber Du weißt, daß dies weniger von mir als von Mera abhängt. Übrigens setze ich, wie ich Dir schon schrieb, große Hoffnungen auf den laufenden Monat. Von Shenja bekam ich endlich einen Brief. Ich umarme Euch kräftig. Bis morgen.

I.

Kiew, 16. November 1928

Teure Mera, ich habe Nachricht, daß an Mama 25 Dollar abgehen. Sobald sie das Geld erhält, bitte ich, mir diesbezüglich zu schreiben. Aus Moskau, von der Bank, habe ich bisher noch keine Nachricht, aber ich hoffe, daß man auch dort alles erledigen wird. Ich bitte Dich sehr, nicht jede Kopeke umzudrehen und Euer Leben mit etwas mehr Bequemlichkeiten auszustatten. Ich beschwöre Dich, eine Wohnung mit Bad zu mieten, wenn möglich irgendwo in der Nähe eines Parks, und so zugeschnitten, daß Mama ein gutes Bett und ein hübsches, trockenes und helles Zimmer mit Fenster bekommt. Die Angelegenheit mit dem Haus habe ich nun ganz und gar abgeschlossen, habe für den Erlös Pfandobligationen gekauft. Die nächste Tilgungsziehung ist am 20. 11. – vielleicht springt für uns dabei etwas heraus. Mir geht es bei Stepanida ausgezeichnet. Ich habe mich an Leib und Seele erholt, und meine Kopfarbeit ist wieder in Gang gekommen – vielleicht kommt sie ja irgendwann ans Ziel. Von Iossif kam ein gutgelaunter Brief. Er hat ein bißchen was verdient, und schon hat er kein Geld mehr nötig und witzelt darüber… Na, Gott befohlen! Schreibt öfter an Shenja. Ich habe sie sehr gebeten, zu Euch zu fahren, damit Ihr gemeinsam ausgeht und Euch amüsiert. Das wäre für sie wie für Euch nützlicher als alles andere. Die Briefe kannst Du, wie gehabt, postlagernd an mich schicken. Ich kann Dir nicht sagen, Merotschka, wie froh ich bin, daß Du Dich wohl fühlst… Ich konnte nie daran glauben, daß Deine Krankheit der Zeit und der Behandlung standhält. Wenn Du doch nur Deine augenblickliche Verfassung konsolidieren könntest und

Dir, das ist die Hauptsache, diese manischen Gedanken aus dem Kopf schlagen würdest, die Dich am Leben wie am Arbeiten gehindert haben... Wie Du siehst: »Noch ist Polen nicht verloren«, und Du mußt Dich jetzt vielseitiger und lebhafter entfalten. Ich denke, Mama hat jetzt nicht viel zu tun; soll sie doch öfter schreiben, ohne groß auf den Inhalt zu achten. Literarische Qualitäten erwarten wir von ihren Briefen nicht. Gruß an Grischa. *Je vous embrasse,* meine guten Alten.

I.

KIEW, 19. NOVEMBER 1928

Teure Mama. Wie Du bereits weißt, gibt es von Iljuscha wieder schlechte Nachrichten. Auf seine Bitte hin habe ich ihm heute 60 Rubel geschickt und ihm geschrieben, daß ich ihm, falls er es noch benötigt, jederzeit mehr schicken werde. Damit Du nicht denkst, nur Du und Annuschka würden sich um ihn sorgen, während wir die Hände in den Schoß legen, schicke ich Dir als Beleg den Posteinlieferungsschein. Ich habe Dir versprochen, daß Iljuscha, solange Du im Ausland bist, in keiner Hinsicht Not leiden wird; mein Versprechen erfülle ich und werde es auch in Zukunft erfüllen. Es geschieht alles, damit Du völlig beruhigt sein kannst. Eure letzten Briefe sind tröstlicher, aber ich sehe dennoch nicht, welche Schritte Ihr tatsächlich unternehmt, um komfortabler als früher zu leben – warum ist bis jetzt noch keine Wohnung gemietet? Es wäre notwendig, sich für jeden Tag eine *femme de ménage* zu nehmen. Sobald Du Dich soweit erholt hast, daß Du ausgehen kannst, bitte ich Dich sehr, Dir ein Taxi zu nehmen, in irgendeinen Park zu fahren und dort ein oder zwei Stunden an der frischen Luft zu verbringen. Man kann doch nicht in beständiger Aufregung, Not und törichter, wahrhaft törichter Unruhe leben. Von hier ist ein Professor, den ich kenne, zu einem Forschungsaufenthalt nach Prag gefahren. Er versprach mir, Meri 25 Dollar zu überweisen. Bitte sie, mir den Empfang dieses Geldes zu bestätigen. Ich gratuliere Grischa zu seiner Rauchrevolution oder genauer -evolution. Ich bemühe mich selber auch, obwohl ich nicht auf Lunge rauche, jeden Tag weniger Papirossy aufzurauchen. Ich arbeite jetzt viel, weshalb es mir auch ausgezeichnet geht. Der Herbst hier ist herrlich, es gibt strahlende Sonnentage. Und das Haus von Stepanida ist genau das Haus, das ich brauche. Gleich fahre ich zur Post, um zu erfahren, ob nicht Briefe von Euch da sind. Bitte schreibt nur postlagernd, um mich und Euch nicht durcheinanderzubringen – ich gehe regelmäßig zur Post.

Au revoir, mon vieux.

I.

KIEW, 23. NOVEMBER 1928

Bin sehr froh, daß das Päckchen pünktlich und schnell angekommen ist. Nächsten Monat schicken wir wieder eins – und auch frischen Kaviar, ich denke, daß er im Dezember nicht Gefahr läuft zu verderben. Ich hoffe, Ihr habt den eingeschriebenen Brief erhalten, in dem ich Mama von der Geldsendung an Iljuscha unterrichte. Ich stelle mir Mama mit geschorenen Haaren vor. Bloß gut, daß die Pferde im Ausland allmählich aussterben, sie müßten sonst zu Krüppeln werden, wenn sie diese kurzgeschorene Bürgerin auf der Straße sehen. Um sich in Winterkleidung photographieren zu lassen, ist es zu früh, weil wir hier noch keinen Winter haben, statt dessen ist hier ein herrlicher Herbst. Übrigens ist heute der erste kalte und sonnige Tag, fast schon winterlich, werde mich auf jeden Fall photographieren lassen. Bekam die Mitteilung, daß der Koffer angekommen ist. Morgen werde ich ihn abholen – mal sehen, ob alles da ist. Dem Doktor werde ich schreiben, sobald ich mir ein Herz gefaßt habe; ein Elend, daß ich auf französisch schreiben muß, dabei habe ich mich zur Zeit tief in russische Schriften vergraben. Grüße Annuschka von mir und sage ihr, daß sie immer auf mich zählen kann. Damit – auf Wiedersehen. Das Wetter ist gerade so schön, daß ich beschlossen habe, zu Fuß in die Stadt zu gehen. Tschüßle.

I.

KIEW, 4. DEZEMBER 1928

Teure Merotschka. Das Versehen mit Iljuscha kam dadurch zustande, daß Du mir sehr wirres Zeug geschrieben hattest.

Ich werde meinen oder genauer: Deinen Fehler morgen früh korrigieren (habe Dir diesbezüglich telegraphiert) und hoffe, daß Iljuscha jetzt losfahren und studieren kann. Bitte setze Dich darüber schriftlich mit Shenja in Verbindung, sie hat ein außerordentliches Interesse an der Sache; ich möchte, daß Iljuscha ihr die Hälfte des erhaltenen Geldes abgibt. Ich bin unsagbar froh darüber, daß sich dieses Mißverständnis in Wohlgefallen aufgelöst hat und es mir gelingt, Annuschka nützlich zu sein. Du weißt, man kann auf mich zählen – sie aber kann das erst recht, jederzeit, in jedem Augenblick –, und für mich ist es eine riesige moralische Genugtuung, daß ich ihr behilflich sein kann. Ich wünschte, Du würdest meine Gefühle ihr gegenüber teilen und eine sehr, wie man hier sagt, »aktive« Freundschaft mit ihr pflegen. Das wäre auch Shenja überaus angenehm. Gib Deine Stelle bei Sisman, auch wenn er ein Geizkragen ist, nicht auf, trotz allem ist er nicht so übel, wie man ihm nachsagt; gerätst Du an einen anderen, kann es noch schlimmer werden, und überhaupt wirst Du wohl kaum Arbeit finden. Du schreibst, Mama sei zur Zeit furchtbar nervös. Was soll dieser Traum denn bloß besagen? Und bin ich denn wirklich dazu verurteilt, außer einer wahnsinnigen Schwiegermutter auch noch eine *meschuggene* Mutter zu haben?... Was sind das denn, frage ich Euch, für Damenallüren?... Mama, ich bitte Dich, wenn Du kannst, sei keine dumme Trine... Heitert dieses arme alte Frauenzimmer doch auf, gebt ihr Wein, Champagner, Obst, Spargel, Blumenkohl, wascht ihr den Kopf, badet sie in kaltem und in heißem Wasser, fahrt sie im Taxi spazieren, kauft ihr eine Strickjacke und warme Socken, lest ihr Humoresken vor und macht sie *à la fin des fins* gesund. Und außerdem: Schreibt mir vernünftig, was das für eine Nervosität ist und was der Ärzteaufmarsch soll, Herrgott, daß sie sich in ihrem Alter nicht schämt... Na, es reicht, Spaß beiseite, aber der Schwanz hängt nach unten. Wie lange wird bei uns bloß jemand den Schwanz hängen lassen? Amüsiere Dich, altes Dummchen, es wird alles bestens – in dieser besten aller Welten!... Und schreib mir irgend etwas Dummes und Alltägliches, wie Tomaten mit Zwiebeln...

Euer I.

Kiew, 15. Dezember 1928

Teurer Mendelewitsch. Dein letzter Brief ist fröhlicher als der vorige, und ich habe mich dadurch auch ein wenig aufgeheitert. Du schreibst, Mama fühle sich besser, aber ich wünschte, Du wärest in dieser Frage »konkreter«, würdest mir genauer schreiben, worin sich diese Besserung gerade äußert, ob sie denn ausgeht und ob sich ihr Zustand im Vergleich zu dem Zeitpunkt, als wir uns getrennt haben, sehr verändert hat. Ich finde, unser aller Angelegenheiten laufen zur Zeit sehr gut, und bald wird alles zum besten stehen (ich bin bekanntermaßen ein Mensch mit einem starken Willen und rede nicht in den Wind), Mama braucht jetzt also nichts weiter zu tun, als zu leben, sich des Lebens zu freuen und dieses »jüdische Wehwehchen« fahren zu lassen – mit ihren Aufregungen, Verwandtschaftssorgen und so weiter. Wirklich. Sag ihr das ruhig so. Wir müssen unsere Häuser durch Heiterkeit schmücken und nicht durch *»zores«*. Wie soll man das den Menschen beibringen? Ich war sehr froh, Iljuscha einen Dienst zu erweisen. Mir hat das keinerlei Schwierigkeiten gemacht, und ich bin Annuschka dankbar, die sich ihrerseits um Iljuscha sorgt. Noch besser wäre es freilich, wenn sie den Bedürfnissen von Iljuscha und Shenja noch weiter entgegenkommen könnte. Shenja kann, wie Du weißt, weder hier noch dort unterkommen, und ihre materielle Lage ist sehr kläglich, obwohl die Hoffnung besteht, daß sie eine gute Stelle antreten kann. Nichtsdestoweniger möchte ich Fenja, die mehr Tatkraft besitzt, bitten, Ihre Anstrengungen auch in diese Richtung zu lenken. Das würde mir viele Sorgen abnehmen. Ich will dieser Tage Chalshonnow besuchen, um bei ihm nachzufragen, wo die Prager 25 Dollar hingeraten sind. Sie hätten schon längst an ihrem Bestimmungsort ankommen müssen. Deine Befürchtungen, was das Automobil für Grischa angeht, teile ich nicht, aber vielleicht ist es in der Tat besser, wenn man es erst im Frühling kauft. Auf alle Fälle würde ich Euch beiden Faulpelzen den Rat geben, Euch bei einer Fahrschule anzumelden und dort einen Kurs zu absolvieren. Das würde Euch helfen, zu Vollbluteuropäern zu werden, und außerdem ist es schon für sich genommen eine interessante Beschäftigung. Ich würde geradezu jubeln, wenn Ihr Euch so ein mobiles Vermögen zulegen wolltet, und wäre bereit, mich an den Kosten zu beteiligen, natürlich aber nur, wenn Annuschka nichts dagegen hat. Soll Fenja doch nur tüchtig Druck bei ihr machen und sie überzeugen, daß dies kein Luxus ist, sondern eine Sache, die in Eurer Situation zu den lebensnotwendigen Dingen zählt. Bemühe Dich, meine Liebe, bei dem Jockey baden zu gehen. Erst hier, bei meiner wonnigen Stepanida, begreife ich, was für ein Segen das ist. Ich lebe hier philosophisch und weise, aber meinem Körper fehlen die Wassergüsse. Übrigens ist das ein verbreitetes Übel. Ihr, ja und Mama ganz besonders, widmet dieser Seite der Hygiene sträflich wenig Aufmerksamkeit; baden, meine Guten, soll man jeden Tag – und auch wenn ich hier hauptsächlich in Kölnisch Wasser bade, kann ich Euch guten Gewissens diesen Rat geben. In was für einem Zustand ist Eure Kleidung? Gefällt sich Mama immer noch in ihrer prähistorischen Unterwäsche? Und hast Du Dir denn ein neues Kleid genäht?…

Ich habe Dich schon über den »Geschäfts«-Brief unterrichtet, den Katja und Sascha Ljachezkij vom Stapel gelassen haben. Was soll man da noch tun?… Sie lassen einen nicht leben, aber ich habe gelernt, all diesen Ausbrüchen mit unerschütterlicher Seelenruhe gegenüberzustehen. Zu beschuldigen ist hier natürlich niemand. Dieser Brief war von der Not diktiert, ich habe geantwortet, ich könne ihnen mit hundert Rubeln aushelfen, es sei aber sinnlos, über Tausende – noch dazu über die fremder Leute – zu reden. Ich will zu den Feiertagen 50 Rubel nach Odessa schicken. Ich werde das in drei oder vier Tagen tun, so daß sie dieses Geld am 21. oder 22. 12. erhalten. Ansonsten gibt es anscheinend nichts weiter.

Von Euch, Genossen Buchbinder, erwarte ich angenehme Neuigkeiten. Ich hoffe, Ihr führt ein abwechslungsreicheres Leben als früher. Du mußt Dich dafür einsetzen, daß Annuschka ihren Bekanntenkreis erweitert. Einen Gruß an den Äskulap und an Mamascha, die ich dazu aufrufe, die Reihen zu schließen und mit einem Lied auf den Lippen voranzustürmen.

I.

KIEW, 20. DEZEMBER 1928

Teure Mama. Habe heute zu den Feiertagen 40 Rubel an unsere Odessiten abgeschickt. Ich habe das natürlich nicht aufgrund überschüssigen Reichtums getan, sondern weil sie doch auch *»a hohe Schu«* haben müssen. Das mit Katjas sinnloser Bitte hat sich auch irgendwie geregelt, sie denkt natürlich, daß sie sich an die falsche Adresse gewandt hat. Von Euch ist ziemlich lange keine Nachricht mehr gekommen. Es ist an der Zeit, daß ich anfange, mir auch um Dich Sorgen zu machen. Ich spüre, daß Du nicht so schnell gesund wirst, wie es sein müßte. Alles wäre gut, wäre da nicht diese verfluchte Krankheit. Ich arbeite jetzt so, wie ich es schon seit langem wollte, und fühle mich deshalb gut. Richte Grischa aus, daß er ab dem 1. Januar die Moskauer Zeitung bekommen wird. Katja wird sie in meinem Auftrag abonnieren. Wie geht es Annuschka? Weshalb schreibst Du mir nicht, man möchte meinen – aus Faulheit. Bitte schreib. Ich küsse Euch.

I.

KIEW, 23. DEZEMBER 1928

War mehrere Tage nicht auf der Post – saß die ganze Zeit in meiner warmen, stillen Hundehütte und arbeitete – und deshalb weiß ich nicht, was man mir aus Brüssel schreibt. Ich möchte annehmen, daß bei Euch alles zum Besten steht. Katja hat am 10. d.M. ein Packchen, Kaviar usw. an Shenja geschickt; ich hoffe, daß sie es pünktlich erhält. Bei uns ist der Winter eingezogen: mit Schnee und Sonne, hell und wunderschön. Von meinem Fenster aus schaue ich auf eine sonnendurchflutete Lichtung und auf Bäume mit Schneemützen. Sehr hübsch. Heute ist Sonntag, deshalb mache ich mich zu einem Spaziergang auf. Morgen werde ich zur Post gehen. Ich wünsche Euch, daß Ihr die Feiertage fröhlich verbringt und das Neue Jahr mit… ja, womit denn?… na, mit einem Glas Champagner beginnt! Auf Wiedersehen oder genauer: bis morgen, denn vom Postamt schreibe ich Euch wieder.

Euer I.

1929

Kiew, 2. Januar 1929

Ich bekam von Anjuta einen »dankungsvollen« Brief. Meine 40 R. sind freilich auch Sonja zustatten gekommen. Katja schickt gleichfalls Segenswünsche. Bei ihr, dieser Sünderin, liegen meine sauer verdienten 200 Rub., die dazu bestimmt waren, an Euch und Shenja abgeschickt zu werden. Anzunehmen, daß sie sich davon ihr Scheibchen abschneidet. Da ist nichts zu machen. Freilich, um Gottes Willen, verplappert Euch bloß nicht – kein Sterbenswörtchen darüber! Katja schrieb Euch ja über Kohlensäurebäder als Therapie. Was meint Ihr dazu? Habt Ihr den Doktor danach gefragt?

Ich habe mich schrecklich über die Nachricht zum Thema Automobil gefreut. Ich rechne fest damit, daß Ihr mich durch Belgien kutschieren werdet. Wenn Ihr eins kauft, dann meiner Meinung nach unbedingt einen Fiat. Aber Ihr müßt beizeiten damit anfangen, fahren zu lernen; es braucht einige Monate, bis man in dieser Sache so richtig firm ist. Ihr müßt unbedingt auf der Stelle anfangen, Stunden zu nehmen. Das wird richtig Schwung in Euer Leben bringen; wieso sollte man sich auch nicht mit einer lustigen Sache befassen, traurige gibt es allemal in Hülle und Fülle, die lustigen muß man sich schon selbst ausdenken. Katja hat in meinem Auftrag die Zeitung für Euch abonniert. Wenn Ihr sie zum ersten Mal bekommt, benachrichtigt mich.

Es ist sehr traurig, daß Annuschka weggefahren ist, aber Ihr müßt Euch mit allen Kräften bemühen, für sie eine Vertreterin zu finden. Shenja hat einen ziemlich großen Auftrag angenommen, aber ich weiß nicht, ob sie ihn schon abgeliefert hat oder nicht – ich erwarte mit riesiger Ungeduld von ihr Nachricht hierüber.

»In äußerstes Erstaunen setzt mich«, daß Ihr bis heute die 25 Dollar nicht erhalten habt; ich werde mich bemühen, diese Sache hier voranzutreiben.

Bei mir hier gibt es, Ihr Friedvollsten meiner Verwandten, überhaupt nichts Neues – und das mit voller Absicht. Mein Traum hat sich erfüllt: habe meine stinkenden Bekannten auseinandergejagt, bin der Hektik entronnen, wohne in der Einöde, lebe weltabgewandt wie ein Philosoph und bin fleißig. Ich habe mir eine Arbeit vorgenommen, bin dabei, sie langsam aber stetig in die Tat umzusetzen – mit Starrsinn hat mich Gott ja bekanntermaßen nicht geschlagen – und wie immer, wenn ich geheime Pläne habe, führe ich ein ausgefülltes, gutes und kraftvolles Leben. Bei Stepanida ist für mich das Paradies auf Erden. Bis zur WUFKU habe ich drei Werst zu laufen – und bin es zufrieden. Und ich habe in meinem Herzen beschlossen, daß es bei mir noch für lange Zeit keinerlei Neuigkeiten geben soll. Shenja, ich und wir alle müssen anfangen, ein geregeltes Leben zu führen – und das will vorbereitet sein. Einzig und allein diese dämliche B. D. steckt mir wie ein Holznagel im Hals. Na ja, uns wird schon noch was einfallen. Ehrwürdige Feodossija, warum schreibst Du so selten? Reichen etwa Deine Kräfte nicht? Hast Du denn eine richtige Brille? Es ist empörend, daß Du nicht in der Lage bist, Dir Zeit zu nehmen und zu einem Arzt zu gehen, damit er Dir eine Brille verschreibt; Du lebst immer noch nach den Bräuchen von »Kriwaja Balka«, wo man Brillen auf dem Markt kauft und eine nimmt, »die paßt«. Was machen Deine Zähne? Pfleg Dich ruhig ein wenig, sonst verkommst Du, und wir haben das Nachsehen. Stepanida hat prophezeit, daß Du Dich noch zwanzig Jahre auf unserem elenden Planeten herumplagen wirst, und ich glaube ihr.

Auf Wiedersehen, *mes vieux*. Vergeßt nicht Euren Euch liebenden

I. B.

Kiew, 7. Januar 1929

Liebe Verwandte, die Ihr Eurerseits Verwandte habt, die zum Teufel gehören! Habe Euch einige Tage nicht geschrieben, weil mir Katja den nächsten Schlag versetzt hat, von dem ich mich noch immer nicht erholen kann. Ich schrieb Euch bereits von der Bitte, ihr »zweitausend zu borgen«, die ich mit einer Absage beantwortet hatte. Ich hatte geantwortet und dachte, na gut, die Sache hat sich wohl erledigt, aber da, eines schönen Tages, wie man so sagt, oder genauer: am letzten Freitag, erhielt ich ein herzzerreißendes Telegramm: Bitte, rette uns, schick für zwei Wochen 800 Rubel... Was sollte ich tun?... Ich habe nicht so viel Geld, und da habe ich also heute Obligationen Shenjas im Wert von fünfhundert Rubel verkauft und das Geld telegraphisch an Katja geschickt. Shenja habe ich natürlich keinen Ton gesagt, und in meinem Herzen sieht es sehr düster aus. Ich will meine paar Kröten, so lange es geht, zusammen halten, um zu arbeiten, ohne von den Redaktionen abhängig zu sein, das ist für Leib und Seele unerläßlich, und wenn ich für die Ljachezkijs gegenüber den Gronfajns für diese 500 Rubel geradestehen muß (und 200 Rubel liegen doch sowieso noch bei ihr oder, genauer gesagt, sind sie höchstwahrscheinlich schon unter die Leute gebracht), dann bin ich erledigt. Geld verdiene ich doch nur für Euch und für meinen eigenen Lebensunterhalt – und da seht Ihr nun, wie es ist, wenn man Pläne schmiedet! Offenkundig ist es ein wahres Verbrechen, wenn man einen solchen Charakter hat wie ich, d.h. nicht herumjammert, sich nicht über sein Schicksal beklagt und so weiter, dann fangen nämlich alle an zu glauben, es gebe nichts Besseres, als sich auf einen solchen »Glückspilz« zu stürzen. Man möchte lachen und fluchen zugleich. Um das Bild zu vollenden: eine Postkarte von Iossif aus Odessa: Er bittet kokett, »nach Kräften und nach Möglichkeit« ihm dreißig, vierzig Rubel zu schicken, wahrscheinlich hat er Hunger... Na, was soll ich Eurer Meinung nach nun anfangen mit diesen *malheureux?* Ach, zum Teufel und seiner Großmutter mit ihnen!... Ich bitte Euch, zu Katja oder wer immer es sei – keinen Ton über diesen Brief; ich habe Euch bloß eine kurze Arie aus der Oper »Die Genossenschaftler« zum Besten gegeben...

Mein Kopf tut mir weh, so daß ich nicht weiß, »was ich sonst noch schreiben soll«, einzig der Winter tröstet mich, der herrliche, sonnige, klare und belebende Winter... Meine armen Dinger, könntet Ihr doch bloß hierher... Wann zieht Ihr um? Was macht das Mutterherz? Die Mutterzähne? Die Mutteraugen? Der Merabauch? Das Grischaautomobil? Shenja hatte vor, im Februar zu Euch zu fahren, bemüht Euch, der Zeit ein fröhlicheres »Geleit zu geben«. Erschöpft von dem Verwandtschaftsschlamassel kann ich nicht mehr schreiben. Werde besser in die Menagerie gehen. Dort gibt es nur einen Affen und einen Bären; zumindest kann man sich ein wenig amüsieren. Auf Wiedersehen, verehrte Verwandte, die Ihr Eurerseits... usw. usw. u.a.m.

I.

Kiew, 22. Januar 1929

Ehrwürdige Feodossija. Katja schreibt mir, sie werde das Geld fristgemäß zurückgeben, so daß es bislang noch keinen Grund zur Sorge gibt. Auf der Durchreise ist Ljachezkij nach Kiew gekommen, hat mich aber nicht gesehen, weil hier niemand meine Adresse kennt und er mich nicht ausfindig machen konnte. Er hatte in Kiew ziemlich lange Aufenthalt; bei uns gibt es jetzt Schneeverwehungen, die Züge haben Verspätung. Möglicherweise spitzt sich die Situation mit den Schulden zu, wenn er nach Moskau kommt – obwohl, ich glaube nicht, denn Sascha hat sich das Geld hauptsächlich für seine eigenen Geschäfte geborgt. Auf alle Fälle ist es noch zu früh, sich Sorgen zu machen. Gott bewahre Dich davor, Katja diesbezüglich irgend etwas zu schreiben, das darfst Du auf keinen Fall tun. – Über meine Reise nach Odessa ist noch nicht endgültig entschieden, ich habe der Kinofabrik neue Bedingungen gestellt und warte auf Antwort. Anjuta schreibt, sie habe nun endlich von Borew unseren Spiegel bekommen, und sie hofft, daß Dich diese Nachricht freut. Wie es scheint, habe ich Dir schon geschrieben, daß ich vorhabe, unsere Truhe, die sich bei den Sejligers befindet, zu Anjuta zu transportieren; was das Tafelsilber betrifft, habe ich mich noch nicht entschieden, ob ich es zu den Slonims oder zu Anjuta schicken werde. Von Shenja bekomme ich Briefe voll guten Mutes und Enthusiasmus; Euch erwähnt sie oft und hat vor, Euch zu besuchen; ich begreife nicht, warum sie Euch nicht direkt schreibt – wohl einfach aus Faulheit. Ich schrieb Euch bereits, daß es ihr gelungen ist, einen großen Auftrag in puncto Malerei zu bekommen, und ihr für einige Monate Arbeit und Verdienst sicher sind. Das ist sehr angenehm. Falls ich aus Kiew wegfahren müßte, würde ich das sehr bedauern, in erster Linie wegen der Wohnung, so eine finde ich bestimmt nicht so bald wieder, und wegen des wundervollen, poetischen, verschneiten Kiewer Winters. Einzig und allein hier, außerhalb der Stadt, läßt sich würdigen, wie herrlich der russische Winter ist. – Ich hoffe, Euch bald meine Photoaufnahmen schicken zu können, ich kann mich nicht genug über meinen Apparat freuen.

Das wäre auch schon alles für heute. Es ist jetzt acht Uhr morgens, meinen Tee habe ich schon getrunken, vor dem Fenster auf der kleinen Wiese türmt sich der Schnee, ich muß anfangen, etwas für mein tägliches Brot zu tun. Auf Wiedersehen. Ich habe so oft nachgefragt, wie es Euch (und auch Merotschka) gesundheitlich geht, daß ich mich nicht wiederholen will – warte auf detaillierte Antwort.

Ich küsse Euch.

I.

Kiew, 6. Februar 1929

Bei uns ist grimmiger Winter. Ich habe mir sogar die Nasenspitze erfroren, und Stepanida schmiert sie mir mit Gänseschmalz ein. Zur Post in die Stadt fahre ich selten, und deshalb schreibe ich Euch auch seltener. – Nach Mamas Brief zu urteilen, fühlt sie sich wirklich besser, und diesem Umstand ist es zu verdanken, daß ich wieder Mut gefaßt habe. Die Leitung der Wufku versucht, mich zu überreden, nicht nach Odessa zu fahren und für die Kiewer Fabrik zu arbeiten. Falls wir uns auf Kiew einigen, dann werde ich hier noch etwa einen Monat verbringen müssen. Ich hatte mich schon mit dem Plan angefreundet, nach Odessa umzuziehen, und es ist schade, von dieser Idee Abschied zu nehmen, aber freilich ist die Arbeit in Kiew in jeder Beziehung lohnender, v.a. in materieller. Anjuta hat geschrieben, daß sie die Truhe von Herzen gern zu sich nimmt, ich werde sie ihr vor meiner Abreise aus Kiew zuschikken. Die Sachen in der Truhe habe ich durchgesehen, sie sind alle völlig unversehrt. Von Katja kam ein Brief, in dem sie mitteilt, sie könne das Geld abschicken, aber sie bat mich für den Fall, daß ich es nicht brauche, noch etwas zu warten. Ich habe ihr geantwortet, ich bräuchte das Geld zum gegenwärtigen Zeitpunkt nicht, Shenja könne es mir aber jederzeit abfordern – dieses Geld würde deshalb sozusagen »postlagernd« auf Abruf bei ihr in Verwahrung bleiben und müsse bei der ersten Anforderung an die von mir genannte Adresse geschickt werden. Die Kälte ist in Moskau noch schlimmer als hier bei uns, und anscheinend zählt Katjas Wohnung nicht zu den allerwärmsten. Wie auch immer, der größte Segen ist immer noch, daß sie ihre eigene Wohnung hat. Ich schrieb Dir bereits, daß Borew den Spiegel hergegeben hat; hast Du diesen Brief etwa nicht bekommen?… Die arme Shenja ist seit einem knappen Monat krank; sie hatte eine ganz schlimme Grippe. In Westeuropa verbreitet sich, wie wir hier lesen können, eine Grippeepidemie von der übelsten Sorte. Sobald es ihr wieder besser geht, kann sie, weil sich auch ihre Verhältnisse gebessert haben, ihre Mutter in den Süden bringen und sich dann auf den Weg zu Euch machen. Es ist nur bedauerlich, daß sie im vergangenen Monat mit ihrer Gesundheit Pech hatte. – Ihr schreibt, daß Ihr am 5. umzieht, Eure neue Adresse teilt Ihr mir aber nicht mit, schreibe deshalb an die alte. – Die 25 Dollar habe ich angesprochen, und man versprach mir, alle möglichen Anstrengungen zu unternehmen, um sie ausfindig zu machen. Auf das Wort dieser Leute ist Verlaß. – Ich bekam von Merotschka aus Taschkent eine Anfrage, ob ich ihr nicht bei Gossisdat Übersetzungsaufträge aus dem Französischen und Englischen verschaffen könne. Ich war gezwungen, Ihr zu antworten, daß es zur Zeit Übersetzerinnen wie Sand am Meer gebe, daß deshalb ihr Vorhaben ganz und gar hoffnungslos sei und für sie der einzige Ausweg darin bestehe, vor Ort, also in Taschkent, eine Stelle zu finden. Soll sich das arme Würmchen doch selbst hocharbeiten. – In spätestens zwei Tagen teile ich Euch mit, worauf ich mich mit der Wufku geeinigt habe, und folglich auch die Pläne für den kommenden Monat. Bei mir gibt es – dem Allerhöchsten sei Dank! – überhaupt nichts Neues. Wir arbeiten auf das »Fernziel« hin. Körperlich und nervlich geht es mir – verglichen mit der Zeit, als wir uns gesehen haben – unermeßlich viel besser, und wie es scheint, nähere ich mich beim Arbeiten meiner früheren »Form«. Das Leben im Schnee und inmitten des Proletariats hat wie immer eine wohltuende Wirkung auf mich. – Jetzt wechseln wir die Schallplatte und fragen: Wie geht es Meras Gesundheit? Was macht der Bauch? Und die Nase? Ich hatte diesen Winter – könnt Ihr Euch das vorstellen? – keinen einzigen Schnupfen, und das trotz der Rennerei (im leichten Trab) zu einem gewissen... Onkelchen... Und damit – auf Wiedersehen.

I.

Kiew, 20. Februar 1929

Meine Teuren. Ich schreibe selten, denn es gibt wirklich nichts zu schreiben. Ich habe Euch bereits mitgeteilt, daß ich die Arbeit, die ich voraussichtlich in Odessa tun sollte, in Kiew erledige – das ist natürlich bedeutend einträglicher. Ich werde offenbar noch die erste Märzhälfte hier verbringen und dann in den Nordkaukasus ausreißen. Möchte sehr gerne frische Luft schöpfen, und es ist wirklich an der Zeit. Mein Aufenthalt in Kiew stellt in meinem Leben ein einzigartiges Beispiel für Arbeitseifer und »Lebensweisheit« dar. Ich hatte von mir selbst nicht erwartet, daß ich fähig wäre, mich einer so langweiligen, dem Äußeren nach eintönigen Lebensweise unterzuordnen. Aber diese Lebensweise hat mir ebenso gut getan wie ein gutes Sanatorium, und ich habe sowohl geistig als auch körperlich meinen Normalzustand wieder erreicht. – Von Shenja kam nach dem Brief über die Grippe nichts mehr – eine schreckliche Korrespondentin. Ich habe telegraphiert und die Antwort erhalten, alle seien gesund und alles sei in bester Ordnung. Nun warte ich auf einen Brief. Eigentlich sollten sie in den Süden fahren – ich weiß nicht, wie sich dort alles geregelt hat; Shenja spricht jedes Mal von ihrer Reise nach Brüssel; ich hoffe, Ihr werdet Euch bald wiedersehen. – Wie fühlt Ihr Euch in der neuen Wohnung? Beschreibt sie ausführlicher. Bloß schade, daß Mera gar keine Aufträge hat, evtl. kann ihr Shenja helfen, diese Arbeitslosigkeit kommt ganz und gar ungelegen. Ich habe Euch, wie es scheint, bereits wissen lassen, daß von Katja ein Brief kam, in dem sie bei mir anfragte, ob man die Rückzahlung der Schuld nicht ein wenig aufschieben könne. Ich habe ihr geantwortet, das Geld könne »postlagernd« bei ihr in Verwahrung bleiben. – Der apokalyptische Frost hat nachgelassen, und jetzt ist hier wieder schönes, wenn auch kaltes Wetter. Die Eiseskälte hat sich über ganz Europa verbreitet, in Paris war es, wie man schreibt, unter –20°.

Das wäre alles. »Und vor allem Gesundheit!«, wie man hier bei uns in der Ukraine sagt. Wie steht es um Mamas Bewegung im Sinne von Spaziergängen? Welche Wegstrecken darf sie sich vornehmen? Auf meine Frage nach Meras Wohlbefinden habe ich noch keine Antwort erhalten; ich warte darauf. *Veuillez, mesdames et messieurs, agréer l'expression de ma sympathie la plus profonde.*

I.

Kiew, 28. Februar 1929

Liebe Merotschka. Dein kläglicher Brief ist, wie ich denke, vor allem deshalb kläglich, weil Du ihn in kranker Verfassung geschrieben hast. Aber wenn man sich überlegt, daß die Eiseskälte sich über ganz Europa verbreitet und unzählige Katastrophen verursacht hat, worüber haben wir dann sonderlich zu klagen – geteiltes Leid ist halbes Leid... Die Nachrichten bezüglich Annuschka sind ernster. Ich habe schon oft genug gesagt, daß ich in dieser Angelegenheit machtlos bin. Aber es gibt Hoffnung, daß sie Arbeit bekommt, und ich denke, Shenja wird ihr in der ersten Märzhälfte einen Auftrag übersenden. Ich werde mir alle Mühe geben – aber das ist mehr eine Sache des Glücks als der Mühe. Es wird sich alles regeln. Wir wollen Ruhe bewahren. Shenja wird, wie ich glaube, in allernächster Zukunft zu Euch kommen. Sie hat ihre Mutter nicht in den Süden gebracht, weil auch im Süden Frostwetter war, ein Wechsel war der Mühe nicht wert. Aber in jedem Brief teilt sie mir mit, sie träume davon, zu Euch zu reisen, und dieser Traum werde sich wohl bald erfüllen. Ich erwarte von Tag zu Tag die Nachricht von ihrer Abreise. – Unsere Polarkälte hat ein klein wenig nachgelassen, und jetzt ist das Wetter erträglich. Mein Aufenthalt in Kiew geht jedenfalls seinem Ende zu. Wegen meiner exotischen Literaturgeschäfte muß ich zum Kuban reisen, und falls ich ein zustimmendes Telegramm von Mitja Schmidt (er ist Leiter der Kavallerieschule von Krasnodar) erhalte, werde ich in den nächsten Tagen dorthin abreisen. Die Arbeit, die in Odessa zu tun war, habe ich in Kiew erledigt und kann nun meinen Aufenthaltsort frei wählen. Solltet Ihr ein Telegramm von mir bekommen, das meine Abreise nach Krasnodar meldet, dann schreibt an die folgende Adresse: An den Leiter der Kav.-Schule D. A. Schmidt, zu meinen Händen, Krasnodar, UdSSR. Ich erwarte viel von dieser Reise und freue mich sehr darauf. Ich bitte Dich, *mon vieux,* von mir etwas über unerschütterlichen *(inébranlable)* Optimismus zu lernen, und wie man wieder Mut faßt – es ist noch zu früh, den Kopf hängen zu lassen. Morgen werde ich Dir höchstwahrscheinlich nochmal schreiben, denn dem Vernehmen nach soll ich heutigen Tags ein Sendschreiben meiner verehrten Gemahlin erhalten. *Sej gesund,* was übersetzt heißt, »lebe wohl« und grüß mir von Herzen meine und Deine Lieben. Bis zum nächsten Brief, bis bald.

Dein Dich verehrender Bruder I.

Chrenowoje, 15. April 1929

Meine Teuren. Ich würde hier wie im Paradies leben, müßte ich nicht unablässig an Euch denken. Nachts wache ich auf, in kalten Angstschweiß gebadet. Ich werde leider nicht lange hierbleiben und nach Rostow zurückkehren, daher bleibt meine Adresse die alte. Ich werde einige Tage ohne Briefe von Euch sein, und dieser Umstand macht mir unerträglich Sorgen.

Hier ist noch Winter, alles liegt unter einer Schneedecke, sie beginnt gerade erst unter den Strahlen der Frühlingssonne zu schmelzen. Ein nicht zu durchwatender Matsch! Aber die Pferde und Fohlen und der ganze Ablauf des Lebens auf dem Gestüt – all das hat einen solchen Reiz, daß man alles vergißt. Und einzig Eure Nöte zu vergessen, ist mir nicht vergönnt.

Schreiben werde ich Euch oft. Einzig und allein in diesem unvollkommenen Gespräch finde ich gewissermaßen Besänftigung und Trost. Ich rechne damit, am 20. oder 21. d.M. nach Rostow zurückzukehren.

Ich küsse Euch fest.

I.

Rostow a. D., 27. April 1929

Habe Euch heute zur Lektüre zwei russische Bücher geschickt sowie eins von mir auf englisch, das ich gestern aus London erhielt. Es ist gut ediert, aber die autobiographische Notiz ist zum Totlachen; Mama wurde befördert – zur Jüdin aus Moldawien…

Mamas Postskripta wirken auf mich, als würde ich mit heilsamem Balsam gesalbt. Was habt Ihr in Bezug auf *Royat* beschlossen? Natürlich wäre es besser, wenn Ihr zu Shenja fahren würdet, als wenn sie zu Euch käme. Ich werde mich – wie ich es auch drehe und wende – nicht vor Ende des Sommers von hier losreißen können. Ich weiß, was das alles bedeutet, aber ich kann nicht vor August abreisen. Ich muß über uns alle gründlich nachdenken, muß für uns alle auf ein dauerhaftes geregeltes Leben hinarbeiten – würde ich mich dieser Aufgabe verweigern, käme dies dem Untergang gleich –, und bevor ich nicht eine Sache zu Ende geführt habe, kann ich nicht eine andere entscheiden. Ich weiß, meine lieben Alten, das klingt grausam, aber ich bin jetzt gescheiter geworden, werde nicht zehn Hasen zugleich jagen. Außerdem spüre ich, daß die Verantwortung für Euch alle auf mir liegt: Ich kann mir jetzt nicht den Luxus erlauben, von hierhin nach dorthin und wieder zurück zu hetzen. Shenja weiß über all meine Geschäfte Bescheid. Wenn Ihr die 50 Dollar bekommt, von denen ich Euch schon mehrmals geschrieben habe, bitte ich Euch, nur ein Wort zu telegraphieren: »angekommen«.

Katja hat mir großen Kummer bereitet. Jetzt erst beginnt sie, die Schulden zurückzuzahlen. Ihre Nachlässigkeit (freilich haben sie dort haufenweise Pech: Irgendein Kompagnon wurde verhaftet, Sascha ist für 5 Wochen weggefahren und kommt nicht zurück, usw. usw. usf.) hat mir unglaubliche Qualen bereitet. Schreibe Euch davon erst jetzt, da die Geschichte nun ein gutes Ende nimmt. Dreihundert Rubel hat sie mir bereits wieder geschickt und verspricht, die restlichen zweihundert dieser Tage zurückzugeben. Ihr solltet ihr nichts zu diesem Thema schreiben, sie hat schon Unglück genug…

Teure Mamotschka, mich hat sehr zum Lachen gebracht, was Du über meine Wohnungslosigkeit und über irgendein Wechselfieber schreibst. Solch eine Wohnung, wie ich sie derzeit habe, hatte ich seit Sergijewo nicht mehr, und überhaupt herrscht hier rings um mich eine solche »Verehrung«, Aufmerksamkeit, Zuvorkommenheit und Bequemlichkeit, wie sie mir auch zehn arme alte jüdische Mamas nicht geben könnten… Nein, meine Liebe, in Rostow geht es mir prima… Und der Weg zum »Eigenheim« für mich und meine Familie führt über Rostow. Würdest Du doch nur gesund, alles übrige fände sich schon. Reiß Dich zusammen, gib Dir gefälligst Mühe, den Sommer mit Deinem Töchterchen in *Royat* zu verbringen. Ich glaube daran, daß ich Dich gesund antreffen werde. Bringe Mera dazu, mir *megilen* zu schreiben, dann habe ich doch wenigstens das Gefühl, an Eurem Leben Teil zu haben. Gräm Dich nicht, daß Dein Pessach traurig verläuft; schließlich tröstet man uns schon seit ein paar Jahrtausenden mit den Worten, daß es »nächstes Jahr in Jerusalem« besser sein wird… Und in der Tat… Jeder Mensch, der ein Herz hat, wird in seiner Tiefe stets die Kraft finden, traurige Gedanken zu überwinden…

Auf Wiedersehen, meine Teuren.

I.

Merotschka, es ist bequemer für mich, wenn ich meine Korrespondenz »postlagernd« auf die Hauptpost bekomme.

Rostow a. D., 5. Mai 1929

Meine Teuren. Dadurch, daß Eure Briefe erfreulicher geworden sind, hat sich meine Stimmung sehr gebessert, und ich fühle mich voller Lebensmut. Zudem hat sich auch das schlechte Wetter endlich verzogen. Wir haben jetzt herrliche Sommertage. Heute abend ziehe ich endlich aufs Land (habe es nicht früher geschafft, das mit dem Zimmer zu arrangieren) und werde mich in Arbeit vergraben. Ich muß mich sputen, denn ich habe eine Woche lang nichts getan – alle sowjetischen Angestellten hatten vom 1. bis 6. Mai Ferien – und da habe ich mich der Allgemeinheit angeschlossen. Meine Pläne sind einfach: 1) für das kommende Jahr meine materiellen Dinge regeln, weshalb ich Verhandlungen führe, die ich hoffentlich im Mai zum Abschluß bringen kann; 2) arbeiten; 3) spätestens im August zu Euch fahren. Vorher wird es nicht gehen. Ich sage das im vollen Bewußtsein dessen, wie schwerwiegend meine Worte sind: Ich werde nicht früher abreisen können. Ende Juli soll Ljowa nach Paris kommen; diese Neuigkeit macht mir schrecklich große Freude. Wenn Mamas Gesundheit ihr erlauben würde, nach Frankreich zu ziehen, würde ich dem Schöpfer für alles Lob und Dank sagen…

Shenja schreibt, bei ihr sei alles in bester Ordnung. Die Wohnung steht Euch zur Verfügung. Was ist bei der Röntgenstrahlenbehandlung herausgekommen? Wie geht es Dir gesundheitlich, Merotschka? Bei den vielen Dramen hast Du Dich selbst wahrscheinlich ganz vergessen…

Das wären also alle Geschichten. Wenn wir mit Verstand leben, wird alles gut. Und es sieht ganz danach aus, als sei mein Verstand ein Stückchen gewachsen.

I.

Rostow a. D., 1. Juni 1929

Bin sehr erfreut über Euren Brief, der ganz in Mamas Handschrift geschrieben ist. »Gebe Gott, daß alles gut wird…« Nach langem Schweigen bekam ich von Shenja einen überglücklichen Brief – bei ihr läuft alles hervorragend, und sie hat gute Laune. Ihr Arzt meint, daß die Schwangerschaft ideal verlaufe, wenn doch alles nur so weiterginge. Bei Shenja wohnt Ira, die offensichtlich die Sache mit ihr zusammen durchstehen wird. Ljowa kommt leider zu spät, bei ihm im Betrieb gibt es irgendwelche Komplikationen. Ich setze große Hoffnungen auf sein Kommen, denn ich will ein für allemal die Frage bezüglich B. D. klären. Auf die eine oder andere Art, aber in dieser Sache muß Klarheit geschaffen werden. Diesen Holzköpfen von Sejligers waren die Zollgebühren für die Matze zu hoch, und mit dem ihnen eigenen Zartgefühl haben sie uns daher nicht nur die Kosten für die Matze, sondern auch die Versandkosten in Rechnung gestellt. Gleichermaßen quälen sie mich wegen Meras Geld. Sie teilen mir mit, ihr Sohn habe das Geld schon längst an Mera überwiesen, die aber schweigt und hat es offensichtlich nicht bekommen. Ich hoffe, daß diese Verzögerung zufällige Ursachen hat und das Geld in den kommenden Monaten pünktlich ankommen wird. Zitternd vor Ungeduld warte ich diesbezüglich auf Nachricht von Mera. Heute noch werde ich dieser alten Schlampe eine aufs Maul geben. – Was Deine Schwester – meine Tante – angeht *(a fli...)*, die hat mir ja eine hübsche Feder aufgesteckt. Bezüglich der 200 Rubel – absolutes Schweigen, ich werde dafür geradestehen müssen. Diese Geschichte ist derart empörend, daß ich mit ihnen, wenn sie ihre Schulden nicht begleichen, jegliche Beziehung abbrechen werde. Dann wäre die Luft wieder gereinigt und die Fuhre nicht mehr so schwer... Von dem Geld, das sie mir schon früher abgeluchst hat, will ich gar nicht mehr reden... Sei's drum, Gott befohlen! Oder besser: Der Teufel soll es holen! Wir werden deswegen nicht gleich verarmen, aber die kriegen von mir nicht mal mehr das Schwarze unterm Fingernagel zu sehen... Ich hatte nach Mamas Aussehen gefragt – schreibt mir bitte darüber. Shenja hat Photographien geschickt, sie sieht ausgezeichnet aus... Für mehr ist kein Platz... Bleibt bitte gesund, *sejd gesund.*

Issja

Rostow a. D., 29. Juni 1929

Heute fahre ich nach Charkow (dort muß ich ein wenig im Bürgerkriegsarchiv arbeiten), danach nach Kiew, wo ich mit der Kinofabrik abrechnen muß. Ich rechne damit, zwischen dem 10. und 12. Juli nach Rostow zurückzukommen. Ich telegraphiere Euch noch, damit Ihr postlagernd nach Kiew schreibt.

Shenitschka, die Arme, zählt die Tage. Sie macht jetzt natürlich die schwerste Zeit durch. Aber die ganze Schwangerschaft ist so gut verlaufen, daß man meinen sollte, die Entbindung müßte ebenso glatt gehen. Es bedrückt mich sehr, daß Ihr nicht irgendwohin aufs Land fahrt. Natürlich, wenn Mamas

Gesundheit dies erfordert, gibt es daran nichts zu rütteln, aber ich wünschte mir von ganzem Herzen, Euch irgendwo auf einer Wiese im Sonnenschein zu sehen.

Abgesehen davon, daß Raja jetzt Fenja unterstützt, wäre es nicht übel, wenn Mera über eine Arbeit nachdenken würde. Wie geht es Annuschka? Warum hört man nichts von ihr? Hier bei uns ist es sehr heiß – und die Reisen in staubigen Eisenbahnwaggons lassen nichts Gutes erwarten. Da ich aber in einem Wagen erster Klasse fahre, wird es auszuhalten sein. Aus Charkow werde ich Euch schreiben, meine Schätzchen. Ich drücke Euch an meine breite Brust und bete zu meinem eigenen Gott für Euer Wohlergehen.

I.

Kiew, 15. Juli 1929

Heute ist der 15., und noch immer kein Telegramm von Shenja. Ich habe ihr geschrieben – eine gründlichere Frau hat die Welt noch nicht gesehen. Meine Unruhe ist groß, dreimal am Tag renne ich zum Telegraphenamt. Die letzte Mitteilung, die besagte, Shenja sei gesund und fühle sich gut, bekam ich vor einer Woche. Seither – Schweigen. Die arme Kleine, sie würde das Telegramm genauso gern abschicken, wie wir es bekämen. Meine Geschäfte in Kiew sind erledigt, aber ich fahre nicht ab, weil ich Angst habe, das Telegramm zu verpassen. Schreibt nach Rostow an die alte Adresse. Wie geht es Euch auf dem Land? Diesen Monat bekommt Ihr Euer Geld. Wann machst Du mit den Bestrahlungen weiter? Bei dieser Therapie muß man bleiben, wenn sie Erfolg verspricht. Werde heute bei den alten S. vorbeischauen – denen muß man jedesmal eine »Doping«-Spritze verpassen. Am Abend schreibe ich wieder. Ich kann im Augenblick nicht sonderlich viel zusammenschreiben – befinde mich in einem Fieberzustand. Halt Dich wacker, alter Racker…

I.

Rostow, 20. Juli 1929

Teure Großmutter, Tante und Onkel!
Es ist ein Mädchen. Kluge Leute sagen, eine anhängliche Tochter werde einen auf seine alten Tage besser durchfüttern als ein umgänglicher Sohn… Wir wollen dem Schöpfer danken und uns bemühen, so gut wie möglich zu leben. Das Telegramm von Ira war ein großer Trost. Shenja und das Kindchen fühlen sich gut, mit Zittern und Beben warte ich auf weitere Nachrichten. Ehrlich, die Sache mit dem Telegramm hat mich ganz schön auf die Folter gespannt. Das schwerfällige Wesen meiner Gattin ist in vollem Umfang zutage getreten. Elf Monate hat sie es ausgetragen, oder… oder das Kind ist vom Zugschaffner… Kaum war das Telegramm da, bin ich zum Bahnhof gejagt, habe mich in den Zug gesetzt und bin davongerauscht – hatte in Kiew ansonsten nichts mehr verloren. Bis zu meiner Abreise »zur Familie« ist jetzt wieder Rostow am Don mein Stützpunkt. In Kiew habe ich sichergestellt, daß an die Alten regelmäßige Geldsendungen abgehen, auch das ein Erfolg. Bin gestern in der Nacht losgefahren, fühle mich erschöpft, ausführliche Nachrichten – morgen.

I.

Rostow, 23. Juli 1929

Gerade eben bekam ich ein Telegramm von Shenja. Beide Damen sind gesund; das bedeutet, alles läuft hervorragend. Unterschrieben ist das Telegramm mit »Natascha«. Natascha, das ist ein hübscher Name, aber der Vatersname wird ihr im Weg sein. Ich hatte Shenja gebeten, ihr einen jüdischen »Spitznamen« zu geben (»Judith« gefällt mir sehr) – sie hat mich nicht erhört. Ich nehme es ihr nicht übel, sie wird schon wissen…

Die Nachricht, daß Ihr in Spa seid, habe ich mit Begeisterung vernommen. In diesem und im nächsten Monat müßt Ihr das Geld von Wolodja bekommen. Ich bin in großer Sorge, Ihr könntet vergessen haben, beim Postamt einen Nachsendeauftrag abzugeben, damit Euch das Geld nach Spa überwiesen wird…

Jewgenija Babel und ihre Tochter Natalja, Paris 1929

Merotschka, glaub nicht, ich hätte Deinen Geburtstag vergessen, aber gerade an diesem Tag waren meine Gefühle so durcheinander, daß ich meine Hand nicht heben konnte, um Glückwünsche niederzuschreiben. Ich war davon überzeugt, daß Shenja etwas zugestoßen sei – alle Termine waren verstrichen, und wahrscheinlich hat in den letzten hundert Jahren keine Frau ein Kind so lange ausgetragen. Ende gut, alles gut. Schreibt mir öfter. Ich werde Euch nun bombardieren.

Bitte, bleibt gesund.

I.

ROSTOW A. D., 1. AUGUST 1929

Mir tut die arme Merotschka leid... Wie ist sie denn nur an diese scheußliche Krankheit gekommen?... Sollte sie sich wirklich lange damit herumquälen müssen?... Paß bloß auf, Großmutter, und enttäusche wenigstens Du mich nicht. Bleib Du auf jeden Fall gesund!

Von Shenja habe ich außer einem einzigen Brief nach der Entbindung keine weitere Nachricht. Sie schrieb, daß alles hervorragend laufe, nur daß sie (vier Tage) keine Milch gehabt hätte. Ich weiß nicht, ob sie noch kommen wird oder ob es notwendig ist, die ganze Zeit mit der Flasche zu füttern.

Ich bin heute in die Stadt gefahren, um meine Post zu holen und Einkäufe zu machen, und werde gegen Abend wieder aufs Land fahren. Es ist unerträglich heiß. Im Vergleich zur Stadt ist es bei uns die reine Wonne. Je länger ich hier lebe, um so mehr gefällt mir der Nordkaukasus.

Fenja hätte das Geld schon längst erhalten müssen. Warte diesbezüglich auf eine Mitteilung von ihr.

Mit der Arbeit komme ich ganz allmählich voran und in allernächster Zeit werde ich entschiedene Schritte unternehmen, um Urlaub zu kriegen. Ihr müßt so lange wie möglich in Spa bleiben. Auf alle Fälle ist es dort gesünder als in Brüssel. Bemühe Dich, Dir alle Behandlungsmöglichkeiten zugute kommen zu lassen.

Ich kann jetzt nicht mehr schreiben, meine teure Mamulja. Ich zerfließe vor Hitze, hier auf der Post stehen eine Million Menschen herum, und alle stinken und triefen. Zu Hause, in meiner freien Zeit läßt es sich besser schreiben. – Bleibt auf jeden Fall gesund. Ist denn Grischa bei Euch? Ihm einen zakkigen Gruß. Bis morgen, meine Kränklichen...

I.

Lipezk, 31. August 1929

A. K. hat sich sehr verändert, hat Falten bekommen, ist grau geworden und vor allem: er ist krank, offensichtlich schwer, die Ärzte kommen nicht dahinter, die einen sagen Nierenbeckenentzündung, die anderen Blinddarm; auf mich macht er den Eindruck, als ob er eine ernste Krankheit ausbrütet.

Unsere Gespräche sind freilich noch die alten: dieselbe Verliebtheit in die Literatur, dieselbe Naivität und Leidenschaftlichkeit. Auch Sima ist hier und Galotschka, die 15 Jahre alt geworden ist; sie ist ein bißchen kurz geraten, dabei aber ein schlagfertiges Fräulein. Ich habe bei Sima Vollpension – *c'est tout dire.* Sie hat sich um kein Jota geändert, nur die Sorgen sind größer geworden. Es ist ein herrliches Fleckchen hier; die Natur ist rührend, eiskalt, beruhigend, ganz russische Natur, ohne grelle Farben, ein stiller Fluß, kleine Wäldchen, Parks mit Eichen... Nach Chrenowoje fahre ich höchstwahrscheinlich morgen. Schreibt mir öfter nach Rostow.

I.

Chrenowoje, 4. September 1929

Wir wollen hoffen, daß Mamas Rücken ganz kuriert ist. Das hätte ja wirklich gerade noch gefehlt. Bin sehr froh darüber, daß Ljowa angekommen ist und Shenja ein wenig Zerstreuung hat. Ich bombardiere sie mit Briefen, wir müssen doch schließlich und endlich einen klaren Plan in unser Leben bringen. Ich bin fest entschlossen, »meine Familie« nach Hause zu schaffen, und damit sich dies in einer mehr oder weniger nahen Zukunft verwirklichen läßt, muß schon jetzt ein Anfang gemacht werden. Außerdem ist Ljowa jetzt gerade da: die beste Zeit, um etwas zu entscheiden... Ich erwarte von Shenja Nachricht zu diesem Thema. – Wenn die Zeit nicht drängt und es Mamas Gesundheit erlaubt, wäre es für Mama natürlich besser, meine

Ankunft abzuwarten, um so mehr, als sie keine Möglichkeit hat, irgendwohin zu fahren, wenn Shenja nicht in Paris ist. Aber vielleicht hat es Merotschka noch nötiger als Mama, nach Paris zu fahren, damit sie sich dort intensiv um die Heilung ihrer Leber kümmert und sich – falls nötig – in einem Sanatorium einquartiert. Dieses Problem ist das allerwichtigste.

Ich genieße schon den zweiten Tag die Wonnen von Chrenowoje. Wie lange ich hier bleiben werde, weiß ich nicht – je nachdem, wie ich mich fühle und wie mir die Arbeit von der Hand geht. Ich bin sehr froh darüber, daß meine Arbeit in eine günstige Phase getreten ist und sich schon gewisse Konturen abzeichnen. So lebe ich also in Chrenowoje – und ich merke, daß ich in meinem weiteren Leben die Natur nicht mehr entbehren kann. Das ist trotz allem die einzige unerschöpfliche Quelle für Lebensmut, Frische und Arbeitsfähigkeit. Schreibt mir, meine Teuren, an die Rostower Adresse. – Geht spazieren, eßt etwas und amüsiert Euch. Einen Gruß an unseren lieben Äskulap.

I. B.

CHRENOWOJE, 12. SEPTEMBER 1929

Marija, meine Schwester! Schick mir nach Rostow – postlagernd – ein Paket. Sechs Paar bunte Damenstrümpfe *(fil d'écosse)* in hellen Farbtönen, Größe 9 – 9½ sowie ein Paar Damenhandschuhe, ebenfalls hell, aus Wild- oder dänischem Leder, Größe 6¼. Ich brauche das sehr dringend für eine Wohltäterin. Packe für mich auch noch irgendwelche Schokolade ein, aber nur, wenn die Zollgebühren dafür nicht so hoch sind. Ich werde Dir dafür sehr dankbar sein. Was das Kleingeld angeht, werden wir das, so Gott will, schon irgendwie miteinander regeln; Du kannst für diese Summe Shenja [... – 2 Wörter unleserlich]; ihr geht es jetzt, nach der Ankunft ihres Bruders, prächtig; sie hat das junge Geschöpf bereits mit zur Kur genommen. Du siehst, mein Töchterchen fängt das Leben ganz vernünftig an. Ich habe nachgefragt, wie dort bei ihnen, bei Ljowa und den übrigen, die Dinge in materieller und familiärer Hinsicht stehen; bisher kam noch keine Antwort. Habe einen Brief von Katja bekommen. Sie klagt über ihre Wehwehchen. Ich hatte ihr vorzeiten geschrieben, ich könne sie in einem Kurort im Kaukasus unterbringen; nun bittet sie darum. Sobald ich in Rostow ankomme, werde ich mich bemühen, mein Versprechen einzulösen. In Rostow werde ich spätestens in einer Woche sein. Möglicherweise bedeutet das, daß ich Katja bald wiedersehe. Wenn sie reist, muß sie durch Rostow kommen. Ich habe wohl schon geschrieben, daß sich die Himmel aufgetan haben und Sascha die zweihundert Rubel geschickt hat. *As Got wil…*

Schon lange bekomme ich keine Reskripte von Mamas eigener Hand mehr, und ich sehne mich sehr nach ihnen.

I.

Rostow, 2. Oktober 1929

Die Bestrahlungen waren so hilfreich, daß es mir wirklich um die zweitausend nicht leid tut. Um die Wahrheit zu sagen, den Doktor braucht es tatsächlich überhaupt nicht zu interessieren, daß Raja weit weg ist usw. usf. Ich habe damit gerechnet, daß Raja Euch das Geld für August und September auf einmal schicken würde, und deshalb gebeten, einen Teil an Shenja zu senden. Allerdings hätte es sich bei einer so minimalen Summe – und wo noch dazu die Arztkosten anstanden – nicht gelohnt, Shenja das Geld für August zu schicken. Es ist anzunehmen, daß sich mit Ljowas Ankunft ihre materiellen Angelegenheiten in gewisser Weise aufgehellt haben. Übrigens sind mir die Gerüchte über Ljowas Erfolge bisher nicht zu Ohren gekommen. Was sie dort beschlossen haben, weiß ich nicht; sie schreiben sehr selten. Gewiß hat Shenja mit dem neuen Familienmitglied so viel um die Ohren, daß ihr der Sinn nicht nach Briefen steht. Ich bin als einziger zum absolut pünktlichen Briefeschreiber geworden. Ich habe Mama Bljuma geschrieben, daß ich zwar an unser Wiedersehen glaube, daß man aber die Zeit bis dahin nicht in Tagen, sondern in Wochen messen sollte. Ihr will es nicht in den Kopf, welche Schwierigkeiten da zu überwinden sind. Noch nie hatte ich solche Sehnsucht nach meinen Angehörigen wie zur Zeit, aber die Umstände sind stärker als mein Wille, und nur um die Sache zu beschleunigen, kann ich doch nichts unternehmen, was entwürdigend für mich wäre. Wider Willen drängt sich einem der Gedanke auf, daß der Berg eher zum Propheten kommt als der Prophet zum Berg. Natürlich, es gibt Hoffnung, aber man muß sie nach Wochen berechnen. Es ist schon schmerzlich, daß ich ein Ventil habe, die Arbeit, die geregelte Existenz, nach der ich so lange gestrebt habe und die sich erst jetzt verwirklicht, während die arme Bljuma keine solchen Ventile hat. Trotzdem kann ich nicht traurig sein, denn ich weiß, für uns liegen bessere Zeiten nicht mehr allzu fern und die Vorbereitung dieser besseren Zeiten – insofern sie von mir abhängt – geht ihren geregelten Gang. Das Papier geht mir aus. Weitere Ergüsse, *mein Liebchen,* beim nächst. Mal.

I.

Rostow a. D., 2. November 1929

Isja ist vor zwei Tagen abgereist. Wie Ihr seht, führt er sich wie ein Teufel auf. Und das nach der Kur. Er hat kein süßes Leben – viele Sorgen, wenig Geld. Ich habe mich an diesem Tag wie das größte aller Schweine benommen; ich war sehr erschöpft und habe mich aufgeplustert wie ein Truthahn. In natura sind wir – *parole d'honneur* – besser und auch schöner an Leib und Seele.

Morgen oder übermorgen schicke ich Dir die Antwort der Don-Universität bezüglich Grischa.

Ich warte auf die Aufforderung, nach Moskau zu kommen. Wenn Ihr wüßtet, wie wenig Lust ich habe, dorthin zu fahren… Wie es aussieht, muß es sein. Wie man so sagt: Wer rastet, der rostet… Bis morgen.

I.

Rostow a. Don, 23. November 1929

Teure Fenjuscha. Schreibe Dir den letzten Brief aus Rostow. Morgen früh fahre ich nach Moskau. Ich denke, alles wird gutgehen. Meine persönlichen Angelegenheiten beunruhigen mich nicht, meine Dinge kommen immer ins Lot, bin aber sehr um Merotschka besorgt. Wäre es nicht besser, noch früher nach Paris zu fahren und dort eine Kur zu machen? Das habt

Ihr sehr gut gemacht, daß Ihr das Geld für Euch behalten habt. Schade, daß Ihr nicht mehr erhalten könnt, um die Sache mit der Kur energischer anzugehen. Welche Wirkung zeigen die ultravioletten Strahlen? In meinem unerschöpflichen Optimismus glaube ich trotz allem daran, daß es Meri bald gelingen wird, diese verfluchte Malaise loszuwerden.

Katja ist gut in Sotschi untergekommen. Dieses arme Ding kann jetzt zum ersten Mal seit vielen Jahren frei durchatmen. Ich habe Dir wohl schon geschrieben, daß ich Anjuta 25 Rubel geschickt habe. Ich wiederhole noch einmal die Adresse der Slonims: Pokrowka, Maschkowgasse 13/15, Wg. 12. In Moskau werde ich – solang ich dort bleibe – außerhalb der Stadt wohnen, damit ich meine Arbeit nicht unterbrechen muß. Was die Arbeit betrifft, bin ich jetzt ganz Feuer und Flamme, sie weckt in mir guten Mut und Freude, und ich möchte sie nicht unterbrechen. Ein Zimmer außerhalb der Stadt steht schon für mich bereit; ich kann mich nicht beklagen, man würde nicht für mich sorgen.

Fahrt doch bitte möglichst bald nach Paris, meine Teuren. Wie Ljowa schreibt, ist Shenitschka der *»Klub nacheß«*. So weit, so gut, aber er hat wohl nicht vor, die Alte mitzunehmen. Ich bin in dieser Hinsicht bereit, einen ganz entschlossenen Kampf zu führen. Wie ist es denn nun gekommen, daß es warm wurde in Eurer Wohnung? Offensichtlich hat die Reparatur etwas gebracht. Man sollte meinen, daß die Wohnung jetzt ganz zufriedenstellend ist. Ich werde morgen sehr gern fahren. Zwar habe ich mich in Rostow sehr wohlgefühlt, aber mein Vagabundenblut zieht mich weiter. Und auch alle meine Freunde hier haben sich davongemacht. Gleich nachdem ich mich in Moskau zurechtgefunden habe, werde ich Euch schreiben.

Mendele Pupik, kurier Dich und werde gesund, mach uns alle staunen.

I.

P.S. Von Iossif kommt täglich eine Postkarte, und das Wort »Scheiße« ist ein nicht wegzudenkender Bestandteil einer jeden.

Kuskowo, 2. Dezember 1929

Ich hoffe sehr, daß Euch dieser Brief noch in Brüssel antrifft und Ihr bereits Bekanntschaft mit unserem kleinen Nachwuchs geschlossen habt, und erwarte von Euch eine vollständige Beschreibung dieses Frauenzimmers. Wegen des Umzugs ist meine gesamte Korrespondenz abgebrochen, und ich habe schon seit etwa zwei Wochen keine Eurer werten Episteln mehr gelesen. Moskau ist schöner, geschäftiger und lauter geworden. Ich habe mich, meinen Gepflogenheiten treu, außerhalb der Stadt eingerichtet (auf dem ehemaligen Gut der Scheremetjews in Kuskowo, 20 Eisenbahnmin. vor Moskau) und setze meine Arbeit fort. Ich habe noch fast niemanden gesehen und habe auch gar keine Lust dazu. Das Leben in meinem Häuschen, umgeben von einem hundert Jahre alten Park in unberührtem Schnee, ist ausgefüllt auch ohne diese dummen Bekanntschaften. Bin bei den Liwschiz gewesen – im Grunde ist es bei ihnen immer gleich, ihr kleines Mädchen sieht Isja so ähnlich, daß man an eine Halluzination glaubt; ich war am Abend bei ihnen, sie kam mir im Hemdchen entgegengerannt und erinnerte sich an alle Geschenke, die ich ihr aus Rostow geschickt hatte. Ich hatte Zeit genug zu bemerken, daß dieses Frauenzimmer – wie jedes ordentliche Judenmädel – sehr kurze Beine hat und ihr Hinterteil sehr niedrig über den Füßen hängt: Sie wird ein Fräulein abgeben, das sich vor den anderen nicht verstecken muß. Saschas Tochter ist dagegen sehr häßlich und ihre Mutter ungeheuerlich dick. Er hat auf der Stelle, die ich ihm vor ca. drei Jahren verschafft habe, Wurzeln geschlagen und ist aufgeblüht. Morgen oder übermorgen gehe ich zu Iossif; Katja ist offenbar noch in Sotschi.

Der Freund, zu dem ich gefahren bin, um zu hören, wie meine Sache steht, ist für kurze Zeit nach Leningrad verreist und wird in den nächsten Tagen zurückkommen. Merotschka, bitte reiß Dich zusammen und nutze Deinen Aufenthalt in Paris, um Dich zu kurieren, und natürlich auch ein wenig zur Zerstreuung. Dieser Abstecher nach Paris soll Dir Gewinn und Erleichterung bringen. Bei den Liwschiz hat man mir gesagt, daß Ljussja aus Leningrad für einige Tage nach Moskau kommen soll. Wie man hört, ist aus ihr eine ganz disziplinierte und ruhige Dame geworden. Ihr zuliebe werde ich meine stolze Einsiedelei aufgeben und losfahren, damit ich sie zu sehen bekomme. Mein Zimmer in der Stadt ist bei den Slonims, die mir nach wie vor mit der allerzärtlichsten Verehrung gegenübertreten. Ich habe bei ihnen einen Tag und eine Nacht wie bei meiner leiblichen Mutter verbracht. Die Wohnung ist großartig: vier Zimmer mit dem allerneuesten Komfort; eines davon gehört für ewige Zeiten mir... Ja, das ist Freundschaft.

Al. Konstantinowitsch ist in Moskau. Er wird behandelt, indem man ihm – nun sperrt Augen und Ohren auf – Urin von schwangeren Frauen spritzt, und wie es aussieht, ist er wieder auf die Beine gekommen. Dieses erstaunliche Mittel ist die neueste Erfindung der medizinischen Wissenschaft, und man sagt, es sei sehr »effektiv«. Als ich im Zugabteil einer jüdischen Dame von dieser Arznei berichtete, wurde sie nachdenklich und sagte dann: »Ich glaube, ›die‹ sollten das nicht zu teuer berechnen; es ist ja schließlich eine erschwingliche Sache«... Damit – auf Wiedersehen. Meine Eindrücke sind, wie Ihr seht, nicht gerade reich, denn ich versuche, mich mit meiner Arbeit und nicht mit Eindrücken abzugeben. Bleibt gesund, der Teufel soll Euch holen...

Je vous embrasse de tout mon cœur.

I.

Ich wiederhole für alle Fälle die Adresse der Slonims: Pokrowka, Maschkowgasse 13/15, Wg. 12.

Am besten schreibt Ihr mir an die Adresse: Kursker Bahnhof, postlagernd, Moskau.

1930

Moskau, 16. Januar 1930

Die letzte Nachricht von Euch über den Umstand, daß Merotschka sich besser fühlt, hat mich sehr getröstet, aber nun seid Ihr wieder verstummt. Woran liegt das? Hat Mama etwa bislang noch immer nicht den Weg nach Paris gefunden? Wer ist schuld an dieser Verzögerung? Ich habe Shenja gebeten, die Sache mit der Verlängerung des Passes voranzutreiben. »Schießt« ihr ein Telegramm vor den Bug – das wird sie aufrütteln. Meine Angelegenheiten kommen schön langsam voran; ich arbeite und warte auf meinen Urlaub. Hoffe, daß er nicht mehr allzu fern ist, aber den Termin vorzuverlegen, steht nicht in meinen Kräften. Winter gibt es hier keinen, es ist sehr warm, und ich spaziere viel in Moskau umher, das sich völlig verwandelt hat. Morgen schaue ich bei Katja vorbei, war lange nicht mehr bei ihnen…

Habt Ihr das Geld für Dezember erhalten? Schreibt an die Adresse der Slonims – Maschkowgasse 13/15, Wg. 12. Ich wohne sehr komfortabel, und mein Körper genießt nach der Provinz all die Bequemlichkeiten.

I.

Moskau, 4. Februar 1930

Liebwerte Großmutter. Ich bestehe auf meiner Meinung; es kann nicht sein, daß mir das untergeschobene Mädchen ähnlich sieht, denn es ist häßlich. Sobald ich in Eurer Stadt bin, werde ich einen Prozeß vor der *Chambre correctionelle* anstrengen. Weißt Du überhaupt noch, wie man Kinder versorgt, und läßt man Dich denn? Stopfst Du Deiner Enkelin auch den dreckigen Schnuller wieder in den Mund, wie Du das vor Zeiten in der Dalnizkijstraße, Ecke Balkowskaja mit Deinem Sohn gemacht hast? Mümmelst Du denn für sie in Deinem zahnlosen Mund einen altbackenen Sesamkringel und gibst ihn ihr dann, vollgesabbert wie er ist, zu essen, wie Du das vor Zeiten mit Deinem Sohn gemacht hast, der Dir das nimmermehr vergeben wird? Und außerdem – Du hast an meinen Windeln gespart, Du hast mir keinen Apfelsinensaft gegeben, in der Wiege hast Du Deinen Sohn geschaukelt und seine Eigeninitiative damit abgetötet, und wenn das, was ich zusammenschmiere, nichts taugt, dann weiß ich schon, wem ich die Schuld dafür zu geben habe…

I.

Kiew, 9. Februar 1930

Habe es nicht mehr geschafft, Dir aus Moskau zu schreiben. Kam gestern nacht wegen Schneeverwehungen mit 7 Std. Verspätung hier an. Kiew liegt begraben unter Schnee. Sehr hübsch; das alles sind Folgen des Schneesturms, der hier durchgerast ist. Im Laufe des heutigen und des morgigen Tages werde ich klären, wie lange ich in Kiew bleibe; werde mir Mühe geben, mich nicht zu lange aufzuhalten. Soeben habe ich nach Paris sämtlichen drei Generationen meiner Damen geschrieben. Adressiere Deine Korrespondenz wie gehabt nach Moskau. Grüß mir Grischa – von der Mutter der russischen Städte.

I.B.

Kiew, 16. Februar 1930

Teure Merotschka. Habe 6 Tage in Kiew verbracht, all meine Angelegenheiten geregelt und fahre heute aufs Land, in ein Gebiet der sog. durchgängigen Kollektivierung. Bei uns wird doch jetzt das gesamte landwirtsch. und dörfliche Leben von Grund auf umgestaltet. Es würde mich mein Leben lang quälen, wäre es mir nicht gelungen, diesen Prozeß, der interessanter und bedeutender ist als alles, was wir bisher gesehen haben, mit eigenen Augen zu beobachten. Meine Rückkehr nach Moskau ist übrigens nicht mehr allzu fern; schicke deshalb also Deine Briefe wie gehabt an die Adresse der Slonims. Gruß an Grischa.

Dein I. B.

DNJEPROPETROWSK (EHEM. JEKATERINOSLAW), 1. APRIL 1930

War drei Tage hier, habe die gigantischen Hüttenwerke besichtigt; fahre morgen zum DNJEPROSTROJ, von dort weiter nach Moskau. Ich schreibe, ohne sicher zu sein, daß Dich diese Postkarte in Brüssel erreicht; würde mich im Gegenteil über Deine Abreise nach Paris freuen. Schreib an die Adresse der Slonims.

I.

MOSKAU, 27. APRIL 1930

Ihr Schönsten der Schönen *du Royaume des Belges.* Eure beständige Ruhelosigkeit ist die reine Zudringlichkeit. Ein junger Mann, der in der Blüte seiner körperlichen und geistigen Fähigkeiten steht, hat Gescheiteres zu tun, als mit abgedankten Odessiten Briefe zu wechseln... Wieviel Zeit allein für die Schriftstellerbegräbnisse draufgeht! Denkt doch mal nach!!!

Im Gegensatz zu all meinen Verwandten und Verschwägerten war ich übrigens nicht krank, wofür ich um Entschuldigung bitte. Es ist nicht so, daß ich es mir nicht vorgenommen hätte, aber es will einfach nicht klappen... Na, genug davon... Bei mir ist alles in bester Ordnung, ich arbeite, fühle mich sehr gut, nur der Tod von W. M. hat Bestürzung hervorgerufen. Das Hauptmotiv ist, wie man hört, eine unglückliche Liebe, aber freilich war da auch noch die mit den Jahren angehäufte Müdigkeit. Es läßt sich schwer ergründen, denn sein Abschiedsbrief gibt keinerlei Aufschluß. Mama erinnert sich wahrscheinlich noch, wie er, hünenhaft und in voller Blüte, in Odessa zu uns kam... Ein ungeheuerlicher Tod...

Hast Du meinen Brief an Wolodja weitergeschickt? Ich weiß jetzt nicht, was geschehen soll... Seitdem das Geheimnis nun gelüftet ist, dürft Ihr keine sonderliche Regelmäßigkeit mehr erwarten. Ich habe deshalb Schritte unternommen, um vom

Konsul in Paris eine Legitimation zu bekommen, durch die es möglich sein wird, Mama 20 bis 25 Dollar monatlich zu schicken. Ich hoffe, daß Shenja meine Anweisungen befolgt und zum Konsul geht. Das wäre der allerbeste Ausweg, denn er wäre zuverlässig, beständig und unaufhebbar. Meine Teuren, unter all den Nöten, die Ihr Euch mit solcher Freigebigkeit ausdenkt, gibt es eine, die uns wahrhaftig Kummer macht: Shenjas Krankheit. Natürlich ist sie noch jung, ihr Organismus wird mit dem heftigen Anfall fertig werden, aber man muß unablässig ein Auge auf sie haben und auf sie aufpassen. Das ist bei der derzeitigen Lage der Dinge unmöglich. Ich begreife das besser als jeder andere, und endlich verspüre ich nun das Bedürfnis nach meinem eigenen Heim. Dieses Bedürfnis taucht später in mir auf, als dies für uns wünschenswert gewesen wäre, aber wenn ich mir erst einmal irgendeine Absicht in den Kopf gesetzt habe, dann gehe ich davon nicht mehr ab. Um nach Taschkent reisen zu können, muß ich eine große Arbeit fertigbekommen, ich bin dabei sie zu tun – und früher oder später (freilich spätestens in diesem Sommer) wird diese Reise unternommen, ungeachtet aller Schwierigkeiten. Mein einfachster Plan besteht darin, Shenja dann hierher mitzunehmen. Ljowa schreibe ich diesbezüglich, und davon kann ich nicht abgehen – sehe ansonsten weder Mittel noch Wege. Mit Shenja werde ich eingehend darüber reden, wenn wir beide uns wiedersehen, aber ich fange schon jetzt an, sie vorzubereiten. Abgesehen davon muß man Ruhe in ihre arme Seele bringen. Ihr dürft Euch nicht darüber beklagen, daß sie selten schreibt. Sie hat gleich an mehreren Fronten zu kämpfen. Mich hat ein solcher Kampf immer stärker und härter gemacht, doch lassen sich unsere Kräfte leider nicht vergleichen. Shenja ist meine Hauptsorge, und es wird alles getan, damit unsere Seelen Frieden und unsere Körper Ruhe finden. Über die Kleine schreibt sie ganz begeistert; offensichtlich sind in unserer ganzen Familie nur diese kleine Pipiliesel und ich fähig, Spaß zu haben…

Sehr gut würde es Mama tun, aufs Land zu fahren; bemühe Dich, diesen Plan umzusetzen. Allerdings – was das wohl gibt, wenn man sie mit waschechten Belgiern allein läßt? In was für einem Taubstummendialekt wird sie sich bloß mit ihnen verständigen? Fahre Du doch auch mit.

Warum sind eigentlich alle Deine Freundinnen verstummt? Haben Annuschka und ihre Angehörigen uns etwa ganz vergessen? Oder hast Du Dich mit ihr gestritten? Shenja habe ich in diesem und im vergangenen Monat ein paar interessante belletristische Bücher geschickt, und wenn Annuschka wollte, könnte ich auch ihr welche schicken. Diesen Monat hatte ich große Auslagen; habe für fast drei Jahre meines Wanderlebens die Steuern bezahlt. Ursprünglich wollte ich ein kleines Sümmchen an die Tanten abschicken, wegen meiner außerordentlichen und bedeutenden Ausgaben habe ich dieses Vorhaben jedoch auf kommenden Monat verschoben. Werde mich bemühen, das in der ersten Maihälfte zu erledigen. Übrigens steht bei den Ljachezkijs wohl alles zum Besten. Iossif verdient gutes Geld.

In Moskau beschloß der Frühling, nachdem er erst ein Weilchen in der Nase gebohrt hatte, vor einer Woche, hinter dem Ofen vorzukriechen, aber gestern hatte er es schon wieder satt, sich zu entfalten, und jetzt gibt es hier Wind, Kälte, bleierne Wolken, und in Orechowo-Sujewo schneit es. Ich werde mich jetzt bis zu meiner Reise nach Taschkent nicht mehr vom Fleck rühren. Die Vorbereitung macht meine Anwesenheit hier erforderlich. Schreibt öfter an Shenja, ohne von ihr außergewöhnliche Berichte zu erwarten, man muß ihr den Gefallen tun…

Damit – der ausgedienten Mohrin ein Lebewohl. Ich küsse Euch fest und denke, es gibt keinen Grund, den Mut zu verlieren: Unser Banner hängt hoch im Wind. Ich sitze jetzt jeden Abend zu Hause, trinke mein Täßchen Tee, arbeite, träume, treffe mich nur mit drei, vier »verläßlichen Freunden« – bin ein Mensch geworden – positiv und unbeugsam – wie ein alter Engländer.

I.

Moskau, 10. Mai 1930

Liebe Merotschka. Ich glaube unerschütterlich an die Zukunft und kann Deine Traurigkeit nicht teilen. Das Leben der Menschen ist kompliziert, das Leben eines Menschen meines Berufs, eines Menschen mit fanatischen Anforderungen an diesen

Beruf, ist es ganz besonders. Niemals zuvor spürte ich in mir solche Kraft, Zuversicht und innere Ruhe (allem zum Trotz) wie jetzt. Meine Verwandten sollten sich freuen, doch sie gießen ihre Tränenströme über mich aus. Kommt wieder zu Euch, Ihr dürft doch keine solchen nervenden Jammerlappen sein, Ihr dürft die einfachen Dinge dieser Welt nicht so verzerren. Nehmt doch Vernunft an! Shenja ist krank. Sie ist jung, sie wird wieder gesund. Sie geht zum Arzt. Ihr steht der Sinn nicht nach Schreiben. Das ist keine Tragödie, Herr im Himmel, das ist keine Tragödie. Vielleicht kommt es daher, daß ich nicht schlafe, nicht auf meinem Hintern sitze, sondern mich in das ungeheuer wimmelnde Leben, das bei uns entsteht, hineinstürze, seinen Erfolgen entgegengehe und sie mit offenen Augen betrachte – vielleicht kommt es daher, daß ich eine *vision nette* vieler Dinge habe, die Dir unüberwindlich scheinen. Ich habe mich sehr verändert, meine Liebe, seit wir uns nicht gesehen haben. Bin ausgeglichener, ruhiger und unerschütterlicher geworden, bin damit für das Familienleben reif geworden, spät vielleicht, wie es Dir scheinen mag, aber so ist es nun einmal gekommen, und das Vergangene macht niemand ungeschehen. Und vielleicht habe ich in meiner Vergangenheit eine ganz natürliche und zwangsläufige Entwicklungslinie durchlaufen. Für Shenja, für meine Nächsten war diese Linie besonders schwer, denn sie hatten selbst kein eigenes Ziel, und ein Wildpferd schleifte sie am Zügel hinter sich her. Jetzt hat sich das Wildpferd beruhigt – die Hindernisse in meiner Seele, die einzigen Hindernisse *qui comptent,* sind überwunden –, als erstes muß ich jetzt die neuen und für mich sehr wichtigen Eindrücke auf mich wirken lassen, und als zweites muß ich mich vor der entscheidenden Arbeitsphase ausruhen und erfrischen. Nach meiner Rückkehr muß ich einige Sachen für den Druck abschreiben, erst danach werde ich mich zu Natascha auf den Weg machen können. Ich rechne damit, sie zu sehen, sobald die Tage wärmer werden. Ich hoffe, morgen einen Brief von Euch vorzufinden, und erwarte ihn mit bebendem Herzen. Was macht die arme Fenjale… Ich finde schon keine Worte mehr, meine unablässige Besorgnis ihretwegen auszudrücken. Merotschka, schreib mir, so oft es nur geht, selbst wenn es nur Postkarten, selbst wenn es nur ein paar Worte sind. Wie gehabt, wirst Du jederzeit alle meine Adressen kennen... Der Frost hat sich anscheinend übernommen, und es ist heute bedeutend wärmer. In mir ist die Hoffnung entbrannt, ich könnte bei erträglichen Temperaturen reisen, und nach Molodjonowo würde ich im März zurückkehren, vielleicht ist dann auch der Schnee schon geschmolzen...

Es ist Zeit zu schlafen, morgen früh geht es zur Station. Auch Euch eine gute Nacht, *chers enfants de mon cœur...*

I.

Moskau, 13. Mai 1930

Die Sache mit der Dienstreise im Hochsommer wird immer klarer, und das macht mir große Freude, was ich auch Euch, meine lieben fernen Klageweiber, wünsche. – An Onkel Tomgorskij habe ich geschrieben, erwarte von Euch weiterhin angenehme Nachrichten. Erinnere mich nicht, ob ich Euch schon schrieb, daß ich eine kleinere Arbeit an die Wufku in Kiew abgeschickt habe.

Moskau, 26. Mai 1930

Verehrte Landsmännin. Vor ein paar Tagen schrieb ich an Ljowa und Shenja Briefe mit ungefähr demselben Inhalt. Ich schrieb ihnen, daß meine Dienstreise nicht von langer Dauer sein kann und ich es für das einzig Vernünftige halte, gemeinsam mit meiner (obwohl größer gewordenen) nicht sehr zahlreichen Familie in die Heimat zurückzukehren. Ich wollte von Shenja einen Hinweis dahingehend, daß ich hier unterdessen Heim und Herd für uns finden könnte. Ich denke nicht, daß man das Hals über Kopf tun muß, aber in diese Richtung sollte es gehen. Verwirklichen läßt sich das, sagen wir mal, nächstes Jahr zu Beginn des Frühlings. Mein Brief müßte alle Ängste Ljowas zerstreuen. Niemals in meinem Leben gab es in meinem Inneren mehr zartfühlenden Familiensinn als im Augenblick. Und das wird wohl jetzt für immer so bleiben. Was das angeht, kannst Du all Deine »Ruhelosigkeit« über Bord werfen. Wenn es nurShenja gesundheitlich besser ginge... Ihre finanzielle Situation hat sich in diesem Monat gebessert –

und ich denke, sie wird Euch etwas schicken können. Ihr müßt unbedingt aus der Stadt hinausfahren an den Busen der Natur. Du schreibst mir nichts über Deine Pläne für den Sommer. Es gibt keinen Grund, den Mut sinken zu lassen (und das in den allermeisten Fällen aus einem Anlaß, der nicht der Rede wert ist), man muß sich ein wenig Sonne gönnen. Ich werde wahrscheinlich diese Woche auch aufs Land fahren. In den nächsten zwei oder drei Tagen will ich mir eine Bleibe suchen.

Achtest Du darauf, daß das Geld von Wolodja ankommt? War er in den letzten Monaten auch pünktlich?

Ich glaube, daß die manische »Ruhelosigkeit« bei Dir und Mama die Form einer Geisteskrankheit annimmt. Also das ist wirklich ungeheuerlich. Offenkundig ertragt Ihr nicht einmal die allergewöhnlichsten Berührungen mit dem Leben – oder Ihr habt überhaupt keine Vorstellung davon, was Leben heißt, wie man die Freuden des Lebens von seinen Kümmernissen trennen muß, Ihr kennt kein Maß für die Kümmernisse und wißt nicht, wie man sie wirklich einzuschätzen hat. Jedes noch so alltägliche Vorkommnis wächst sich bei Euch zu Dimensionen *démesurées* aus, und eine meiner Hauptaufgaben beim nächsten Wiedersehen mit Euch wird sein, Euch wieder ein Gefühl für die Realität zu verschaffen... Die Schwierigkeiten des Kampfes (und zwar des beschwerlichsten Kampfes, der Arbeit an der inneren Vervollkommnung) kenne ich besser als Ihr, doch niemals verläßt mich *la joie de vivre,* und dabei habe ich im Laufe meines Lebens Dinge gesehen... Und die Natur hat mich in keiner Hinsicht besonders ausgestattet, aber ich bin nicht zu faul, mich zu Mut, Hartnäckigkeit und Gelassenheit zu erziehen. Wirklich, Merotschka, entweder muß man überhaupt beschließen, daß unser Vegetieren auf diesem Planeten eine unerträglich traurige Sache ist, oder... oder zur Vernunft kommen und das Maß der Dinge erkennen... In den letzten Jahren hatte ich nur passiv Teil an Eurem Leben – aber jetzt habe ich vor, mit eiserner Hand diesem Schlendrian ein Ende zu machen... Die Menschen werden älter, die Menschen plagt das Zipperlein, das ist der Lauf der Dinge, aber warum sich selbst in der Sonne stehen... Sowohl Dich wie auch Mama bitte ich, daß Ihr mich und alles, was mit mir zu tun hat, nicht mit Eurer Ruhelosigkeit verfolgt. Und wir werden ein Haus

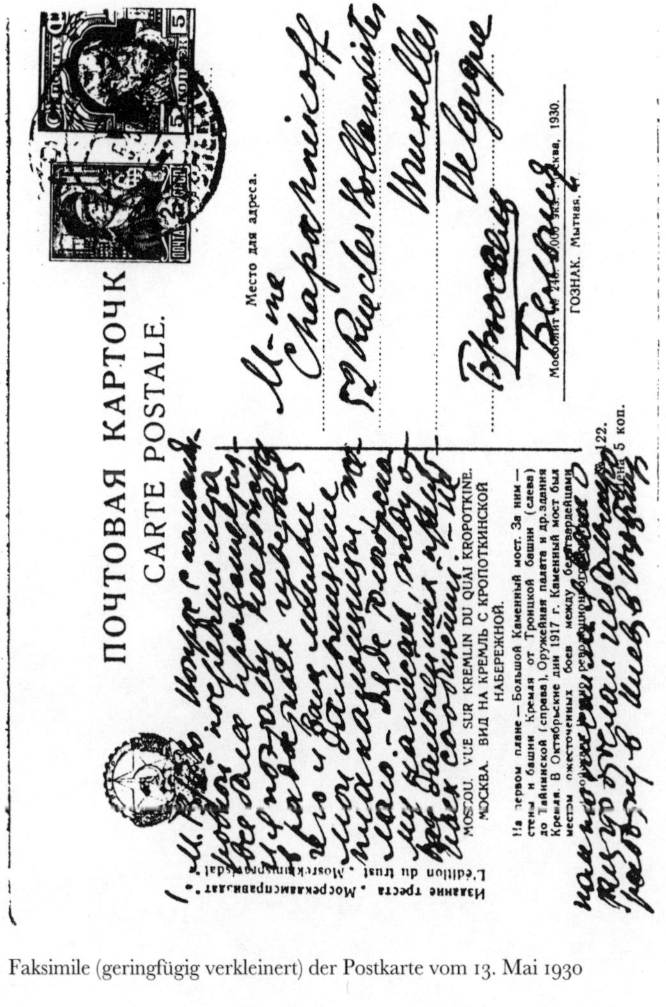

Faksimile (geringfügig verkleinert) der Postkarte vom 13. Mai 1930

haben und Ruhe und Arbeit, und alle werden wir beisammen sein, es wird alles noch werden – überhaupt kein Grund, hier Rotz und Wasser zu heulen, und Wasser und Rotz… Ich sage Dir ehrlich, daß ich mich noch nie so blendend gefühlt habe wie jetzt, noch nie stand ich so fest mit beiden Beinen auf dem Boden, weswegen mir all das Gejammer um meine Person einfach dumm vorkommt, erstaunlich dumm. Mir Trottel will scheinen, daß man sich freuen müßte, einen Sohn mit einer so unerschütterlichen Philosophie zu besitzen, aber nein: Rotz und Wasser… Pfui – ist das dumm… Und ich liebäugele immer mehr mit Natascha, mit ihr läßt es sich offensichtlich gut auskommen…

Hier bei uns ist das Wetter herrlich, sommerlich, und die Menschen sind alle irgendwie fröhlicher und faltenloser geworden… Oft bin ich bei Katja. Ich arbeite jetzt am Morgen und am Abend, und den Tag über gehe ich bummeln, schaue manchmal bei ihr vorbei, stopfe mich so lange mit Gerichten meiner Kindheit voll, bis ich platze, dann schlafe ich so zwei Stunden, dann trinke ich Tee »auf das Wohl der Meinen« – zum Glück brauche ich nicht viel dafür… Genauer gesagt, ich stelle keine großen Anforderungen an andere und gebe mir Mühe, ebendiese Eigenschaft, auch was mich selbst betrifft, zu entwickeln… Nachdem ich Dir nun eine aufs Maul gegeben habe, verbleibe ich in vorzüglicher Hochachtung. Einen Gruß an meine blutsverwandte liebe Alte. Euch beide, das spüre ich, muß man in verschiedene Zellen sperren, sonst ergeben das junge Dummchen plus das alte Dummchen im Durchschnitt eine solche Dummheit, daß es am Ende gar den Fliegen langweilig wird und sie zu den Nachbarn abwandern.

Einen Bojarengruß…

I.

An Onkel Iljuscha habe ich das Geld schon längst abgeschickt. Um Mama zu beruhigen, lege ich den Beleg bei.

[Moskau,] 31. Mai 1930

Könnt Ihr Euch vorstellen, welchen unerwarteten Besuch ich heute morgen hatte? Iwan Iwanowitsch! Er hat sich um kein

Jota verändert, ist sogar noch munterer geworden, erzählt immer noch dasselbe, ist gut gekleidet und lebt im Wohlstand. Da habt Ihr einen, den man um seine Gesundheit geradezu beneiden muß. Hat mich eingeladen. Wenn ich nach Sergijewo komme, gehe ich vorbei. Wo seid Ihr und was treibt Ihr? Warum schreibt Ihr nicht? Zerdrückt ein Tränchen, wenigstens auf einer Postkarte. Oder fehlt etwa ein Thema für Eure Ruhelosigkeit?

I.

MOSKAU, 7. JUNI 1930

Bei uns zieht sich der Winter hin, gerade daß es nicht mehr schneit. Ist es bei Euch etwa genauso? Aufs Land bin ich noch nicht gefahren, aber ich lechze danach; finde einfach keine Bleibe. Was hat Euch die Sprache verschlagen? Von Shenja kam endlich ein Telegramm; bei ihr sei alles bestens. Meine Stimmung ist deshalb blendend, was ich auch Euch wünsche. Schreibt öfter, *mes amis.*

I.

MOLODJONOWO, 14. JUNI 1930

Ich wohne in einem Dorf, 50 Werst von Moskau entfernt, in der Nähe von Swenigorod, in einer Gegend, die man die »russische Schweiz« nennt. Ich konnte es nicht besser treffen, als hierher zu kommen. Hier ist es heiß wie in Afrika, mehr als 30°. In der Nähe fließt die Moskwa vorbei, man kann baden, obwohl man den Fluß hier überall durchwaten kann. Morgen mache ich mich an meine unterbrochene Tätigkeit. Ich vergaß noch zu sagen, daß sich eine Werst von meinem Dorf entfernt ein Gestüt befindet – für mich der verlockendste Leckerbissen.

In etwa zwei Tagen fahre ich nach Moskau, einzig und allein um Eure Angelegenheiten zu regeln, um Euch ein klein wenig Geld zu überweisen. Vor lauter Sorge um Euch juckt es mich direkt am ganzen Körper – da kommt nun anscheinend zutage, was mir meine Mutter vererbt hat. Ich beschwöre das Schicksal, daß ich die uns noch verbleibenden Wochen in relativer Ruhe verbringen kann, daß ich sie mit meiner Arbeit – dieses Mal ist sie für mich entscheidend – zubringen kann, ansonsten kann man wegen der ständigen Besorgnis um Euch ja nicht einmal einen klaren Gedanken fassen. Gebt Euch Mühe, *mesdames,* ich bitte Euch, in dieser Zeit nur ganz, ganz leise zu wimmern. Merotschka, ich bitte Dich, verpfände mich und Dich und fahre mit Mama für längere Zeit zur Erholung weg. Aus Moskau werde ich Dir dazu noch ausführlicher schreiben, aber ich bitte Dich, nicht zu vergessen: Wenn Du mich wieder aufleben lassen willst, dann unternimm unverzüglich etwas für Deine und Mamas Gesundheit. Grüß mir Grischa. Hoffe, daß bei A. G. ein Brief von Dir auf mich wartet. Katja ist nach Odessa gefahren. Ada muß ihr Kind bald kriegen. Habe den Tanten vierzig Rubel geschickt. Heute war ich zum ersten Mal baden (Anmerkung: ertrinken ausgeschlossen) – fühle mich ausgezeichnet.

I. B.

Moskau, 6. Juli 1930

Ich setze meinen vorhergehenden Brief fort. Lege Aushängeschilder bei. »Ich ein Bild, du ein Porträt…« Wünsche mir, von Euch dasselbe zu hören…

Lew Iljitsch ist operiert worden, es geht ihm nach und nach besser.

Morgen früh fahre ich nach Molodjonowo, wo ich vermutlich bis zum 13. bleiben werde. Die Post wird mir Iljuscha hinbringen. Schreibt öfter, und zwar in Mamas Handschrift. Amüsiere Dich, meine liebe Alte. Wie soll ich Dir bloß Weisheit und Gelassenheit beibringen? Auch Du stellst Dir den Teufel falsch vor, genauer gesagt: Du malst ihn an die Wand. Aber bekanntlich ist er nicht so schwarz, wie man ihn malt…

Von Shenja gibt es gute Nachrichten, und daß sie sich mit dem Schreiben schwertut, das ist eine alte Sünde… Ab dem Herbst beginnen wir zu leben wie normale Menschen, dann werden auch die Sünden vergehen…

Ich kann mich nicht genug darüber freuen, daß Ihr nach Spa fahren werdet… Merotschka, Du darfst Dich nicht in allem einschränken; ich habe Dir schon ein paarmal [geschrieben – d. Ü.], daß Deine früheren Lebensumstände, als Du noch eine gewisse feste Grundlage hattest, wiederhergestellt werden müssen, und das werden sie auch. Deine Frage bezüglich Ilja Grigor. verstehe ich nicht. Ich habe mich im Auftrag von Annuschka schon vor ziemlich langer Zeit mit ihm getroffen, und seither habe ich keine Nachricht mehr von ihm. Über meine Begegnung mit ihm hatte ich Dir geschrieben; was interessiert Dich jetzt?...

Aus Molodjonowo werde ich schreiben. Dort erwartet mich die Glückseligkeit, und mich schmerzt nur, daß Ihr diese Glückseligkeit nicht mit mir teilen könnt. Laßt uns danach streben. Auf Wiedersehen, meine Täubchen, *majne tajbelech*...

I.

Moskau, 22. Juli 1930

Bin gestern zum Derby hergekommen und habe einen so ausgefüllten Tag verbracht, daß ich keine Zeit fand, Euch zu schreiben – und jetzt will ich gleich zum Bahnhof. Ich gelobe, Euch dieses Mal aus Molodjonowo so zu schreiben, wie es Eurem Rang und Namen entspricht sowie jenem Platz, den Ihr, *mes petits*, in meinem Herzen einnehmt...

Diese ganze Gemeinheit mit dem »Interview an der Riviera« hat mit meinem vollständigen Triumph ihr Ende gefunden... Die Lit. gaseta, die in ihrer Ungeduld (die Ungeduld, meine geschätzten Werke zu lesen) jegliche Grenze überschritten hatte, bekam die ihr gebührende Abfuhr... Ende gut, alles gut... Aber dieses Fieber rings um meine Arbeit (von der Temperatur dieses Fiebers habt Ihr ja gar keine Vorstellung) hätte jeden anderen Menschen umgehauen, der nicht so viel Standfestigkeit besitzt wie ich... Doch ich halte mich heldenhaft und stelle mich Euch stolz als Vorbild hin... Wenn Ihr mir bloß nicht krank werdet... dann werdet Ihr schon sehen, alles wird prächtig... Jetzt versteht Ihr wohl auch, warum man meinen Urlaub so lange hinausgezögert hat; nun ist er aber nicht mehr fern...

Adas Tochter hat den Namen Sina bekommen, ich freue mich sehr darüber... Der unverwüstliche Iossif ist angekommen, bei ihm gehen viele Leute ein und aus, ich habe dort gestern auch ein lukullisches Mittagessen verputzt, und evtl.

mache ich mich bald wieder dorthin auf die Reise... Habt Ihr das Geld für den Schal bekommen? Alle Verfügungen, damit diese Summe nicht angerührt wird, sind getroffen...

Also dann, bis Molodjonowo... Die Last der Jahre wächst stetig, doch ich spüre sie nicht, was ich auch Dir, Fedossja, wünsche... Merotschka, ich habe Dir nicht gratuliert, weil ich mich mit der LIT. GASETA balgen mußte. Verschieben wir diese Gratulation auf morgen in Molodjonowo... Ich umarme Euch von ganzem Herzen und wünsche mir, nein, ich verlange von Euch frohen Mut... Bis morgen, muß zum Bahnhof, um in meinen Lieblingswinkel zu kommen.

I.

MOLODJONOWO, 12. AUGUST 1930

Im Augenblick haben wir hier auf dem Dorf die allerbeste Zeit – Heumahd und Ernte. In Molodjonowo wird noch mit der Sichel geerntet. Ich habe dieses Handwerk gelernt und wirtschafte mit riesigem Vergnügen herum. Eine Gymnastik für Leib und Seele. Das Wetter ist heiß, ich laufe fast jeden Tag zweimal zum Baden an die Moskwa. (Zu Mamas Information habe ich Euch bereits mitgeteilt, daß sich in letztgenanntem Fluß keine Stelle findet, die tiefer wäre als bis zum Gürtel, und daß nur Zigarettenkippen und Hühner darin untergehen.)

Mit der Arbeit geht es auch lustiger voran. Eingedenk meines Zieles, Meri und Natascha zu sehen, treibe ich sie mit aller Kraft voran, aber in der Eile schießt man leicht übers Ziel hinaus und bringt sich möglicherweise um die Früchte langjähriger Anstrengungen.

Katja und Anjuta habe ich geschrieben; ich rechne damit, daß in Moskau von ihnen und von Euch Briefe auf mich warten. Wenn es in Spa auch nur halb so schön ist wie in Molodjonowo, bin ich schon glücklich. Woraus besteht Eure Kur in Spa? Beschreibt mir ausführlich das »wofür«.

Ich erinnere mich nicht, ob ich Euch mitgeteilt habe, daß Shenja sich zu einem langen Brief mit sehr hübschen Photographien herabgelassen hat. Bei ihr ist alles friedlich und gut, wenn man die Einsamkeit nicht rechnet. Ich habe Euch schon viele Male klarzumachen versucht, daß alle unsere Nöte geographischer Natur sind, es gibt ganz einfache Möglichkeiten, um das Problem zu lösen, mit denen Shenja aber nicht einverstanden ist; dann muß man eben abwarten.

Natascha sieht auf den Photos blühend aus und hat auch etwas Jüdisches an sich. Ich denke, Shenja wird die Vierstundenschlucht zwischen Brüssel und Paris bereits bezwungen haben; sie ist mit ihrer neuen Wohnung sehr zufrieden.

Ist Grischa denn mit Euch nach Spa gekommen?

Um den 15. herum werde ich für ein paar Stunden nach Moskau fahren, um mein Geld in Empfang zu nehmen. Schreibe Euch von dort.

Hinsichtlich Eurer »Renovierung« setze ich große Hoffnungen auf Spa; ich bitte Euch, sie zu bestätigen, und bitte, laßt Euch so kurieren, wie das vor Zeiten die litauischen Jüdinnen in Odessa gemacht haben: von Dr. Silberberg zu den warmen Meerwasserbädern, aus den warmen Meerwasserbädern zum Weintraubenstand, vom Weintraubenstand in die koschere Gastwirtschaft von Goberman, von Goberman in die hydro-, licht- und psychotherapeutische Klinik, von der Klinik zu Dr. Silberberg, von ihm zum Chadshibejskij Liman… und so weiter – *ad infinitum*…

Der Atavismus meiner Ahnen hat sich in mir gegen Papas Maxime – bloß keinen Kontakt mit der Natur – aufgelehnt, und ich bin willens, mit all meinen Schreibereien mein Leben auf dem Lande zu verbringen. Vermutlich wird Natascha in ihrer Jugend ständig Sonnenbrand auf der Nase haben, sie wird sich durch die Finger schneuzen, und statt »also« wird sie »alsdann« sagen.

Weiter habe ich nichts mehr zu schreiben, und verbleibe…

IB.

MOLODJONOWO, 19. AUGUST 1930

Habe von Ada einen Brief bekommen. Bei Ihr ist alles in bester Ordnung. Ihr Mädchen ist, wie man hört, hübsch. Ada wird am Ende des Sommers nach Darniza zu ihrem Mann fahren. Offensichtlich setzt im September der allgemeine Exodus aus Odessa ein.

Habe von Shenja eine Postkarte bekommen, die mich sehr gefreut hat. Sie ist mit Ira im Automobil bis Bordeaux gefahren, sie wollen nach Arcachon, eine Bleibe suchen. Die Kleine haben sie beim Kindermädchen in Paris gelassen, sie wird mit dem Zug nachkommen. Mich beunruhigt das ein wenig, aber, wie es aussieht, kann man sich auf das Kindermädchen verlassen.

Über Shenjas Briefeschreiberei schreibst Du einen solchen Quatsch, daß es nicht auszuhalten ist. Es ist einfach Faulheit, Mütterchen, ja und dazu schämt sie sich wahrscheinlich noch, weil sie Euch so lange nicht geschrieben hat. – Du hast recht, Fenjascha, in Molodjonowo ist es besser als in allen Spas der Welt. Ich müßte wegen der Arbeit nach Dnjepropetrowsk fahren, aber mir fehlt die Kraft, mich von hier loszureißen. Es ist jetzt sehr heiß, und der Weg wäre beschwerlich; ich habe beschlossen, es zu verschieben. Werde noch ein bißchen in Molodjonowo arbeiten.

Die wesentlichste erfreuliche Begebenheit der letzten Zeit, ist der Umstand, daß ich begonnen habe zu arbeiten, wie ich noch nie gearbeitet habe – und darauf läuft alles zu. Nun müßte ich bloß noch meine Familie einsacken, und dann komme, was da wolle…

Wenn Du wüßtest, wie ich mich nach Euch allen sehne… Ich habe maßlose Sehnsucht, weil ich mich von allen Leuten, von allen Bekannten, von allen falschen und echten Freunden zurückgezogen habe und mir nur die Reiter und die Pferde vom Gestüt geblieben sind. Ein guter Umgang, *ma mère*, ein sehr guter…

Na also, werde gesund, werde unbedingt und unbeirrbar gesund.

I.

Leningrad, 8. September 1930

Bin gestern Abend von meiner »Feindfahrt« zurückgekommen, habe mich nach den vielen Mühen ausgeschlafen und bereite mich nun darauf vor, meinen Leningrader Tag zu beginnen. Werde bei Ljussja Brodskaja vorbeigehen. Nach Moskau fahre ich in zwei, drei Tagen. Hier ist es schon Herbst, aber die

Stadt ist nach wie vor unwiderstehlich. Vor meiner Abfahrt schreibe ich nochmals. Fühle mich sehr wohl.

I.

Moskau, 15. September 1930

Bin seit drei Tagen in Moskau. Bin damit beschäftigt, materielle Dinge zu regeln (Geld, Verpflegung, Kleidung, Wäsche), damit ich wieder nach Molodjonowo fahren kann. Bei uns ist es schon kalt geworden, und man muß sich um die Wirtschaft kümmern. In Moskau bin ich mit Ljussja Brodskaja und ihrem Jungen angekommen. Ein hübsches Kind. Ljussja kam für ein paar Tage hierher, um die Liwschiz zu besuchen. Ich werde versuchen, in der nächsten Zeit ohne Unterbrechung in Molodjonowo zu bleiben, damit ich irgend etwas für den Druck vorbereiten kann; wenn das nicht geschieht, kann ich mich nicht vom Fleck rühren. Ich freue mich sehr über Mamas zwei Kilo und bitte Euch, sie niemandem abzugeben. Die letzten Briefe von Shenja kamen aus Arcachon, aber schon seit etwa zehn Tagen kommt überhaupt nichts mehr. Heute oder morgen werde ich wohl etwas erhalten.

Habe Annuschka gesehen. Sie hat jetzt Urlaub – und sie beschneidert, bemäntelt und bebügelt mich. Katja ist noch nicht zurück; sie ist mit Ada nach Kiew gefahren und dort offensichtlich aufgehalten worden. Die einzige Reise, die ich unternehmen müßte – in die Ukraine, auf mein altes Dorf –, werde ich gezwungenermaßen aufschieben, ich muß arbeiten… Habe Euch wegen der Hin- und Herfahrerei schon lange nicht mehr geschrieben. Jetzt werde ich wieder pünktlich sein; ich bitte Euch, mir ebenso zu antworten. Ich küsse Euch fest, *mes enfants.*

I.

Molodjonowo, 25. September 1930

Ein Uhr nachts. Ein arbeitsreicher Tag ist vorüber. Im ganzen Dorf ist es dunkel, nur in meinem Fenster brennt noch Licht. Die Stille, das Dunkel und die Reglosigkeit sind vollkommen. Der Herbst hier in der Gegend ist schön und kalt. In meiner

Freizeit befasse ich mich mit Photographieren. Schicke Euch bald Bilder. Gute Nacht.

I.

MOLODJONOWO, 29. SEPTEMBER 1930

Erwarte heute abend Post aus Moskau. Zwischendurch will ich die Gelegenheit nutzen und Euch ein paar Zeilen schicken. Nach zehntägiger mühevoller Arbeit erhole ich mich heute, spaziere durchs Gestüt und über die Wiesen an der Moskwa. Das Wetter ist wunderschön, ein Altweibersommer in seiner ganzen Pracht.

Je nachdem, was meine Post enthält, entscheide ich über den Termin für meinen Abstecher nach Moskau (ich fahre höchstens für zwei Tage), ich muß die Sejligers und die übrigen Verwandten besuchen, mich mit einigen Lebensmittelvorräten eindecken und zur Materialsuche durch die Fabriken ziehen.

Schicke Euch ein mißlungenes Photo (zur Abwechslung), bald sind bessere fertig.

In Molodjonowo gibt es außer meinen verborgenen Gedanken keinerlei Neuigkeiten (bloß daß die Kartoffeln schon aus dem Boden sind und der Abtransport der Rüben auch zu Ende geht), deshalb habe ich Euch weiter nichts zu schreiben. Alle Neuigkeiten geschehen in Moskau – von dort werde ich auch schreiben.

Der Euch verehrende

Einsiedlerkrebs.

P.S. Mama, hast Du irgendwelche Nachrichten aus Amerika, von Rosa?…

MOLODJONOWO, 13. OKTOBER 1930

Shenja hat sich auf die faule Haut gelegt und schreibt nicht. Ich habe heute einen ausführlichen Brief an sie abgeschickt und als Anlage die naheliegendsten Perspektiven skizziert; ich hoffe, er wird sie beruhigen und freuen, und sie läßt Gnade vor Recht ergehen.

Ich werde hier auf dem Gestüt ständig von selbsternannten Photoamateuren abgelichtet und mit völlig unbrauchbaren Photos überschüttet; schicke Euch eins davon. Vor meiner Abfahrt habe ich Katja und Iossif gesehen. Er hat eine Stelle, darum ist alles in bester Ordnung. Nur hat er sich jetzt vorgenommen, seinen Bruch operieren zu lassen; der ist ihm allmählich lästig geworden. Über Saschura erzählt man sich Wunderdinge. Er geht schon wieder spazieren und hat schon wieder die Arbeit im Sinn.

In Moskau gab es wie immer viel zu erledigen – aber jetzt bin ich mit allem Notwendigen versorgt und kann nun unerschrocken in Molodjonowo ausharren. Meine Glückseligkeit hier kennt keine Grenzen, und wenn ich mich nicht überanstrengen würde, wenn es nicht nötig wäre, Pausen einzulegen, dann bräuchte ich bloß noch Gott um meine vier Weibsbilder zu bitten, und mir würde es an nichts mangeln.

Was den Paß betrifft, werde ich die notwendigen Schritte unternehmen. Ich habe nun eine regelmäßigere Verbindung nach Moskau, man wird mir meine Korrespondenz öfter bringen; ich werde daher rechtzeitig alle Fragen beantworten. Das wäre für heute schon alles. *Mamachen,* schreibe mir, unabhängig von Meri, Deine schlichten Gedanken.

Euer I.

Molodjonowo, 21. Oktober 1930

In den letzten paar Tagen wollte es mir gar nicht gelingen, meine Post zu bekommen, gestern wurde sie mir endlich gebracht. Habe Briefe von Euch und von Shenja erhalten. Die gute Wendung, die Ljowas Geschäfte genommen haben, freut mich doppelt: für ihn gleichermaßen wie für uns alle. Falls B. D. in diesem Winter abreist, wird sich unser Horizont bedeutend aufhellen, und alles wird einfacher. Es war aber auch Zeit. Ich fürchte bloß, daß der Wohlstand nicht von Dauer ist, weil in Amerika die Krise herrscht. Meine Überlegungen für die nächste Zukunft habe ich Shenja mitgeteilt und warte auf ihre Antwort. Balsam auf mein Herz war für mich die Nachricht, daß sich meine Tochter ihres Lebens freut. Ich hoffe, Ihr bekommt sie bald zu sehen…

Bei uns ist »Altweibersommer«, die Tage sind warm und oft auch sonnig. Möchte nicht von hier wegfahren. Ich wohne hier weniger komfortabel als in Sergijewo, aber in jeder anderen Hinsicht ist es besser. Meine Arbeit ist in Gang gekommen, und, wie ich meine, hier viel ertragreicher als in Sergijewo, zudem haben sich meine Nerven gefestigt, ich schlafe sehr gut, und dann geht es mir auch gesundheitlich besser als damals. Wenn ich nur alle meine Weibsbilder an einem Ort zusammenbringen könnte – dann ginge es schon weiter… Ich weiß und spüre, Fenjale, die Zeit verrinnt, aber die kann nichts und niemand aufhalten. Man muß dieser Trennung auf anständige Weise ein Ende setzen, und ich tröste mich allein damit, daß es die letzte Trennung ist. Deshalb mußt Du durchhalten, meine alte… Halte durch, bitte!

Warum habt Ihr nicht an den Feiern zur »Unabhängigkeit der Belgier« teilgenommen? Die Ausrede, daß die Beine weh tun, gilt nicht. Brüssel ist nicht Molodjonowo (gestern Nacht habe ich im Morast einen Gummischuh verloren, und schon war er futsch, vom Sumpf verschluckt… So ist das also in unserer Gegend… Mein Hauswirt, Iwan Karpytsch, hat heute bei Tagesanbruch im Trab alle Wege abgegrast, aber meinen Gummischuh konnte auch er nicht wiederfinden), Brüssel ist also nicht Molodjonowo, und Verkehrsmittel hätten sich sicherlich gefunden, wäre da Eurerseits nicht Faulheit, Provinzlertum, Menschenscheu und die Angst vor allen Buden (selbst vor dem Klohäuschen)…

Bald muß ich nach Moskau fahren – zur Verteilung der »Güter«… Werde aus der Stadt über alle Neuigkeiten schreiben.

Issaj Imuilowitsch

(diesen Spitznamen habe ich in Molodjonowo)

Moskau, 8. November 1930

Von Euch kommen schon lange keine Briefe. Ich frage mich dauernd, ob das nicht mit Meris Unwohlsein zusammenhängt? Und sie hat auch selbst schon lange nichts mehr »von eigener Hand« geschrieben… *Ma sœur,* trag Deine Nase hoch vor diesem Hundeleben mit seinen Wehwehchen und gib nicht nach. Wenn Du Deinen ganzen Willen zusammennimmst, dann kommt nichts gegen ihn an. Kauf zum Essen eine Flasche Wein, und dann leert sie auf die Gesundheit aller, seien sie nah oder fern.

I.

Moskau, 9. November 1930

Shenjas anhaltendes Schweigen hat mich sehr beunruhigt. Ich habe ein Telegramm an sie abgeschickt und die Antwort erhalten, alles stehe bestens und ein Brief werde folgen. Nun kann ich mehr oder minder beruhigt nach Molodjonowo fahren. Ich freue mich darauf, obwohl sich mein Aufenthalt in Moskau nicht sonderlich von meinem Leben auf dem Dorf unterscheidet. Ich arbeite bis 2 Uhr nachmittags, anschließend mache ich mich auf »in die Behörden«, komme wieder zurück und verbringe jeden Abend zu Hause. Trotzdem hat mich der Aufenthalt in der Stadt irgendwie vergiftet, und meine Leistungsfähigkeit ist nicht die gewohnte – und dabei ist meine Arbeit gerade in ihre entscheidende Phase getreten.

Ich soll in nächster Zukunft gewisse Informationen bekommen und setze Euch darüber unverzüglich in Kenntnis. Auf Wiedersehen, *mes chers enfants.*

I.

Molodjonowo, 17. November 1930

Bin am 14. hier angekommen. Seit drei Tagen lasse ich die Seele baumeln, biege meinen Leib gerade und habe mein arbeitsreiches Leben wieder aufgenommen. Nach Matsch, Regen und Unwetter hat es heute gefroren, und man kann spazierengehen. In meinem Bauernhäuschen ist es warm, sogar allzu warm. Wie es aussieht, wird es jedem denkbaren Frost trotzen. Der Aufenthalt in Moskau war mühselig. Der Umgang mit den alten Sawrassows wird von Mal zu Mal schwieriger. Der Alte ist völlig aus dem Häuschen geraten. Drei Wochen mußte man warten, bis er die Sachen für die Sejligers herausgerückt hat – das ist jetzt eine neue Mode von ihm, andernfalls würde er sie gar nicht hergeben... Durch einen engelsgleichen Charakter hat sich selbiger Mann ja noch nie ausgezeichnet, aber jetzt – auf seine alten Tage – sind sein Geiz und seine Raffgier direkt anekdotenhaft geworden. – Meine Beklemmung wurde durch Shenjas anhaltendes Schweigen noch verstärkt. Es geht darum, daß ich Mitte des vergangenen Monats gemeinsam mit meinen Freunden zu beraten hatte, ob ich unverzüglich zu ihr fahren oder besser abwarten sollte. Sehr kompetente Leute fanden, daß man mir diese Reise ohne jeden Zweifel als Drückebergerei reinsten Wassers auslegen würde und daß ich mich auf keinen Fall vor dem Ende des Winters vom Fleck rühren sollte. Die Argumente sind nicht von der Hand zu weisen – man kann nicht anders, als ihnen beipflichten. Mit einem Herzen voller Verzweiflung und Hoffnung habe ich Shenja folgenden Plan vorgeschlagen: Sie kommt für ein oder zwei Monate hierher zu mir und läßt Natascha in der Obhut meiner Schwiegermutter und Schwägerin. Geld für die Rückreise, Fahrkarten – all das liegt schon bereit. Shenja schwieg drei Wochen lang und antwortete schließlich, sie sei nicht gesund genug, um sich auf die Reise zu machen. Ich versuche noch, sie umzustimmen. Ich habe mich so sehr danach gesehnt, in den nächsten Wochen doch wenigstens irgendeine meiner Lieben wiederzusehen... Ich habe damit gerechnet, daß die Schwiegermutter meine Verhältnisse verstehen würde und sich vielleicht für zwei Monate ein wenig um Natascha kümmern könnte, und am Ende des Winters hätte ich sie abgelöst. Shenja tut sich bisher mit dem Nachgeben schwer... Was meint Ihr diesbezüglich?

Teure Mamulja, so schreib mir doch öfter, schreib mir *»megilen«*. Ich werde in gleicher Weise antworten. Hier, wo mein Geist freie Bahn hat, fällt es mir leichter, an Euch zu denken, und ich möchte mehr mit Euch reden...

I.

Molodjonowo, 23. November 1930

Ich habe Shenja heute eine ausgedehnte Epistel gesandt, und für Euch reicht mir nun das Pulver nicht mehr. Bei uns ist schon Schnee gefallen, und obwohl er noch nicht so recht zum

Zuge gekommen ist, liegt das Dorf schon in seiner ganzen Winterpracht da. Mit warmen Sachen bin ich versorgt, man hat mir Filzstiefel gemacht, ich bin selig. Auch für mich ist eine gute, arbeitsame Zeit gekommen, nur Ihr fehlt mir noch. Ich hoffe, daß auch das noch wird.

I.

Moskau, 14. Dezember 1930

Liebe Mamura. Die paar Tage meines Aufenthalts in Moskau sind voll mit Alltagsangelegenheiten, allen möglichen Verhandlungen, Scherereien und anderen eiligen Dingen, daher kann ich nicht jene philosophische Epistel an Dich verfassen, wie sie den Umständen nach erforderlich wäre. Verschieben wir das bis Molodjonowo.

Einstweilen erlaube ich mir die kurze Bemerkung, daß Du eine ausgemachte dumme Gans bist und daß in Deinem engstirnigen Kopf eine totale Begriffsverwirrung stattfindet, eine Vermischung von Gut und Böse, eine Vermischung der Vorstellungen von Glück und Unglück. Gehen wir der Reihe nach vor. So erstaunlich es ist (!), ich fühle mich sehr wohl und so ertrage ich beispielsweise den diesjährigen Winter (heute sind es –20°) mit einer noch nie dagewesenen Leichtigkeit. Jetzt sind schon fünf oder sechs Jahre vergangen (toi, toi, toi!), in denen es bei mir nicht einmal das Anzeichen eines Anfalls gab: Die Hauptvoraussetzung dafür ist, keine hastigen Bewegungen zu machen und nicht zu schnell zu gehen, dann fühle ich mich völlig normal, wofür ich um Vergebung bitte. Ich führe jetzt ein so geregeltes, arbeitsames und vernünftiges Leben, wie ich es mein Lebtag noch nicht getan habe, das ist die unbestreitbare Wahrheit, und daher sind auch meine Nerven und mein Schlaf nicht wiederzuerkennen, wofür ich um Vergebung bitte. Was aber das scheinbare Mißlingen meiner literarischen Biographie angeht, so habe ich bisher glänzend die Ängste meiner kurzsichtigen Verehrer Lügen gestraft – und das wird auch so bleiben. Ich bin aus einem Teig gemacht, der aus Geduld und Dickköpfigkeit besteht, und wenn diese zwei Eigenschaften aufs äußerste gefordert werden, erst dann spüre ich *la joie de vivre,* was auch augenblicklich der Fall ist. Und wozu leben wir denn letzten Endes? Zum Vergnügen, verstanden in einem weiteren Wortsinn, um das Gefühl des eigenen Stolzes und der eigenen Würde zu bestätigen. Was also ist schlimm? Schlimm ist einzig und allein, daß ich fernab von meiner Familie bin und daß ich mein Angebundensein an sie mit jedem Tag vernichtender empfinde. Dieses Getrenntsein resultiert zu 100% aus objektiven Ursachen; anders als ich das tue, läßt sich mit ihnen nicht fertig werden, wenn man sich ein Gefühl der Würde, der Lauterkeit und des Stolzes bewahren will. Ich habe mich ebenfalls diesen Erfordernissen gebeugt, weil ich weiß, daß unsere Trennung nicht mehr lange andauern darf. Wie auch immer die Umstände sein werden, spätestens im Frühjahr müssen wir uns wiedertreffen, und so wird's kommen.

Ich mache mir große Sorgen um Meri. An. Grig. Slonim hat ebenfalls Nesselfieber. Ihr haben Atropininjektionen große Erleichterung verschafft. Habt Ihr sie ausprobiert? Und dann sagt man auch, daß die d'Arsonvalschen Strahlen, oder besser der d'Arsonvalsche Käfig eine sehr gute Wirkung erzielen. Informiert Euch bitte in Sachen Atropin.

Schickt um jeden Preis den Paß an Shenja. Ich bin überzeugt, daß sie das Nötige unternehmen wird. Und brecht so bald als möglich nach Paris auf. All Deine Mutmaßungen über Shenjas Schweigen und ihre Gleichgültigkeit Euch gegenüber sind das Absurdeste, was ich jemals gehört habe. Sie spricht in Ihren Briefen mit großer Zärtlichkeit von Euch, aber Ihr wißt ja, wie passiv sie ist, wenn es darauf ankommt zu handeln – das ist der Grund ihres Schweigens. Abgesehen von den Problemen der Trennung sind ihre Briefe couragiert und besonnen. Sie erzählt erstaunliche Dinge von Natascha, ein *klub nacheß*.

Was Du bezüglich Raja schreibst, ist ebenfalls absurd. Die Unterhaltungen mit den kleinen Alten bereiten mir ein wahres Vergnügen, und es ist überflüssig, daß Du plötzlich vor Mitleid gegenüber den Kaliforniern zergehst. Denken wir lieber an uns selbst, *mon amie* – Raja wird sich aus unserem Mitleid nichts machen...

Moskau, 15. Dezember 1930

Gerade eben bekam ich von Gossisdat die Mitteilung, daß die letzte Auflage der *Reiterarmee* in einer noch nie dagewesenen Rekordzeit vergriffen war, nach kaum sieben Tagen, und daß eine weitere Neuauflage erforderlich wird, für die mir wiederum Honorar zusteht... Ich habe Shenja geschrieben, daß es danach aussieht, als werde uns dieses Pferdchen bis ins Frühjahr tragen... Und dabei ist dieses Pferdchen nur zweite Wahl – aber geh mal einer hin und versuche die Leser zu begreifen!...

Hiermit – bleibt gesund! Bleibt unbedingt gesund.

Isaak Spinoza

Molodjonowo, 28. Dezember 1930

Marjuschka und Fedossejuschka oder auch Fedossejuschka und Marjuschka. Gerade eben habe ich ein »Sendschreiben an die Pariser« fertiggekritzelt, vollgepfropft mit Nachdenklichem zum Neuen Jahr. Ihr werdet nicht wollen, daß ich an mir selbst zum Plagiator werde. Deshalb lasse ich es damit bewenden und schicke Euch *l'expression* meiner Liebe und Ergebenheit und des sehnlichen Wunsches, bei Euch zu sein – mehr habe ich übrigens auch gar nicht. Ich schrieb Shenja bereits, daß es in meinem Leben kein Jahr gegeben hat, in dem ich so viel und so beharrlich, durch nichts abgelenkt, an mir selbst gearbeitet hätte wie im vergangenen. Wie mir scheint, war das – gemessen an seiner Bedeutung für mich – der entscheidende, der ausschlaggebende Lebensabschnitt. Und ich bin mir nun dessen bewußt, daß ich ein besserer Ehemann, ein besserer Sohn und Bruder und evtl. auch ein besserer Arbeiter in meinem Fach geworden bin, als ich es bisher war. Es kann nicht angehen, daß wir das Jahr 31 nicht gemeinsam verbringen, und dann werdet Ihr mir vielleicht sagen, daß ich mit meiner Zuversicht recht hatte...

Ihr Freunde meines Herzens und meines Blutes, seid glücklich und bemüht Euch, für das Glück alle geistigen und körperlichen Kräfte zu mobilisieren. Auf ein Wiedersehen im kommenden Jahr!

Ich fürchte, dieser Brief wird Verspätung haben, denn wir haben *»mit far ase gliacht«* dreißig Grad Kälte. Ich war heute früh spazieren und konnte mich nicht sattsehen an der Pracht der glitzernden Schneemassen, an den schneeverwehten Wäldchen und qualmenden Dörfern unter einer blendend hellen Sonne, kalt wie Stahl...

Was ich im Augenblick mitzuteilen habe, ist der Rede nicht wert – soll dieser Brief ruhig länger brauchen... Man muß sich wundern, wie zweckmäßig der russische Bauer seine Hütten baut. Bei uns ist es warm, bei uns ist es heiß, bei uns bullert der Ofen, und ich schlürfe so an die viermal am Tag meinen Tee aus dem kleinen Samowar und dazu noch mit Konfitüre aus Johannisbeeren...

I.

MOLODJONOWO, 31. DEZEMBER 1930

Habe erfahren, daß Briefe von Euch da sind. Habe A. G. in Moskau angerufen. Die Briefe bekomme ich wohl in zwei Tagen. Bei uns ist es morgens unter –30° kalt, aber eine Schönheit, die einem den Atem verschlägt. Die Nächte sind mondklar und blendend hell. Neujahr feiere ich, wie sich das für mich gehört, auf dem Gestüt im Kreise schlichter und folglich guter Menschen. Wenn ich bei Ihnen sitze, werde ich an Euch denken. All mein Stoßgebete gehen dahin, daß Euch das N. J. Glück und Gesundheit bringe. Seid Ihr in Paris? Fahrt Ihr bald dorthin? *Salut, mes enfants, salut.*

I.

1931

Molodjonowo, 2. Januar 1931

Der Frost hat nachgelassen, statt –32 Grad sind es nun –24° und –22°, aber wenn Ihr nur sehen könntet – welche Schönheit! Manchmal geht man durch die Nacht und bleibt im Wald wie angewurzelt stehen. Jetzt sind die klarsten Nächte des Jahres, ein intensiver und grell leuchtender Mond, die Schneemassen, die kleinen Bauernhütten, der ganze Wald schimmert wirklich in feenhaftem Licht. Ich muß für einen Tag in die Stadt, weil ich ein Geschenk für eine Hochzeit brauche, die am 8. stattfindet. In Moskau werde ich Euren langersehnten Brief lesen und beantworten. Noch einmal wünsche ich Euch ein gutes Neues Jahr – gescheit und voll festen Willens und guter Absichten.

I.

14. Januar 1931

Ich habe es seit Wanjuchas Hochzeit überhaupt noch nicht geschafft, wieder zur Besinnung zu kommen. Dieses fünftägige tödliche Besäufnis (ich habe aber nichts getrunken) hat mich aus dem Gleis geworfen, und ich kann mich jetzt weder so noch so wieder an die Arbeit gewöhnen. – Was soll's, es wird schon von selbst wieder kommen… Die Natur verwöhnt uns, wir haben erstaunlich mildes und ruhiges Wetter. Frühmorgens, wenn es noch finster ist, bahne ich mir durch die Schneewehen meinen Weg zum Gestüt, und dort erhalte ich unter der Leitung eines Reiters eine weitere Ausbildung: Ich reite Pferde zu. Ein Vergnügen, das sich mit nichts vergleichen läßt. Preisgekrönte Pferde, Wirbelwinde… Danach, vollgepumpt mit Sauerstoff, kommt man nach Hause, als völlig neuer Mensch…

Man hat mir die Post aus Moskau hergebracht. Sie erwies sich als recht mager. Shenja schreibt schon lange nichts, ja und auch von Euch kein Brief. Ich bin »sehr« interessiert zu erfahren, wie es sich mit der Reise nach Paris anläßt, und dann fühle ich mich ohne Gesundheitsbulletins auch sehr beunruhigt…

Mehr habe ich nicht, was ich schreiben könnte. Ich habe mich von jeder Art von Neuigkeiten und Vorkommnissen so abgeschottet, daß ich manchmal selbst über mich staune. Es ist schon eine recht langweilige Sache mit dieser Annäherung an die Weisheit… Und in Anbetracht dessen, daß Ihr nach allgemeinem Dafürhalten immer dümmer werdet, solltet Ihr auch öfter schreiben. Bleibt – tausend Teufel! – auf jeden Fall gesund. Kapiert? Na also!

Mit einem Molodjonowo-Gruß

Issaj Samuilowitsch.

MOLODJONOWO, 27. JANUAR 1931

Hat Shenja nicht recht, wenn sie darauf besteht, daß Meri sich in Paris behandeln läßt? Und außerdem, wäre es nicht richtig, entschiedenere Maßnahmen zu ergreifen, zum Beispiel, für ein paar Monate in ein Kurbad im Süden zu reisen?… Ich begreife, welche Unbequemlichkeiten mit einer solchen Entscheidung verknüpft sind, aber trotzdem geht die Gesundheit doch über alles. Beschränkt Ihr Euch nicht vielleicht auf halbherzige Maßnahmen und Palliative, wo man die stärksten Mittel anwenden sollte? Meine Seele würde ich verkaufen, um wenigstens irgendeinen Erfolg zu erzielen. In der Tat, übt nicht das Klima einen schädlichen Einfluß aus? Ich bitte Euch sehr, diese Fragen, die mich martern, zu beantworten, aber da Ihr Frauenzimmer ja schwer von Begriff seid, richtet besser Grischa aus, daß ich ihn untertänigst darum bitte: Es ist schon recht lange her, daß wir beide uns geschrieben haben… Heute haben wir nicht –30°, sondern nur –25°, und ich wärme mich in Molodjonowo auf. Mama ist auf dem Holzweg, wenn sie meint, daß man auf dem Dorf unter der Kälte leidet. Es ist gerade umgekehrt: Hier gibt es die allerwohltätigsten Vorkehrungen in Gestalt von Filzstiefeln, Pelzmänteln und Fäustlingen; in der Stadt, in Pantoffeln und mit einer schwachen Dampfheizung ist es weitaus kälter und ungemütlicher.

I.

Molodjonowo, 4. Februar 1931

Ich habe beschlossen, mir Erholung zu gönnen, und liege seit ein paar Tagen auf der faulen Haut. Wegen des strengen Frostes gibt es keine Möglichkeit, sich sonderlich zu amüsieren.

Meine zweite Anstellung – als Gehilfe des Zureiters auf dem Gestüt – liegt zur Zeit brach, denn wir können uns bei der Hundekälte nicht entschließen, die Pferde auszureiten. Um mein Hirn wieder aufzufrischen, plane ich, eine kleine Reise zu unternehmen, höchstwahrscheinlich in den Süden. In ein paar Tagen fahre ich nach Moskau und werde mich dort endgültig entscheiden.

Gestern habe ich nach Briefen in die Stadt geschickt und rechne damit, irgendeinen Schrieb von Euch zu bekommen.

Als Neuigkeit kann ich Euch vermelden, daß unsere beiden Kühe gekalbt haben. Die Kälber kann man bei den derzeitigen Frösten nicht im Pferdestall halten, und nach hiesigem Brauch wurden sie mit in die Hütte genommen. Wenn ich komme, um mein übliches Mahl zu verspeisen, dann kann ich hören, wie sie hinter dem russischen Ofen rumpeln und leise vor sich hin muhen… Zu meiner reichen Lebenserfahrung hat mir das gerade noch gefehlt. Jetzt, glaube ich, mangelt es mir an nichts mehr… Bis zu Diogenes in seiner Tonne habe ich es nicht mehr weit…

Habe von den Ljachezkijs eine Postkarte bekommen; sie sind allesamt in Moskau und mit Arbeitsstellen versorgt. Wenn ich dieses Mal hinfahre, gehe ich auf jeden Fall bei ihnen vorbei. – Ich habe Shenja schon geschrieben, wie schwer es mir fällt, aus Molodjonowo wegzukommen. Hier habe ich die Glückseligkeit gefunden in absoluter Stille, Arbeit, Konzentriertheit… Ich bin dadurch so verwöhnt, daß es für mich anderswo sicherlich nicht ganz einfach wird… – Jetzt wollen wir mal abwarten, was man von Euch so zu hören kriegt, und dann schreiben wir wieder zurück.

Euer Iwan Karpowitsch Babel

MOLODJONOWO, 8. FEBRUAR 1931

Was soll ich sagen?... Wem meinen Kummer klagen? Wem soll ich sie schildern, meine Tage und Nächte, erfüllt von unstillbarer Unruhe und Herzeleid? Wenn das alles nur zu irgend etwas gut wäre, dann wärst Du, armer Mendele, und Mama – dann wärt Ihr Skiläufer, Fahrradfahrer, Teilnehmer der *Six jours,* dann hättet Ihr beide im Flugzeug den Ozean überquert, nicht Costes und Bellonte... Beide Briefe kamen gleichzeitig an, und das hat mich ein wenig getröstet. Mendele, laß nur erst die Tage wärmer werden, dann werde ich Dich als Hüter unseres ruhelosen alten Mütterchens ablösen... Alles wird getan für dieses Ziel, die ganze Art, wie ich lebe – arbeitsam, abgeschieden und beharrlich –, ist auf dieses Ziel gerichtet, und wenn man die Gedanken an meine Arbeit abrechnet, so nimmt mich der Gedanke an Euch mit Leib und Seele gefangen... *Mon amie,* wer sich Verwandte anschafft, soll sie nur unter den Mannsbildern aussuchen; wer sich einen Beruf wählt, soll Zimmermann oder Maler werden; will einer heiraten, dann nur eine pockennarbige Köchin. Da wir beide nicht ein einziges dieser Gebote des Glücks befolgt haben, müssen wir erstens *bonne mine* machen, und zweitens kämpfen, uns wehren und damit fertig werden *quand même et malgré tout.* Ich zögere nicht, Dir aus sicherer Entfernung Ratschläge zu erteilen, weil ich jede Stunde, jeden Augenblick teilhabe an Deinen Nöten; ich teile sie in meinem Herzen, und nichts wünsche ich mir sehnlicher, als sie auch körperlich teilen zu können. Da schaust Du wohl, was für eine klassische jüdische »Verwandtschaft« aus mir geworden ist... Wenn von Wolodja keine Briefe kommen, brauchst Du Dich nicht zu beunruhigen... Das ist eine zufällige Verzögerung, denn, soweit ich weiß, steht bei ihm alles bestens, und höchstwahrscheinlich hat er Euch auch schon geschrieben... Maminka schicke ich zwei schlechte Photos mit (meinem Verehrer sind sie nicht gelungen), aber für die Sammlung gehen sie durch... Von ganzem Herzen umarme ich

Grischa. Der Dienst ist des Zaren, doch die Freundschaft ist Gottes – das geht nicht unter.

Euer um Euretwillen krepierender

I. Diogenow

MOLODJONOWO, 11. FEBRUAR 1931

Schreibe Euch in tiefer Nacht, kurz vor Morgengrauen, so daß es richtiger wäre, den 12. und nicht den 11. als Datum zu setzen. Die ganze Nacht über habe ich Ordnung in meine Sachen und Papiere gebracht, denn morgen steht es an, mich für einige Zeit von Molodjonowo zu trennen, in dem ich so viele einsame und fruchtbare Stunden verbracht habe.

Mein Programm sieht folgendermaßen aus: Ein paar Tage werde ich in Moskau verbringen, dann fahre ich über Kiew in den Süden. In Kiew muß ich die Verwaltung der WUFKU aufsuchen, für die ich zwischendurch mal irgendwelche anonymen Aufträge ausführe, und dann will ich noch das unvergeßliche Welikaja Stariza besuchen, das für mich zu den nachhaltigsten Erinnerungen meines ganzen Lebens gehört. Anschließend fahre ich für einige Tage weiter nach Süden zu den neuen jüdischen »Bauernkolonien«. Dann zurück nach Molodjonowo. Ich verfolge mit dieser Reise zweierlei Ziele: 1) [... – Ende des Briefes fehlt]

MOSKAU, 19. FEBRUAR 1931

Ich habe mich an Ruhe und eine relative Ausgeglichenheit gewöhnt, darum will sich meine Hand in Moskau irgendwie nicht zum Schreiben bequemen. Gestern habe ich versucht, meine Schuld durch ein Telegramm abzutragen. In Moskau wurde ich länger aufgehalten als vorgesehen. Die Dinge kommen jetzt nur langsam voran. Ich plane, am 21. oder 22. nach Kiew abzureisen; die dortige Zweigstelle des KOMSET (Komitee zur Agraransiedlung werktätiger Juden) wird mir die interessantesten jüdischen Kolonien vorstellen. Ich habe Euch schon des öfteren von meinen Plänen geschrieben und möchte mich nicht wiederholen. Nach einem Besuch bei den jüdischen Bauern plane ich, zu den russischen Bauern von Molodjonowo zurückzukehren, irgendein kleines Sächelchen ins Reine zu schreiben, es in Druck zu geben und mich anschließend auf den Weg zu Natascha zu machen.

Die ganzen letzten Tage über bin ich wegen Mamas Krankheit in großer Aufregung. Ich habe Euch eigens zwei oder drei Tage vor meiner Abfahrt telegraphiert, damit ich in Kiew schneller Nachricht von Euch bekomme. Der Winter entspricht dieses Jahr der amtlichen Norm, unter –15° fällt die Temperatur nicht, doch helfen mir mein Schuhwerk und meine Kleider, den allerstrengsten Frost ohne Schmerzen zu ertragen.

Heute werde ich die Ljachezkijs sehen. Vor der Abfahrt schreibe ich ausführlicher. Also, bis morgen.

I.

KIEW, 25. FEBRUAR 1931

Bin vorgestern angekommen. Zu meiner großen Enttäuschung ist es hier ebenso kalt wie in Moskau und windig noch dazu. Am Tag meiner Abreise habe ich Katja und Ljachezkij getroffen. Beide Brüder haben eine Stelle – das ist gut, aber die Streitigkeiten mit Annuschka haben einen Paroxysmus erreicht. Es versteht sich natürlich von selbst, daß ich weder Lust noch Möglichkeit hatte, mich in diese schmutzigen Geschichten einzumischen. Habe Anjuta 25 Rubel geschickt. Ich bin bei meinen Freunden hier abgestiegen – man hegt und pflegt mich, und ich verspüre den ganzen Reiz eines »häuslichen Lebens«. Bin damit beschäftigt, ein »angemessenes« Plätzchen für mich ausfindig zu machen. Auf der Post war ich noch nicht, aber ich rechne damit, heute oder morgen einen Brief von Euch zu bekommen. Morgen werde ich zu den Alten gehen. Schreiben werde ich oft, denn ich sehne mich sehr nach Euch.

I.

KIEW, 27. FEBRUAR 1931

Heute ist es wärmer geworden, und ich rechne damit, in den nächsten Tagen zu meinem »Dienstort« reisen zu können. Ich habe noch nicht entschieden, in welche Kreisstadt ich fahren werde, doch ich habe interessante Angebote. Außerdem will ich die Briefe von Euch und Shenja abwarten. Heute will ich zur Post gehen. Mein Aufenthalt in Kiew verläuft einerseits überraschend und andererseits erwartungsgemäß. Wohnungsverhältnisse und Wohnungsinhaber sind gut, und ich kann ohne Umstände drei Viertel des Tages arbeiten, d.h. dasselbe Reglement wie in Molodjonowo: Pantoffeln, das Schnürchen in der Hand und täglich eine Wanderung von zehn Werst in meinen vier Wänden.

I.

Kiew, 2. März 1931

Ich habe mich sehr gefreut, als ich Euren Brief erhielt, weil es Euch mehr oder weniger gut geht, aber auch darüber, daß Ihr mich nicht ohne Nachricht gelassen habt... Merotschka, wenn Du Dich in der Kälte, im Winter besser fühlst, wirklich, dann müssen wir daraus Konsequenzen ziehen. Wenn wir uns beide in persona wiedersehen, wird dies unser wichtigstes Gesprächsthema sein. – Hier haben wir seit drei Tagen richtiges Tauwetter. Schon bald werde ich mich von hier aufmachen können. Falls ich in die Kreisstadt Makarow fahre, werde ich vom Bahnhof aus noch 20 Werst mit Pferden zurücklegen müssen.

Mein Leben verläuft hier im Molodjonowotempo. Da sich meine vier Frauen weigern zu warten (ich weigere mich ja auch), ist keine Zeit zu verlieren, und ich muß mich unter allen Umständen redlich mühen. Ich bitte Euch, schickt mir Eure »Bulletins«, sooft es geht.

I.

Kiew, 5. März 1931

Zwei Tage tobte hier ein Schneesturm von solcher Gewalt, daß man es sich kaum vorstellen kann. Die Straßenbahnen blieben liegen, und die Straßen verwandelten sich in zahllose eisbedeckte Schneeberge. Mir macht das Kummer, denn die Reise in die Kreisstadt verzögert sich nun. Ihr wißt, daß all mein Handeln einem einzigen Ziel unterworfen ist, der Begegnung mit Natascha, und daß jeder Aufschub mich mißmutig macht. Ich gebe mir Mühe, keine Zeit zu verlieren, und arbeite ein wenig vor mich hin. – In Kiew habe ich von Euch überhaupt nur einen Brief bekommen. Da acht Zehntel der menschlichen Nöte nur eingebildet sind, hege ich Tag und Nacht den Traum, daß ich Euch in relativ anständiger Verfassung antreffen werde. Lernt von Eurer kleinen Nachkommenschaft Willenskraft, dann werden wir mit allem fertig, sogar mit den Wehwehchen.

I.

Kiew, 6. März 1931

Meine Schätzchen. Gestern habe ich Euch zur Lektüre einige Bücher geschickt; es ist sehr schwierig, irgend etwas auszusuchen. Unsere Belletristen schreiben sehr schlecht, und man weiß nicht, was man auswählen soll. Allein auf mich selbst hoffe ich noch… Shenja habe ich mehrere Päckchen geschickt; vielleicht teilt sie mit Euch.

Der Winter hält unbeirrt an, werde den Frühling hier wohl nicht mehr zu Gesicht kriegen… Ich werde drauf pfeifen und *quand même* losfahren, denn ich muß mich sputen. Shenja berichtet mir von Natascha sehr erfreuliche Dinge, das Fräulein blüht und gedeiht, eben darum muß ich mich sputen, damit ich sie noch in diesem Zustand antreffe… Ich träume von Euch, der Teufel soll Euch holen, an die zweimal pro Woche. Wenn Euch wenigstens die Sonne ein bißchen aufwärmen würde und Ihr ein Gärtchen zum Spazierengehen hättet… Meine lieben Kinder, wenn Ihr Euch wirklich wünscht, daß ich mit meinen Terminen zurandekomme, dann gebt Euch Mühe und amüsiert Euch.

Euer I.

Kiew, 11. März 1931

Es ist wärmer geworden, und morgen mache ich mich auf den Weg in meine Kreisstadt. Dort will ich mich bemühen, meine Angelegenheiten zum Abschluß zu bringen. Im Zusammenhang mit dieser Reise habe ich, obwohl ich durchaus versucht habe zu arbeiten, allzu viele Tage verloren, und dieser Gedanke bereitet mir Qualen. In Makarow werde ich sie schon wieder einholen, wenn nur die Wohnverhältnisse und die anderen äußeren Bedingungen stimmen.

In Kiew habe ich von Euch überhaupt nur einen Brief bekommen. Sehr wenig. In meinem Herzen macht sich erneut Unruhe breit.

I.

Makarow, 15. März 1931

Wieder habe ich die Verbindung zu Euch verloren und bin dermaßen in Aufregung verfallen, daß ich es nicht mehr ausgehalten und Euch telegraphiert habe. Mit stockendem Herzen warte ich auf Antwort. So interessant es hier auch ist, reut es mich doch, daß ich mir diese letzte Reise habe einfallen lassen – viel Zeit habe ich verloren und bin dabei sterbensmüde geworden. Nun muß ich meine OSET-Angelegenheiten zu Ende bringen. »Des Menschen Wille ist sein Himmelreich.« Ich habe einen guten Unterschlupf gefunden und werde arbeiten können. Schreibt nach wie vor postlagernd nach Kiew – von dort fährt oft jemand her, und das geht schneller, als wenn ich meine Korrespondenz hierher bekomme. Der Frühling tut sich schwer, zu seinem Recht zu kommen, und heute beispielsweise schneit es.

I.

Kiew, 17. März 1931

Außerordentlich interessant war es in Makarow, aber nach meiner Ankunft begriff ich, daß von einer ausdauernden literarischen Arbeit nicht die Rede sein konnte – die Wohnverhältnisse waren nicht danach –, ich begriff, daß mich jeder Tag, den ich in Makarow verbringe, von Natascha fernhält; und zum ersten Mal in meinem Leben habe ich »kapituliert«, bin nach Kiew zurückgekehrt und habe mich sofort auf meine Papiere gestürzt. Nein, so wie es aussieht, darf ich mich unter den gegebenen Umständen nicht verzetteln, sondern muß in mein treues, beständiges Molodjonowo fahren und dort meine Arbeiten abschließen. Unterdessen arbeite ich in Kiew, da die Wohnungssituation hier erträglich ist.

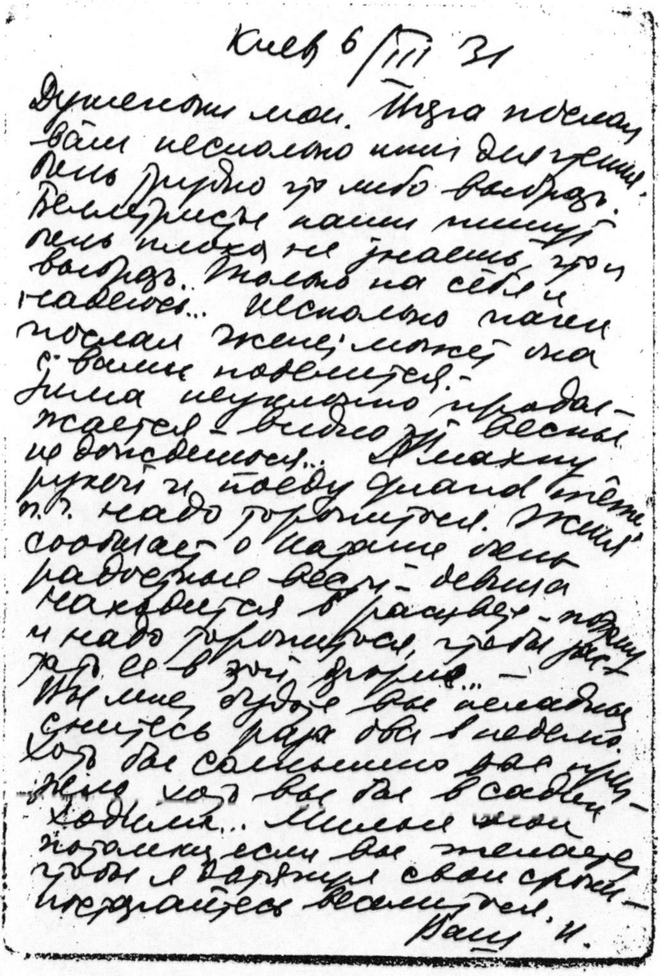
Киев 6/III 31

Faksimile (geringfügig verkleinert) des Briefes vom 6. März 1931

Ihr schreibt nicht, Ihr bringt mich um, ich weiß vor lauter Sorge weder ein noch aus.

I.

Kiew, 24. März 1931

Nach meiner Rückkehr aus Makarow beschloß ich, meinen Aufenthalt in Kiew zu nutzen und noch ein bißchen Geld dazu zu verdienen, ohne meine übliche Arbeit zu vernachlässigen. Morgen werde ich erfahren, ob das, was ich mir ausgedacht habe, von Erfolg gekrönt sein wird, und anschließend setze ich den Tag meiner Abreise nach Molodjonowo fest. Ich möchte spätestens am 27. oder 28. abfahren. In Molodjonowo werde ich mich mit der Blutrünstigkeit eines Tigers auf das Ordnen meiner letzten anstehenden Angelegenheiten stürzen.

Der Kiewer Frühling ist, wie man so sagt, wunderschön. Er hat sich in diesem Jahr spät eingestellt. Schnee hatten wir dieses Jahr ungewöhnlich viel, und so bringt die Schneeschmelze viel reißendes Wasser.

Bereitet Ihr Euch auf den Feiertag vor? Ich habe schon Matze gesehen, vielleicht werde ich auch welche zu essen bekommen. Für mich ist es absolut unerläßlich, daß Ihr gesund bleibt, also bitte drückt Euch nicht um die Erfüllung dieser Bitte herum.

Wenn ich es morgen nicht schaffe, dann schreibe ich Euch spätestens übermorgen wieder.

I.

Kiew, 28. März 1931

Werde wegen Geldangelegenheiten aufgehalten, weshalb ich noch ein, zwei Tage hier ausharren muß. Hoffe, daß Ihr mir schon nach Moskau geschrieben habt. Von Shenja habe ich einen Brief bekommen, der so plastisch von Natascha erzählt, daß sie wie lebendig vor meinen Augen steht. Wie es aussieht, ist sie wirklich *une brave fille*. Ich werde nicht müde, Shenja an den Paß zu erinnern. Gestern habe ich (tief bewegt) Ordnung in unsere Familientruhe gebracht, habe an Euch alle gedacht und an jene, die von uns gegangen sind – mein Herz blieb fast stehen vor Schmerz und kummervoller Freude. Um sie bei mir zu wissen, habe ich mir Papas Medaillon, die Manschettenknöpfe, die alte Tabaksdose und ein paar Photographien genommen. Ich hoffe, diese Truhe, die Begleiterin eines ganzen Lebens, wird einmal in unser Heim zurückfinden. Ich werde die Photographien nochmals durchsehen, und vielleicht schikke ich Euch das eine oder das andere... Etwas Schrecklicheres als den diesjährigen Frühling kann man sich nicht vorstellen; aber sei's, zum Henker mit ihm... Das Wetter ist eine launische Sache.

Euer I.

Moskau, 5. April 1931

Seit einigen Tagen gehe ich nicht mehr vor die Tür und kann aus einem ganz und gar »kindischen« Grund nicht nach Molodjonowo fahren: Ich habe Angina. Heute haben die überfallartigen Anfälle fast aufgehört, und ich rechne damit, daß ich übermorgen wieder nach draußen kann. Während ich hier in der Stube hocke, herrscht draußen eine (im April) nie dagewesene Eiseskälte. Es ist wie eine Sinnestäuschung: Wohin man auch fährt, wohin man wieder zurückkehrt, man glaubt, die Zeit vergeht, doch allerorts findet man nur ein und dasselbe vor, eisbedecktes Straßenpflaster, tiefen Schnee, Hundekälte. Ich habe genau wie Ihr Sehnsucht bekommen nach Sonne und Wärme.
Shenja schreibt mir oft, sie fühlt sich munterer als gewöhnlich und kann Natascha nicht genug loben.

A demain.

I.

Molodjonowo, 11. April 1931

Ich bin in mein Dorf zurückgekehrt, in einen Schneesturm, in den strengen Winter. Das Automobil, das mich herbrachte, blieb im Schnee stecken, und ich bin erst im nächtlichen Schneegestöber auf einem Bauernschlitten hier angelangt. Das ist schon ein apokalyptischer Winter... Morgen ist Ostern – wir werden selbstgebackenen Kulitsch essen... Habe Katja getroffen; wenn man den großen Krieg mit Annuschka nicht rechnet, geht es ihnen vergleichsweise gut, beide Männer arbeiten und verdienen etwas… Heute werde ich mich ausruhen, morgen schreibe ich dann ausführlicher. Die Ruhe von Molodjonowo legt sich auf meine Seele. Habe heute, nach meiner Reiserei, geschlafen wie ein Neugeborenes. Bis morgen.

I.

Molodjonowo, 12. April 1931

In der Kiewer Truhe fand ich eine witzige Photographie von mir – Lachen fördert, wie man sagt, die Verdauung –, und so schicke ich Euch dieses Bild.

Ich habe die Ehre, Euch mitzuteilen, daß heute, am ersten Ostertag, ein fürchterlicher, schwerer Schneesturm gewütet hat und ich mich aus Angst, in den Schneewehen zu versinken, nicht einmal entschließen konnte, zum Gestüt zu gehen. Man schaut aus dem Fenster, und – als wäre ich gar nicht weggewesen: immer noch dieselben Schneemassen, ohne Ende und ohne Maß, die kahlen Bäume, der verächtlich vor sich hin brummelnde Iwan Karpowitsch, der mit einem Armvoll Heu aus der Scheune kommt…

Zum ersten Mal in meinem Leben habe ich einen körperlichen, einen den ganzen Körper erfassenden Wunsch nach Sonne und Wärme; ich träume davon, diese Freuden gemeinsam mit Euch zu genießen…

Molodjonowo bleibt sich selbst treu. Die hiesige Ruhe ist heilsam, und ich finde nach dem anderthalbmonatigen (und völlig sinnlosen) Umherirren zu meiner normalen Verfassung zurück.

Ich schreibe Euch in tiefer Nacht, nach einem Arbeitstag, vor dem Schlafen – einfach so, um mich mit Euch im Stillen zu unterhalten, damit es mir leichter fällt, am Ende dieses Tages an Euch zu denken. Seid gegrüßt, meine Lieben.

I.

Molodjonowo, 16. April 1931

Liebreizende Kurtisanen. Ich halte es für erforderlich, Euch zu warnen, daß möglicherweise meine Korrespondenz für eine Woche, vielleicht aber auch für zwei abbrechen wird. Seit gestern ist hier Frühling. Noch nie habe ich ihn so unmittelbar erlebt, und ich bin glücklich, daß ich diese Zeit auf dem Land zubringe. Nach diesem langen und unerhört schneereichen Winter wird eine gigantische Überschwemmung erwartet. Unser Molodjonowo liegt auf einem Berg, und wir werden von allen Seiten vom Wasser eingeschlossen sein. Die einzige Verbindung zur Außenwelt werden Boote sein. Das Gestüt hat versprochen, uns welche zur Verfügung zu stellen, aber trotzdem ist damit zu rechnen, daß die Post nicht gehen wird…

Die Belagerung durch die Naturgewalten macht uns keine Bange. Der Frühling hat uns Milch und Eier in Hülle und Fülle beschert, wir werden »gehörig satt« sein, wie Iwan Karpowitsch sagt.

Eine innere Stimme sagt mir, daß bei A. Grig. ein Brief von Euch auf mich wartet; werde eine Möglichkeit ausfindig machen, um ihn zu bekommen. Ich hoffe, es wird mir übermorgen gelingen, einen Boten loszuschicken. Angesichts dessen, daß der »entscheidende« Augenblick gekommen ist, arbeite ich viel, Tag und Nacht. Molodjonowo hilft mir wirklich…

Ihr solltet baldmöglichst irgendwohin fahren, in die Berge, in die Täler, zur Sonne, zum Enkelkind… Verschiebt diese Reise nicht. Es kann überhaupt nicht sein, daß Shenja für Euch kein Visum auftreibt. In Anbetracht dessen, daß ich schon eine Woche lang nicht mehr aus unserem Hof herausgekommen bin, kann ich Euch keinerlei Neuigkeiten mitteilen… Daß Alfons XIII. aus Madrid abgehauen ist und Don Cascara Sagrada seinen Platz eingenommen hat, wißt Ihr selbst… Bis morgen. Euer Euch liebender…

I.

Molodjonowo, 19. April 1931

Habe mit A. G. telephoniert. Auf mich wartet ein Brief von Euch, und das eine oder andere ist zu erledigen. Ich habe beschlossen, morgen schnell für einen Tag nach Moskau zu fahren, solange es noch geht, danach kann ich mich vielleicht anderthalb, vielleicht aber auch zwei Wochen lang nicht mehr vom Fleck rühren. Das Wasser steigt immer weiter. Schade, daß ich weg muß aus Molodjonowo, wo ich wieder Tritt gefaßt habe, aber ich tröste mich damit, daß es nicht für lange ist. Während meiner Reise war ich andauernd erkältet, aber jetzt fühle ich mich gut. Bis morgen.

I.

Molodjonowo, 24. April 1931

Der Genosse, der es riskieren will, zum Bahnhof zu gehen, kann nicht warten; darum nur ein paar Zeilen. Shenja teilt mit, daß die Sache mit dem Visum nun endlich in Bewegung gekommen ist; sie hat sie unserer Bekannten anvertraut, ich bin überzeugt, die wird es schaffen…

Wir haben hier eine noch nie dagewesene Überschwemmung. Zu Füßen unseres Berges breitet sich eine unübersehbare Wasserfläche aus – zum Gestüt muß man mit dem Boot fahren. Frühling, wunderschöner Frühling. Noch nie habe ich so hautnah am Winter gewohnt wie dieses Jahr, noch nie mich so über den Frühling gefreut.

I.

Molodjonowo, 25. April 1931

Der Frühling hat sich bei uns erst vor drei Tagen eingestellt, aber es ist ein wunderbarer Frühling. Vor den Fenstern der Hütte breitet sich eine unübersehbare Wasserfläche aus. Um in unser Dorf zu kommen, braucht man ein Boot. Ich habe es gestern mit großer Mühe geschafft, hierher zu gelangen. Losgefahren bin ich in einem Automobil, dann bin ich auf ein Fuhrwerk umgestiegen, dann auf die Fähre, und einen Teil des Weges mußte ich zu Fuß gehen, aber die Mühe hat sich wirklich gelohnt, denn es ist hier jetzt erstaunlich schön… Ich bin an Leib und Seele wieder zu Kräften gekommen; wie es aussieht, fällt es auch mir schwer, ohne Sonne zu leben…

Wir werden nun darauf warten, daß Shenja den Paß erhält.

Dieses Mal wird sie es, wie ich meine, fertigbringen. Sie hat sehr vernünftige Pläne für den Sommer, und ich würde mir wünschen, würde mir sehnlichst wünschen, daß Ihr Euch ihnen anschließt. Ihr müßt Euch unbedingt und unverzüglich mit ihr brieflich in Verbindung setzen und schleunigst abreisen, damit Ihr soviel Sonne wie nur möglich abbekommt. Auf meine Vorlieben müßt Ihr dabei keine Rücksicht nehmen; ich werde mich dort zu Euch gesellen, wo Ihr dann seid. Ich bitte Euch nur um das eine: Beeilt Euch!

Habe zwei Photos von Natascha (noch vom November) erhalten; auf ihnen hat sie schreckliche Ähnlichkeit mit Witja Sejliger und sieht nichtsdestoweniger ungewöhnlich lieb aus.

Dieses Mal hat mich Katja nach Molodjonowo begleitet. Sie feiert: Das Gericht hat in zweiter Instanz den Beschluß über Annuschkas Exmittierung bestätigt.

Die Luft ist bei uns jetzt so wohltuend rein, daß es schwerfällt, im Zimmer zu sitzen: werde zu den Kühen, Schweinen und Hühnern gehen – alle brüllen und gackern in der jeweiligen Stimmlage der Sonne entgegen.

I.

Moskau, 3. Mai 1931

Bin zu den Maifeierlichkeiten in die Stadt gefahren; sie sind unter strahlendem Beistand der Sonne sehr erfolgreich verlaufen. Wir haben hier einen selten schönen Frühling. Molodjonowo ist wunderschön. Ich mache mich heute auf den Weg dorthin, und da ich mich in Moskau nicht mit meiner Korrespondenz aufhalte, werde ich Euch aus dem Dorf ausführlich schreiben.

Du fragst nach meiner Kur? Sicher, noch fahre ich von hier nicht weg, aber meinen Namenstag und den meiner Tochter werde ich gemeinsam mit Natascha feiern. Ich halte mich diesbezüglich noch zurück, um Euch nicht durch Termine in Aufregung zu versetzen, da es aber nun einmal in meinem Herzen beschlossen ist, hoffe ich auch auf die Verwirklichung.

I.

MOLODJONOWO, 7. MAI 1931

Hier sind die Tage jetzt sehr schön. Solche hat es im letzten Sommer nicht gegeben. Im Wäldchen singen, gleichsam wie auf Bestellung, ohne Unterlaß die Nachtigallen... Wer hier ist, *Mamachen,* braucht in kein Kurbad zu fahren... Könnte doch nur zehn Monate im Jahr Sommer sein... Den nördlichen Winter habe ich wie die Kühe im Stall hinter mich gebracht, und nun habe ich im Gras nicht weniger Freude als sie... Wie steht die Sache mit dem Paß? Wann rührt Ihr Euch endlich? Denkt daran: Das muß bald, so bald wie möglich, geschehen.

I.

MOLODJONOWO, 12. MAI 1931

Der Frühling hatte eine kleine Pause eingelegt, jetzt tritt er aber wieder in seine Rechte. Obwohl ich nach Moskau müßte, will ich versuchen, so lange wie möglich hier zu bleiben. Es ist wirklich sehr schön hier. Und außerdem ist meine Arbeit in einem entscheidenden Stadium. Habe mir so viel aufgeladen, wie ich gerade noch tragen kann, und daher rechne ich auf eine Erholungspause. Morgen schicke ich einen Boten nach der Post. Nach meinen Berechnungen müßten schon Briefe von Euch eingetroffen sein. Kann mich immer noch nicht genug darüber freuen, welche Wirkung die Wärme auf mich hat. Ich bin ein völlig neuer Mensch geworden. Schreibe Euch noch ausführlicher.

I.

MOLODJONOWO, 15. MAI 1931

Habe in Moskau angerufen und erfahren, daß ein Brief von Euch da ist, der mir aber erst am 17. hergebracht wird. Gestern war Jaschka Ochotnikow bei mir mit dem Vorschlag – unter idealen Bedingungen –, nach Magnitogorsk zu fahren und dort eine Weile in der Ingenieurssiedlung bei der Baustelle zu leben. Die Versuchung war groß, aber ich habe widerstanden. Die Arbeit ist gerade in einer Phase, in der ich sie nicht unterbrechen darf. Ich rechne immer noch damit, daß die verdiente Erholung nicht mehr allzu fern ist. Bei uns auf dem Dorf ist es nach wie vor schön; ich kann Euch gar nicht erzählen, wie schön. Bis zum Siebzehnten, meine lieben Alten.

I.

Molodjonowo, 19. Mai 1931

Alle Lebensmittel sind restlos verputzt, muß nach Moskau, um Nachschub zu holen. Ich habe vor, heute Abend loszufahren. Es fällt schwer, sich von unserer Provinz zu trennen, und sei es auch nur für ein, zwei Tage. So herrlich, hell und friedlich habe ich noch nie gelebt. Alles ist voller Licht, die Wiesen sind grün geworden, die Sonne strahlt wie im Sommer... Meine Post habe ich nicht erhalten. Der Bauernwagen von Karpytsch, meinem Wirt, ist kaputtgegangen, und nun gibt es nichts, womit man zum Bahnhof fahren könnte. Ohne Nachricht von Euch mache ich mir Sorgen und verliere jede Ruhe; darum habe ich auch beschlossen, ohne Aufschub zu fahren. Über Neuigkeiten aus Moskau werde ich unverzüglich schreiben.

Nach meiner erzwungenen Reglosigkeit im Winter lege ich nun jeden Tag an die zehn Werst zurück und freue mich über meine Manövrierfähigkeit... Jetzt steht unwiderruflich fest, daß ich den Winter nicht unbedingt in einem warmen Klima verbringen muß; bin ein völlig anderer Mensch geworden...

I.

Moskau, 21. Mai 1931

Ihr Unpäßlichkeiten! Bin in die Stadt gefahren, um Gorkij zu treffen. Ich plane, morgen abend in mein wunderschönes Molodjonowo zurückzukehren; muß mich den Alten zuliebe, meinen Alten zuliebe, beeilen. Habe für morgen Katja zu mir eingeladen. Mit Sascha habe ich am Telephon gesprochen. Wie es aussieht, ist bei ihnen alles in bester Ordnung.

Es macht mich traurig, daß Mama ohne »weibliche Gesellschaft« in diesem gottserbärmlichen Brüssel bleibt. Denkt daran, Ihr müßt Euch diesen Sommer selbstlos kurieren...

Habe Wolodjas Vater getroffen... Er sagte mir, daß die Geschäfte seines Sohnes schlechter gingen, und dieser nun vorhabe, ihm die Pension um die Hälfte zu kürzen. Ich weiß nicht, ob das schon feststeht, aber mir tat es um den Alten und um Fedossja sehr leid. Der einzige Trost ist, daß durch die mögliche Anwesenheit von Kirill dieses Elend gelindert werden könnte. Ich werde mich bemühen, genauere Informationen zu sammeln. Ich schreibe zwischen tausend Dingen, die noch zu erledigen sind, beschränke mich darum auf ein paar Zeilen. Merotschka, ich warte mit bebendem Herzen auf Deine Beschreibung Deiner Nichte. Bis übermorgen.

I.

Molodjonowo, 24. Mai 1931

Habe heute Anna Grigorjewna angerufen und erfahren, daß gestern, ein paar Minuten nach meiner Abfahrt, ein Brief von Euch ankam. Man wird ihn mir erst am 27. bringen. Das ist wirklich schiefgegangen. Für den Weg hierher hat mich Katja ausgestattet, hat mich eingekleidet und mit allem Notwendigen versorgt. Der ersehnte Augenblick – ihre Erlösung von Annuschka – rückt näher, wie es scheint, wird sie heute exmittiert.

Den 22. habe ich bei Alexej Maximowitsch auf seiner Datscha vor den Toren der Stadt verbracht. Wir sind einander in alter Liebe begegnet. Meine Eindrücke sind so komplex, daß ich mich noch immer nicht zurechtfinden kann. Aber jedenfalls ist das ein Greis, wie es auf der Welt keinen zweiten gibt.

Mein Ausharren in Molodjonowo wird nun lange dauern und von großer Bedeutung sein; wenn ich das nächste Mal fahre, muß ich schon in der Redaktion auftauchen. So ist das also… Einen Frühling, oder genauer, einen Sommer, haben wir hier, wie er Nizza anstünde. Vor meinem Fenster blühen die Apfelbäume. Und all das ist um so erfreulicher, als mir das Atmen und auch das Gehen leicht fällt. Heute war ich zum ersten Mal in der Moskwa baden. Das Wasser hatte vielleicht 18 Grad, nicht mehr. Mama hat keinen Grund, sich Sorgen zu machen: Um hier zu ertrinken oder um seinem Leben durch Selbstmord ein Ende zu setzen, muß man den Kopf ins Wasser stecken, weil es an keiner Stelle tiefer ist als bis zum Hals…

Seht zu, daß Ihr baldmöglichst in Eure Kurbäder entfleucht.

Mit einem Molodjonowo-Gruß I.

Molodjonowo, 28. Mai 1931

Allergnädigste Mamulja. Habe von Shenja mehrere bezaubernde Bilder von Natascha und eines von Mutter und Tochter bekommen. Wahrscheinlich wirst Du sie auch erhalten. So hatte ich mir Natascha gar nicht vorgestellt – sie glänzt nicht durch klassische Schönheit, aber ihr Gesicht ist voller Anmut, Ausdruckskraft und Konzentriertheit. Ein allerliebstes Fräulein. Gib Dir Mühe, *mon vieux,* die Zeit ohne Meri so vernünftig wie möglich zu verbringen, vernünftig, was Deine Gesundheit angeht. Es ist schade, daß Du Dich nicht gleichzeitig in irgend ein Kurbad aufmachen konntest, wenn es auch nicht gleich Vichy sein muß. Welche Überlegungen haben Dich davon abgehalten? Shenja schreibt, der Paß sei verlängert worden. Besser spät als nie. – Von dem Umstand, daß Wolodja die Pension seiner Eltern gekürzt hat, hatte ich schon erfahren, habe deswegen gestritten, konnte aber nichts ausrichten; seine Geschäfte gehen wohl schlechter.

Bis morgen.

I.

Molodjonowo, 1. Juni 1931

Fedossejuschka. Ich ersticke dermaßen in Arbeit, daß ich sogar begonnen habe, meine heiligsten und angenehmsten Pflichten zu vernachlässigen: die Briefe an Dich. Aber damit nicht genug, ich nehme nicht einmal mehr die Schönheit wahr, die rings um mich ausgeschüttet ist, die blühenden Wiesen, die in die Ähren schießenden Felder…

Und eine solche Schönheit ist das, ach, in keinem Spa und keinem Vichy werdet Ihr so etwas finden… Die letzten beiden Tage tobte hier das laute Leben: gestern war Pfingsten, heute das Fest des Heiligen Geistes – die Kirchweih von Molodjonowo – der Anlaß für gewaltige Saufgelage, Harmonikaklänge und Lieder die ganze Nacht…

Ist Meri abgefahren?… Hast Du von Shenja den Paß bekommen? Ich habe Dir schon geschrieben, wie sehr es mich quält, daß Wolodjas Geschäfte schlechter gehen; mich tröstet nur, daß ich ihnen in naher Zukunft auf effektivere Weise zu

Hilfe kommen kann. Grüß mir Grischa. Werde ihm separat schreiben.

I.

Molodjonowo, 5. Juni 1931

Fedossejuschka. Mit meiner Terminarbeit habe ich noch etwa zwei Tage zu tun, anschließend werde ich für mindestens eine Woche in Moskau bleiben müssen, denn es wird Zeit, Ordnung in meine materiellen, literarischen und vor allem familiären Angelegenheiten zu bringen. Sollte ich noch länger als zwei Tage in Molodjonowo festsitzen, werde ich Dir von hier noch einmal schreiben. In Moskau liegen vermutlich Briefe von Euch, aber ich schicke nicht nach ihnen, weil ich damit rechne, selbst hinzufahren. Heute, vor den letzten beiden Arbeitstagen, habe ich einen »Ausgehtag« eingelegt, aber der ist ins Wasser gefallen: die ganze Zeit über Regen, für die Bauern ist er »Gold wert«, mich dagegen zwang er, in der Hütte zu hocken, Tee zu trinken und ein altes Buch von Turgenjew zu lesen.

Gestern hatten wir hier eine turbulente Nacht – eine Feuersbrunst. Auf dem Dorf ist sie besonders schrecklich und prachtvoll; schrecklich deshalb, weil das ganze Dorf abbrennen kann... Zum Glück geriet eine Hütte in Brand, die direkt am Teich stand, und obwohl alles bis auf die Grundmauern niederbrannte – auch das Vieh: zwei Kühe, ein Schwein und die Schafe –, gelang es doch, die übrigen Häuser zu schützen... Die ganze Nacht über hat niemand geschlafen. Ich bin von Kopf bis Fuß dreckig geworden, hab gestarrt vor Dreck, hätte mir beinahe die Schnauze versengt, aber dafür saß ich in der vierten Morgenstunde zusammen mit den Bauern um den großen Samowar und trank Tee mit ihnen. Und gemeinsam wurde das Feuer »bekakelt«...

Jetzt weiß ich also immer noch nicht, ob Meri weggefahren ist, aber ich denke, sie wird wohl unterwegs sein, und warte auf einen Brief von ihr aus Paris...

Abgesehen von der Feuersbrunst und meiner baldigen Abreise nach Moskau gibt es keine Neuigkeiten, *mon amie* Fedossejuschka. Es gibt deswegen keine, weil alle Neuigkeiten noch vor mir liegen. Es ist zwei Uhr in der Nacht, Zeit zu schlafen. Gute Nacht.

I.

Moskau, 17. Juni 1931

Wie Du siehst, bin ich noch in Moskau. Ich erhole mich von meinen Arbeitsmühen und befasse mich währenddessen mit allen möglichen materiellen Dingen. Ich wünschte, meine bevorstehende Reise nach Molodjonowo wäre die letzte, deshalb werde ich hier so lange ausharren, bis ich mit all meinen Angelegenheiten und insbesondere den familiären ganz und gar im Reinen bin. Ich hoffe, daß die nächste Woche eine Entscheidung hinsichtlich der Termine bringt. Beschäftigt bin ich hier hauptsächlich mit Verhandlungen in den Redaktionen, denn ich werde das eine oder andere Material abliefern. Ich liefere es ihnen, um die Vorschüsse zu begleichen, gedruckt wird es später – im August oder September –, bis dahin muß ich noch ein paar Erzählungen drauflegen. Den Rezensionen nach schreibe ich jetzt besser als früher, so daß sich die Worte Deines Slonim auf die Vergangenheit beziehen und für mich keinerlei Bedeutung haben. Übrigens, das muß man mir lassen: Der Kritik gegenüber, sei sie lobend oder abfällig, begegne ich mit absoluter Selbstbeherrschung und bin mir ihres Wertes bewußt; meistens ist sie keinen Pfifferling wert...

Habe von Meri einen Brief aus Vichy erhalten mit einem ausführlichen Bericht über Natascha. Du verstehst, wie sehr mich so eine Nachricht anfeuert, obwohl ich bereits so glutheiß bin, daß man das Feuer nicht mehr zu schüren braucht.

Es verdrießt mich sehr, daß ich Dir in letzter Zeit so selten schreibe, aber es ist nicht übertrieben, wenn ich Dir sage, daß man mich buchstäblich in Stücke reißt. Alle sind begierig, die Gesellschaft meiner Wenigkeit zu genießen, und wie sehr ich mich auch dagegen wehre, bleibt mir dennoch überhaupt keine Zeit...

Mir ist bekannt, daß Wolodja den Alten ihre Pension um die Hälfte gekürzt hat, aber er bekommt, verglichen mit seinem früheren Gehalt, jetzt auch nur noch fünfzig Prozent. Natürlich ist das alles unerquicklich; schuld an allem ist die Krise im dortigen Musikgeschäft. Er hat höchstwahrscheinlich nicht jeden Tag in der Woche Arbeit. Ich habe Dir schon geschrieben, daß Katja nun Annuschka losgeworden ist. Ich sehe Katja oft, sie hilft mir in vielen Dingen, erledigt alle möglichen Aufträge für mich, flickt mir meine wenig aufwendige Garderobe... Sie muß auch heute zu mir kommen, ich werde sie an den Tisch setzen, damit sie Dir einen Brief schreibt.

Ich denke die ganze Zeit, Ihr hättet Euch anders einrichten können, und anstatt nun in Brüssel zu versauern, hättest Du diese Zeit ungleich sinnvoller in Spa verbringen können. Das wäre zwar gewiß für Grischa unbequem gewesen, aber hätte er sich nicht irgendwo in einer Pension einmieten können? Schnell, schnell, *mon vieux,* fahre nach Spa. Grüß mir Grischa von ganzem Herzen. Gleich am ersten Tag, wenn ich wieder in Molodjonowo bin, werde ich ihm schreiben. Sonja werde ich das Geld schicken. Das Wetter ist hier schon die ganze Woche trüb. Mir macht das eine egoistische Freude: Ich verpasse in Molodjonowo nichts. Bis morgen, mein Schätzchen.

I.

Moskau, 20. Juni 1931

Ich sammle immerzu Material für einen ausführlichen Brief an Dich, inzwischen beschränke ich mich auf kurze Schriebe, Grüße und Verbeugungen bis hinab zur feuchten Erde. Katja und ich sind dabei, ein kleines Paket für Odessa zu packen, Sascha fährt dorthin in Urlaub.

Die alten Sejligers habe ich gesehen, bei ihnen ist alles bestens. Ich habe eine Gelegenheit, Ilja Lwowitsch einen Gruß zu übermitteln, habe aber seine Adresse verloren; teilt sie mir unverzüglich mit. Ich schreibe gleichzeitig an Meri. Brenne darauf, daß Du baldmöglichst nach Spa fährst.

I.

Moskau, 26. Juni 1931

Fenjuschka. Morgen werde ich für 8 bis 10 Tage nach Molodjonowo fahren, und dort werde ich dann wieder *megilen* kritzeln. Inzwischen aber schicke ich Dir zur seelenrettenden

Lektüre einen Brief von Katja. Für lange kann ich nicht aus Moskau wegfahren, weil ich mit den Scherereien angefangen habe und sie nun weiter verfolgen muß. Ich hatte damit gerechnet, Natascha an ihrem Namenstag zu sehen, aber daraus wird offensichtlich nichts. Ich habe das eine oder andere Manuskript bei den Redaktionen abgeliefert, doch die Redakteure verlangen, daß ich noch weiterschreibe. Über Termine sage ich Dir nichts, weil ich sie selbst nicht kenne, aber wenn ich einmal etwas »in meinem Herzen beschlossen habe«, dann tue ich das auch und zwar natürlich in dem Augenblick, wenn es am günstigsten und zweckdienlichsten ist. Du wirst selbst einsehen, daß es überflüssig ist, mich zu mahnen und mir keine Ruhe zu lassen; meine Familienangelegenheiten nehmen mich so sehr gefangen, daß ich an nichts anderes mehr denken kann – leider widme ich auch der Arbeit weniger Aufmerksamkeit, als es ratsam wäre. Aber all das wird sich natürlich geben. Meine Anstrengungen richten sich darauf, nicht nur die Gegenwart, sondern auch die Zukunft zu sichern, wodurch sich auch meine teuflische Geduld und Behutsamkeit erklären. Mich hat die Nachricht sehr betrübt, daß Meri schon aus Vichy zurückkehrt. Wozu diese Eile, was konnte denn in so kurzer Zeit erreicht werden? Ich begreife gar nichts. Wo und wie hofft sie denn, die Kur fortzusetzen? Wann wirst Du losfahren und wohin? Alle diese Fragen quälen mich sehr, und ich möchte darauf so bald wie möglich Antwort. Ich glaube nicht daran, daß man seine Gesundheit durch solche Kuraufenthalte im Eiltempo wiederherstellen kann. Bekommt Ihr denn Briefe von Wolodja?

I.

Moskau, 29. Juni 1931

Habe von Shenja einen Brief bekommen mit einer begeisterten Beschreibung von *La Bourboule*. Warum hat Meri ausgeschlagen, dort hinzufahren, und sei es auch nur für ein paar Tage? Bei Gott, ich begreife rein gar nichts… Man könnte meinen, daß Meri für wenigstens zehn Aktiengesellschaften zu sorgen hat. Mir will es immer noch nicht in den Kopf, daß ihr Kuraufenthalt so kurz gewesen sein soll. Ist sie denn in Brüssel?… Wie steht die Sache mit Mamas Reise nach Spa?… Mir scheint, sie darf jetzt nicht länger aufgeschoben werden, und am besten wäre es, sich mit der ganzen Familie auf den Weg zu machen. Ich fahre heute nach Molodjonowo. Die Redakteure haben dermaßen wäßrige Mäuler bekommen, daß sie mehr Material sehen wollen; das muß ich fertigschreiben… Gegen Arbeit habe ich nichts einzuwenden, doch die Gedanken an die Familie lenken mich ab. Bis morgen in Molodjonowo.

I.

MOLODJONOWO, 1. JULI 1931

Ich bin zurück auf dem Dorf und arbeite wieder, und es wäre herrlich – und alle Spas und Vichys sind nicht so viel wert wie eine Kuh aus Molodjonowo –, wenn ich jetzt auch noch Fedossja und das restliche abwesende Weibervolk hier hätte. »Du hast sie noch nicht verdient«, bekomme ich gesagt, »arbeite noch ein bißchen, dann kriegst du sie…« In dieser Hoffnung werkeln wir also weiter. Bis morgen.

I.

MOLODJONOWO, 3. JULI 1931

Bei uns hier ist Heumahd, eine Zeit voller Poesie. Ein Sommer wie auf Bestellung, heiß, trocken, wenn nötig, regnet es zwischendurch mal. Das Gras wächst üppig, Heu gibt es doppelt so viel wie im letzten Jahr, das Korn steht prächtig, alles atmet, gedeiht, der Bauer sagt nichts, aber man spürt die Zufriedenheit… Gerade eben, vor Sonnenaufgang, bin ich bei uns vor die Tür gegangen, das Dorf schläft, Wälder und Felder schlafen, über dem Fluß hängt die riesige orangerote Scheibe des Mondes, der Wächter schlägt seine Klapper – mir scheint aus irgendeinem Grund, so eine Schönheit könne es auf der ganzen Welt kein zweites Mal geben. Und zum wievielten Mal preßt sich mein Herz zusammen, weil Ihr das alles nicht sehen könnt. Die hiesige Natur, ihre Schönheit und Ruhe, kann wirklich ein Trost für alles sein. Ich habe hier nach Moskau sogleich wieder meine Ruhe gefunden und arbeite so begeistert wie zuvor. Ich hatte etliche Manuskripte abzuliefern, doch die Redakteure verlangen eine Ergänzung. Sie haben recht, die Erzählungen haben zuviel Tagesaktualität, und damit man sie drucken kann, muß noch zeitgemäßes Material eingearbeitet werden, was ich jetzt auch tue.

Recht haben sie, die Redakteure, recht haben sie, es ist an der Zeit, auch nach vorne zu schauen, und nicht nur auf die nächsten zwei Wochen; aber ich muß mich schon gewaltig anstrengen, um meine immerzu wachsende Ungeduld zu bezwingen. Ich habe Glück, daß ich zwei Dinge besitze, die mich von allen Nöten abschirmen: eine Arbeit, die ich liebe, und Molodjonowo, meine Festung.

Meine Briefe bekomme ich erst am 7. gebracht. Bis dahin werde ich nichts von Euch erfahren. Ich bin unruhig, weil Mama noch in Brüssel sitzt und Meri so vorschnell zurückgekommen ist. Nach ihren ersten Briefen zu urteilen, ist Shenja mit ihrem Aufenthalt in *La Bourboule* sehr zufrieden; dort ist es schön, bequem und gesund. Trotzdem ist es traurig, daß ich Nataschas Geburtstag nicht mit ihr feiern kann. Dafür habe ich mir aber geschworen, daß ich in den kommenden Jahren diesen Tag kein einziges Mal verpassen werde.

Es tagt, habe viel geschrieben, es reicht... Sehr still ist es in mir und gut.

I.

MOLODJONOWO, 7. JULI 1931

Meine Post hat man mir heute nicht geschickt, erwarte sie morgen, daher weiß ich nicht, wer von Euch »höchstselbst« in Brüssel weilt und wer weggefahren ist.

Bei uns steht der Sommer in voller und üppiger Pracht, es ist sehr heiß, das Heu wird gemäht. Ich verbringe diese Tage in einer Umgebung, wie man sie sich idealer nicht vorstellen kann, in der Stille, vertieft in Arbeit, umgeben von Gras, Bäumen und Feldern... Die Menschen, die hierher kommen, wundern sich, daß dreißig Werst von Moskau entfernt noch unsere »Swenigoroder Schweiz« existiert... Mein Leben ist jetzt viel fröhlicher geworden als früher. Ich erinnere mich nicht, ob ich Euch schon geschrieben habe, daß sich einen Kilometer von

Molodjonowo entfernt, im ehemaligen Haus von Morosow, Alexej Maximowitsch niedergelassen hat (für ihn hat man den schönsten Ort der Moskauer Umgebung ausgesucht), und da sich die Beschränkungen, um den Menschenstrom zu steuern, der sich um ihn bewegt, aus alter Gewohnheit nicht auf mich erstrecken, so gehe ich manchmal am Abend zu ihm auf Besuch... Wie lehrreich und angenehm seine Nachbarschaft für mich ist, läßt sich gar nicht sagen. Ich denke an meine Jugend zurück, und es ist gut, daß diese Beziehung, die in meiner Jugend begann, sich bis heute nicht verändert hat.

Bald hat unsere ganze Familie Geburtstag. Ich habe mir für diesen Tag ein Geschenk ausgedacht – eine Arbeit, eine Geschichte. Werde versuchen, sie bis zu unseren Feiertagen fertig zu bekommen... Es wäre schön, wenn ich Euch dieses Gastgeschenk und zugleich auch mich selbst überreichen könnte.

Morgen hoffe ich, die Briefe zu erhalten. *A demain.*

I.

MOLODJONOWO, 9. JULI 1931

Gestern brachte man mir Meris Brief. Schade, daß sie nicht nach *Bourboule* gefahren ist, selbst wenn es nur zwei, drei Tage gewesen wären. Als Egoist freut mich die Nachricht über die *voiture,* denn ich hoffe, dieser Segen wird sich auch auf mich erstrecken.

Mama sollte baldmöglichst nach Spa fahren – evtl. könnte sie dort mit Iljuschas Hilfe für längere Zeit bleiben? Bitte denkt darüber nach. Wenn sich die Frage mit Paris geklärt hat, wäre das doch gut. Meiner Meinung nach lohnt es sich, dafür alle nur denkbaren Anstrengungen zu unternehmen. Auf dem Dorf lebe ich herrlich und in Freuden. Meine Farben sind aufgebraucht: Ich kann Euch die Pracht hier nicht beschreiben. Wir haben zur Zeit eine schreckliche Hitze (für mich ist diese Hitze heilsam), aber hier läßt sich das alles leicht ertragen, auch die Arbeit geht leicht und mit Eifer voran, vielleicht bekommen wir auch eine Belohnung für diese Arbeit – »einen Gewinn für die Familie auf dem weiten Weg...«

I.

Moskau, 15. Juli 1931

Bin für einen Tag in die Stadt gefahren: habe viele Scherereien mit allen möglichen Papieren, wegen der Steuer und anderen Dingen, ich muß sie gehörig in Ordnung bringen, na und jetzt knöpfe ich sie mir also vor. Ich fahre heute abend ab und komme am 19. wieder, weil an diesem Tag das Derby stattfindet. Bin schrecklich froh, daß Du endlich in Spa bist. Wie geht's Dir denn? Wie sieht Deine Kur aus? Schreib mir ausführlich darüber. Hast Du denn Gesellschaft? Meri schreibt, daß in der Pension auch noch andere russische Damen wohnen. Mit meinem letzten Aufenthalt in Molodjonowo bin ich zufrieden. Habe eine Arbeit, die für mich von großem Interesse ist, ein gutes Stück vorangebracht. Ich habe Dir bereits geschrieben, daß man mich zwingt, weiterzuschreiben, womit ich zur Zeit auch beschäftigt bin; mich quält nur, daß ich es nicht schnell genug schaffe, trotz allem macht sich Erschöpfung bemerkbar. Es ist schon wahr: Molodjonowo heilt einen von alledem und hilft, die Müdigkeit zu überwinden. Bei uns ist es viel schöner als im letzten Sommer. Bis morgen.

I.

Moskau, 15. Juli 1931

Bin für einen Tag in die Stadt gefahren wegen allerlei Behördenkram, allen möglichen Steuern, Papierkrieg usf. Bin sehr froh, daß Mama nach Spa gefahren ist. Ich schreibe ihr mit gleicher Post. Trotzdem quält es mich, daß Du nur so kurz in Vichy warst – solltest Du nicht vielleicht Deine Kur im Herbst wiederholen? Könnte Dir Onkel Ilja nicht helfen? A propos, teile mir doch seine Adresse mit. Ich habe Dir, wie es scheint, schon geschrieben, daß ich mein altes Notizbuch mit allen Adressen verloren habe. Ich fahre heute abend los und kehre am 19. nach Moskau zurück. An diesem Tag ist das Derby. Zu arbeiten habe ich mehr, als in meinen Kräften steht, und ich bin voller Angst, das könnte sich auf die Qualität niederschlagen, aber dafür schimmert vor mir die Belohnung. Wie auch immer, ohne Molodjonowo würde es mir nicht gelingen, all meine Arbeiten produktiv zu bewältigen. Ich erwarte von

Dir ausführliche Nachricht, was das Meer betrifft. Grüß mir Grischa von ganzem Herzen.

I.

Molodjonowo, 18. Juli 1931

Wollte heute mit der Arbeit anfangen, »fertigschreiben«, wie es meine Redakteure verlangen, aber mein Gehirn hat sich offenbar nach der geleisteten großen Arbeit noch nicht wieder erholt. Morgen habe ich meinen gesetzlichen Ruhetag: das Derby auf der Pferderennbahn. Aufs Land kehre ich am 20. zurück; dieses Derby kommt mir sehr zupaß, da werde ich mich ein bißchen erholen. Unsere Enkelin ist schon erwachsen, ihr drittes Lebensjahr hat sie heute begonnen. Hast Du Shenja geschrieben? Sie ist jetzt wahrscheinlich in Paris. Ich bedaure sehr, daß ich Meri kein Telegramm zu ihrem Geburtstag schicken konnte; ich weiß nicht, wo sie sich zur Zeit aufhält.

Wie verläuft Deine Kur? Schreib öfter, Fedossejuschka.

Dein I.

Molodjonowo, 22. Juli 1931

Mamachen, wie geht es Dir in Deinem Kurbad? Bei uns scheint jetzt die Sonne, ganz genau wie zu Hause. Nach dem Mittagessen sonne ich mich und gehe baden; der Fluß ist wahrhaftig so seicht geworden, daß man darin wie in einer Badewanne liegt. Eine kurze Ruhepause könnte ich wirklich brauchen, aber jetzt ist daran nicht einmal zu denken, weil mich jeder Tag, an dem ich nichts tue, auf soundso lange Zeit auch von meiner Familie fernhält. Aus diesem Grund treibe ich mich auch an. Körperlich geht es mir ausgezeichnet, nur das Hirn hätte Lust, ein wenig zu faulenzen, gerade wenn ringsum solche Schönheit und Glückseligkeit herrscht.

Mit dem heutigen Tag habe ich eine Neuerung eingeführt. Ich arbeite nur bis zum Mittagessen und nicht mehr den ganzen Tag wie früher. Katja hoffe ich nach Molodjonowo mitzuschleppen; man ruft sie nach Odessa, aber sie meint zu Recht, daß sie es dort nicht schaffen würde, sich zu erholen. Falls sie doch fährt, wird es mir schlechter gehen – sie ist mein Schutzengel und vor allem mein Rettungsanker in puncto Speis' und Trank...

I.

Moskau, 3. August 1931

Bin gestern nach Moskau gekommen, um Dinge zu erledigen, die keinerlei Aufschub dulden – zum Rennen; nach dem Rennen habe ich den Reiter Semitschow besucht und bei ihm übernachtet, um 4 Uhr morgens sind wir gemeinsam aufgestanden und haben uns auf den Weg zum Pferdestall gemacht... Ein solches Benehmen meinerseits gibt ganz Moskau Anlaß zu sagen, ich sei der größte Wichtigtuer der Welt, aber ich tue das aus einer Neigung des Herzens, aus einer inneren Notwendigkeit heraus... Gleich mache ich mich wieder auf den Rückweg nach Molodjonowo.

Nach Hause zurückgekehrt, fand ich Mamas Brief mit dem Photo vor und kann mich nun schon seit etlichen Stunden nicht davon losreißen... *Ma mère,* Fenjale, Du hast mir heute einen Genuß bereitet, wie ihn größer kein Mensch erleben kann... Meiner Meinung nach sieht Mama nicht schlecht aus, ich werde nur nicht schlau daraus, was mit ihrem Mund los ist: Hat sie nun Zähne oder nicht, oder muß man ihr welche einsetzen?... Die eine Lippe macht mir den Eindruck, als sei sie geschwollen...

Aus Paris habe ich schon seit etwa zehn Tagen keine Nachricht; weiß nicht, wo Shenja und Natascha sind; das fängt an, mich zu beunruhigen, werde sie heute mit allen Mitteln des Postverkehrs bombardieren...

Dank dessen, daß ich mir häufige, wenn auch nur kurze Ruhepausen gönne, fühle ich mich gut. Einen Sommer haben wir, daß er nicht zu beschreiben ist: Odessa, Jalta, Suchumi – das ist es, was wir hier haben... Und Ihr Armen habt Euch, getrieben von Regen und Wind, wieder nach Hause aufgemacht... Kniefällig bitte ich Euch (obwohl ich Grischa bitten sollte), *une auto* anzuschaffen. Meiner Meinung nach kann man mit so einem Ding mehr Luft und Kraft schöpfen als in einem Kurbad. Es wäre doch gut, das Ende des Sommers auszunutzen. Wie sehen diesbezüglich die Perspektiven aus? Ich schreibe in aller Eile, wie immer in Moskau. Bis Molodjonowo, bis zu meinem Dorfparadies…

I.

MOSKAU, 17. AUGUST 1931

Bin gerade bei Katja. Vor mir auf dem Tisch steht ein ganzes Kästchen mit Porträts unserer Anverwandten, der lebenden, der längst gestorbenen und jener, die vor nicht allzu langer Zeit von uns gegangen sind. Das ist eine gute Ablenkung und bringt einen auf Gedanken, die in die Ferne schweifen.

Habe von Shenja eine ganze Kollektion herrlicher Photos von Natascha bekommen. Ein sehr einnehmendes Wesen hat dieses Fräulein. Ich bitte Shenja, daß sie die Photos zugleich auch Euch schickt. All diese Aufnahmen stammen aus *La Bourboule;* Natascha hat sich, wie Shenja schreibt, nicht recht wohl gefühlt; ihr Magen reagiert empfindlich auf Milch, und wenn ihre Nahrung diesen Stoff enthält, bekommt sie einen ekzemartigen Ausschlag. Vermutlich ist das alles nicht so furchtbar schlimm; der Doktor verspricht, daß es spurlos vergehen werde. Man kann ihnen nach Paris schreiben. Den letzten Brief bekam ich aus *St.-Jacut-de-la-Mer,* aber sie hat vor, ihren Aufenthaltsort zu wechseln. Die Nachricht über das Grammophon und die *T.S.F.* hat mich sehr gefreut. Die *T.S.F.* läßt mich übrigens kalt, aber die Grammophone sind eine echte Passion von mir; wie ich finde, gibt es keine poetischere Form der Erholung, als gute Schallplatten zu hören. Ihr solltet Euch schon ein Koffergrammophon der neuesten Bauart anschaffen; das ist wirklich ein großes Vergnügen…

Wie steht es mit dem Automobil? Braucht Ihr noch lange, bis Ihr Euch aufraffen könnt?… Es wäre doch trotzdem nicht übel, das Ende des Sommers noch mitzunehmen…

Aus Katja wird man nicht schlau: ob sie nun fährt oder nicht. Im Augenblick ist ihre ganze Familie hier versammelt, obwohl Iossif anscheinend plant, nach Odessa zu fahren. Zwar hat Katja Erholung nötig, aber mir ist ihre Abreise gar nicht recht, denn sie ist meine wichtigste Stütze in Moskau – sie hebt Geld für mich ab, sie führt meine Aufträge aus, sie ist für meine Verpflegung zuständig sowie für meine Lebensmittel- und Kleiderkarten, sie näht meine Sachen und schickt mir das Essen nach Molodjonowo... Es ist wahr, all dies wird dadurch kompensiert, daß ich Karten einer besonders hohen Kategorie besitze, und was es darauf gibt, reicht für alle... Wenn es mich nicht gäbe, könnten sie natürlich nicht all diesen Überfluß genießen... Ich will mich auch gleich mit ihr auf den Weg machen, um ein wenig Wäsche und Schuhe zu kaufen, vielleicht können wir ja auch irgend etwas für Odessa erstehen...

So sehr Ihr in Eurem Herzen auch daran zweifeln mögt, doch ich... fühle mich gut... Ihr könnt Euch gar nicht vorstellen, was für ein Segen dieses Molodjonowo ist und was für einen wohltuenden Einfluß – mehr als jeder Kurort – der Aufenthalt dort hat... Es stimmt schon, daß ich bisweilen gehörig müde werde und Sehnsucht bekomme, aber mir fällt es leicht, das alles zu ertragen, da mir die Belohnung dafür winkt; es steht nicht in meiner Macht, sie so schnell zu erhalten, wie ich das gern wollte, d.h. schon heute oder morgen, aber lange kann ich nicht mehr darauf warten, und wie es aussieht, brauche ich das auch nicht.

Genug für heute mit diesen Gedanken, ich muß jetzt meinen Geschäften nachgehen. Gleich mache ich mich mit Katja auf den Weg.

Euer I.

Moskau, 6. Oktober 1931

Bin in der Stadt. Sitze den ganzen Tag in der Redaktion und diktiere meine Handarbeiten in die Maschine – vorbei das stille Leben!...

Habe von Shenja neue Photos von der Göre bekommen – prächtige Photos –, habe den strikten »Befehl« erteilt, daß an Euch Duplikate zu schicken seien. Den Parisern geht es ganz gut, worüber ich sehr froh bin. Nur Ljowas Geschäfte scheinen im Zusammenhang mit der allgemeinen Krise nun wohl schlechter zu gehen... Morgen werde ich Katja treffen. Habe sie angerufen. Wie ich gehört habe, ist Iossif noch nicht nach Odessa abgereist. Bis morgen.

I.

[OKTOBER 1931?]

[Anfang des Briefes fehlt]

[...] Übersende Euch meine Lieblingsbilder von den letzten Photos von Natascha. Brauche Euch gar nicht zu sagen, wie teuer sie mir sind, immer wieder vertiefe ich mich aufs neue in sie; schickt sie mir deshalb baldmöglichst zurück. Shenja bekommt gleichzeitig einen Rüffel von mir, anders kriegt man sie eben nicht dazu, noch einen Briefumschlag zu adressieren und die Photos an eine zweite Adresse zu schicken. Besonders bezaubernd sind die Photographien von Natascha, wo sie ihr weißes Mäntelchen anhat und wo sie im Sessel sitzt; und die allerrührendste ist die, wo sie mit verschränkten Armen gleich neben einer Bank steht. Das ist eine ziemlich frühe Aufnahme – vom April. Ärgert Euch nicht, wenn ich Postkarten schicke. Die schreibe ich zum Andenken, denn ich denke unablässig an Euch, doch mein Leben ist arm an äußeren Ereignissen, gerade daß ich Sonne und Regen, Feldarbeit und Kartoffelernte, ja und vielleicht noch die Erfolge der Pferde vom Gestüt auf der Rennbahn mitbekomme. Was mein Innenleben betrifft, so könnt Ihr ja – verzweifelt nicht! – trotz allem, *quand même,* meine Erzählungen lesen.

Ich habe Euch schon geschrieben, daß ich Iossif die Sachen für Onkel Ilja übergeben habe; hoffe, daß er schon nach Odessa gefahren ist. Ich habe ihm die Sachen mit dem größten Vergnügen geschickt; mir bereitet das keinerlei, wirklich keinerlei Schwierigkeiten. Ich bedaure einzig und allein, daß ich so wenige Onkels habe, um die ich mich sorgen kann.

Im letzten Brief erzählte Shenja, daß sie und Natascha sich wohl fühlen würden, daß Natascha viel zugenommen habe, und sie sich auf den Umzug nach Paris vorbereiten. Sicherlich sind sie schon dort.

Beschafft Euch unbedingt, *je vous supplie,* ein Automobil. Ihr könnt dann die junge Fenja und ihren Pfleger, d.h. mich, damit spazierenfahren. Schiebt diese Sache nicht auf die lange Bank. Ich bin überzeugt, daß sich dieser Plan leicht verwirklichen läßt, wenn man sich ein wenig Mühe gibt. Wie es aussieht, habe ich alle laufenden Angelegenheiten »beleuchtet«. Ich muß noch ergänzen, daß der Grund für meine Postkarten darin liegt, daß für mich die Korrespondenz fast immer einseitig ist. Ich antworte doch nicht, sondern schreibe einfach. Gute Nacht. Es hat ein wenig geregnet, Mitternacht ist schon vorüber, die Wärme und Stille sind bezaubernd, mein Herz sehnt sich nur nach Euch.

I.

[Molodjonowo, Sept./Okt. 1931?]

[Fragment]
[...] der Mensch, der vor zwei Jahren schrieb, und ich denke, der jetzige Mensch ist besser, gefestigter, fröhlicher als der frühere... Euch braucht man nicht zu erklären, daß es unsinnig und sträflich wäre, jetzt, in den letzten Wochen meines Aufenthaltes in Molodjonowo, meinen Arbeitsplan und meinen Arbeitsrhythmus zu ändern. Die verflossenen Jahre haben ihre eigene Logik, der ich unterworfen bin. Es bleiben mir noch ein oder anderthalb Monate, im November muß ich um jeden Preis Enta und Fenja treffen. Dieses Ziel verfolge ich mit aller Kraft, und darüber hinaus verliere ich, im Gegensatz zu dem, der ich früher war, die Zukunft nicht aus den Augen, das heißt, ich strenge mich an, alles vorzubereiten, mir eine Arbeit zu sichern, etwas, wovon man leben kann, etc. Das alles hat sich sehr langsam entwickelt, die verfluchten Krankheiten haben nicht auf sich warten lassen, aber Ihr wißt, wie schwierig die allgemeinen Bedingungen sind, und obendrein gibt es da noch meinen unberechenbaren und unbequemen Beruf und die Tatsache, daß ich ihn ernst nehme (ich kann nicht anders). [...]

Molodjonowo, 14. Oktober 1931

Vor der Abfahrt bat ich Katja, Euch und auch Shenja eine Nummer der Zeitschrift Molodaja gwardija zu schicken. Ich hatte dort nach etlichen Jahren des Schweigens mein Debüt mit einem kleinen Ausschnitt aus einem Buch, das unter dem Gesamttitel *Geschichte meines Taubenschlages* zusammengestellt werden soll. Die Sujets stammen alle aus der Kinderzeit, aber natürlich ist vieles aufgebauscht und verändert. Wenn das

Büchlein abgeschlossen ist, wird deutlich werden, wofür ich das alles gebraucht habe. Noch diesen Monat werden zwei Erzählungen in Nowyj mir erscheinen – eine aus derselben Reihe, die andere ist eine Dorfgeschichte. Allen, die sie gehört haben, gefallen sie, aber… aber die Ruhe, die ist aus meinem Leben gewichen. Genau deshalb muß ich den Himmel für Molodjonowo preisen. Nach einer langen Pause bin ich wieder in den Literaturrummel geraten, vieles hat mich aufgeregt, auf dem Dorf werde ich in mich gehen und mich von neuem an die Arbeit machen. Fenjuschka, was man anfängt, muß man treiben; jetzt gibt es kein Zurück mehr, man muß seine Linie konsequent verfolgen… Meine Lieben und auch ich selbst tun sich schwer mit dieser Linie, aber ich weiß, daß ich bald meine Sünden vor Euch beichten werde. Wie Ihr seht, hat der letzte Akt des Dramas oder der Komödie – ich weiß nicht, wie ich es nennen soll – begonnen… Fallt mir nicht in den Arm, *mes enfants.* Wenn Ihr wüßtet, wie nötig dieser Arm Festigkeit und Sicherheit hat…

Die Natur ist uns dieses Jahr sehr gewogen. Nach ein paar unerträglichen Regentagen ist es wieder warm und sonnig… Von meinem Fenster aus sind »in Purpur und in Gold gekleidete Wälder« zu sehen… Gestern wurde bei mir geheizt, mußte den ganzen Tag die Tür offenlassen… Ich habe mir noch einmal durchgelesen, was Du von den »Schrecken« des Winters in Molodjonowo schreibst, und konnte mir wiederum ein Lächeln nicht verbeißen. Es ist sehr gut hier, *mon amie,* sehr gut… Meine kleine Hütte sieht exotisch aus, sie ist ganz mit Stroh zugepackt, und das leuchtet und schillert in der Sonne…

Von den alten Sejligers bekomme ich regelmäßig Nachricht, bei ihnen ist alles in bester Ordnung; ich habe Euch schon vor langer Zeit berichtet, daß man dem Alten sein Gehalt auf hundert Rubel erhöht hat. Im Oktober habe ich ihnen noch nicht geschrieben – werde das in allernächster Zeit tun. Katja sagte mir vor meiner Abfahrt, sie habe Euch geschrieben. Habt Ihr denn ihren Brief bekommen? Morgen soll mir meine Post gebracht werden. Ich möchte sehr gerne wissen, welchen Eindruck die Photos von Natascha auf Euch gemacht haben. Ich habe bereits eine Reihe neuer Bilder. Der Sommer hat Mutter und Tochter gleichermaßen gutgetan. Die letzten Briefe von

Shenja sind sehr schön und ruhig. Von Ljowa berichtet sie wenig Erfreuliches, abhängig von der allgemeinen Krise sind auch seine Geschäfte unsicher geworden; wenn sich das nur nicht auf Berta Dawydownas Lebensstil auswirkt.

Wie stehen die Prognosen betreffs des Automobils? Vermutlich steht Euch im Augenblick der Sinn nicht nach Anschaffungen, früher hätte sich das weitaus leichter bewerkstelligen lassen…

Werde Euren Brief abwarten und dann die Tintenkleckserei weiter betreiben.

Bleibt gescheit, fröhlich und gesund – strengt Euch ein bißchen an…

I.

Molodjonowo, 16. Oktober 1931

Fenjale, mein Schätzchen. Ich flehe Dich an, fahr nach Paris, das wird Dich zerstreuen. Da gibt es überhaupt kein Wenn und Aber, das ist eine Fahrt von vier Stunden. Die ganze Plakkerei mit den Visa läßt sich in drei Tagen erledigen. Du bereitest mir großen Kummer und raubst mir die Ruhe, wenn Du es nicht tust. Ich werde in dieser Sache mit stockendem Herzen auf Nachricht von Euch warten. Bei Shenja ist es jetzt still und ruhig, sie fühlen sich wohl. Deine Ankunft käme so gelegen wie selten. Natascha stelle ich Dir als meine Bevollmächtigte Vertreterin zur Seite. Was willst Du schon machen, wenn Dein Sprößling sich einen Beruf ausgesucht hat, der sich mehr um die Nachkommen kümmert als um die Vorfahren? Aber auch die Stunde der Vorfahren ist nicht mehr allzu fern; »Hilf Dir selbst«, Fenjale, wie man bei uns in Molodjonowo sagt… Wenn Du wüßtest, welche Arbeit ich in diesen Jahren, die wir uns nicht gesehen haben, an mir selbst vollbracht habe, wieviel geschehen ist, wie sehr sich mein ganzes Wesen von Grund auf zum Besseren gewandelt hat – Du wärest stolz auf Deinen Sohn… Ich erlebe den gewaltigsten Aufschwung meines ganzen Lebens und verspüre in mir Kräfte, von deren Existenz ich früher keine Ahnung hatte. Manchmal kommt mir ein verschrobener Gedanke in den Sinn: Es wäre gut, einen solchen unbeugsamen und vollblütigen Kämpfer hervorzubringen, wie ihn meine Mutter zur Welt gebracht hat... Aber zum Unglück dieser Mutter schlägt sich der Kämpfer immer dort, wo der Widerstand am größten ist, und es wäre für ihn furchtbar langweilig, das Gegenteil zu tun... Fenja, mit Dir war es nie nötig, viele Worte zu verlieren: Dieses Jahr wird seinen Kreis noch nicht vollendet haben, da werde ich Dir von Angesicht zu Angesicht so allerlei interessante Sachen erzählen... A propos Gesichter, auf dem Photo, das Du mir geschickt hast, macht mir Deines einen ziemlich sauren Eindruck, Meri sieht sich selbst nicht ähnlich, allerdings sehr zu ihrem Vorteil, und was Grischa angeht, so dachte ich, das ist doch dieser Morgan, der, wenn man den heutigen Zeitungen glaubt, nach Paris gekommen ist, um mit dem Premierminister Verhandlungen über einen Milliardenkredit zu führen... Ich zittere vor Ungeduld. Ihr schreibt nichts über die Photos von Natascha, die ich Euch geschickt habe; sie werden doch nicht verlorengegangen sein? Der Zeit nach hätte ich von Euch schon eine Bestätigung bekommen müssen... Shenja schreibt mir, sie *schept nacheß* aus unserem Fräulein...

Also, Du fährst nach Paris; macht mir die Freude. Ich bitte selten um so etwas, seltene Bitten muß man erfüllen...

Wie steht es um das Automobil?... Wenn Ihr ein Auto hättet, könntet Ihr zwischen Brüssel und Paris hin- und herpendeln.

Während ich schreibe, flutet die Sonne durch mein Fenster, ihre Strahlen fallen aufs Papier, im Ofen knistern die Birkenscheite...

In diesem Jahr ist das Wetter endgültig übergelaufen zu den Bolschewiki. Schreiben, spazierengehen, Tee trinken und träumen... Da hast Du meinen ganzen Zeitvertreib. Er ist nicht so übel, wie es scheinen mag, und vielleicht besser als jeder andere... Also, Du fährst nach Paris.

IB.

MOLODJONOWO, 21. OKTOBER 1931

Katja sollte mir gestern Abend meine Post schicken, aber offensichtlich hat sie sich verspätet. Von Shenja kam schon sehr lange kein Brief mehr – weiß nicht, was ich davon halten soll.

Vor meiner Abfahrt habe ich ihr telegraphiert. Es ist bitter, wenn man bedenkt, daß es mir besser geht als Euch allen. Hier habe ich Stille, Arbeit, Unabhängigkeit, materiellen Wohlstand... Übermorgen soll der Sohn meines Hauswirts aus Moskau zu uns kommen. Hoffe, sowohl von Euch als auch von Shenja Briefe zu erhalten. Meine Sekretärin Katja hat es nicht leicht, die Mühsal mit den Papieren lastet auf ihren Schultern. Bis morgen.

I.

Molodjonowo, 31. Oktober 1931

Meine allerliebsten Verwandten. Ich habe lange nicht geschrieben, das Wissen um meine Schuld vor Euch hat mir die Sprache verschlagen. Diesen Monat habe ich für alle möglichen materiellen Angelegenheiten zehn Tage vergeudet; die Sachen sind zwar erledigt, aber mit meiner Arbeit bin ich im Rückstand. Kraft gibt mir der Umstand, daß ich für Euch schufte; in mir macht sich Verzweiflung breit, sobald das anders ist. Jetzt hocke ich also in Molodjonowo bis zum siegreichen Ende. Aus Moskau bin ich seit knapp vier Tagen zurück. Im November werde ich gezwungenermaßen zwei Ruhetage einlegen: den 7. und den 8. Die Feiertage fallen hier in Molodjonowo mit dem »Schutzheiligen« zusammen, und dafür wurden schon zwei Viertel Wodka besorgt, die ganze Verwandtschaft wird hier zusammenkommen, dabei kann sowieso niemand arbeiten, und außerdem zwingen sie einen dann mitzutrinken. Und so habe ich mir vorgenommen, für diese Tage nach Moskau zu fahren. Da schreibe ich, hebe den Blick und sehe vor meinem Fenster Schneeflocken fallen. Im Herbst und im Winter gefällt mir Molodjonowo besser als in der »Blütezeit«. Es ist stiller, einsamer, strenger, der Tee schmeckt noch besser und einen noch hinreißenderen Genuß bereitet der russische Ofen...

Ich habe Katja aufs allerstrengste befohlen, Euch die Zeitschriften mit meinem Geschreibsel zu schicken. Hoffe, daß sie das erledigt hat. Das Geschreibsel ist nicht der Rede wert, ich habe es nur deshalb rausgelassen, um mit den Vorschüssen quitt zu werden; die wichtigeren Sachen spare ich mir auf... Es ist eigentlich so: warmgeschrieben habe ich mich erst jetzt –

bin doch noch mit dem Training zurandegekommen. Ein sehr gutes Gefühl, zu spüren, wie gut die Arbeit von der Hand geht, und darauf zu vertrauen, daß einem diese Fähigkeit nun keine Macht mehr aus den Händen schlagen kann…

Meras letzter Brief überschüttet mich abwechselnd mal mit kaltem, mal mit heißem Wasser. Wie schade, daß Meri sich vor einigen Jahren nicht der letzten Behandlung unterzogen hat; erfreulich ist es trotzdem zu wissen, daß es ein Mittel gibt, um dieser verfluchten Krankheit beizukommen… Aber was ist mit Mamascha los? Alle Worte sind schon gesagt, mein Herz hat sich vor Sorgen gequält, es gibt keine Minute, in der ich nicht für sie zu meinem Gott beten würde… Wenn ich die vergangenen Jahre vor mir aufrolle, sehe ich, daß es in meinem Leben eine einzige wahre, stete, unauslöschliche Liebe gibt: die Liebe zu Fenja… Mittlerweile ist das für alle Menschen in meiner Umgebung kein Geheimnis mehr… Na, genug davon…

Wird denn nun etwas aus dem Plan, daß Mama nach Paris fahren soll?…

Bis morgen. Es schneit immer dichter, über die Erde breitet sich eine weiße Decke.

I.

Den Alten habe ich vor etwa zwei Wochen geschrieben. Werde in den ersten Novembertagen noch einmal ein paar Zeilen an sie loslassen.

Moskau, 8. November 1931

Gestern bin ich zu den Feiertagen hergekommen, habe mich dementsprechend amüsiert und es dabei sogar ein bißchen – wie man in Molodjonowo sagt – »übergut getrieben«. Heute werde ich meine Angelegenheiten regeln, morgen fahre ich dann zurück aufs Land. Das Oktoberheft von Nowyj mir ist herausgekommen, mit zwei Erzählungen von mir: Eine der beiden, eine Kindheitsgeschichte, gefällt mir. Die andere ist der Beginn einer neuen Reihe. Ich habe schon vor langem veranlaßt, daß man Euch das Heft schickt – höchstwahrscheinlich ist das schon geschehen. Ich halte es für nötig, Euch zu warnen, daß alles, was jetzt von mir gedruckt wird, echte Bagatellen sind im Vergleich zu dem, was schon fertig ist; die schweren Geschütze halte ich noch zurück. Ihr werdet sehen, daß meine Langsamkeit nicht unbegründet war, jetzt aber, da ich meinen Charakter kenne, will ich meine Familienangelegenheiten anders regeln. Ich darf mich nicht von Euch trennen, um eine neue Arbeit anzufangen, sonst vergeht mein ganzes Leben über unserem Getrenntsein. Im gegenwärtigen Augenblick kann ich nicht den Rückzug antreten, muß die letzten Zeilen noch niederschreiben, doch die nächste Seite werden wir alle gemeinsam anfangen... Katja ist dabei, sich zu Baja aufzumachen, aber die Summe, die sie dort hinbringt – 40 R. – ist so armselig, daß ich mich geradezu schäme. Mit meinen Geschäften steht es im Augenblick nicht schlecht, und ich hätte ihr weitaus mehr geben können, aber ich will das nicht tun, ohne mich mit Mendele beraten zu haben; werde mir Mühe geben, sie zu besuchen. Bis morgen, ich küsse Euch »unzählige Male«...

I.

Moskau, 14. November 1931

In Moskau werde ich noch bis morgen bleiben müssen. Ich habe im Archiv und in der Öffentlichen Bibliothek viel zu arbeiten – Material sammeln.

Der Aufenthalt in der Stadt ist für mich wie immer unerquicklich, daher knausere ich in meinen Moskauer Zeiten gewöhnlich mit meinen Briefen. Mein schönes Leben in Molodjonowo wird mich schon wieder zum Schreiben bringen...

Die Sache mit Baja ist unliebsam ausgegangen. Katja hatte ihr ein paar Wintersachen gebracht; sie war sehr höflich, nahm sie aber nicht an und sagte, sie habe noch Eltern, die ihr im Notfall helfen könnten, und es gebe bislang keinen Grund, mir zur Last zu fallen.

Noch kläglicher ist die Geschichte mit Wolodja. Ich glaube, das alles haben die Alten ausgeheckt. Darum also schreiben sie mir schon so lange nicht mehr. Was tun? Ich überlasse das Eurem Gutdünken, aber ich denke, man muß sich wohl auf Gnade oder Ungnade ergeben. Warte diesbezüglich auf schnelle Antwort. Habe gestern erfahren, daß man die Hefte von Nowyj mir bis jetzt noch nicht an Euch abgeschickt hat – habe sie dort angebrüllt, und jetzt ist das bestimmt längst erledigt. Bitte schickt Shenja die Molodaja gwardija, mir scheint, das Heft, das an sie abgeschickt wurde, ist verlorengegangen.

Katja sehe ich oft. Sie unterstützt mich treu ergeben und sichert die materielle Seite meines Daseins. Sie wollte Euch geschrieben haben. Iossif ist in Odessa, aber bis jetzt habe ich noch keine Nachricht von ihm. Beide Liwschiz sind nicht in Moskau. Sie haben jetzt Urlaub und sind in verschiedene Richtungen davongefahren.

Ich gehe jetzt in mein Archiv, werde dort bis in die Nacht sitzen. Ich rechne damit, die morgige Epistel aus Molodjonowo abzuschicken.

I.

Molodjonowo, 18. November 1931

Nach einem ziemlich stürmischen Aufenthalt in Moskau hat nun die dörfliche Stille eingesetzt – Arbeit und Abgeschiedenheit. Die Geschichte mit Wolodja regt mich sehr auf, was nun? Das Heft von Nowyj mir ist sehr spät herausgekommen, es sollte schon abgeschickt sein. Keinerlei Neuigkeiten von Shenja. Morgen schreibe ich über all meine Angelegenheiten. Fühle mich körperlich sehr gut.

I.

Molodjonowo, 27. November 1931

Habe einen Brief von Shenja bekommen. Bei ihr ist alles in bester Ordnung; es geht ihr anscheinend gesundheitlich gut, weil sie nichts darüber schreibt. Nur in materieller Hinsicht sieht es bei ihr wie auch bei Mendele sehr kläglich aus. Alle Blicke richten sich auf Kirill, aber mir scheint, daß er in dieser Sache machtlos ist. Anfang Dezember habe ich vor, für ein, zwei Tage nach Moskau zu fahren, um die Sache mit meinen Papieren in Gang zu bringen; ich werde mich mit Kirill treffen und mit ihm Rat halten. Wenn es auch keine Gewißheit gibt, evtl. läßt sich ja doch etwas machen.

Von Natascha gibt es Erfreuliches zu berichten. Sie spricht schön, ist gesund und fühlt sich ausgezeichnet. Wie gern ich sie doch sehen würde… Ich tröste mich damit, daß ich nicht mehr lange warten muß. Ihr habt mir drei Photos geschickt, aber ich meine, daß es viel mehr waren. Ihr werdet es nicht schaffen, sie Euch unter den Nagel zu reißen. Bitte schickt sie mir alle zurück.

Bei uns ist der Winter eingezogen. Vorgestern fiel der erste Schnee, und von meinem Fenster aus schaue ich nun auf eine zwar noch dürftige, doch weiße Schneedecke. Bin gestern abend nach draußen gegangen – Vollmond, Molodjonowo war zauberhaft schön. *Achuz* den Familienangelegenheiten fühle ich mich wohl, und ich habe das Gefühl, daß meine Arbeit produktiver ist als früher. Das ist ein angenehmes Gefühl. Überhaupt habe ich es durch qualvolles und beharrliches Training so weit gebracht, daß ich ein Arbeiter geworden bin. Und mit einem Handwerk an der Hand läßt es sich leichter und beständiger leben…

Nach Moskau fahre ich um den 2. herum, eine kurze Atempause einlegen und mich nach meinem Militärbüchlein sowie nach dem Steuerinspektor erkundigen. Werde in Molodjonowo meine »Hausaufgaben« machen und gleichzeitig in Moskau die Bemühungen weitertreiben, damit im rechten Augenblick alles bereit ist.

Habt Ihr denn die Swesda und Nowyj mir bekommen? Meiner Meinung nach sind die Zeitschriften schon längst an Euch abgeschickt worden.

Mit einem Molodjonowo-Gruß

I.

Molodjonowo, 30. November 1931

Mit Vergnügen sehe ich zu, wie der Schnee fällt, der echte Schnee. In den letzten Wochen waren wir hier von der Welt abgeschnitten, weder auf Rädern, noch auf Schlittenkufen konnte man zu uns durchkommen. Die Erdschollen und Schlaglöcher unseres echt russischen Dorfes hatte der Frost in den Klauen (gestern gegen Abend fiel er auf –21 Grad), und das alles ohne Schnee. Im Dorf gibt es unzählige gebrochene

Wagenräder und verstauchte Pferdeknöchel. Jetzt sieht es danach aus, daß wir hier in ein, zwei Tagen eine Schlittenbahn haben und wieder jemand zu mir herauskommen kann, sonst übertrumpfe ich wirklich noch jeden Einsiedler. Gestern sollte mir Reginin die Korrekturfahnen herbringen, aber er hat sich offensichtlich vom Frost Angst einjagen lassen und ist nicht gekommen; ich habe den ganzen Tag vergeblich auf ihn gewartet. Den Winter (der nach dem warmen Herbst urplötzlich eingezogen ist) haben wir, wie es sich für Bauern, die sich aufs Wirtschaften verstehen, gehört, in voller Bereitschaft empfangen. Es ist alles da: Pelzmäntel und Filzstiefel, Fäustlinge und Mützen mit Ohrenklappen, warme selbstgestrickte Socken... In der Stadt hatte ich ja nicht die geringste Ahnung davon, was es heißt, sich vor der Kälte zu schützen; die Bauern haben es wärmer als wir. In meinem Hüttchen sinkt die Temperatur, glaube ich, nie unter 17, 18 Grad; es ist sehr gut möglich, daß meine Anfälle gerade deshalb spurlos verflogen sind, weil ich jetzt schon ein paar Jahre ohne Dampfheizung lebe. Man heizt den Ofen mit gutem Birkenholz (wir haben davon mehr, als wir verheizen können) und fühlt sich pudelwohl...

Ich arbeite viel und gierig, und wohl auch produktiv. Im übrigen mag die Nachwelt darüber urteilen...

Eure und Shenjas finanziellen Angelegenheiten lassen mir keine Ruhe. Habe aus diesem Anlaß mehrere Briefe nach Moskau geschickt und bin dabei, mich selbst dorthin aufzumachen, aber ehrlich gesagt, hege ich keine großen Hoffnungen... Bitte bleibt gesund, koste es, was es wolle.

I.

MOLODJONOWO, 4. DEZEMBER 1931

Morgen fahre ich nach Moskau, voraussichtlich bis zum 7. 12. Muß mich erkundigen, wie es um die Papiere steht, und zudem habe ich noch eine Menge anderer Dinge zu erledigen. Ich habe eine Benachrichtigung bekommen, derzufolge mich der Schriftstellerverband mobilisiert hat, um Bestarbeitern, die sich zur Literatur berufen fühlen, Unterricht zu geben. In Anbetracht dessen, daß ich ständig in Molodjonowo wohne, muß ich darum bitten, mir eine andere Art gesellschaftlicher Arbeit zuzuteilen. Habe viel gearbeitet in den letzten drei Wochen, bis zum Umfallen. Der Abstecher nach Moskau kommt mir gerade recht, werde mich erholen. Bin völlig plemplem geworden mit dieser Begierde nach »Werken« – möchte zu jeder Stunde meines Lebens schaffen; die Situation geht über meine Kräfte und auch die Phantasie kommt nicht nach.

Habe heute Anna Grigorjewna angerufen und erfahren, daß Briefe von Euch und von Shenja da sind. Werde morgen, sobald ich angekommen bin, antworten. Wir hatten zwei Tage lang Frost von –25°, aber insgesamt ist das Wetter erstaunlich gleichmäßig, sonnig, klar, nur Schnee gibt es zuwenig, der Weg ist nicht passierbar. Bis morgen.

Euer I.

MOSKAU, 7. DEZEMBER 1931

Bin den zweiten Tag in Moskau. Den gestrigen Tag habe ich verbummelt: bin mit Kollegen in einem schönen Auto aufs Land gefahren; wir haben üppig getafelt und die halbe Nacht hindurch die neuesten Schallplatten aus Paris und Spanien gehört. Heute geht's an die Arbeit. Wie viele Angelegenheiten zu erledigen sind und wie kompliziert sie sind, davon könnt Ihr Euch nicht im entferntesten einen Begriff machen.

Die Redaktionen reißen mich in Stücke, ich schaffe es nicht, ihren Forderungen nachzukommen. Solltet Ihr das Oktoberheft von NOWYJ MIR wirklich noch immer nicht bekommen haben? Die Literaturzeitschrift SWESDA ist an Euch abgegangen. Es war unbedingt notwendig, Shenja die MOLODAJA GWARDIJA zu schicken.

Ich kann über Eure Trägheit nur staunen: Nun habt Ihr die Möglichkeit einer so leichten Verkehrsverbindung nach Paris – und Merotschka hat sie bis heute noch nicht genutzt. Sie muß auf jeden Fall und so schnell wie möglich hinfahren, und ich bitte sehr darum, mir anläßlich ihrer Abreise zu telegraphieren. Mit den Papieren geht es seinen langsamen und gesetzmäßigen Gang, hoffe ich. Nach Molodjonowo fahre ich übermorgen. Von dort schreibe ich Euch dann alle Ergebnisse. Gestern habe ich Katja, meine Sekretärin, gesehen; Iossif ist angekommen. Hoffe, morgen bei ihnen zu sein. Fühle mich wohl. Der Winter ist klar, kalt, wenig Schnee. Bis übermorgen.

I.

MOLODJONOWO, 12. DEZEMBER 1931

Erhielt gestern aus Berlin eine neue deutsche Ausgabe: *Die Reiterarmee* und *Geschichten aus Odessa* in einem Band; erstklassig ediert. Man schreibt mir, das Buch habe Erfolg und sei bereits vergriffen. Ich habe den Alten nach Kiew geschrieben und von ihnen eine recht ungereimte Antwort bekommen. Sie schreiben, sie wüßten von keiner Unstimmigkeit zwischen Meri und Wolodja, bitten darum, man solle ihm direkt schreiben, und akzeptieren eine Rückkehr zur »alten Rate«. Wie das zu verstehen ist, weiß ich nicht.

In Moskau mußte ich ziemlich lange bleiben: Meine Bemühungen erfordern zunehmend Energie, und die Termine rükken näher. Es ist sehr schade, daß ich in Moskau nicht arbeiten kann; die Bedingungen sind nicht danach, dabei muß ich mich sputen, denn alles hängt von der Ablieferung der neuen Erzählungen ab. Ich tue, was ich kann. Ich bin sehr guter Stimmung, denn so oder so läuft die Sache auf die Veränderung meiner persönlichen Verhältnisse hinaus, und mit meinen Gedanken und Gefühlen, mit meinem ganzen Herzen bin ich schon in der Zukunft.

Endlich hat es nun tüchtig geschneit, aber trotzdem ist es mir gelungen, mit dem Automobil nach Molodjonowo zu fahren; anzunehmen, daß es das letzte Mal war, dann ist der Weg zugeschneit, und man wird auf der Chaussee vom Automobil auf den Schlitten umsteigen müssen.

Was gibt es Neues über Meris Reise nach Paris? Ich wünsche mir schrecklich, daß sie sich verwirklichen läßt.

Vergeßt nicht, mir die restlichen Photos herzuschicken. Die erste Partie ist absolut unversehrt hier angekommen. Ich muß heute noch eine Menge Geschäftsbriefe schreiben, deshalb unterbreche ich die Unterhaltung mit Euch bis morgen.

I.

Molodjonowo, 16. Dezember 1931

Sehr hübsch haben wir es jetzt hier. Der Schnee liegt hoch, –10° ist es kalt, ich spüre es überhaupt nicht. Da sieht man, was die Gewohnheit ausmacht, bei –10° muß ich mich weder einmummen, noch brauche ich den Kragen hochzustellen. In Frieden, Weisheit und mit Feuereifer arbeiten kann man in Molodjonowo im Winter noch besser als im Sommer, da gibt es eben doch mehr Ablenkung.

Ich arbeite viel, mache meine »dritte Hausaufgabe«. Nur wenig ist von den beiden ersten in Druck gegangen, nur wenig wird davon noch gedruckt; künftig wird es hoffentlich besser. Meine Pläne sind groß, die Skizzen und Entwürfe zahlreich. So ist das, wenn ich mir den Schwanz eingeklemmt habe. Gearbeitet habe ich in meinem Leben wenig, lächerlich wenig, habe mich immer mit der »Qualität der Produktion« schadlos gehalten – jetzt muß ich die Suppe auslöffeln und das Versäumte nachholen. Am 25. muß ich in Moskau sein oder sogar ein, zwei Tage früher. Um diese Zeit erhalte ich dann von der Sektionsverwaltung Antwort. Man macht mir Hoffnung, der Bescheid werde positiv ausfallen. Jedenfalls setze ich meine Bemühungen in allen Richtungen fort. Am ausdrucksvollsten würde freilich für mich sprechen, wenn ich meine »dritte Hausaufgabe« schnell fertigbekäme, aber ach, ich gehöre eben zu jener Gattung von Tieren, die lange schwanger gehen…

Habe heute einen Boten nach Moskau geschickt, der mir Lebensmittel und die Post mitbringt. Sollte wirklich von Euch nichts dabeisein? Da es bei mir äußerlich keine Neuigkeiten gibt und ich mich bemühe, die inwendigen zur Kenntnis der Allgemeinheit aufs Papier zu bringen, warte ich also auf die morgige Post, auf frisches Material. Habt Ihr denn das Oktoberheft von Nowyj mir erhalten? Wurde denn mein Flehen erhört und Meris Reise im Automobil nach Paris in die Wege geleitet? Wie steht es um Eure gemeinschaftliche Gesundheit? Wenn man die berechtigte Erschöpfung durch das bisweilen übermäßige Arbeiten abrechnet, fühle ich mich ausgezeichnet. Ich denke, daß mich in dieser Verfassung die Arbeitsdisziplin in Molodjonowo halten wird. Bis morgen.

I.

[Molodjonowo,] 17. Dezember 1931

Katja hat sich natürlich verspätet, hat es nicht geschafft, hat sich einer jener tausend Nöte unterworfen, von denen keine mehr als eine Kopeke wert ist. Am Telephon hat man mir gesagt, daß sie die Briefe bei den Slonims abgeholt hat, aber meinen Boten hat sie verpaßt, und er kam mit leeren Händen hier an. Man hat schon Grund, tollwütig zu werden. Zwei von drei Malen geht das nun so. Jetzt muß ich bis zum Neunzehnten oder Zwanzigsten warten. Vor Zorn kann ich nicht einmal mehr schreiben. Auf der Stelle werde ich einen Brief an sie loslassen und ihr die »Persönlichkeit« geraderücken... Das ist mir eine Sekretärin...

I.

Molodjonowo, 21. Dezember 1931

Gestern hat man mir endlich Deinen Brief gebracht. Katja hat ihre Vergehen bereut und mir vielerlei gute Sachen geschickt: eine Gans, Störfleisch, gute Konserven und anderes mehr. Der Sohn meines Hauswirts hat in tiefer Nacht vom Bahnhof (8 Werst) die anderthalb Pud hergeschleppt. Ich bin ohne Grund über Katja hergefallen: Die Arme schafft es nicht, alle Läden abzuklappern, verpaßt die Straßenbahn und fühlt sich zudem im Winter schlechter als sonst. Übrigens zeigt uns der Winter bisher nur seine schönen Seiten und verbirgt seine Unbequemlichkeiten. Nach etlichen frostigen Tagen wurde das Wetter mild und schneereich; gestern ging ich durch den Wald, war voller Schnee und habe geächzt vor Entzücken. Die Umgebung von Sergijewo läßt sich mit der hiesigen Schweiz überhaupt nicht vergleichen...

Unaussprechlich froh bin ich, daß Meri nach Paris gefahren ist. Wenn es schon eine solche Gelegenheit gibt, kann man sie auch öfter ausnutzen. Werde ihre »Beschreibungen« erwarten.

Die Photos habe ich erhalten. Schon recht lange habe ich keine neuen mehr bekommen. Evtl. bringt ja Meri welche mit. Habt Ihr die Zeitschriften etwa immer noch nicht bekommen? Man hat mir schon vor langem mitgeteilt, daß Nowyj mir und Swesda an Euch abgeschickt wurden.

Werde am 23. nach Moskau fahren. Du weißt, daß ich am 25. dort sein muß. Ich hoffe, das Neue Jahr bringt uns die Vereinigung des »zerstreuten Hauses«. Ich habe das Schwerste hinter mir, die quälende Suche nach neuen Wegen in der Arbeit und zeitweise die Erfolglosigkeit. Jetzt sieht es danach aus, daß ich wieder in Ordnung bin, und ich fühle, daß ich fester auf meinen eigenen Füßen stehe. Und von diesem Gefühl der Zuversicht hängen alle anderen Qualitäten ab... Den nächsten Brief schreibe ich aus Moskau. Grüß mir Grischa. Wie gehen seine Geschäfte? Wirkt sich die Krise auch in seiner Branche aus?...

Bleibt auf jeden Fall gesund.

I.

1932

Moskau, 2. Januar 1932

Mamascha und ihre Nachkommen, direkte wie indirekte.
Ich wünsche Euch alles Gute zum Neuen Jahr. Da es Gott nicht gibt, liegt es an uns, dieses Jahr zu einem fruchtbaren und gedeihlichen zu machen. Am 31., am letzten Tag des alten Jahres und sechs Tage nach dem festgesetzten Termin, hatte ich eine Zusammenkunft mit meiner Obrigkeit. Ihren positiven Bescheid habe ich Euch schon telegraphiert. Wie Ihr seht, erreichen die Dinge jetzt das Stadium ihrer Verwirklichung. Sehr schwierig wird es mit dem Geld. Aus diesem Anlaß hat mich die Regierungskommission für den 15. vorgeladen. Selbst im Erfolgsfall wird die Summe erbärmlich sein. Ich vermute, der ganze Januar wird über Literatur- und Verwaltungsgeschäften vergehen; werde im Februar reisen.

Ich wundere mich, daß man in der ausländischen Presse über solche Nichtigkeiten wie *Karl-Jankel* schreibt. Die Erzählung ist mißlungen, und noch dazu wurde sie auf ungeheuerliche Weise verstümmelt. Ich habe Euch wohl schon geschrieben, daß sie nach dem unkorrigierten (Entwurfs-)Text gedruckt wurde, voller Fehler, die den Sinn komplett entstellen. Überhaupt ist das, was jetzt gedruckt wird, ein winziger Bruchteil dessen, was schon fertig ist, doch die Hauptarbeit kommt erst noch.

Für Lob ist es zu früh, wir wollen sehen, wie es weitergeht. Das Einzige, was ich erreicht habe, ist ein Gefühl der Professionalität, eine Hartnäckigkeit und eine Gier nach Arbeit, wie es sie früher nicht gab. Aber nach außen hin sieht das bis jetzt noch unzureichend aus, wirkt zufällig, verknittert, hat noch nicht die nötige Ordnung. Im übrigen – alles schön der Reihe nach.

Wir haben hier einen ungewöhnlich milden Winter; die Temperatur fällt jetzt schon seit einem Monat nicht unter −3° bis −4° Frost. Moskau ist im Augenblick sehr hübsch. Morgen fahre ich für eine Woche nach Molodjonowo. Nun sind es schon bald zehn Tage, daß ich nicht gearbeitet habe, und darunter leide ich schrecklich. Diese paar Stunden, die ich am Morgen mit dem Schnürchen in den Händen zubringe, sind für mich zu einer Betäubung geworden, ohne die ich mich völlig zerschlagen und deprimiert fühle, dagegen erlebe ich an meinen Arbeitstagen eine Wiedergeburt an Leib und Seele.

Morgen schreibe ich Euch aus dem Dorf. Ich küsse Euch fest, meine Teuren, und in meinem Herzen gebe ich mir das Versprechen, Euch in diesem Jahr mehr Trost zu spenden als in der Vergangenheit.

I.

Molodjonowo, 7. Januar 1932

In Moskau habe ich die Dinge anscheinend in Gang gebracht; bin für ein paar Tage zum Arbeiten aufs Land gefahren. Am 15. muß ich zurück, um ein abschließendes Gespräch über das Geld zu führen. Ich sehe in dieser Sache Schwierigkeiten voraus; dennoch versprechen sie, mir ein bißchen was zu geben. Habe keine Lust, zu fahren und dem »Onkelchen aus Amerika« auf der Tasche zu liegen, noch dazu, wo es danach aussieht, als ob das Onkelchen auf dem letzten Loch pfeift.

Heute ist der erste Weihnachtstag. Wie gehabt, tropft es vom Dach, so warm ist es. Der Winter meint es gut mit den Armen. Und wie haben sich doch die Sitten und Bräuche in Rußland von Grund auf verändert! – Im Dorf merkt man überhaupt nicht, daß heute Feiertag ist. Nefjodowna hat Piroggen mit Kraut gebacken – das war's schon. Ihr Sohn arbeitet wie alle Tage, und selbst Karpytsch, mein Hauswirt, rackert sich ab, und weiß dabei nicht, ob er sich nun einen ansaufen soll oder nicht. Das bloße Vorhandensein dieses Zweifels ist schon ein Zeichen dafür, daß der Feiertag keine Wurzeln mehr hat.

Ich bin heute sehr beschäftigt, werde mich deshalb kurz

fassen. Die ausländischen Artikelchen kennen wir hier. Im Unterschied zu Mama finde ich nichts Erfreuliches daran, im Gegenteil – ich bin traurig und empört. Im übrigen sind sie nicht der Rede wert. Wer jedem das Maul stopfen wollte, der bräuchte viel Mehl. Bis morgen.

I.

Habt Ihr mein Neujahrstelegramm bekommen, in dem ich Euch mitteilte, daß man meinem Gesuch wohlwollend gegenübersteht?

MOLODJONOWO, 11. JANUAR 1932

Habe heute das Päckchen von Katja herbeigesehnt wie das himmlische Manna. Die Boten kamen – und nichts brachten sie mit. Diese alte schusselige Heulsuse hat schon wieder, zum x-ten Male, den Zug verpaßt. Ich koche vor Wut. Wegen ihrer Blödheit muß ich nun meinen Arbeitsplan ändern und mich, kaum daß ich mich eingearbeitet habe und warmgeworden bin, nach Moskau schleppen. Eine solche Treuhänderin sollte man ablösen, ohne auch nur eine Minute zu verlieren, aber nun, zu guter Letzt, mag ich das auch nicht mehr tun; da kriegen die ihre ganzen Sachen auf meine Karten (und das sind besondere Karten, an solche konnte sie nicht einmal im Traum denken), und ich sitze hier auf dem Trockenen… Ich schreibe das gerade in einem Anfall grimmiger Wut, aber es ist wirklich schon schwer, wenn man mit so 'ner dummen Ziege zu schaffen hat…

Trotzdem werde ich bis zum 15. hier ausharren, denn bis dahin habe ich in Moskau nichts zu suchen, und zudem läßt es sich hier arbeiten wie sonst nirgendwo auf der Welt. Die wahre Wonne ist Molodjonowo nicht im Sommer, sondern im Winter, dann erst kann man hier wirklich die Einsamkeit, die Ruhe und die Herrlichkeit der Natur genießen. Und der Winter bei uns ist etwas für Waisenkinder, so ungewöhnlich mild ist er.

I.

Molodjonowo, 12. Januar 1932

Teure Mamulja. All die Beschimpfungen, die ich über Katja geschrieben habe, nehme ich zurück. Sie hatte die Züge verwechselt und hat heute durch ihr Hausmädchen Lebensmittel und Papiere herschicken lassen. Demnach lebe ich nun wieder im Überfluß, mit Halwa, Konfitüre, Kaviar und anderem Eßbaren.

Gestern und heute habe ich viel gearbeitet und eine Erzählung geschrieben. Sie scheint mir schlicht und voller Poesie zu sein und kommt aus einem völlig unerwarteten Gebiet. Ich grüble nie über praktische Ergebnisse nach, auch wenn es an der Zeit wäre, aber eine innere Genugtuung habe ich empfunden.

Morgen werde ich telephonisch in Moskau anfragen, wann ich fahren soll, am 15. oder am 16. Jeder Tag länger in Molodjonowo stellt eine Stärkung unserer finanziellen und moralischen Basis dar. Heute habe ich dem Finanzinspektor meine Steuererklärung für das Jahr 32 geschickt und in die Rubrik »Familienmitglieder« stolz »Babel, N. I., 2½ Jahre« eingetragen.

Ich kann mich nicht satt sehen an den Reizen der Natur, die uns hier umgibt. Der Winter hat sich noch nicht blicken lassen. Es schneit, und dabei ist es sehr warm. Bis morgen.

I.

Molodjonowo, 15. Januar 1932

Habe heute in Moskau angerufen. Wie sich herausstellte, wurde die Sitzung der Valutakommission auf den 20. verlegt. Gut, daß ich nicht gefahren bin. Werde noch drei, vier Tage in Molodjonowo bleiben. Gestern habe ich unter enormer Anspannung den Entwurf einer Erzählung geschrieben und fühle mich heute sehr erschöpft. Vormittags war ich spazieren, bin zum Gestüt gegangen und ins Nachbardorf, danach habe ich geschlafen, und erst jetzt, gegen Abend, mache ich mich an die Korrespondenz. Das Wetter ist nach wie vor herrlich, –3° bis –4° Frost, es atmet sich leicht, man saugt die Luft gierig in sich auf. An die drei Stunden habe ich heute im Wald verbracht.

Sogar meine Bauern merken, daß es mir im Vergleich zum vergangenen Jahr gesundheitlich bedeutend besser geht. Ich glaube, aus Molodjonowo werde ich nur gute Erinnerungen mitnehmen. Am 22. ist bei uns wieder Hochzeit: Der zweite Sohn wird »verheiratet«. Er kam letztes Jahr vom Militärdienst zurück, wurde von mir in einer Schule für Schlosser untergebracht, anschließend in die Fabrik, und nun heiratet er. Am 22. feiern wir bei der Braut, am 23. hier in Molodjonowo.

Habe heute bei den Liwschiz angerufen; wie sich herausstellte, ist Ljussja Brodskaja in Moskau; sie hat versprochen, vor dem 19. auf ein paar Stunden herzukommen. Sie war zusammen mit den Liwschiz schon bei ihrem letzten Besuch hier, und – exaltiert wie sie ist – fand alles absolut hinreißend.

Sobald ich in Moskau bin, werde ich für Euch und für Shenja die Iswestija oder die Prawda abonnieren. Ich denke dabei schon an mich selbst. Am 20. gehe ich zur französischen Botschaft, muß mich erkundigen, ob mein Visum noch gültig ist; falls nicht, muß es verlängert werden.

Vor meiner Abfahrt schreibe ich noch einmal. Den Bauern habe ich meine bevorstehende Abreise schon mitgeteilt, und es erhob sich lautes Wehklagen…

I.

Molodjonowo, 25. Januar 1932

Die Valuta sind mir verweigert worden, dann wurde die Ablehnung wieder zurückgenommen. Die Sache läuft weiter; ich hoffe, sie erfolgreich zu Ende zu bringen. Ich bin mit unzähligen Dingen beschäftigt und hatte keine Zeit, Euch zu schreiben… Werde Euch morgen ausführlich berichten.

I.

Moskau, 4. März 1932

Ich sitze immer noch in Moskau und zwar aus persönlichen Gründen, wobei es eine Überraschung gibt. Ich bemühe mich immer noch um die Valuta, bringe verschiedene Dokumente in Ordnung, lese Korrekturfahnen, schreibe das Dringendste fertig und lebe mich außerdem in meiner neuen Wohnung ein.

Vor etlichen Monaten hatte ich beim Schriftstellerverband einen Antrag gestellt mit der Begründung, daß ich angesichts der bevorstehenden Reise zu meiner Familie und deren Rückkehr in die UdSSR eine Wohnung bräuchte. Vor ein paar Tagen hat man mich beim Verband vorgeladen und mir vorübergehend, bis etwas Größeres gefunden ist, zwei separate Zimmer in einem ruhigen Holzhäuschen auf der Krasnaja Presnja angeboten. Abzulehnen wäre Unsinn gewesen; bei dem augenblicklichen ungeheuren Zuzug der Leute nach Moskau sind diese zwei Zimmer eine wahre Kostbarkeit und die Basis für die weitere Suche nach einer Bleibe. Nach den nötigsten Renovierungsarbeiten bin ich mit Katjas Segen und Hilfe umgezogen – ich habe die Tochter von Karpowitsch aus Molodjonowo zu mir genommen, und so hause ich schon einige Tage in meiner eigenen Wohnung, worüber ich, um die Wahrheit zu sagen, sehr froh bin. Mich beunruhigt die Frage, wem ich diese Wohnung vor meiner Abreise anvertrauen soll. Ich muß sorgsam auswählen, ein verläßlicher Mensch will gefunden sein. Ich habe Sascha Ljachezkij (er möchte sich gern trennen) und Wera ... im Sinn, deren Zusammenleben mit ihrer Schwester auch nicht allzu lustig aussieht.

Habt Ihr die neue Ausgabe der *Geschichten aus Odessa* erhalten? Da ich auf meine Angelegenheiten nicht achtgebe und mich für meine alten Werke nicht interessiere, hat man meine Visage auf dem Umschlag auch dementsprechend verhunzt... Dieses Büchlein, das in einer Zehntausenderauflage erschienen ist, war schon nach ein paar Tagen vergriffen, so daß meine Schande also nicht in den Schaufenstern ausgestellt wird. Ich arbeite die ganze Zeit, entferne mich immer weiter von jeglicher Unruhe und fühle mich daher wohl. Ich muß in Molodjonowo noch ein wenig arbeiten (Reinschriften), anschließend werde ich die Abreise vorantreiben. Das Traurige ist nur, daß es bei uns jetzt tausendmal interessanter, lehrreicher und intensiver zugeht als im Ausland und daß es dort, abgesehen von meinen Familienangelegenheiten, nichts für mich zu tun gibt. Unser Klima ist zur Besinnung gekommen, und der Winter, ein ziemlich strenger noch dazu, hat sein Regiment angetreten.

I.

Isaak Liwschiz und Isaak Babel, 1932

Moskau, 8. März 1932

Ich habe Euch nicht telegraphiert, weil ich nicht mit Erfolgen prahlen kann. Wie Ihr seht, ist alles schwieriger, als man aus der Entfernung glaubt. Diese Schlappe bedeutet aber nicht, daß alle Hoffnung dahin ist; man muß unserem Familiendurcheinander ein Ende machen; aus Erfahrung klug, werde ich meine Bemühungen fortsetzen und hoffentlich zu einem guten Ende bringen. Schlimm ist freilich, daß sie sich in die Länge ziehen werden, da ist nichts zu machen. Ich gehe erst seit zwei oder drei Tagen wieder vor die Tür. Wie alle Moskauer hatte ich die Grippe und wurde von Katja hingebungsvoll gesundgepflegt. Jetzt habe ich mich wieder erholt. Sehr traurig bin ich, daß ich wegen der verdammten Angelegenheiten nicht nach Molodjonowo fahren kann, meine Seele braucht dringend Erholung. Wie zum Trotz hat hier in den letzten Tagen ein Wirbelsturm getobt, alle Wege auf dem Land sind verweht, in den nächsten Tagen ist dort kein Durchkommen. Seid mir nicht böse wegen meines langen Schweigens. Ich schreibe gern über Taten, über Erfolge, über »Errungenschaften«, wie man hier bei uns sagt, und wenn es die nicht gibt, muß man abwarten, bis sie kommen. Und dafür, daß sie kommen, bin ich bereit, mit meiner ganzen Kraft zu rackern.

I.

Moskau, 16. März 1932

Vorgestern habe ich Euch ein Telegramm geschickt und wollte Euch gleich darauf schreiben, aber auf dem Dorf wußte ich dann nicht mehr, wo mir der Kopf steht. Ich war bei der Kommission, und – wie Ihr dem Telegramm entnehmen solltet – für die Zukunft zeichnet sich ein Hoffnungsschimmer ab. Man sagte mir, von einer Ablehnung könne keine Rede sein, sondern nur von einer Zurückstellung, und setzte eine Frist fest: zwei Monate. Nach dieser Rechnung werde ich die Bewilligung also Anfang Mai bekommen. Mir blieb nichts anderes übrig, als zuzustimmen. Was meine Gefühle angeht und das, was ich in dieser Zeit durchgemacht habe, so steht das auf einem ganz anderen Blatt. Die mir verbleibenden Wochen will ich nutzen, um in Molodjonowo zu arbeiten, angestrengt zu arbeiten. Ich habe viel Material vorbereitet; in Moskau tue ich nichts anderes, als Material und Entwürfe zu sammeln, aber richtig schreiben kann ich hier nicht. Ich werde jede Woche für einen Tag nach Moskau fahren. Durch die bittere Erfahrung klug geworden, werde ich meine Angelegenheiten Schritt für Schritt und unbeirrt vorantreiben.

So mild und gnädig die erste Hälfte des Winters war, so wild und grausam ist die zweite über uns hereingebrochen – Eiseskälte, Schneestürme und Berge von Schnee. Ich habe gelesen, daß die Kältewelle im Westen vorüber ist. Wie steht es angesichts dessen um Eure gemeinsame Gesundheit? Wegen der Ereignisse der letzten Wochen ist unser Briefwechsel ganz und gar zum Erliegen gekommen. Ich dachte, unser Wiedersehen stehe vor der Tür, und konnte nicht schreiben. Jetzt will ich mich bemühen, es genauer zu nehmen, aber die langen Ergüsse verschiebe ich auf den Mai. Beklagt Euch darum nicht über mich, falls ich nachlässig sein sollte. Im übrigen werde ich Euch aus Molodjonowo schreiben. Dort lädt alles dazu ein. Katja sehe ich oft. Sie verwaltet nach wie vor meine Angelegenheiten, was Lebensmittel, meine Bücher usf. angeht. Viel Scherereien hat sie wegen der armen Tanten, die in Odessa geblieben sind; sie ist immerzu beschäftigt, Päckchen zu packen.

Irgendwann war ich einmal bei Tretjakow zu Besuch, habe mir alle möglichen Geschichten angehört, da hat er unauffällig mit seiner Leica ein Bild von mir gemacht. Es ist blaß geworden, aber *tel que je suis*. Iljuscha Slonim modelliert eine Büste von mir, sie macht sich vortrefflich. Sobald sie fertig ist, schicke ich Euch eine Photographie. Heute entscheide ich, wann genau ich aufs Dorf fahre; heute abend oder morgen schreibe ich Euch wieder.

I.

Moskau, 5. April 1932

Gestern habe ich die Papiere von neuem eingereicht – diesmal unter günstigeren Vorzeichen als zuvor. Die Angelegenheit soll in beschleunigtem Tempo vorangehen. Ich habe erklärt, daß ich spätestens im Mai ausreisen müsse. Falls es Schwierigkeiten gibt, wende ich mich an Alexej Maximowitsch, der zur Zeit in Moskau ist. Habe aus Kiew einen Brief bekommen, von den Sejligers. Sie beziehen das ehemalige Gronfajnsche Wohnzimmer; ihr Wohnraum wird beschnitten, und sie fragen, was sie mit den Möbeln machen sollen. Ich habe ihnen geschrieben, sie sollen sie nach Moskau schicken – jetzt gibt es hier Platz dafür –, man muß den verstreuten Besitz und die verstreuten Menschen sammeln. Der Frühling – oder vielmehr Sommer – ist angebrochen; meine körperliche Verfassung war auf der Stelle wie verwandelt. Zweifellos ist es das Beste für mich, in einem warmen Klima zu leben.

Katja hat Besuch aus Odessa bekommen – Dora. Gefehlt hat sie uns gerade so gut wie ein Kropf. Katja wird Euch separat schreiben. Werde Euch pünktlich über alles auf dem laufenden halten.

I.

MOLODJONOWO, 9. APRIL 1932

Bin seit ein paar Tagen auf dem Dorf, habe mich ausgeschlafen und arbeite. Das Frühlingshochwasser nähert sich Molodjonowo und wird uns bald von der Außenwelt abschneiden. In den nächsten acht bis zehn Tagen wird man keinen Weg nach Moskau finden können. Die Bachstelzen und Stare sind schon wieder da. Hier, vom Molodjonowobuckel aus, kann man Gott und seine Schöpfung schauen.

Man hat mir zwar mitgeteilt, daß ich mit meiner Angelegenheit bis Anfang Mai warten muß, aber ich gehe davon aus, mein Gesuch zu erneuern, sobald ich nur wieder nach Moskau komme. Wie ich Euch bereits schrieb, sind die Vorzeichen dieses Mal günstiger als zuvor. Habe einen Brief von Shenja erhalten. Bei ihr steht alles bestens, sie hat vor, in eine neue Wohnung zu ziehen, und vor allem klagt sie nicht über ihre Gesundheit. Das Fräulein blüht und gedeiht. Sie hat von ihrem Onkel aus Amerika eine Puppe bekommen, die so groß ist wie sie selbst, und ist davon ganz begeistert.

In meiner Moskauer Wohnung (jetzt kann man dieses Wort schon aussprechen, ohne rot zu werden) wird renoviert, die Öfen werden umgesetzt. Meine Deutschen werden es natürlich schaffen, unsere Behausung in einen glänzenden Zustand zu bringen. Zu meinen Wirtsleuten auf dem Dorf halte ich jetzt ein wenig Abstand, denn die alte Großmutter hat der Schlag getroffen; sie liegt gelähmt in der guten Stube neben dem Eßtisch, und ungeachtet dessen, daß ich recht rauhe Sitten angenommen habe, aber essen, während die matten, glasig gewordenen Augen einer Sterbenden auf mich gerichtet sind – das kann ich doch nicht. Sie war eine gute Alte, und doch sehnen alle Hausangehörigen mit bäuerlicher Geradlinigkeit ihr Ende herbei. Sie geht schon stark auf die Neunzig zu. Jetzt finden alle Mahlzeiten in meiner eigenen kleinen Hütte statt, und die Wirtsleute kommen mich besuchen.

Der Pariser Verlag *Rieder* hat Shenja angeboten, einen Vertrag für die Übersetzung meiner neuen Erzählungen abzuschließen und einen Vorschuß zu zahlen, aber ich lasse die Dinge lieber noch ein wenig auf mich zukommen.

Es ist Nacht, ein Frühlingsregen fällt. Bleibt unbedingt gesund.

I.

Molodjonowo, 12. April 1932

Bei uns setzt das Hochwasser ein; der Buckel, auf dem wir sitzen, ist von Wasser umgeben, und ich werde mich mit nichts anderem befassen können als mit der Dichtung. Nach Moskau werde ich nicht vor dem 20. kommen, aber bis zu diesem Termin habe ich dort auch nichts zu suchen.

Der Aufenthalt in Molodjonowo hat seine Wirkung getan, und ich bin gut in Form. Ich genieße die Arbeit, die Ruhe und die Nähe der Scholle. Wenn Ihr in der nächsten Woche keine Briefe bekommt, ist daran die Unpassierbarkeit der Straßen schuld.

I.

Molodjonowo, 23. April 1932

Mit großer Mühe habe ich mich ins Dorf durchgeschlagen. Ein abscheuliches Schlammwetter. Das Wasser war immerzu gefallen, aber nun ist es von neuem über die Ufer getreten.

Frühling hatten wir noch überhaupt keinen, Matsch, Kälte, Trostlosigkeit, es ist ekelhaft mitanzusehen. Ich bin dem Süden untreu geworden, und jetzt denke ich voller Reue an ihn zurück.

In unserer Wohnung wird renoviert, die Deutschen wüten umher, im April setzen sie die Öfen für den Winter um, sie malern und reparieren. Nach Moskau fahre ich zum 1. Mai zurück (möchte zur Parade gehen), und bis dahin wird alles in glänzender Ordnung sein.

War bei Katja, habe mir einen Zahn kurieren lassen und selbstgemachte Matze gegessen. Sie backt jede Nacht fast bis zum Morgengrauen. Wie verbringt Ihr die Feiertage, mit Matze und in der Synagoge – oder ohne all das?...

Der 30. ist arbeitsfrei, am ersten und zweiten Mai ist Feiertag, am dritten werde ich meine Papiere von neuem einreichen. Dieses Mal kann es kein Zurück geben. All meine Überlegungen gehen davon aus, in der zweiten Maihälfte abzureisen.

Der Schauspieler Stepan Kusnezow ist gestorben. Erinnert sich Meri noch an ihn? Er spielte ganz außergewöhnlich im *Adelsnest* und im *Revisor*... Seine Karriere machte er größtenteils in Odessa und Kiew. Er war ein Darsteller mit einer eigentümlichen Begabung, der außergewöhnlich fesselnd spielte... Aus unserer Heimat, von den Tanten, kommen sehr traurige Nachrichten. Ich schreibe Katja, damit sie ihnen einen kleinen Batzen schickt. Päckchen schickt ihnen Katja die ganze Zeit über. Da ich in Molodjonowo ganz mein eigener Herr bin, werde ich oft schreiben. Aber Euch hat es ein wenig die Sprache verschlagen. Vergeßt mir nicht Euren Euch mit Leib und Seele ergebenen

I.

MOLODJONOWO, 29. APRIL 1932

Mit meinem letzten Aufenthalt auf dem Dorf kann ich mich nicht brüsten – die ganze Zeit über tat mir der Kopf weh. Vielleicht weil der Frühling heranrückt, vielleicht ist es Übermüdung. Daher sind auch die Arbeitsergebnisse nicht so, wie ich es erhofft hatte. Morgen fahre ich nach Moskau, will zur

Ersten-Mai-Parade gehen, und am dritten beginnt ein neuer, hoffentlich der letzte, Akt meines Kreuzweges... Bei uns hat sich ein- oder zweimal die Sonne blicken lassen, aber heute regnet es wieder, und alles sieht aus wie im Herbst...

Hoffe, in meiner »neuen und luxuriösen« Wohnung einen Brief von Euch vorzufinden – Ihr habt schon recht lange nicht geschrieben... Wie habt Ihr Pessach gefeiert? Ich habe nur von Katjas selbstgemachter Matze gekostet... Erwartet aus Moskau keine umfangreichen Episteln, aber ich werde Euch über alles auf dem laufenden halten.

I.

Moskau, 6. Mai 1932

Gestern habe ich eine Postkarte mit einer Zusammenfassung der wichtigsten Dinge an Euch abgeschickt. Ich sitze und warte. Eine ganz lächerliche Ausrede ist das, Ihr würdet Euch nicht trauen, an die neue Adresse zu schreiben; hier habe ich jetzt auf lange Zeit meine Basis, und eben hierher sollt Ihr auch schreiben. Die Adresse habe ich Euch oft genug mitgeteilt. Ich wiederhole sie noch einmal: Woronzowo pole, B. Nikolo-Worobinskij-Gasse 4, Wg. 3. Schickt mir unverzüglich die Photos von Natascha her; ich bringe sie Euch wieder mit oder schicke sie bei der ersten Aufforderung zurück.

Ich freue mich sehr, daß Ihr Pessach nach allen Geboten gefeiert habt; ich habe außer Katjas selbstgemachter Matze nichts mitbekommen... Sehr wichtig ist die Nachricht über Ljowas Ankunft – wir müssen miteinander über alle Familienangelegenheiten sprechen, insbesondere über B. D. –, denn ich bin fest entschlossen, »die Familie zu sammeln«, will nicht mehr allein leben...

Ich hatte keine Ahnung, daß Ljussjas Sohn gestorben ist. Die Arme...

I.

Molodjonowo, 11. Mai 1932

Sogar Shenja hat sich bequemt, an die neue Adresse zu schreiben, aber von Euch kommt immer noch keine Zeile...

Katja ist in Kiew. Iossif hat sich einen neuen Streich geleistet, ist heimlich abgehauen und hat sich unversehens in ein Sanatorium einweisen lassen. Sein Neffe mußte eingreifen, um ihn dort wieder herauszuholen. In ein paar Tagen werden sie in Moskau sein.

Vor meiner Abreise aus Molodjonowo war ich bei Alex. Max. Eine Lösung meiner »Frage« erwarte ich in den nächsten acht bis zehn Tagen. Falls ich auch dieses Mal auf Schwierigkeiten stoßen sollte, werde ich A. M. darauf ansetzen. Meine Frage steht jetzt »kurz vor ihrer Geburt«...

Seit dem Zehnten ist Shenja in der neuen Wohnung – *10, avenue Pasteur, Paris 15^{e}*. Shenja lobt die Wohnung sehr, aber mir gegenüber braucht sie den Mund gar nicht voll zu nehmen, bei mir ist es doch hundertprozentig besser... Freken und Agafja stehen nach wie vor in ihren Diensten. Darüber bin ich sehr froh. Ich hoffe, Ihr habt die Photos an mich abgeschickt; werde mich bemühen, sie Euch demnächst persönlich wieder auszuhändigen.

A. M. wird wie früher eine Werst von Molodjonowo entfernt wohnen; wenn ich abreise, verliere ich einen guten Nachbarn.

Bei uns ist es Frühling. Vor meinem Fenster liegt immer noch dasselbe Wäldchen, der Acker, den die Bauern pflügen... Das alles ist so vertraut – und vielleicht sehe ich es zum letzten Mal... Schreibe Euch bald wieder. In Molodjonowo nehme ich es stets genau.

Mit meinem ganzen Herzen baue ich – auf ein Wiedersehen.

I.

Molodjonowo, 19. Mai 1932

Gestern abend bin ich nach Moskau gefahren, um einen gewissen Menschen zu treffen, und heute um 4 Uhr zurückgekehrt, um noch ein wenig arbeiten zu können. Mein Freund hat mir Hoffnung gemacht und mich gebeten, in ein paar Tagen wiederzukommen, um die Sache zum Abschluß zu bringen. Insgesamt halte ich die Lage jetzt für günstiger als im März. Mit diesem Gefühl erwarte ich die Antwort auf meinen Antrag.

Katja und Iossif sind gestern aus Kiew zurückgekehrt; ihr Neffe hat alle Unannehmlichkeiten ins Reine gebracht. Iossif geht nicht aus dem Haus; ihm steht eine Bruchoperation bevor; er hat diese Krankheit sehr lange verschleppt.

Die Truhe ist heil und unversehrt, sie wird zusammen mit den Möbeln hergeschickt, sobald sich Sejligers dazu entschließen können. Ich werde sie hoch und heilig halten. Hier kommt nichts weg, denn so eine Wohnung, solche Ordnung und Pracht hatte ich in meinem ganzen Leben noch nicht.

In Molodjonowo ist es jetzt sehr hübsch, die Wiesen werden bald voller Blumen sein, vor meinem Fenster blühen die Apfelbäume, zweihundert Schritt von mir entfernt hat sich in dem kleinen Wäldchen eine Nachtigall eingenistet – aber mit meinen Gedanken bin ich nicht hier…

Mein Nachbar Alexej Maximowitsch ist wieder in unserer Gegend, und vorgestern, als ich Gäste hatte, schickte ich zu ihm und bat um Lebensmittelunterstützung. Er schickte mir einen ganzen Haufen vorzüglicher Sachen.

Ich hoffe also, Euch bald aus Moskau zu schreiben, wo ich in ein paar Tagen vorgeladen werden soll.

Euer I.

Ich bedaure es sehr, daß Ihr mir die Photos von Natascha nicht rechtzeitig geschickt habt; jetzt lohnt es sich nicht mehr.

Molodjonowo, 27. Mai 1932

Bin aus Moskau zurück. In erster Instanz ist mein Gesuch positiv beschieden worden; bleibt noch die zweite, von der ich nicht weiß, ob sie wichtiger ist oder nicht. Am 30. fahre ich nach Moskau, um im Radio zu lesen; am 31. hat hoffentlich auch die zweite Instanz entschieden. Jetzt oder nie muß ich absolute Hartnäckigkeit an den Tag legen.

Die Photos von Natascha habe ich erhalten, den Brief vom Zehnten nicht, vielleicht habt Ihr ihn nicht richtig adressiert? Meine Tochter kommt nach dem selben »Schönheitstyp« wie ich, aber ihr Gesichtchen, das habe ich Shenja auch geschrieben, ist voller Lebendigkeit und Ausdruckskraft. Auf einem Photo habe ich eine Ähnlichkeit mit Shenja bemerkt.

Katja und Iossif sind in Moskau; werde am 31. bei ihnen sein. Iossif bereitet sich auf seinen Krankenhausaufenthalt vor; er sollte schon lange seinen Bruch operieren lassen. Werde mich heute nicht länger verbreiten; wir wollen sehen, was die nächsten Tage bringen. Ich frage nicht nach Euren Plänen für den Sommer, aber Ihr dürft keinen Augenblick vergessen, daß Ihr unbedingt die Sommermonate nutzen müßt, um Euch zu kurieren.

I.

Moskau, 5. August 1932

Aus meinem Schweigen könnt Ihr schließen, daß es nichts Lustiges gibt, worüber ich schreiben könnte. Meine Bemühungen gehen weiter, sie stoßen auf enorme Schwierigkeiten. Ich habe die ganze Zeit gewartet, um Euch die genauen Termine mitteilen zu können, und das Schreiben von einem Tag auf den nächsten verschoben, nun aber sehe ich, daß sich die Sache möglicherweise noch länger hinzieht. Da ich nicht frei planen kann, braucht Ihr Euch nicht nach mir zu richten. Ich wäre sehr glücklich, wenn Ihr nach Spa fahren würdet, und warte diesbezüglich voller Ungeduld auf Nachricht von Euch.

Wir haben hier einen Sommer, den man »unerhört« nennen kann – anstelle von Moskau ist das hier Nizza oder Odessa. Leider verbringe ich den größten Teil meiner Zeit in der Stadt. Mein Nachbar ist auf Urlaub nach Wien gefahren, und so marschiere ich allein durch sechs große Zimmer. Zu unserem Haus gehört ein Gärtchen, und das ist mir ein großer Trost.

Die Ljachezkijs sind vollzählig hier. Sie haben oft Besuch aus Odessa – »Bräutigamverwandtschaft« –, Katja ist über diese Gäste nicht allzu begeistert. Man müßte Katja zur Kur schicken, aber ich bin zur Zeit dermaßen beansprucht, daß ich mich nicht so um sie kümmern kann, wie es nötig wäre.

In letzter Zeit posiere ich ständig und lasse mich für verschiedene Ausgaben ablichten; werde mich bemühen, Euch in den nächsten Tagen Probephotos und Abzüge der Klischees zu schicken.

Nachdem ich nun das Siegel des Schweigens gebrochen habe, werde ich nicht länger darin meine Zuflucht suchen und

Euch *au courant* halten, was meine schwierigen Angelegenheiten betrifft. Hoffentlich kann ich mich irgendwie aus ihnen herauswinden; wenn nur für Euch der Sommer nicht meinetwegen zum Teufel geht; ich habe ganz egoistische Angst vor diesem weiteren Stein auf meinem Herzen.

Werde in den nächsten Tagen wieder schreiben. Von Euch würde ich gern einen Brief mit dem Stempel »Spa« erhalten.

Euer I.

Moskau, 17. August 1932

Ich schreibe aus verständlichen Gründen selten – warte immerzu darauf, Euch positive Neuigkeiten mitteilen zu können. Immer noch wechseln Verzweiflung und Hoffnung einander ab. Es lohnt nicht, Euch über jede Ebbe und jede Flut zu schreiben, und so warte ich eben. Dieser nun schon viele Monate andauernden Warterei muß nach allen göttlichen und menschlichen Gesetzen in allernächster Zeit ein Ende gemacht werden.

Die heißesten Monate habe ich in Moskau zugebracht – der einzige Trost ist die wohltuende Wohnung, zum Haus gehört ein Gärtchen, etwa dreimal täglich gehe ich duschen. Meine Deutschen sind auf Urlaub nach Wien gefahren, und ich bin allein durch die sechs Zimmer auf zwei Etagen marschiert; ich werde von einer Köchin und einem Stubenmädchen zugleich versorgt, so daß alles, was die äußere Seite betrifft, besser steht als je zuvor (ein bißchen erinnert dieses Dasein an das eines misanthropischen reichen Junggesellen – in den Pariser Romanen werden solche geschildert), na und meinen Seelenzustand kennt Ihr ja. Außer nach Molodjonowo machte ich einen einzigen kurzen *Ausflug* und besuchte den Pferdestall meines Reiterfreundes Semitschow. Inmitten wunderschöner Vollblutpferde kam ich einigermaßen zur Ruhe, und ich denke, die Regeln, nach denen das Leben in einem Stall mit preisgekrönten Pferden verläuft, haben mich auf dem Weg der Erkenntnis der unvollkommenen menschlichen Weisheit ein gutes Stück weitergebracht.

Bin sehr froh darüber, daß Ihr aus Brüssel weggefahren seid, und da ich im Augenblick nur Berater und »Wünscher« sein kann, würde ich mir wünschen, daß Ihr soviel Zeit als möglich außerhalb der Stadt verbringt. Katja hat Besuch von *l'inénarrable* (in seiner seligen Dämlichkeit) Shenja Gofman (er will in Moskau eine Stelle antreten) und Mischa Potjozkij, auch ein Dummkopf, aber einer von der sportlichen Sorte... Teilt mir Rosas Adresse mit. Ich denke immer liebevoll an sie und möchte ihr gerne schreiben. Wie geht es ihr so?... Shenja schreibt nicht, aus denselben Gründen wie ich auch. Ich glaube, bei ihr steht alles bestens, soweit es im Bereich unserer Möglichkeiten liegt. Gestern habe ich Euch ein Telegramm geschickt, das mit den Worten endet: »Brief folgt«; gleichermaßen kann ich auch meine heutige Epistel schließen. Für mich gibt es keinen anderen Weg, als den zu meiner nicht allzu zahlreichen Familie – und ich kann nichts anderes tun, als hartnäckig darauf zu bestehen.

I.

MOSKAU, 4. SEPTEMBER 1932

Habe gestern den Auslandspaß erhalten und Euch diesbezüglich telegraphiert. Ich rechne damit, vor dem Zehnten abzureisen. Es gibt noch alle möglichen Scherereien, verschiedenste Dinge müssen finanziell geregelt werden. Wie sich herausstellt, muß ich einen ganzen Tag in Berlin zubringen, um dort ein belgisches Visum zu bekommen; in Moskau wird es nicht ausgestellt. Ich werde Euch von Moskau den Tag meiner Abreise und anschließend von Berlin die Zugnummer telegraphieren, evtl. treffen wir uns in Liège. Unverzüglich nach meiner Ankunft in Paris werde ich anfangen, mich um einen Paß für Mama zu bemühen sowie darum, daß sie zu uns kommen kann. Sobald Ihr diesen Brief bekommt, telegraphiert mir nach Moskau, ob wir uns in Liège treffen können. Ich habe an Shenja zwei Telegramme abgeschickt, eins nach *St.-Jacut,* das andere nach Paris.

Bin müde jetzt – auf Wiedersehen.

St.-Jacut-de-la-Mer, 19. September 1932

Wir wohnen in einem Ort voller Poesie. Shenja habe ich in bester Verfassung angetroffen, sie ist hübscher geworden und »steht gut im Futter«, wie man bei den Pferden sagt. Was meine Tochter angeht, so kann ich gar nicht mehr zur Besinnung kommen, ich habe nichts dergleichen erwartet, und ich werde auf keine Weise begreifen können, woher sie soviel Verschmitztheit, Lebhaftigkeit und Habgier hat. Und all das voller Stil und *charme* – diesen Eindruck habe ich. Nicht ein einziges Gramm Verlegenheit oder Sanftmut konnte ich an diesem kleinen Tiger entdecken. Sobald ich sie mir genauer angeschaut habe, erstatte ich Euch eingehend Bericht. Wir werden noch einige Tage hierbleiben, heute fahren wir nach Dinard, um für mich ein paar Sachen zu kaufen. Ich schreibe Euch, wann Ihr den Paß herschicken sollt. Bis morgen, meine Teuren.

St.-Jacut-de-la-Mer, 22. September 1932

Uns geht es gut. Gestern fuhren wir ins Nachbarstädtchen auf den Markt – voller Neid habe ich mir die hiesigen Pferde und Kühe angeschaut. Heute bin ich zum Anlanden der Fischer ans Meer gegangen. Ein sehr interessantes Land ist das hier. Ich müßte nach Paris, doch ich möchte noch gern ein paar Tage hierbleiben. Wir werden hier – gemessen an meinen russischen Maßstäben – phantastisch gefüttert. Natascha entwikkelt einen solchen unerschöpflichen und permanenten Appetit, daß ich mich zu besinnen versuche, welche Freßsäcke es in unserer Familie gab. Aber überhaupt, sie ist das allergerissenste Wesen und kennt sich in den Dingen dieser Welt hervorragend aus.

I. B.

St.-Jacut-de-la-Mer, 25. September 1932

Ich habe einen Tiger in die Welt gesetzt. Ohne Ansehen von Alter und Stand überschüttet sie alle ringsum mit französischen Kraftausdrücken; mich hat sie heute *cochon* genannt; Appetit hat sie einen, daß man ihr per Dekret die Einreise in

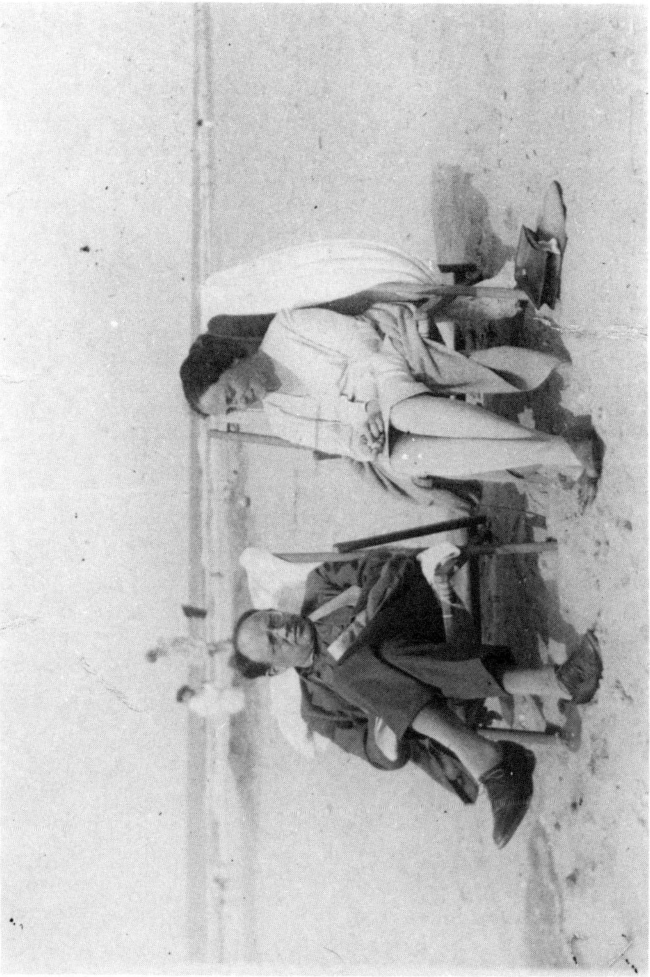

Isaak Babel und seine Frau Jewgenija, St. Idelsbad 1928

die UdSSR verbieten muß. Da sie zehn Tage später als errechnet geboren wurde, und da Machno in Paris lebt, zweifle ich nicht länger daran, daß er ihr Vater sein muß. Es ist so schön hier, daß wir die Abreise immer wieder verschieben. In Paris werden wir spätestens am 1. 10. sein.

I.

[Andere Handschrift]
Das alles ist eine einzige Verleumdung – der Mensch muß doch auch essen und seinem Herzen Luft machen. Einen Gruß an die ganze Familie.

Shenja.

Paris, 2. Oktober 1932

Sind vorgestern abend hier angekommen. Eure junge Verwandte ist dem Tode näher als dem Leben. Gestern hat sie mich *cochon* genannt und mir dermaßen eine aufs Maul gegeben, daß mir die Brille runterflog. Wie steht es um Eure kollektive Gesundheit? Habe mich darüber gewundert, daß ich keinerlei Nachricht von Euch vorfand. Ich wünsche Euch ein gutes Neues Jahr. Ist Mama in die Synagoge gegangen? Wie geht es ihr gesundheitlich? Kann sie eine Ortsveränderung verkraften? Sollte sie nicht vielleicht zuerst hierherkommen, bis über unsere Reise nach Brüssel entschieden ist? Schickt mir den Paß. Die Wohnung ist prächtig, wir können alle unterbringen.

Habe gestern B. D. gesehen. Sie ist zu nichts mehr in der Lage. Heute richte ich mir mein Zimmer ein, morgen will ich mich an die Arbeit machen.

I.

Paris, 4. Oktober 1932

Wir richten uns in der Wohnung ein, oder vielmehr richte ich mir ein Arbeitszimmer her. Ich darf keine Zeit verlieren. Euer Schweigen beginnt mich zu beunruhigen. Es wird doch nichts passiert sein? Warum schickt Ihr den Paß nicht? Ich möchte Euch alle leidenschaftlich gerne sehen, hoffe, im Laufe der nächsten Tage Klarheit zu schaffen, was diesen Wunsch betrifft. Es wird erforderlich sein, einen Haushalts- und Arbeitsplan aufzustellen, und dann entscheiden wir, wer zuerst zu wem fährt. Machno ist in den letzten Tagen zur Ruhe gekommen, und manchmal ist sie so sanft und verständig, daß einem das Herz ganz dahinschmilzt. In den Russischstunden gibt es stets Radau – sie hat keine Lust; übrigens: »Dümmköpf« sagt sie schon oft zu mir.

Wann (an welchem Tag) ist Jom Kippur? Habe einen Brief von Ljachezkij bekommen. Katja fährt zur Kur nach Kislowodsk, er in die Ukraine. Bei ihnen ist alles in bester Ordnung.

Ich soll hier am 8. 10. in der Bevollmächtigten Vertretung bei einer Abendveranstaltung zu Ehren Gorkijs auftreten. Es gelingt mir auf keine Weise, mit der Arbeit anzufangen, und darüber bin ich sehr traurig.

An Grischa habe ich eine, man kann sagen *»brulante«* Bitte: Ich kann hier meinen Pfeifentabak einfach nicht auftreiben; *Capstan* in der roten Verpackung, d.h. *»mild«*, jedenfalls den schwächsten, den es gibt. Ich brauche ihn ganz dringend. Könnte er nicht diese *commission* übernehmen und ihn jemandem für mich mitgeben oder auch per Post herschicken, falls der Zoll nicht allzu hoch ist. Ich bitte sehr darum.

Schreibt und schweigt nicht still.

Euer I.

PARIS, 6. OKTOBER 1932

Gestern habe ich einen Brief an Euch abgeschickt, heute früh bekam ich Euren. Ich habe ja gleich gewußt, daß Mama krank ist. Hoffentlich wird sie sich trotzdem im Verlauf des nächsten Monats auf den Weg machen können. Schickt mir den Paß, ich werde ihn verlängern lassen, ein Visum kann ich Euch auch jederzeit schicken; ich habe *de Monzie* kennengelernt, und jetzt ist es für mich leicht, das zu erledigen. Shenja hat vielleicht ab morgen ein Dienstmädchen (eine Wienerin, auf Empfehlung von *M*^me^ Birkgam), und dann wird sie nicht mehr so eng ans Haus gefesselt sein wie im Augenblick.

Habe einem guten Schneider den Auftrag erteilt, mich vollständig neu einzukleiden – zwei Anzüge, einen Wintermantel;

verschiedene Sachen habe ich mir gekauft; mein Äußeres wird in den nächsten Tagen eines Ministers würdig sein.

Meine Beziehungen zu *Mlle Natalie* werden mit jedem Tag besser, und es sieht ganz danach aus, als entstünde zwischen uns beiden eine dauerhafte Freundschaft. So ganz allmählich komme ich hinter ihren verschmitzten Charakter. Keine Frage: Sie ist schon ein »bedeutendes« Fräulein. Wir müssen alle Kräfte aufbieten, damit wir uns baldmöglichst sehen können.

Mon très cher Grischa, denken Sie an den roten *Capstan.*

Euer I.

PARIS, 12. OKTOBER 1932

Habe den Paß erhalten. In einigen Tagen trifft unser Botschafter hier ein, dann gehe ich zu ihm. Abgesehen von Mamas Paß, mit dem alles einfach ist, habe ich auch die Pässe von Shenja und B. D. in Händen, mit denen alles gar nicht so einfach wird. Natascha blüht; sie hat sich hier gesundheitlich wieder erholt und sich nun gewissermaßen an mich gewöhnt. Wir sollten möglichst bald alle zusammenkommen. Uns geht es gut. Ich hatte Zeit, den Automobilsalon zu besuchen und auch einen Vortrag der Großfürstin Marija Pawlowna – wir leiden bloß unter Geldnöten. Im laufenden Monat haben wir an die Zehntausend an Ausgaben, jedoch fallen alle wichtigen Einnahmen bei mir wie auch bei Shenja in den November. Shenja hat mich gebeten, Euch zu schreiben – könntet Ihr, als sparsame Kleinbürger, uns nicht bis November ein paar tausend Francs borgen? Kommt Schereschewskij denn hierher?

Die Hauptsache: Wie steht es um Eure gemeinsame Gesundheit? Und wann wird sich Mama auf den Weg machen können? Die Wohnung steht zu ihrem Empfang bereit.

I.

[OKTOBER 1932?]

[Fragment]
[...] und sie ist jederzeit in Kampfbereitschaft – aber in Paris ist sie *plus maniable,* und ist um vieles hübscher geworden, worüber sich B. D. unsäglich wundert.

Ich werde jetzt öfter *mon petit papa* gerufen als *cochon*... Und gestern kam sie uns morgens wecken und sagte ganz trocken: »*Eh bien, levez-vous, mes enfants*...« Die Maße für *le chandail:* Länge: 51 cm, Taille: 98 cm, Brust: 100 – 102 cm, Ärmel: 61. Du weißt schon, wie Du es machen mußt – evtl. kann es auch ein bißchen größer sein [...]

PARIS, 20. OKTOBER 1932

Wir haben gestern die Sachen bekommen. Sie sind prächtig. Jetzt glaube ich auch, daß der *chandail* hervorragend wird... Natascha war völlig aus dem Häuschen, ich habe den ganzen Tag aus der bretonischen Pfeife gequalmt. Wie geht es Mama gesundheitlich? In den nächsten Tagen schicke ich Euch die Papiere zurück; unser Botschafter ist noch nicht eingetroffen, wir erledigen das auf anderem Wege. Ich möchte sehr gern, daß Mama Ende dieses Monats herkommt... Ob sich das wohl machen läßt?

Ich habe die ganze Zeit über gearbeitet, jetzt werde ich mich ein, zwei Tage ausruhen und durch Paris bummeln. Shenja wird Euch separat schreiben. Daher beschränke ich mich für heute auf das oben Gesagte.

I.

PARIS, 28. OKTOBER 1932

Bin zur Post gegangen, um einen Brief an Dich abzuschicken, und als ich zurückkam, fand ich Deinen vor. Shenja hat eine unruhige Nacht hinter sich, heute geht es ihr bedeutend besser; trotzdem wird sie noch ein paar Tage einen Verband tragen müssen. Dein Paß ist fertig, ich habe ihn zusammen mit dem Visum abgeschickt. Ich möchte sehr gern, daß Du vor dem 15. kommst. Deine Enkelin steht in voller Blüte. Der Oktober war in finanzieller Hinsicht sehr schwierig, denn Shenja mußte viele Schulden begleichen, dazu noch die Wohnungsmiete, meine Anzüge (sie sind übrigens prächtig, von einem erstklassigen Schneider angefertigt) und meine Einrichtung. Ab dem November werden wir unseren Haushalt hoffentlich ohne Defizite führen.

Erst heute bin ich dazu gekommen, an Ljonja Trojanowskij zu schreiben – seine Mutter war vor meiner Abreise bei mir gewesen und hatte mich gebeten, ihm einen Gruß auszurichten. Katja werde ich schreiben. Von Iossif bekam ich aus Kiew die Mitteilung, daß er jeder Strafverfolgung entgangen sei; und aus Moskau höre ich, mein Lieblingspferd habe den Preis der Republik gewonnen. Beides freut mich. Es tut mir leid, daß ich nicht darauf gekommen bin, Rosa Photos von Natascha zu schicken; werde das beim nächsten Mal tun. Ich freue mich schon im voraus auf den *chandail*. Mera scheint auf diesem Gebiet eine große Spezialistin zu sein. Ungeduldig auf ein Wiedersehen

I.

PARIS, 30. OKTOBER 1932

Gestern mußte Dr. Marschak aus der Wunde Eiter entfernen, der sich darin gebildet hatte; danach trat eine einschneidende Besserung ein, und nun geht es bergauf. Wir hatten zuvor einen Tag voller Aufregung; ich übernahm die Verpflichtungen des Kindermädchens und der Köchin, und auf den Markt gehe ich (nicht ohne Vergnügen) schon die ganze Woche. Übrigens haben wir ab Donnerstag ein neues Dienstmädchen – ein Schwedin. Heute beginnen die Feiertage – Allerheiligen –, das Ministerium hat drei Tage geschlossen; werde also Paß und Visum Ende dieser oder Anfang komm. Woche abschikken.

I.

PARIS, 2. NOVEMBER 1932

Aus Moskau kamen Photos hier an. Ich wurde kurze Zeit vor meiner Abreise für einen Jubiläumssammelband photographiert. Schicke Euch ein Exemplar.

Nachdem Marschak die Wunde gereinigt hatte, fühlte sich Shenja besser und nun geht es bergauf mit der Gesundheit. Morgen soll das neue Dienstmädchen zu uns kommen, dann wird im Haus wieder Ordnung herrschen. Natascha geht der Reihe nach mit unseren Freunden spazieren – mal in den *Jardin des Plantes,* mal ins dänische *Home.* Ihr Appetit zermalmt immer noch alles. Uns an das Telephon zu erinnern, war sehr gut – werde in den nächsten Tagen anrufen. Wir haben vor, uns auch ein Telephon einrichten zu lassen. Diese ganze Prozedur ist jetzt einfacher geworden und kostet nicht viel.

Ins Außenministerium muß ich mit Dr. Marschak gehen, der dort Beziehungen hat. Wir werden das Ende dieser oder Anfang nächster Woche tun. Ich bitte Mama sehr, unverzüglich nach Erhalt des Visums abzufahren. Wenn wir ein Dienstmädchen haben, werden Ordnung und Glückseligkeit bei uns Einzug halten.

Ich führe nach wie vor ein kleinbürgerliches Leben, arbeite zu festgesetzten Zeiten, spaziere in aller Stille durch Paris und zur Abwechslung unterbreche ich diese Spaziergänge bisweilen für einen bescheidenen *apéro*...

I.

Paris, 6. November 1932

Heute kam Euer zweites Telegramm hier an; was soll das denn heißen?

Vor drei Tagen habe ich an Euch einen Brief abgeschickt, der zwei Photos und beruhigende Neuigkeiten über Shenjas Gesundheitszustand enthielt. Ist dieser Brief etwa verlorengegangen? Ich habe mich heute vor der Fahrt zum Haupttelegraphenamt gedrückt, in der Annahme, daß der Brief zu guter Letzt doch noch angekommen ist. Auf jeden Fall werde ich morgen telegraphieren.

Seit gestern geht Machno drei Stunden am Tag in einen Kindergarten (nach der Montessori-Methode). Abgeholt und gebracht wird sie in einem Automobil. Wir haben jetzt auch ein Dienstmädchen – eine hünenhafte zwanzigjährige Schwedin, auf ihre Art eine Schönheit, die in keiner einzigen Sprache auch nur eine Silbe versteht, ein schwerfälliges, stumpfes und attraktives Wesen.

Nach der Reinigung, die Marschak vorgenommen hat, verheilt Shenjas Wunde gut, die Geschichte geht der Genesung entgegen. Ich hoffe, die Formalitäten mit Mamas Visum in den nächsten Tagen zu erledigen, so daß sie sich auf ihre Abreise vorbereiten soll. Morgen bin ich im Ministerium und versuche, etwas Genaues zu erfahren.

Salut.

I.

Paris, 8. November 1932

Shenja schwört Stein und Bein, daß sie den Brief rechtzeitig abgeschickt hat. Ich weiß nicht, was da passiert ist. Auf jeden Fall kam es mir vor, als wärt Ihr dort völlig übergeschnappt mit Euren Telegrammen. Bei uns könnte es nicht besser sein. Zwei Tage lang wurde in der Handelsvertretung und in der Bevollm. Vertretung der 15. Jahrestag der Revolution gefeiert, und ich habe meine Dinge schleifen lassen. In den nächsten Tagen befasse ich mich mit den Paßangelegenheiten der ganzen Familie, der Verlängerung meines Visums u.a.m. Im nächst. Brief schicke ich Euch alle Dokumente. Mit Ungeduld warten wir auf Mama.

I.

[Poststempel: 15. November 1932]

[Anfang des Briefes fehlt]

[…] Da ich ständig zu allen möglichen Versammlungen, Mittagessen und Frühstücken geschleppt wurde, bin ich wohlgenährt, aber ich spüre, wie mein Hirn allmählich erlahmt, was sehr ungelegen kommt, denn ich muß einige Sachen zu Ende bringen. Hoffentlich kann ich der Sache Herr werden. Die Jacke wird mir Mama mitbringen; man kann sagen, daß Nataschas gesamte Garderobe aus Meris Händen stammt; jetzt stehe ich tief in ihrer Schuld. Auf Wiedersehen, *mes enfants,* wie Natascha sagt. Gruß an Grischa.

Euer I.

Paris, 11. Dezember 1932

Mamas Paß ist bis zum 15. 12. 1933 verlängert worden. Gestern, am Samstag, war ich im Außenmin.; hoffe, am Dienstag die Genehmigung in Händen zu halten, und werde sie Euch zusammen mit dem Paß übersenden. Gestern müßte der französische Konsul in Brüssel benachrichtigt worden sein. Ich sehe keinerlei Grund dafür, Mamas Reise zu verschieben; jetzt paßt es sehr gut, und Natascha steht in voller Blüte. Schicke Euch ein paar Photographien. Am letzten Sonntag waren wir mit ihr im Jardin du Luxembourg; ein Bekannter hat uns photographiert. Hoffe, Euch noch vor Mamas Abreise das Geld schicken zu können – in diesem Monat geht es uns in finanzieller Hinsicht gut, aber was die Schulden angeht, hat Shenjas Verschwendung ein Loch in unsere Finanzen gerissen. Wir haben Natascha und mich für den Winter ausgestattet.

Heute werde ich Katja schreiben. Aus Moskau kommen trostlose Nachrichten. Im Unterschied zu unserem Vaterland gibt es von hier nichts Neues, die Arbeit mit meiner Korrespondenz steht mir bis zum Hals, werde ihrer nicht Herr. Wartet also auf meinen Telephonanruf. Wenn Mama hier ist, werden wir uns gründlich über Brüssel unterhalten.

Einen Gruß *de tout mon cœur* an Grischa.

I.

Paris, 15. Dezember 1932

Teure Verwandte. Wie es aussieht, ist Mamas Angelegenheit geregelt; jetzt müßt Ihr auf die Benachrichtigung des Konsuls warten – morgen schicke ich den Paß ab. Ich habe mich nach schwerer Arbeit ein, zwei Tage ausgeruht; jetzt werde ich mich wieder vor meinen Karren spannen.

Übrigens habe ich keine Zeit, mich zu amüsieren, denn ich muß mein Töchterchen ausführen: Morgen ist irgendwo eine Geburtstagsfeier, am Samstag Weihnachtsfeier im Kindergarten, am Sonntag Weihnachtsfeier in der dänischen Botschaft, *voilà* – und dann müssen wir auch bei uns Weihnachten vorbereiten. Nach dem harten russischen Leben kommt mir diese »Weichlichkeit« absonderlich vor. Habt Ihr die Photos von Natascha bekommen?

Mein Geld ist unterwegs, und sobald es hier ist, schicke ich es Euch – diesmal, ohne Shenja etwas davon zu sagen – mit schleunigster Eilpost. Mehr habe ich nicht zu schreiben, und ich bin es auch leid, tagelang mit der Feder übers Papier zu kratzen, das ist Graphomanie, diese endlose Korrespondenz mit allen Erdteilen. Ich strebe mit aller Kraft nach persönlichem Kontakt.

I.

1933

Paris, 1. Januar 1933

Ein gutes Neues Jahr! Wir bemühen uns in diesem Jahr, *faire de notre mieux*. Vorgestern habe ich Euch hundert belg. Francs geschickt. Was hört man wegen des Visums? Ich möchte, daß Mama, sowie sie es erhält, unverzüglich abfährt – solange bei uns zu Hause noch der Weihnachtsbaum prunkt und die Feiertagsstimmung nicht verflogen ist.

Wir haben das Neue Jahr seltsam und gut begonnen; wir schlugen alle Einladungen aus und verbrachten diesen Abend zu viert mit einem Freund und dessen Frau. Sind auf den *Champs-Elysées* ins Kino gegangen (haben uns *Marlene Dietrich* angeschaut), anschließend haben wir auf dem *St.-Michel* zu Abend gegessen, sind durch die *Halles* spaziert und um 5 Uhr morgens nach Hause gekommen.

Shenja bittet mich, Euch an folgendes zu erinnern: Weil unsere »Aussteuer« noch nicht ganz komplett ist, hat Mama die Erlaubnis, eine Garnitur Bettücher mitzubringen…

Warte auf Nachricht von Euch. Und auf das Abreisetelegramm.

Freundliche Grüße und die besten Wünsche von unserer Familie an Grischa.

I.

[Paris,] 5. April 1933

Mon vieux. Habe erneut ein Telegramm von Gorkij bekommen, mit der Bitte, unverzüglich abzureisen. Ich habe ein Visum für mich und für meine Familie. Wir werden getrennt fahren, denn für alle auf einmal reicht das Geld nicht. Ich habe vor ein paar Tagen zehntausend Francs erhalten. Wir rechneten damit, die Schulden zu begleichen und mit allem zurechtzukommen, da gab es gestern unversehens eine Katastrophe: Ljowa benachrichtigte uns, daß von ihm diesen Monat kein Geld kommen werde, und ausgerechnet in diesem Monat ist *terme,* damit haben sich alle unsere Pläne in Luft aufgelöst… Shenja hat nach meiner Abreise noch etwas Geld von der Filmgesellschaft zu bekommen, mit der ich zusammenarbeite. Das ist für ihre Reise bestimmt sowie für Euch, um unsere Schuld mit »Zinsen« zurückzuzahlen. Ich rechne damit, in Sorrent noch das ein oder andere aufzutreiben, und schicke Euch dann meinerseits einen »Nachschlag«.

An Eure Nöte denke ich unablässig, *on va arranger ça.* Ich reise vermutlich am Samstag ab; es gibt sehr viele Formalitäten mit dem *aller et retour.* Bei uns ist alles in bester Ordnung. Ich habe mir einen Sommeranzug machen lassen und mich ein bißchen für die Reise ausgestattet. Wir wären unsere Schulden ganz und gar losgeworden, wäre da nicht die Geschichte mit Ljowa. Im großen und ganzen bringt sie einen auf trübe Gedanken…

Natascha ist gut in Form und erzählt uns »Oma-Märchen«.

Vor meiner Abreise schreibe ich noch einmal.

I.

Neapel, 13. April 1933

Wie sich herausstellt, ist alles wahr, was in den Geographiebüchern steht. Die vielgepriesene Schönheit der hiesigen Gegend ist unwahrscheinlich. Bin noch nicht richtig zu mir gekommen. Wenn ich wieder weiß, wo mir der Kopf steht, schreibe ich ausführlich. Meine Adresse: *Poste restante, Sorrento, Italia.* Warte ungeduldig auf Nachricht von Euch.

I.

Sorrent, 15. April 1933

Das Paradies auf Erden sieht vermutlich in etwa so aus wie der *Capo di Sorrento.* Vor dem Fenster erstreckt sich das smaragdene

Meer, die Oliven-, Apfelsinen- und Zitronenhaine reichen bis an unsere Türschwelle. Jetzt erst läßt mich dieser Überfluß wieder zur Besinnung kommen. Ich muß arbeiten, um möglichst bald meine beiden Damen hierher zu verfrachten. Unser großer alter Mann ist gesund und munter und unermüdlich. Er plant, Mitte Mai nach Moskau zu fahren. Habe einen Brief von Katja bekommen. Ihre Stimmung ist viel besser als früher. Mich wundert, daß ich von Euch nichts höre.

I.

Sorrent, 18. April 1933

Für mich ist ein Zimmer »in einiger Entfernung« gefunden – mit einer Terrasse, die auf den Golf von Neapel hinausgeht. Das Wetter ist die reine Zauberei – die Lichter von Neapel, Castellammare, der Vesuv. Eine übernatürliche Schönheit. Gorkij reist Mitte Mai oder in der zweiten Maihälfte ab und bietet mir an, mit meiner Familie in seinem Haus zu bleiben; ein verlockendes und sehr vorteilhaftes Angebot. Da hier im Augenblick eine entsetzliche Unruhe herrscht, möchte ich nicht, daß Shenja und Natascha vor Anfang Mai herkommen. In diesem Sinne habe ich ihr heute geschrieben. Ich habe mit der Arbeit schon begonnen und gewöhne mich allmählich ein; ich kann hier unter Bedingungen arbeiten, wie ich sie in meinem ganzen Leben noch nicht hatte... Woran liegt es, daß von Euch so lange keine Briefe mehr kommen? Schickt mir etwas in Umschlägen und keine Postkarten. Hat Sonja das Geld erhalten? Hat sich Mama von den Pariser Eindrücken wieder erholt? Es gibt neue Photos von Natascha, fordert sie bei Shenja an. Schreibt mir ausführlich über die Gesundheit einer jeden von Euch.

I.

Sorrent, 24. April 1933

Endlich habe ich einen Brief von Euch erhalten (was ich von Shenja nicht sagen kann). Die ganze Zeit haben wir hier schlechtes Wetter, heute gibt es Aussicht auf Besserung. Ich arbeite hier mit Vergnügen und solche Bedingungen – Stille,

Abgeschiedenheit, Ruhe – hatte ich noch nie im Leben. Habe große Sehnsucht nach Natascha bekommen. Sie werden wegen der Erledigung materieller Dinge aufgehalten; ich hoffe, sie sind Anfang Mai hier. In ein paar Tagen werde ich A. M. eine »Geschichte« vorlesen, die ich geschrieben habe, und von seinem Ratschlag hängt es ab, welche Pläne ich ausführen werde.

Wir sind nach Capri gefahren; heute mache ich mich mit A. M. auf, um mir Neapel anzuschauen. Er kennt hier jeden Stein. Es sind noch zwei andere Ausflüge zu unternehmen – zum Vesuv und nach Herculaneum und Pompeji (das ist alles ganz in der Nähe), aber ich will auf Shenja warten und mit ihr gemeinsam dorthin fahren. Katja hat mir geschrieben: »Danke, daß Du Deine Tante nicht vergißt.« Offensichtlich ist die Überweisung angekommen, aber es ist trotzdem merkwürdig, daß sie keine direkte Bestätigung schickt.

Sorrent, 2. Mai 1933

Hier bläst der Schirokko, ein stickiger tropischer Wind. Ein imposantes Bild – »die Bäume neigt's zur Erde«, das Meer liegt in schwülem, milchigem Nebel...

Von Shenja kam ein Brief, alles ist in bester Ordnung. Sie hat Sonja davongejagt und ist mit dem Nähen der Sommerkleider beschäftigt, die noch nicht fertig sind. Ich habe ihr Wege genannt, wie sie zu Geld kommen kann. Ich hoffe, die finanzielle Frage läßt sich regeln und sie kann abreisen. Shenja berichtet, daß Natascha besser in Form ist denn je. Sie fühlt sich prächtig und treibt, wie gehabt, ihren Mutwillen. Ich möchte sie baldmöglichst hierhaben, sehne mich nach ihnen.

Habe gerade ein »ungeheuerriesiges« Werk abgeschlossen: ein Stück. Da es natürlich nicht der Generallinie entspricht, steht zu erwarten, daß es kein leichtes Schicksal haben wird, aber alle loben einmütig seine hohen künstlerischen Qualitäten. Ich habe mir ein neues Milieu vorgenommen und Figuren, wie es sie bei mir noch nie gegeben hat, und wenn das gelungen ist, bin ich froh. In ein paar Tagen mache ich mich daran, es mit der Maschine abzuschreiben, und werde mir dann Rat holen...

Sorrent, 5. Mai 1933

Gestern haben wir den ganzen Tag mit A. M. in Neapel verbracht. Er hat uns in die Museen geführt: antike Plastiken (ich kann das alles noch immer nicht fassen), Bilder von Tizian, Raffael und Velásquez. Gemeinsam haben wir zu Mittag und zu Abend gegessen. Der Alte hat sich einen angetrunken, und das nicht zu knapp. Als wir am Abend ins Restaurant kamen (es liegt hoch über Neapel, man hat von dort einen zauberhaften Blick auf die Stadt), wo man ihn schon seit 30 Jahren kennt, erhoben sich alle von ihren Plätzen, die Kellner stürzten herbei, um ihm die Hände zu küssen, und auf der Stelle wurden alte Sänger neapolitanischer Lieder geholt. Sie kamen Hals über Kopf herbeigerannt, Siebzigjährige, die sich alle noch an A. M. erinnerten, und mit ihren brüchigen Stimmen haben sie gesungen, daß ich es wohl in meinem ganzen Leben nicht vergessen werde. A. M. weinte untröstlich – er trank –, und als man ihm das Glas wegnahm, sagte er: »Es ist das letzte Mal in meinem Leben.« Für mich war es ein unvergeßlicher Tag.

Ich werde mich mit aller Kraft bemühen, Shenjas und Nataschas Ankunft zu beschleunigen. Ich hoffe, daß sie in ungefähr anderthalb Wochen herkommen. Man rät mir davon ab, das Stück zu schicken; ich sollte es natürlich selbst hinbringen und habe noch nicht entschieden, was ich tun werde. Die Gorkijs reisen am Neunten ab – es gibt ein sowjetisches Schiff, das aus London nach Odessa fährt, und für sie ist es natürlich günstig, das Schiff zu nehmen. Im Haus bleiben ich und Marschak, unser großartiger Kinderdichter, zurück; ich hoffe, daß er sich mit Natascha anfreunden wird. Marschak hat auch eine Schwester in Brüssel; es ist gut möglich, daß wir gemeinsam nach Belgien fahren. A. M. hat für seinen neuen Almanach drei neue Erzählungen von mir genommen. Eine davon ist mir wirklich gelungen; wenn die Zensur sie nur durchgehen läßt. A. M. hat versprochen, mir das Honorar aus Moskau in Devisen zu schicken.

Es ist sehr traurig, daß Mama das Brüsseler Wasser nicht verträgt. Läßt sich das nicht genau feststellen? Und wenn sich die Vermutung bestätigt, sollte sie wohl zu Mineralwasser wechseln, oder?... Da Shenja ihre Wohnung behält, überlege ich mir ernsthaft, ob Mama nicht den Winter in Paris verbringen sollte...

Habe Shenja wegen der Photos geschrieben, vielleicht wirkt es... Die Photos müssen sehr hübsch sein. In meinem Zimmer ist es dunkel, man ruft mich zum Abendessen, muß mit dem Schreiben aufhören. Bis morgen.

I.

SORRENT, 11. MAI 1933

Gorkij ist am Achten abgereist. Sie sind mit dem Zug nach Genua gefahren, dort steigen sie auf ein sowjetisches Schiff um, das ohne Zwischenhalt nach Odessa fährt. Ich habe den »Hausherrn« nach Neapel begleitet, bin zwei Tage dort geblieben und gestern abend zurückgekehrt. Ich bin allein mit Marschak in der riesigen Villa; wenn doch Shenja und Natascha nur bald kämen. Sie werden natürlich durch materielle Schwierigkeiten festgehalten; hoffentlich gelingt es ihnen, sie zu bewältigen.

Ich beginne, mein Stück abzutippen; in ein paar Tagen schicke ich es nach Moskau. Gorkij bat mich, einige Artikel über Neapel zu schreiben. Eine Sache nach meinem Herzen – will es versuchen.

I.

NEAPEL, 18. MAI 1933

Meine Pläne haben sich geändert. Ich soll schleunigst nach Paris kommen. Der Film, der vor meinem gedreht werden sollte, wurde abgesetzt; der Regisseur telegraphiert, man müsse unverzüglich mit der Arbeit anfangen. Die Sache ist zu interessant, um sie zu vertrödeln. Heute fahre ich nach Rom und ein, zwei Tage später nach Paris. Shenja besteht ebenfalls darauf, daß ich erst die Sache mit dem Film zu Ende bringe und mich danach mit allem Übrigen abgebe.

Sobald ich in Paris bin, fange ich an, mich um ein belgisches Visum zu bemühen; ich träume davon, mit der ganzen Familie zu Euch zu fahren. Nach dem Treffen mit meinem Regisseur schreibe ich Euch aus Paris ausführlich. Das Stück werde ich von Paris aus abschicken; hatte nicht genug Zeit, um es abzutippen.

I.

Rom, 20. Mai 1933

Mir dreht sich der Kopf von all diesen Kolosseen, Foren, Sixtinischen Kapellen, Raffaels, Pantheons... Wollte heute abfahren, kann mich aber nicht losreißen; wann werde ich noch einmal hierher zurückkehren können... Nun sehe ich also all das, worüber ich seit meiner Kindheit hunderte von Büchern gelesen habe.

Übermorgen reise ich nach Paris ab.

I.

Florenz, 24. Mai 1933

Das Ende krönt das Werk. Etwas Schöneres als Florenz habe ich in meinem Leben noch nicht gesehen. Von all diesen Michelangelos, Raffaels, Tizians fühle ich mich wie im Rausch. Heute nacht fahre ich nach Paris, wo ich morgen um zehn Uhr abends ankommen soll; wahrscheinlich werden dort alle möglichen Angelegenheiten über mich hereinbrechen. Gleich gehe ich los, um ein Geschenk für Natascha zu kaufen.

Ich schicke Euch eine »Loggia« mit einer Statue von Benvenuto Cellini im Vordergrund.

I.

Paris, 29. Mai 1933

Florenz hat alles, was ich in Italien gesehen habe, in den Schatten gestellt. Ein für das ganze Leben unauslöschlicher Eindruck.

Zu Hause ist alles in Ordnung. Der Bettelstab. Ljowa hat im Mai kein Geld geschickt. Shenja hofft, daß sich das in Zukunft regeln wird. Natascha hat sich im Laufe der anderthalb Monate sehr verändert. Sie spricht hervorragend russisch (deswegen kann ich schon seit ein paar Tagen vor Staunen gar nicht mehr zur Besinnung kommen), sie treibt weniger Unfug, hat mich mit ehrlicher Freude empfangen und hat unentwegt ihre Großmutter im Sinn. Wir müssen alles daransetzen, damit wir in nächster Zeit zusammenkommen. Die Sache mit dem Kino nimmt eine üble Wendung. Ich hoffe, daß die nächste Woche in dieser Sache Klarheit schafft. Die Negative der Photos von Natascha sind hier liegengeblieben, gestern habe ich sie zum Photographen gebracht, sie werden eigens für Euch in ein paar Tagen fertig sein. Ich schicke Euch auch meine Aufnahmen von Florenz.

Zu Katja – was soll man dazu sagen… Ich habe den Sorrentinern ein paar Aufträge erteilt; vielleicht machen sie ja irgend etwas…

In Italien habe ich eine Übersetzung der *Reiterarmee* gefunden; natürlich haben sie mir keinen Centime bezahlt, aber ediert haben sie das Büchlein gut, wovon Ihr Euch durch das beiliegende Exemplar überzeugen könnt.

Ich habe jetzt alle Hände voll zu tun; in einer ruhige Minute schreibe ich Euch ausführlich. Habe gestern einige Nummern der Moskauer LITERATURNAJA GASETA gelesen: Alle loben sie mich; ob das etwa der Einfluß von Alexej Maximowitsch ist? Ich bin gespannt, ob die Zensur meine letzten Erzählungen durchgehen läßt.

I.

[PARIS,] 18. JUNI 1933

Voller Reue habe ich gestern um 9 Uhr abends bei Euch angerufen, aber vergeblich, es hat niemand abgenommen.

Bei uns ist alles in bester Ordnung. Habe nicht geschrieben, weil ich verteufelt viel zu tun habe. Ich bin mit dem Drehbuch steckengeblieben; die Arbeit hat sich als schwieriger herausgestellt, als ich angenommen hatte. Ich muß eine Menge Material lesen, außerdem drängt man mich zur Eile, und ich verstehe mich nicht darauf, mich in solchen Dingen zu beeilen. Bis Ende Juni muß ich diese Arbeit – koste es, was es wolle – fertigkriegen; falls nicht, kann ich mich weder vom Fleck rühren noch sonst irgend etwas unternehmen. Und so sitze ich also Tag und Nacht daran. Befriedigung verschafft mir das wenig, denn es ist eine Arbeit »auf Bestellung«.

Von Gorkij habe ich schlechte Nachrichten. Auf der Überfahrt von Konstantinopel nach Odessa hat er sich erkältet, bekam eine Lungenentzündung und lag vor ein paar Tagen im Sterben. Ich weiß nicht, wie es ihm jetzt geht; habe mich telegraphisch danach erkundigt. Das ist alles sehr traurig.

Mlle *L.* war bei uns, ich habe mit ihr gesprochen. Die Kleidchen sind sehr hübsch. Natascha steht zur Zeit in voller Blüte. Es ist furchtbar schade, daß Ihr sie nicht seht. Aus all diesen Gründen muß ich mit dem Drehbuch auf die Tube drücken. Ljowas Geschäfte gehen offenkundig sehr schlecht. Jetzt sind es schon fast zwei Monate, daß er schweigt.

Es ist anzunehmen, daß Ljachezkij in irgendeine Stadt im Norden verbannt wurde. Ich halte das für den allerbesten Ausweg. Gerade unter diesen Umständen kann es mir gelingen, nach meiner Ankunft in Moskau das ein oder andere für ihn zu tun.

Gestern habe ich auf einem antifaschistischen Meeting gesprochen. Die Juden und die Deutschen haben geklatscht. In Deutschland stehe ich nun auf der Liste der verbotenen Autoren, und die *Reiterarmee* wurde dort feierlich verbrannt.

Das wären also alle Neuigkeiten, oder vielmehr überhaupt keine. In ein paar Tagen beginnen wir hoffentlich ein lustigeres Leben.

I.

PARIS, 2. JULI 1933

»Etwas Bestimmtes« gibt es immer noch nicht, darum schweige ich auch so hartnäckig. Mein *Exposé* muß ich diese Woche abgeben. Ich muß mit einem Regisseur zusammenarbeiten – einem wortklauberischen gemeinen Kerl – und habe deswegen permanent eine Mordswut. Außerdem muß ich schleunigst reich werden: für Euch, für die Tanten und auch für mich selbst. Gorkij ist auf dem Weg der Besserung, aus Moskau bekomme ich außerordentlich verführerische Angebote, und meine Anwesenheit ist dort unbedingt erforderlich. Andererseits habe ich Lust, noch ein bißchen bei Euch zu leben. Nun sieh zu, wie Du da herauskommst! Ich rechne damit, daß die kommende Woche eine Lösung all dieser Probleme bringt.

Von Ljowa kam ein tröstlicher Brief. Wie es aussieht, hat er die Notwendigkeit eingesehen, sich die Tauben auf dem Dach und die Millionen aus dem Kopf zu schlagen, und wird sich ein gutes normales Einkommen sichern können. Er verspricht, im Juli Geld zu schicken.

Wir haben hier ein Wetter »für die Armen« – es ist nicht heiß, daher ist es in der Stadt sehr angenehm. Natascha war heute im Jardin du Luxembourg und in der Boulogne spazieren; in ihrem neuen Kleidchen und mit dem weißen Hut sah sie reizend aus. Nun endlich spricht sie russisch wie ein echtes russisches Mädchen. An Oma Fenja denkt sie unermüdlich und droht täglich, *à Bruxelles* zu gehen. Sie bessert sich sehr, und obwohl sie nach wie vor ihren Schabernack treibt, ist es anders, leichter zu ertragen. Beim nächsten Wiedersehen wird die Oma besser mit ihr zurechtkommen. Vor kurzem habe ich wieder bei Euch angerufen, ohne Erfolg, es war niemand zu Hause. *A bientôt.*

I.

PARIS, 10. JULI 1933

Das Grundübel »des Augenblicks« ist, daß das bei mir bestellte Drehbuch irgendwie nicht gelingen will, und nun weiß ich nicht, ob ich ein Honorar dafür erhalte oder nicht. Mit Druck läßt sich hier nichts erreichen. Ich finde, wir sollten folgendes beschließen: Falls die Situation bis zum 15. nicht klarer ist, muß Mama alleine kommen (das Visum ist hoffentlich bis dahin fertig), und hier beschließen wir dann alle gemeinsam, was weiter zu tun ist. Wir wollen versuchen, eine Möglichkeit zu finden, daß Grischa und Meri ihren Urlaub in Frankreich verbringen. Alles hängt vom »Kleingeld« ab; soweit es in meinen Kräften steht, werde ich es vorantreiben. Zunächst aber soll sich Mama – als Nummer eins – auf ihre Abreise vorbereiten. Werde versuchen, ihr etwas für die Reise zu schicken. Werde in den nächsten Tagen anrufen oder *par avion* schreiben. Der Termin für meine Abreise nach Moskau steht noch nicht fest, aber ich muß mich beeilen. Auf Biegen und Brechen muß ich Gorkij treffen, der im August nach Sorrent zurückkehrt; muß mir eine Möglichkeit sichern, wieder ins Ausland zu fahren.

Es gibt also viel zu tun; wir werden uns persönlich darüber unterhalten.

Sonja werde ich heute schreiben. Auf jeden Fall schicke ich ihr in diesem Monat soviel ich kann. Unglückliches Odessa! Alle Nachrichten aus Moskau berichten von der einschneidenden Verbesserung der Lebensmittelversorgung. Im großen und ganzen steuert man jetzt einen liberaleren Kurs, und ich bin überzeugt, daß das Leben im kommenden Jahr in materieller Hinsicht besser und leichter als in den vergangenen sein wird.

Bei uns ist alles in Ordnung, wenn man von der Hitze absieht. Natascha ist gut in »Form« und hat gestern unversehens von mir verlangt, ich solle ihr ein Märchen erzählen von einem Mädchen, das einen Papa und eine Mama und eine Oma *à Bruxelles* hat. Ich schicke Euch Photos.

I.

Moskau, 1. September 1933

Bin gut angekommen, wenn man einmal davon absieht, daß ich in Warschau aus dem Zug geworfen wurde (der letzte Abschnitt meiner Fahrkarte war fälschlicherweise durchgestrichen). Ich habe einen sehr lustigen Tag in unserer Bevollmächtigten Vertretung verbracht und bin anschließend weitergefahren. Alles ist in Ordnung. Habe beide Ljussjas gesehen. Bei ihnen ist alles in Ordnung, oder genauer: in Unordnung; sie hatten einen schweren Winter. Katja überschüttet mich hier mit Tränen, sie hat haufenweise Unglück. Bin dabei, mich zurechtzufinden. *Es war höchste Zeit,* herzukommen. Hier waren absurde, aber unheilvolle Gerüchte im Umlauf. Ich fand Zeit, um zum Rennen zu gehen. Nun denn, das Leben geht weiter.

I.

Moskau, 8. September 1933

Teurer Mendelejew.
Allmählich gewöhne ich mich ein, denke wieder öfter an Arbeit. Schicke Dir als eingeschriebenes Kreuzband einige Expl. der *Reiterarmee* (Neuausgabe). Behalte eins (oder so viele Du brauchen kannst) für Dich und schicke die restlichen an Enta.

Isaak Babel und seine Tochter Natalja, 1933

Sie braucht sie. Wie sehen die Pläne für Mama aus? Wie steht es mit der Gesundheit?

I.

[Andere Handschrift]
Ich küsse und umarme Euch herzlich; danke Euch für die Medikamente.

Katja

Moskau, 21. September 1933

Das Leben kommt in Gang. Habe einen Vortrag über meine Auslandsreise gehalten – schlechter als ich dazu in der Lage gewesen wäre. In den Zeitungen haben sie ihn verdreht, aber das läßt sich nicht vermeiden. Ich überarbeite jetzt das »Werk«, das ich in Paris geschrieben habe. Der Schluß davon ist mißlungen. Wenn ich das nur schon vom Hals hätte, dann wäre der Weg frei, und ich könnte mich einer Menge interessanter Dinge widmen. Man schickt mich auf eine Reise in den Nordkaukasus und die Ukraine. Möglicherweise werde ich durch Odessa kommen. Ich denke, daß ich im Oktober anfange, für den Export zu arbeiten, so daß ich Mama und Shenja helfen kann. Abgesehen von der Armut steht in Paris alles zum Besten.

Wir haben hier einen scheußlichen Herbst – jeden Tag Regen, Schlamm und Dunkelheit, nicht einmal für eine Stunde hört es auf zu gießen; die phänomenale Ernte dieses Jahres leidet merklich darunter. Gestern waren die Liwschiz und Semitschows bei mir zu Besuch; wir haben getrunken, gegessen und das Grammophon spielen lassen. Wir haben einen hervorragenden Ingenieur aus Wien zu Gast; nach dem Essen plaudern wir gemütlich im Wiener Dialekt – bei Zigarre und Wiener Kaffee. Mein »Palazzo« ist gut in Schuß.

Katjas Angelegenheiten fand ich in einem jämmerlichen Zustand vor. Schön langsam bringen wir sie wieder in Ordnung. Schreibt! Man hört überhaupt nichts von Euch. Was habt Ihr von Eurer Nichte im Gedächtnis behalten? Ich habe gehörige Sehnsucht.

I.

Naltschik, 21. Oktober 1933

Ich habe eine wundervolle Reise hinter mir: Rostow, Sotschi, Gagry, Suchumi, Naltschik. Das Wetter war die ganze Zeit über herrlich. Ich habe vor, länger in Naltschik zu bleiben. Ich bin im Auftrag der Prawda hier. Wie es aussieht, gibt es Material im Überfluß. Fühle mich wohl, bin die ganze Zeit über baden gegangen. Voller Ungeduld warte ich auf Nachricht von Euch; die Post müßt Ihr hierher nach Naltschik schicken. Die Adresse habe ich Euch telegraphiert; ich wiederhole sie noch einmal: Naltschik, Nordkaukasus, postlagernd. Schreibt öfter, ohne Eure Briefe fühle ich mich einsam.

I.

Naltschik, 29. Oktober 1933

Ich lebe in einem gesegneten Land und fahre mit seinem Gebieter über Berg und Tal; wir jagen Wölfe und Hasen und fangen Lachse im Terek. Alles atmet hier einen Überfluß, wie es ihn seit vielen Jahren nicht gegeben hat. Die Ernte ist märchenhaft, überall wird mit Feuereifer gebaut, hier kann man auch Spaß am Leben haben. Ich werde versuchen, so lange wie möglich hier zu bleiben; hier kann ich – für uns wie auch für das Ausland – erstaunliches Material sammeln. Wegen dieser Umherfahrerei habe ich meine laufenden Geschäfte ein wenig vernachlässigt – werde mir Mühe geben, damit es besser wird. Zudem bin ich von all meinen Briefpartnern völlig abgeschnitten, und es läßt mir keine Ruhe, was Ihr, was alle meine drei Generationen treiben. Habt Ihr die Telegramme mit der Angabe meiner Adresse bekommen? Wo ist Mama? Einen Tag warte ich noch, dann telegraphiere ich von neuem. Laßt mich nicht ohne Nachricht. Ich wiederhole meine Adresse zum x-ten Mal: Naltschik, Nordkaukasus, postlagernd. Ich bin jetzt für einige Zeit seßhaft geworden, werde regelmäßig schreiben, denn natürlich denke ich ohne Unterlaß an Euch.

I.

Naltschik, 8. November 1933

Ich weiß nicht, was mit meinem Steiner in Moskau los ist – er schweigt trotz meiner wiederholten Telegramme und schickt mir meine Post nicht her. Von Shenja habe ich nur durch Euch etwas gehört. Ich durchstreife noch immer das Gebiet (Kabardino-Balkarien), die Perle unter den sowjetischen Gebieten, und kann mich gar nicht genug darüber freuen, daß ich hierhergekommen bin. Die Ernte hier ist nicht nur riesig, sie wurde auch hervorragend eingebracht, und es ist angenehm, endlich in unserem russischen Überfluß zu leben. Ich war in den Bergen, am Fuße des Elbrus (habe die ganze Zeit über geweint, daß meine Familie all diese Schönheiten nicht sehen kann), streife wie ein Nomade durch die Kosakensteppen, aber ich habe vor, bald an einem Ort seßhaft zu werden, um die verlorene Verbindung mit der Welt wieder aufzunehmen. Ich denke, bei richtiger Auswertung und ernsthaftem Studium kann meine Reise große Ergebnisse hervorbringen, letzten Endes auch mit Blick auf ein Wiedersehen mit meiner Familie. Schreibt!

I.

Naltschik, 12. November 1933

Die Telegramme, die ich an Shenja geschickt habe, sind zurückgekommen – Empfänger unbekannt. Habe gerade eben aus diesem Anlaß ein Telegramm an Euch abgeschickt. Mein Steiner hat sich endlich wieder geräuspert; ich hoffe, er hat mir die ganze Post, die für mich in Moskau angekommen ist, hierhergeschickt. Auf jeden Fall fühle ich mich schrecklich isoliert.

Mit der Arbeit habe ich noch nicht angefangen, streife noch immer durch dieses Wunderland. Morgen fahre ich in eine deutsche Kolchose (eine der reichsten und am besten organisierten Kolchosen dieser Region), dort werde ich wieder zur Vernunft kommen. Ich war mit Jewdokimow und Kalmykow auf der Jagd; auf den Bergweiden wurden in einer Höhe von 2000 Metern etliche Keiler erlegt (ohne mein Zutun natürlich), und wir hatten einen Blick auf die ganze Gebirgskette des Kaukasus, von Noworossijsk bis Baku. Gebraten wurden sie dann am Stück. Einige Tage verbrachten wir in einem balkarischen Dorf am Fuße des Elbrus in einer Höhe von 3 000 Metern; am ersten Tag fiel das Atmen schwer, dann hatte ich mich daran gewöhnt. Ich schicke Euch Aufnahmen dieser Gegend (mit uns war ein Photograph unterwegs).

Körperlich fühle ich mich, wie sich unter diesen Voraussetzungen vermuten läßt, gut, ich sehne mich nur schrecklich nach meiner Familie. Es ist schwer, ohne Natascha zu leben, und mir um Euch alle Sorgen zu machen, ist mir zum Beruf geworden.

Katja bekam einen Paß ausgestellt, jetzt muß man sich um eine Wohnung bemühen. *Je vous supplie,* schreibt mir, sooft es geht, sonst fühle ich mich ganz und gar wie ein alter Hagestolz.

I.

NALTSCHIK, 26. NOVEMBER 1933

Gestern bin ich aus Kislowodsk in das hiesige Wunderland zurückgekehrt und habe Mamas Brief und einen alten von Shenja mit den Photos von der Oma und Natascha vorgefunden. Die Erwachsenen sind besser getroffen als Natascha. Sobald ich mich sattgesehen habe, schicke ich sie Euch »leihweise«. Shenjas Adresse kenne ich immer noch nicht. Gestern habe ich Euch ein Telegramm (das wievielte weiß ich nicht mehr) geschickt, in dem ich danach frage. Bekommt Ihr diese Telegramme eigentlich?

Ich habe vor, für mehr oder weniger lange Zeit in eine Kolchose zu ziehen. Dort werde ich versuchen, die vielen neuen Eindrücke zu verarbeiten, die auf mich eingeströmt sind. Vermutlich hat es Shenja jetzt sehr schwer; ich will mich bemühen, ein paar Artikel für die Franzosen zu schreiben. Nach Moskau zieht es mich kein bißchen, der Winter hier ist mild, körperlich fühle ich mich ausgezeichnet, die Gegend ist von einer erstaunlichen Schönheit (im nächsten Brief schicke ich Euch Photos). Katja hat den Paß bekommen; jetzt jammert sie, daß sie keine Wohnung hat, verlangt, ich solle unverzüglich zurückkommen, und meint, ich sei allmächtig. Es gibt schon merkwürdige Leute…

Jetzt, da ich einen festen Wohnsitz habe, werde ich oft schreiben, denn ich denke an jedem Tag und zu jeder Stunde meines Lebens an Euch.

I.

NALTSCHIK, 4. DEZEMBER 1933

Unschätzbare Mamaschenka. Habe Deinen Brief vom 25. XI. mit dem beigefügten Bildnis (das sehr gut gelungen ist) erhalten. Was Dein fortgeschrittenes Alter betrifft, hast Du keinen Grund, den Kopf hängen zu lassen. Bei uns wärst Du jetzt in Mode. Morgen, zum Beispiel, wird der zweite Gebietskongreß alter Männer und Frauen eröffnet. Diese sind zur Zeit der wichtigste Motor beim Aufbau der Kolchosen, sie beaufsichtigen alles, leiten die Jungen an, tragen kleine Plaketten mit der Aufschrift »Qualitätsinspektor« und stehen überhaupt hoch in Ehren. Solche Kongresse werden jetzt in ganz Rußland einberufen, die Musik schmettert, und man klatscht den Alten Beifall. Ausgedacht hat sich das Kalmykow, der Sekretär des hiesigen Gebietsparteikomitees (bei dem ich zu Gast bin), der Herkunft nach ein Kabardiner, seinem Wesen nach jedoch ein großer, einzigartiger neuer Mensch. Schon anderthalb Jahrzehnte währt nun sein Ruhm, aber alle Gerüchte werden von der Realität bei weitem übertroffen. Mit eiserner Beharrlichkeit und Weitblick hat er dieses kleine halbwilde Gebirgsland in eine wahre Perle verwandelt.

Gestatte mir, Dir gleichfalls mitzuteilen, daß wir sogar in Naltschik (das ein Klima hat, in dem man sich wie ein Fisch im Wasser fühlt) –20° Frost haben, aber eine völlig klare Luft, im Haus habe ich Öfen und allen denkbaren Komfort zur Verfügung, draußen fahre ich in einem Lincoln herum – so daß ich den Frost überhaupt nicht spüre. Voller Ungeduld warte ich auf den Tag, an dem ich in die Kolchose, die etwa 40 Werst von Naltschik entfernt ist, umziehen kann. Dort erwarten mich eine warme Bauernhütte, Schnee und eine sehr interessante Umgebung. Meine Adresse bleibt vorerst die alte.

Von Shenja kam schon lange kein Brief mehr, aber ich weiß aus zweiter Hand, daß bei ihr alles bestens steht. Wegen meiner Umherfahrerei kam es zu einer Unterbrechung der Korrespondenz, aber nun bin ich, wie Du siehst, seßhaft geworden, habe mich eingerichtet und werde regelmäßig schreiben. Was unser Wiedersehen betrifft, teile ich Deinen Pessimismus nicht. Jetzt sind alle Überlegungen gegenstandslos geworden, außer meiner Arbeit, von der alles abhängt. Jetzt lasse ich mich durch nichts vom Weg abbringen, ich werde dort leben, wo es meiner Arbeit nützt, und ohne Rast arbeiten – das kann sowohl unser Wiedersehen wie auch Eure finanzielle Versorgung sichern. Ich sitze bereits an meinem Schreibtisch, und die Gedanken kommen schlecht und recht voran; meiner Meinung nach besser als in den letzten Jahren.

Wie sehr ich mich nach der Familie sehne, brauche ich Dir nicht zu erzählen. Wenn es mich manchmal schwer ankommt, suche ich Trost in der Arbeit und verspüre das unerbittliche Verlangen, ein für allemal mit dieser Verstreutheit Schluß zu machen. Man erwartet mich. Genug für heute.

Je vous embrasse, mes enfants.

I.

Naltschik, 9. Dezember 1933

Heute ziehe ich in ein Kosakendorf um, das etwa 50 Kilometer von hier entfernt liegt. Dort gibt es ein Post- und Telegraphenamt. Die Briefe werden pünktlich zugestellt. Schreibt mir an die alte Adresse, man wird mir die Post nachschicken. Der Winter hier ist außergewöhnlich mild und klar, fühle mich ausgezeichnet und lege, ohne müde zu werden, Dutzende von Kilometern zurück. Vielleicht kommt es daher, daß es mir seelisch besser geht. Was die Arbeit angeht, bin ich im Augenblick in einer »Form« wie schon seit vielen Jahren nicht mehr.

Shenja schreibe ich regelmäßig (wenn ich seßhaft bin, nehme ich es stets genau). Aber keine Antwort. Alles wegen dieser verdammten Adresse; wenn Ihr nicht gewesen wärt, ich wüßte sie bis heute noch nicht. Sobald ich mich an meinem neuen Ort eingerichtet habe, schreibe ich.

I.

STANIZA PRISCHIBSKAJA, 13. DEZEMBER 1933

Ich wohne in einer richtigen, waschechten Kosakenstaniza. Der Übergang zur Kolchoswirtschaft ging hier nicht reibungslos vor sich, es herrschte Not, aber jetzt entwickelt sich alles außergewöhnlich glänzend. In ein, zwei Jahren werden wir hier einen Wohlstand haben, der alles in den Schatten stellt, was diese Kosakendörfer in der Vergangenheit gesehen haben, und dabei hatten sie ihr gutes Auskommen. Die Kolchosbewegung hat dieses Jahr entscheidende Fortschritte gemacht, und jetzt eröffnen sich in der Tat unbegrenzte Perspektiven, die Erde verwandelt sich. Wie lange ich hier bleiben werde, weiß ich nicht. Zeuge der neuen Verhältnisse und Wirtschaftsformen zu sein, ist interessant und unerläßlich. Meine Adresse ist die alte: Naltschik. Von dort wird mir die Post nachgeschickt. Ich kann Euch vermelden, daß ich mein Stück vollendet habe. In den nächsten Tagen schreibe ich es ab und schicke es nach Moskau. Das Bemerkenswerteste an diesem Kasus ist der Umstand, daß ich schon ein anderes begonnen habe – anscheinend bin ich auf irgendeine reine Quelle gestoßen und habe von den früheren Arbeiten gelernt.

Wir haben hier einen ungewöhnlich milden und schönen Winter. Viel Schnee. Fühle mich wohl. Zu Mittag essen wir gebratene Fasane und trinken dazu neuen Wein, den die deutschen Kolchosen liefern.

I.

STANIZA PRISCHIBSKAJA, 19. DEZEMBER 1933

Von Naltschik bin ich in einen noch entlegeneren Ort umgezogen, die Briefe kommen »mit der Pferdepost« und mit gewaltiger Verspätung hier an. Bemühe mich, oft zu schreiben. Danke, daß Ihr mir Shenjas Brief übersandt habt. In materieller Hinsicht ist das einzige, wodurch ich ihr helfen kann, die »Produktion«. Ich habe verstärkt an meinem Stück gearbeitet und es vor allem in Hinblick auf Shenja vollendet. Werde versuchen, es baldmöglichst abzuschicken; hoffe, daß es ihr zustatten kommt. In diesen Dingen ist es schwierig, den künftigen Gewinn im voraus einzuplanen, aber Material muß ich ihr schicken, soviel ich kann. Die gewandelten Eindrücke nach meiner Ankunft, das Leben, das mir ein bißchen vorausgeeilt war – all das zwang mich in den vergangenen Monaten, eine große seelische und geistige Arbeit zu vollbringen. Sofort wieder ins Schreiben zu kommen, war nicht möglich. Jetzt arbeite ich mit großer Begeisterung und denke, daß ich Shenja nach dem Stück schon im Januar die nächsten Materialien schicken kann. Das alles liegt mir am Herzen, ich werde alle meine Kräfte einspannen.

Mir geht es hier (o weh! wenn ich das mit den Meinen vergleiche) sehr gut – es ist warm, ruhig und interessant. Der Winter ist außerordentlich mild, schneereich und sonnig. Meine Hauswirtin, ein dummes und krampfhaft diensteifriges Weibsbild aus der Ukraine, brät mir Gänse, backt Hefekuchen und kocht ukrainischen Borschtsch. Die eine Hälfte des Tages arbeite ich, die andere verbringe ich mit den Kosaken auf den Kolchoshöfen oder fahre in die benachbarten kabardinischen Siedlungen. In den nächsten Tagen plane ich, nach Naltschik zu fahren (denkt daran, die Adresse bleibt die alte).

Was den Paß betrifft, werde ich unserem Botschafter schreiben, dann wird das alles augenblicklich erledigt. Wir sollten uns darum bemühen, daß Mama baldmöglichst ihre Enkelin besuchen fährt. Wir wollen überlegen, wie sich das bewerkstelligen läßt.

Gleich mache ich mich auf den Weg ins Geflügelkombinat, eine ungemein interessante Einrichtung, eine Werst von der Staniza entfernt. Es ist die größte (so ist das bei uns nun mal) Geflügelfabrik der Welt mit einem Inkubator für 160tausend Eier, mit Zehntausenden von Glucken – Leghorn und Rhode-Island. Morgen wird eine grandiose Aufzucht in Betrieb genommen, die darauf ausgelegt ist, einige Millionen Küken im Jahr aufzuziehen.

I.

Staniza Prischibskaja, 28. Dezember 1933

Diese Postkarte kommt evtl. zu Neujahr an; nehmt daher die Glückwünsche eines Verwandten entgegen, der, wohin ihn sein unruhiger Geist auch treibt, unablässig und in jedem Augenblick seines Daseins an Euch denkt. Ich wohne warm und ruhig, bin umgeben von bemerkenswerten Menschen und wie nie zuvor von allen möglichen Gedanken beseelt. Das Manuskript schreibe ich ab und schicke es in ein, zwei Tagen nach Moskau, dann beginnt der Rummel auf dem Literaturbasar… Noch ist es nicht so weit, es geht mir gut, nur daß mir mein Töchterchen nicht aus dem Kopf geht.

I.

Naltschik, 29. Dezember 1933

Am 28. abends bin ich von Prischibskaja hier angekommen – habe zwei prächtige Tage hinter mir – war mit Genossen auf der Jagd (ungemein erfolgreich), 15 Wildschweine wurden erlegt. Heute fahre ich geschäftlich nach Gorlowka im Donbass, habe vor, von dort wieder nach Prischibskaja zurückzukommen, evtl. muß ich in Charkow vorbeifahren. In den nächsten zehn Tagen wird sich, wie ich glaube, der Termin meiner Rückkehr nach Moskau klären. Habe einen Brief von Shenja bekommen. Sie schreibt, daß Natascha noch immer mit dem Magen zu tun hat. Habe Mamas letzten Brief bekommen. Aus Gorlowka schreibe ich. Die Adresse telegraphiere ich. Ich bitte Euch, laßt es Euch gut gehen im kommenden Jahr.

I.

1934

Gorlowka, 8. Januar 1934

Ich war außerstande zu schreiben, weil eine Lawine neuer Eindrücke auf mich eingestürzt ist. Es war in der Tat eine Lücke in meinem Leben, daß ich dem Donbass ferngeblieben bin. In ein Bergwerk einzufahren, bis ans äußerste Ende des Stollens, wo man die Kohle abbaut – das hat mich tief bewegt. Ich muß dorthin zurückkehren. Die Leute dort, die Arbeiter und Ingenieure, gehören alle zu einem besonderen Schlag, der auf mich große Anziehungskraft ausübt.

Ich erwarte Nachricht aus Moskau. Gut möglich, daß man mich nicht vor Ende Februar ruft, auf jeden Fall werde ich eine weitere Reise nach Kabardinien, nach Naltschik, machen, um meine Erkundungen fortzusetzen... Wenn es soweit ist, werde ich es Euch durchkabeln. Ich wohne hier im Haus der »örtlichen Autorität«, ein alter Freund, auf den man stolz sein kann. Unglücklicherweise bin ich die ganze Zeit in der Umgebung von Gorlowka hängengeblieben; die Schneestürme erlauben mir nicht, mit meinem Automobil weiter vorzudringen. Die Kälte ist grimmig, und dabei ist es stets windig, aber ich ertrage sie gut. Ich vermute, daß der kaukasische Norden mich gelehrt hat, sie zu ertragen. Doch hält mich das nicht davon ab, sehnsüchtig an das Klima da unten zu denken.

I.

Gorlowka, 20. Januar 1934

Fahre heute über Charkow und Kiew nach Moskau, wo ich vermutlich am 27. oder 28. eintreffe. Folglich ist meine Adresse

Moskau, was ich Euch heute auch telegraphiert habe. Bekam die Mitteilung, daß am 12. im Wachtangowtheater eine Leseprobe des Stücks stattgefunden hat und es den Schauspielern außerordentlich gefällt. Ich mag so überschwenglich begeisterte Anfänge nicht, zumal das Stück nicht aktuell ist, und ich beim Schreiben vorsätzlich die Gesetze der Dramaturgie verletzt habe. Auf alle Fälle muß ich mich der Sache annehmen und nach Moskau fahren.

Habe Briefe von zwei Freunden aus Paris bekommen. Beide haben sie Natascha gesehen und singen Lobeshymnen auf sie. Wie sehr ich mir doch wünsche, daß es Mama schnell nach *Plessis-Robinson* verschlägt. In Moskau will ich mich bemühen, irgendeinen »Obolus« aufzutreiben, soviel eben in meinen bescheidenen Kräften steht.

Ich sitze auf den Koffern, darum nur kurz. Ich habe ganz recht daran getan, in den Donbass zu fahren; diese Region muß man unbedingt kennen. Manchmal überkommt einen die Verzweiflung – wie soll man es künstlerisch bewältigen, dieses unermeßliche, dahinrasende, beispiellose Land, das man UdSSR nennt… Die zuversichtliche Stimmung und der Glaube an den Erfolg sind bei uns jetzt stärker als in den ganzen 16 Jahren der Revolution.

I.

Moskau, 13. Februar 1934

Ich habe Euch schon so lange nicht mehr geschrieben, daß ich gestern in einem Anfall von Reue ein Telegramm losgeschickt habe, um Euch zu sagen, daß ich gesund und munter bin. Was in Paris geschieht, beunruhigt mich sehr, habe mich telegraphisch nach der Gesundheit erkundigt. Tausendmal am Tag denke ich an Natascha, und mir bricht das Herz.

Habe die ganze Zeit über mit Theaterangelegenheiten zu tun. Mit den Proben wird gleichzeitig am Wachtangowtheater und am Jüdischen Theater begonnen. Ich stehe mit den Provinzstädten in Verhandlung. Das abgeschlossene Stück ist nur eine Vorarbeit, ich schreibe mit Volldampf am nächsten und messe ihm (der neuen Arbeit) große Bedeutung zu.

Mein Molodjonowo ist nicht mehr existent, ich bin dabei,

mich zum Arbeiten nach einer Datscha außerhalb der Stadt umzuschauen, denn da ich nicht nein sagen kann, überschüttet man mich in Moskau dermaßen mit den Angelegenheiten fremder Leute, daß ich keine Zeit finde, an mich zu denken. Die Lage der Ljach. ist nicht beneidenswert, ich gebe Katja (und – Gott sei's geklagt – auch einer Menge anderer Leute) Geld und hoffe, auch mit den übrigen Scherereien fertig zu werden.

Ich habe Schritte unternommen, um Shenja ein zusätzliches Einkommen zu verschaffen; ich rechne damit, daß sie in absehbarer Zeit zu Ergebnissen führen.

In Moskau gab es schon Tauwetter, aber jetzt ist wieder der Winter mit reichlich Schnee und Frost eingekehrt. Wo man hinsieht, herrscht bei uns große Betriebsamkeit und fieberhafte Aktivität.

Ich lebe noch immer mit denselben Gespenstern zusammen: Ich sehne mich nach Euch, und ich will arbeiten. Auf Wiedersehen, meine Teuren.

I.

Moskau, 18. Februar 1934

Heute wurde Bagrizkij beerdigt, mein alter Landsmann und Freund, ein bemerkenswerter Dichter, dessen Entwicklung ich stets im Auge hatte und dem ich half, wo es ging. Sein Organismus war geschwächt und hat eine Lungenentzündung nicht überstanden.

Habe von Shenja ein Telegramm erhalten; bei ihnen ist alles in bester Ordnung. Morgen fährt ein Franzose zu ihnen, werde einen Gruß mitschicken.

Es juckt mich nach wie vor, für die Bühne zu arbeiten. Ich halte nach irgendeinem neuen Molodjonowo Umschau, damit ich arbeiten kann, denn in Moskau ist es so: Kaum findet man vor der einen Sache Ruhe, schon wird man morgen mit einer anderen überfallen. Das bereits fertiggestellte Stück wird an zwei Theatern gleichzeitig inszeniert – bei Wachtangow sowie im Jüdischen, unter der Regie von Michoels. Was das Honorar betrifft, will ich mich darum bemühen, daß Shenja es noch im März erhält.

Ich führe hier notgedrungen eine Art »mondänes« Leben, die Menschen strömen zu mir, und weil viele interessante darunter sind und das Leben in Moskau überhaupt außerordentlich interessant ist, bleibt wenig Zeit für einen selbst, und so bereite ich mich darauf vor, in Klausur zu gehen.

Ich bin sehr müde von diesen drei Tagen des Wachens – das ganze Zeremoniell habe ich mit den Bagrizkijs gemeinsam durchgestanden, will mich ausruhen.

Bis morgen, meine Lieben.

I.

MOSKAU, 25. FEBRUAR 1934

Ihr müßt Euch an mir kein Beispiel nehmen und sollt öfter schreiben, darum bitte ich Euch inständig. Die anstehenden Aufgaben reißen mich in Stücke, bin nun mit Bagrizkijs Hinterlassenschaft beschäftigt; gleichzeitig halte ich nach einem Zimmer außerhalb der Stadt Ausschau, um die Arbeit wieder aufzunehmen. Gestern ist der bekannte französische Architekt *Lurçat* aus Moskau abgereist – habe ihm eine Puppe für Natascha und das Manuskript des Stücks für Shenja mitgegeben; man muß sich um die Übersetzung kümmern und Verhandlungen mit den Theatern in Paris, in der Tschechoslowakei usf. aufnehmen. Vielleicht kommt ja etwas dabei heraus. Hier haben die Proben an zwei Theatern gleichzeitig begonnen, bei Wachtangow und am Jüdischen (unter der Regie von Michoels).

Für die Aufführungsrechte habe ich eine recht ansehnliche Summe erhalten, habe den größten Teil meiner Schulden beglichen und eine Menge Leute unterstützt, jetzt fühle ich mich entlastet – und muß meine Fürsorglichkeit Shenja zuwenden. Ich befasse mich mit Iossifs Angelegenheit; im März wird hoffentlich alles geregelt sein; habe Katja etwas Geld gegeben. Sie hat jetzt eine Stelle, aber sie unterbricht ihre Arbeit und fährt in den nächsten Tagen Iossif besuchen. Morgen fahre ich für ein, zwei Tage aufs Land, als Gast von Alexej Maximowitsch. Er war nicht recht gesund, aber jetzt ist er wieder auf den Beinen. In Moskau grassiert eine wirklich beispiellose Grippe, in jedem Haus gibt es Kranke, bei uns ist das Hausmädchen krank. Meiner erbarmt sich bislang der gewesene Gott… Ich habe mich mit einem Genossen getroffen, der vor kurzem aus Paris zurückkam; er hat mir einen Gruß von Shenja und Natascha ausgerichtet und gesagt, daß er sie in guter Verfassung angetroffen habe. Die Moskauer Franzosen erzählten mir, daß *Plessis-Robinson* ein wunderschöner Ort sei (und einer von ihnen sagte, Shenjas Wohnung sei der stillste und gemütlichste Ort in ganz Paris). Wie oft ich doch davon träume, daß sich Mama baldmöglichst dorthin auf den Weg macht! Gibt es denn keine Möglichkeit, das zu realisieren, und wieviel würde es kosten?… Wie geht es Eurer kollektiven Gesundheit? Noch einmal: Schreibt öfter, Ihr seht – *je me rattrape* und bleibe Euch nichts schuldig. Selbst wenn ich nicht schreibe, so vergeht doch keine Stunde, in der ich nicht an Euch denken würde. Was ist denn mit »Eurem« König passiert?

I.

Moskau, 2. März 1934

Ehrwürdige Fenja mitsamt der zweiten Generation. Im Namen des russischen Proletariats spreche ich Euch mein Beileid anläßlich Eures schweren Verlustes aus und hoffe, daß Ihr dem neuen jungen Mann bei der Erfüllung seiner schweren Pflichten helfen werdet. An zweiter Stelle kann ich Euch vermelden, daß ich mir vorgestern die laufenden Geschäfte vom Hals geschafft habe.

Ich habe meine Werke öffentlich gelesen und suche nun einen abgeschiedenen Ort auf dem Lande. Es war, wenn man so will, eine Delegation der Bauern von Molodjonowo bei mir, mit der Bitte zurückzukommen, aber dort sind mir mittlerweile zu viele Leute. In den nächsten Tagen werde ich mich einer guten Sache widmen: einem Szenarium nach Bagrizkijs Verserzählung *Das Lied von Opanas*. Wir wollen ihm ein echtes Denkmal errichten, und ich habe das Angebot, ein Szenarium zu schreiben, gerne angenommen. Gedreht wird es bei der Ukrainfilm, die jetzt von Charkow nach Kiew umzieht. Ihr habt wahrscheinlich gelesen, daß man Kiew jetzt zur Hauptstadt der Ukraine macht und dort das große Bauen beginnt. Das kommt gerade zur rechten Zeit, denn die Stadt siechte dahin, während Charkow in den letzten Jahren unwahrscheinlich angewachsen ist. Im April werde ich wegen des Szenariums nach Kiew fahren müssen, evtl. husche ich in Odessa vorbei – freue mich sehr über diese Aussicht, habe Sehnsucht nach der Ukraine.

Was den Paß betrifft – den bekommt Ihr.

MOSKAU, 3. MÄRZ 1934

Katja ist zu Iossif gefahren. Sie brauchte Geld. Überhaupt lastet diese Geschichte als moralische und materielle Bürde auf mir. Nach wie vor setze ich mich für viele Menschen ein, und für mich selbst bleibt da wenig Zeit, dabei liegt unermeßlich viel Arbeit vor mir. Das eine Stück habe ich den Wachtangow-Leuten abgeliefert, aber zum Herbst muß ich dem Künstlertheater noch eins vorlegen und überdies das Szenarium und viele Erzählungen schreiben. Eine Wohnung in der Nähe von Moskau habe ich noch nicht gefunden, aber ich brauche dringend eine.

Heute, an Papas Todestag, schicke ich Geld für Anjuta und Sonja nach Odessa, bitte sie, auf den Friedhof zu gehen und nach dem Zustand des Grabes zu sehen. Ich rechne damit, in diesem Frühjahr durch Odessa zu kommen, und will die mir lieben Orte in der Heimat besuchen.

Heute abend versammelt sich bei mir eine Landsmannschaft aus Odessa, die alten Mitarbeiter der Odessaer ISWESTIJA, wo ich angefangen habe, und die alten Freunde, die schon damals in der Rischeljewskaja zu uns kamen; es wird ein Abend der Erinnerungen und meine *Goje* hat einen gefüllten Fisch gemacht, für den sich unsere Großmutter nicht geschämt hätte.

I.

MOSKAU, 7. MÄRZ 1934

Habe von Shenja einen Brief bekommen, Natascha ist gesund und wächst. Man hat mir hinterbracht, daß ihr Städtchen – *Plessis-Robinson* – sehr still und gemütlich sei. Natascha ist den ganzen Tag an der frischen Luft. Shenja beschreibt sehr drollig, was für Weisheiten ihr diese verfluchten 8jährigen Pariserinnen beibringen. Ich habe Natascha durch einen französischen

sischen Reisenden ein großes russisches Weibsbild geschickt; in ein paar Tagen wird sie die Puppe bekommen.

Ich komme einfach nicht aus Moskau weg. Vor mir liegt unendlich viel Arbeit; in den Zeiten meiner Abgeschiedenheit bin ich in vielen Dingen zurückgeblieben und muß etwas tun, um wieder auf dem laufenden zu sein. Eine Datscha suche ich mir nahe bei der Stadt, denn Moskau ist in den nächsten Monaten unentbehrlich für mich, und außerdem lasse ich mir gerade nach Mamas Beispiel alle Brücken neu legen, die dieser dicke Gauner aus der *rue de la Convention* verbrochen hat. Im Frühjahr muß ich, wie ich Euch schon geschrieben habe, wegen des Szenariums einige Zeit nach Kiew und Charkow.

Den Paß müßt Ihr entweder an Shenja – ich werde drakonische Maßnahmen ergreifen – oder direkt an das Konsulat schicken, an eine Adresse, die man mir in den nächsten Tagen mitteilen wird. Sobald ich sie bekomme, telegraphiere ich Euch. Wegen der Pilze und des Kaviars bitte ich gerade einen Ausländer, aber er schwankt noch, hat Angst vor dem Zoll; falls das nicht klappen sollte, werden wir das irgendwie mit Geld regeln; erst jetzt, nach meinen ausgedehnten Reisen habe ich damit angefangen, mich mit den »Geschäften« zu befassen, habe schon viele Schulden bezahlt und denke nun über ein Einkommen für mich und für Euch nach. – In den nächsten Tagen schicke ich Euch und Shenja Bücher…

Mit den Proben für das Stück wird Ende März begonnen, ich halte die Arbeit mit allen erdenklichen Mitteln auf, denn ich will, wenn dieses Stück aufgeführt wird, schon das andere fertig haben. Ich glaube, daß für mich die Zeit der Fruchtbarkeit im Kommen ist, da muß ich die Graphomanie in mir zur Entfaltung bringen. Viel Scherereien hatte ich wegen der Familie Bagrizkijs; es ist mir gelungen, sie für ein Jahr im voraus zu versorgen; darüber bin ich sehr froh.

Damit – auf Wiedersehen. Habe haufenweise zu tun. Wenn ich doch nur aufs Land umziehen könnte, dann würde ich Euch achtmal pro Woche schreiben. Ich habe bisher nur lustlos nach einer Villa im Grünen gesucht, aber in den nächsten Tagen werde ich in dieser Richtung wirkliche Aktivität entfalten.

I.

Moskau, 15. März 1934

Bin aufs Land gezogen, habe angefangen zu arbeiten. Nach Moskau komme ich wegen der Geschäfte und zur Materialsuche. Rings um das Stück gibt es Kampf, Prügeleien und Wortgefechte, was beweist, daß ein Körnchen Leben in ihm steckt. Bin froh, daß ich in dieser Zeit nicht in der Stadt bin. Ich widme mich weiterhin der dramatischen Kunst. Der »Einblick in etwas« ist zur Zeit nicht gefragt, gebraucht werden Fakten und Kenntnisse, daher habe ich mich viel mit Quellen zu beschäftigen. Ich beginne auch mit der Arbeit am Szenarium nach Bagrizkijs Dichtung *Das Lied von Opanas*. Offen gestanden, ich sitze darüber und kriege meinen Rücken nicht mehr gerade…

Habe wegen Mamas Paß an das Konsulat in Paris geschrieben. Ihr könnt ihn Shenja schicken, ich werde sie instruieren; bin überzeugt, daß sich das in zehn Minuten erledigen läßt.

Heute will ich in den Buchladen gehen, werde Bücher für Euch kaufen. Steiner soll heute kommen, werde mich wegen Fenja mit ihm beraten.

Lasse mir noch immer die Zähne behandeln. Katja ist nach wie vor bei Iossif. Ich nehme an, er wird zum Frühjahr zu Hause sein.

Das Stück habe ich Shenja zukommen lassen. Habe sie gebeten, es zu vervielfältigen und Euch ein Exemplar zu schikken… Dieses Stück wird eine Fortsetzung bekommen, an der ich gerade auch arbeite. Wegen der Proben im Wachtangowtheater kann ich nicht für längere Zeit aus Moskau weg; würde gern etwas in der Art von Molodjonowo ausfindig machen; bin immer noch dabei zu vergleichen. Die Leute von Molodjonowo schicken eine Delegation nach der anderen zu mir. Ich habe ihnen zur Frühjahrsaussaat fünf Pferde besorgt.

In Moskau ringt sich das Wetter allmählich den Frühling ab. Mich zieht es schrecklich in die Ukraine und aufs Land, aber ich muß ausharren.

Wie steht es um Eure kollektive Gesundheit? Nach wie vor geht es in unserem Land vorwärts und es wird fieberhaft gearbeitet.

I.

Moskau, 5. April 1934

Ich erfreue mich des Frühlings. Nun scheint schon etliche Tage die Sonne. Ich spaziere durch Moskau, das aufgewühlt ist wie ein Schlachtfeld. Man baut eine Metro, die erste Linie soll dieses Jahr im November in Betrieb gehen. Habe mit der Arbeit am Szenarium nach Bagrizkijs Verserzählung begonnen. Das Libretto bringe ich, sobald es fertig ist, nach Kiew. Gedreht wird der Film in Kiew. Ich will durchsetzen, daß die Aufnahmen in die Fabrik nach Odessa verlegt werden; dann hätte ich die Möglichkeit, für eine Weile in Odessa zu leben. Gleichzeitig arbeite ich an dem Stück. Würde es sehr gern bis zum Herbst vollenden. Die Sache mit Iossif hat eine Wendung zum Guten genommen. Werde noch im Laufe des Aprils seine Rückkehr nach Moskau erreichen. Meine Matze habe ich aufgegessen; meine Haushälterin ist losgegangen, um Mehl, Quark und die übrig. Bestandteile von Kulitsch und Paßcha zu kaufen. Ihr schreibt mir sehr selten. Es bedrückt mich, wenn ich keine Nachricht von Euch habe.

I.

Moskau, 14. April 1934

Liebwerte Mamascha. Ich lebe in höchstem Maße glücklich und zufrieden. Das Paradox – und das habe ich Shenja schon oft gesagt – besteht darin, daß ich in unserem bislang noch armen Land mit mehr Komfort und Freiheit lebe als Ihr und Shenja. Was Wohnung, Verpflegung, Bedienung, Heizung und Ruhe betrifft, habe ich es so gut wie kaum ein anderer (hierzu trägt freilich mein Nachbar Steiner, die Versorgung aus dem Ausland usw. viel bei), so daß es diesbezüglich keinen Grund zur Sorge gibt. Aber zu arbeiten habe ich in diesem Monat viel, und die Arbeit ist schwierig. In einem Anflug von Sentimentalität habe ich mich vertraglich verpflichtet, bis zum 1. Mai das Szenarium zum Thema von Bagrizkijs *Lied von Opanas* zu schreiben, und nun wird mir bang. Die Verse geben – Gott sei's geklagt – für das Kino fast gar nichts her, das Material muß man sich selbst einfallen lassen, wobei es im Einklang mit dem Geist der Verserzählung stehen muß, und

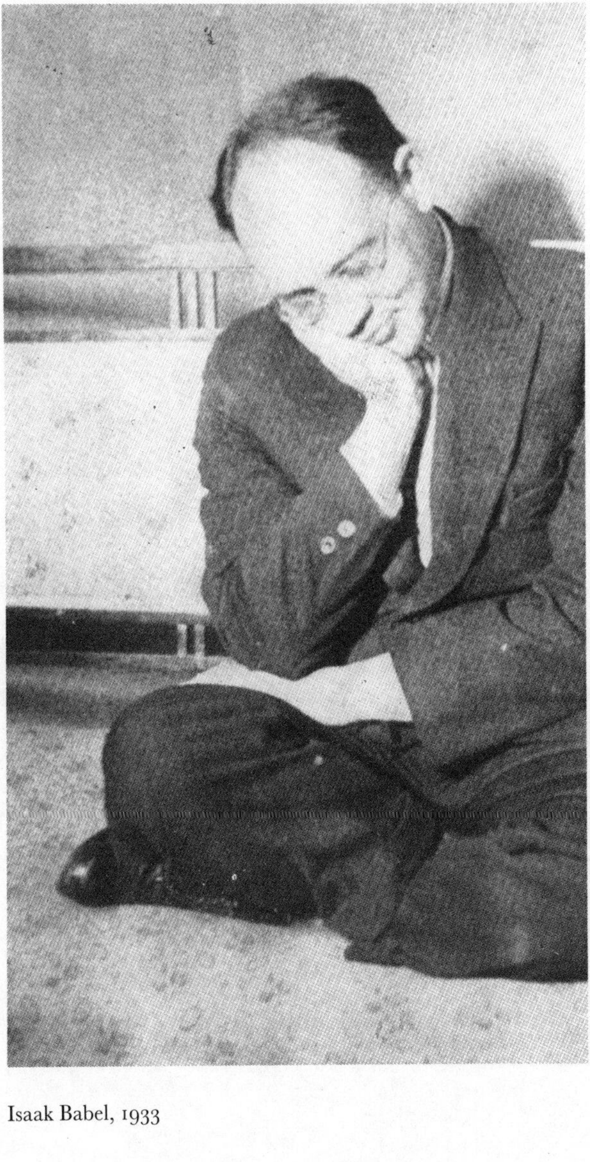

Isaak Babel, 1933

da liegt schon das nächste Unglück: Die Bürgerkriegsthematik ist veraltet und für den heutigen Zuschauer uninteressant. Das alles muß ich in Betracht ziehen und von irgendeiner Seite her einen neuen Zugang finden. Das ist das erste. Zweitens muß ich ebenfalls bis zum 1. Mai den Text für ein anderes Szenarium (Tonfilm) abliefern. Die Tage vergehen daher in pausenloser (und rein mechanischer) Arbeit, von der mich meine Nächsten und auch die Ferneren nach Kräften – und Kraft haben sie nicht zu knapp – abzuhalten versuchen. Falls ich diese Arbeiten glücklich zum Abschluß bringe, springt dabei eine bedeutende Geldsumme heraus, die vollständig zur Tilgung der Schulden (v.a. der in Paris gemachten) dienen soll. Viele von ihnen – sowohl persönliche als auch literarische – habe ich schon bezahlt, aber es stehen noch viele aus. Ich will sie mir in den nächsten Monaten vom Hals schaffen. Sobald ich mit dem Kino zurandekomme, muß ich für das Künstlertheater ein Stück schreiben und die schon vor langer Zeit geschriebenen Erzählungen in eine druckreife Form bringen.

Bin sehr froh über Euren Umzug. Zum Teufel, was braucht Ihr so ein feines Viertel! Es ist besser, mehr Licht und Luft zu haben. Wieviel wird Euch die neue Wohnung kosten?

Einer meiner Freunde, der Vorsitzende des Moskauer Genossenschaftswesens, bereitet sich darauf vor, Ende des Monats nach Frankreich zu fahren, und verspricht, Päckchen für Euch und für Shenja mitzunehmen. Ich möchte sehr gerne für Natascha etwas mitschicken. Über seine Abreise benachrichtige ich Euch.

Bei uns konzertiert Jascha Heifetz. Ich war am 11. in seinem Konzert, ein unauslöschlicher Eindruck, habe mich an meine Jugend erinnert, im Saal saßen viele Odessiten. Am Zwanzigsten gehe ich noch einmal hin. Bezüglich Iossif wurde mir versprochen, daß sein Fall sich im Mai klären wird. Ich warte auf Bescheid. Katja und Sascha hängen drohend wie ein Wolke über mir, und ich würde dieses Gespenst gern loswerden.

Aus Zeitmangel führe ich viele meiner guten Vorsätze nicht aus – Euch Bücher, Zeitungen und andere, noch wesentlichere Dinge zu schicken. In den nächsten Tagen werde ich das alles in die Tat umsetzen. Unsere Zeitungen werden immer interessanter, die Ergebnisse der 15jährigen Arbeit werden immer deutlicher sichtbar. Heute gibt es eine gute Nachricht: Alle Leute von der Tscheljuskin wurden von der Eisscholle heruntergeholt. Das zeigt, was die sowjetische Luftfahrt taugt.

Eine »Villa im Grünen« habe ich mir noch nicht ausgesucht. Bin vor knapp zwei Tagen hingefahren; es hat mir nicht sonderlich gefallen, muß mir noch einen anderen Ort anschauen. Ich habe es damit nicht allzu eilig, denn bei uns hat nach zweitägigem Tauwetter der Winter in seiner ganzen Schneepracht wieder den Thron bestiegen. Während ich Euch schreibe, schaue ich aus dem Fenster: Da schneit es große Flokken. Alles ist weiß. Beunruhigt Euch nicht, wenn kein Brief von mir kommt. Das liegt daran, daß ich Euch baldmöglichst vom Abschluß meiner kinematographischen Werke berichten will. In den nächsten Tagen schreibe ich Euch über die restlichen Dinge.

I.

Moskau, 29. April 1934

Gestern bekam ich den Brief mit der Adresse. Schade, daß er nicht früher kam, sonst hätte ich Euch die Iswestija schon für den Mai abonniert. Werde mich bemühen, das dennoch zu tun.

Gestern habe ich ein Päckchen an Enta abgeschickt. Werde voller Ungeduld ihre Bestätigung erwarten. Jetzt muß an Fenja gedacht werden.

Sehr interessiert hat mich die Nachricht über die Reise der Sismans. Ihre Sachen sind bei mir, ich werde sie sehr dringend brauchen können, während sie die Sachen, die ich bei ihnen gelassen habe, Fenja geben könnten. Ich warte diesbezüglich auf genauere Auskünfte. Und zwar so schnell es geht.

Ich arbeite viel an den Szenarien, um sie baldmöglichst abzuschließen und freie Zeit für meine weiteren Arbeiten zu finden. Ich muß unbedingt bis zum Herbst das Stück für das Künstlertheater vollenden und ein paar Artikel für Natascha schreiben.

Natascha – ich habe es Euch schon geschrieben – hat große Sehnsucht nach mir und nach ihrer Oma. Wenigstens Mama würde ich gerne als Bevollmächtigten Vertreter entsenden. Im

Sommer ist es hübsch in *Robinson.* Ich verstehe, daß alldem der Geldmangel im Wege steht; evtl. wird es für Shenja nun leichter. Wie sehen diesbezüglich Eure Überlegungen aus?

In welcher Eigenschaft fahren die Sismans? Es wäre Zeit, daß auch Mendele eine solche Reise macht, und überhaupt wäre es an der Zeit, die verstreute Familie zu versammeln… Einem so feurigen Sohn wie mir müßte man zuallererst sein Muttchen wiedergeben, sie hat lange genug bei ihrer Tochter gelebt… Falls es erforderlich ist, für Mendele irgendwelche Bemühungen in die Wege zu leiten, ich würde mir hier alle Beine dafür ausreißen…

Vorgestern hatte ich eine sog. literarische Plauderei mit Komsomolzen… Habe dort Shenja Trojanowskaja getroffen; sie bat mich, Euch zu grüßen… Ihre Tochter, die ist leider Gottes krank, etwas in der Art von Knochentuberkulose, ansonsten geht es allen gut. Wera ist, wie gehabt, froh und munter; sie wohnt seit ein paar Monaten bei Ljuba, die nichts anderes vorstellt als eine Sammlung zahlreicher Krankheiten, aber trotzdem krebst sie weiter… Damit unterbreche ich meinen Brief, will die Sache wegen des Päckchens klären, damit ich Euch etwas Genaues mitteilen kann.

Wir haben jetzt wohl richtigen Frühling. Heute ist es heiß. Die Stadt bereitet sich auf die Feiern zum 1. Mai vor. Ich werde auch auf den Roten Platz gehen.

Warum laßt Ihr Euch so selten photographieren? Es wäre sehr schön, von Euch Photos zu bekommen. Wenn Ihr irgend etwas habt, dann schickt es mir.

Euer I.

MOSKAU, 13. MAI 1934

Die wichtigsten Spaziergänge führen nach wie vor auf den Friedhof oder ins Krematorium. Gestern wurde Maxim Peschkow beerdigt, ein ungeheuerlicher Tod. Er hatte sich nicht besonders gut gefühlt, aber trotzdem in der Moskwa gebadet und bekam blitzschnell eine Lungenentzündung. Auf dem Friedhof konnte sich der Alte kaum noch rühren, es war nicht mitanzusehen, so zerriß es einem das Herz. Maxim und ich sind in Italien gute Freunde geworden, wir haben gemeinsam im Automobil viele tausend Kilometer zurückgelegt und bei einer Flasche Chianti viele lustige Abende verbracht...

Gerade bekam ich Euren Brief vom 7. 5. Ich bin sehr froh, daß die Wohnung gut ist. Die Zeitschriften und Zeitungen werde ich in den nächsten Tagen schicken. Im Zusammenhang mit den Unregelmäßigkeiten in Ljowas Geschäften konnte Shenjas Stimmung nicht glänzend sein. Ich habe verschiedene Schritte unternommen, die hoffentlich zu Ergebnissen führen und sie neuen Mut schöpfen lassen. Heute werde ich an sie und an die Bevollmächtigte Vertretung schreiben, damit die es dort von sich aus erledigen. Ich denke, Ihr werdet von ihr schon Nachricht haben.

Eine Terminarbeit habe ich schon abgeschlossen, habe mich wieder an meine eigenen Dinge gemacht und werde schön langsam *Das Lied von Opanas* zu Ende führen. Wenn ich damit fertig bin, werden sich die Pläne für meine Ortsveränderung klären. Die Ukrainfilm drängt mich sehr, nach Kiew und Odessa zu kommen; die Versuchung ist groß.

Was schreibt Rosa? Hat sie noch die alte Adresse? Über Grischas Angelegenheiten weiß ich gar nichts. Soviel man hört, hat sich die Krise ein wenig gelegt. Hat sich das auf seine Arbeit ausgewirkt?

Bis gestern hatten wir hier Sommer, heute ist es trübe. Ich bedaure sehr, daß mir wenig Zeit für Spaziergänge durch Moskau bleibt. Die Stadt ist im Augenblick sehr interessant und voller Leben, alles wird umgebaut – und in kultureller Hinsicht zieht es uns in den europäischen Strudel: Konzerte von Berühmtheiten usf. Auf der materiellen Seite ist unser Leben bedeutend leichter geworden, und gäbe es da nicht B. D. – so würde ich sofort in schärfster Weise die Frage nach Shenjas und Nataschas Kommen aufwerfen. Daran denke ich auch jetzt die ganze Zeit über. Neun Zehntel aller Schwierigkeiten wären dann hinfällig.

Damit – auf Wiedersehen. Augenblicklich liegt der einzige Weg zu unser aller Wohl darin, daß ich mehr arbeite, doch haben sich nun die Formen der Arbeit an sich verändert – man muß mehr studieren, umherfahren –, durch Schreibtischgrübeleien läßt sich zur Zeit nichts erreichen... Ich hoffe, Euch im nächst. Brief schon über den Abschluß des Films berichten zu können, dann ist die Bahn frei für die Arbeit, an der mein Herz hängt.

I.

Moskau, 26. Mai 1934

Tschlenow ist für ein paar Tage hergekommen und fährt am 29. 5. zurück nach Paris; er nimmt ein Päckchen für Natascha mit und verspricht, Mamas Paß im Konsulat sogleich zu verlängern. Diese Sache geht nun ihren sicheren Gang.

Shenja hat mir bis heute noch nicht den Empfang der Bücher bestätigt. Heute habe ich telegraphisch bei ihr nachgefragt. Ich bin überzeugt, daß die Bücher angekommen sind.

Ich erledige meine Moskauer Geschäfte, übermorgen fahre ich zu Gorkij auf die Datscha, bleibe vielleicht zehn Tage bei ihm und ziehe anschließend in meine eigene um. Meine Kinoangelegenheiten nähern sich ihrem guten Ende, im Juni werde ich nach Kiew fahren.

Habe mit Gossisdat einen Vertrag über eine einbändige Ausgabe all meiner geschätzten Werke geschlossen; darin werden auch neue Sachen aufgenommen. Das Büchlein soll im Herbst das Licht der Welt erblicken.

Bei uns herrscht im Augenblick allgemeine Zufriedenheit – es regnet. Die Trockenheit hatte bedrohliche Ausmaße angenommen, nun haben sich die Aussichten auf eine gute Ernte entscheidend verbessert. Bin sehr froh darüber, daß ich mit meiner Abreise eine Menge fremder Angelegenheiten loswerde, die mich beim Arbeiten stören.

Ich habe Eure Bücherbestellung – die Ausgaben von *Academia* u.a. – an Gossisdat weitergeleitet. Ihr werdet sie Anfang Juni erhalten. Damit – auf Wiedersehen, gerade ist der Filmregisseur gekommen, ich muß arbeiten.

I.

Uspenskoje, 8. Juni 1934

Teure Mamaschenka,
gestern war ich für ein paar Stunden in Moskau, hatte nicht die Zeit zu schreiben. Die Photos schicke ich ab, wenn ich das

nächste Mal nach Moskau komme, die Bücher ebenfalls. Für Shenja sammle ich eine ganze Bibliothek und habe dabei niemanden, dem ich auftragen könnte, sich um Euch zu sorgen. Katja arbeitet als Zahnärztin beim Konservatorium und ist fast die ganze Zeit beschäftigt. Jetzt will ich, sobald ich nach Moskau komme, alles selbst erledigen.

Ich habe Nachricht, daß Shenja alle an sie abgeschickten Bücher erhalten hat. Ich beginne, beharrlich darüber nachzudenken, wie man unser Getrenntsein beenden könnte, und wenn ich arbeite, so nur in diese Richtung. Meiner Meinung nach muß sich jetzt alles auf dieses Ziel richten.

Meine Reise in die Ukraine werde ich auf jeden Fall unternehmen, aber den Termin dafür kann ich noch nicht genau bestimmen, hier kommt immer wieder mehr Arbeit dazu. Außerdem will ich zuerst einen Ersatz für Molodjonowo finden. Ein Mensch, der eine Wohnung in Moskau hat, braucht unbedingt auch eine außerhalb der Stadt, wohin er sich zum Arbeiten zurückziehen kann. Am 12. soll ich mir ein Häuschen an der Kursker Eisenbahnlinie anschauen; das ist insofern günstig, weil man von der Nikolo-Worobinskij-Gasse bis zum Bahnhof nur fünf Minuten geht.

Gestern hatten wir hier einen interessanten Abend: Eine jüdische Mame brachte ihren zehnjährigen Sohn zu A. M. mit, ein literarisches Wunderkind, das Erwachsenenverse schreibt – und noch dazu über politische Themen... Der Junge ist tatsächlich nicht nur frühreif, sondern geradezu ungeheuerlich entwickelt. Er las seine Gedichte über [.. – ein Wort unleserlich], schlug dabei mit der Faust auf den Tisch und steckt voll professioneller literarischer Interessen. Wenn man diesen Jungen wieder in die Kindheit zurückholt, wird aus ihm etwas Gescheites werden.

Für morgen wird für die ganze Herde ein Abstecher zur Baustelle des Moskau-Wolga-Kanals vorbereitet. Wenn ich zurück bin, schreibe ich. Gerade habe ich mir ein paar Minuten gestohlen, um diese Zeilen zu kritzeln. Ich muß heute selbst etwas verfassen und einen ganzen Haufen Material redigieren.

Je vous en prie, bleibt gesund.

I.

USPENSKOJE, 18. JUNI 1934

Ich wohne immer noch am selben Ort – bei A. M. Wie man in Odessa sagt – Tausend und eine Nacht! Genug Erinnerungen für mein ganzes Leben. Ich suche weiterhin nach einem stillen, gemütlichen Plätzchen in der Nähe von Moskau. Das eine oder andere zeichnet sich ab. Im Laufe der kommenden Woche werde ich mich irgendwo niederlassen.

Im Auftrag von A. M. war ich die ganze Zeit über mit Redigieren beschäftigt und habe mein Szenarium vernachlässigt. Jetzt nehme ich es erneut in Angriff; will es baldmöglichst vollenden und nach Kiew bringen, sonst verstellt es mir den Weg zu weiteren Arbeiten.

Im Herbst erscheint im Verlag GIChL eine einbändige Werkauswahl von mir.

Die Ehrenburgs sind angekommen. Sie haben, wie ich hoffe, einen Gruß von Shenja und Natascha mitgebracht. Ich fahre in zwei oder drei Tagen nach Moskau, dann werde ich sie treffen.

Habe Geld nach Odessa geschickt. Wegen Iossif bemühe ich mich immer noch; ich hatte mich schon durchgesetzt, aber dann wurde wieder alles verzögert. Wir werden es trotzdem schaffen. Der Sommer ist übel: Regen, Kälte. Gestern wurde hier geheizt.

Habe einige Stunden mit Schmidt verbracht. Er hat von der TSCHELJUSKIN erzählt. Morgen fahre ich ihn besuchen, er wohnt gar nicht weit von hier.

Damit – auf Wiedersehen. Aus meinem Fenster sieht man Wiesen, Wälder und Blumenbeete. Vor mir liegt ein Tag voller Arbeit. Bei diesen Werken muß ich einen Zahn zulegen. Ich schreibe Euch in aller Frühe. Rechne damit, daß ich in Moskau umfangreiche Episteln von Euch vorfinde.

Mamas Briefe sind mir Freude und Trost.

IB.

MOSKAU, 20. JUNI 1934

Bin in die Stadt gekommen und fand Deinen Brief. Ich schicke Euch eine Aufnahme von Schaljapin als Kind. Behaltet sie nicht länger als eine Woche und schickt sie mir dann wieder. Ich habe dasselbe Photo noch in voller Größe.

Es gibt wieder eine Spur von den Taras. Shenja schreibt, daß sie Dich für Juni und Juli einlädt, woraus man schließen muß, daß der Paß in Ordnung ist. Jedenfalls habe ich Tschlenow telegraphiert, er wird das erledigen. Shenja braucht diesen Paß nur zur Botschaft zu bringen. Fahr unbedingt nach *Plessis-Robinson* – und zwar sofort. Tu das, und wenn es auch nur für mich ist.

Shenja schreibt, Natascha müßten die Mandeln herausgenommen werden. Keine komplizierte Operation, aber ich hätte gern, daß Du dort bist. Ich warte also auf die Nachricht von Deiner Abreise, die telegraphische Nachricht. Das Geld hat Shenja, wenn auch mit Verspätung, erhalten. Ljowa ist – wie sich herausstellt – krank und liegt nach einer Blinddarmoperation in der Klinik; seine Geschäfte gehen wohl zufriedenstellend, aber er hat kein Geld und wird bis September auch keins bekommen. Dieser Zwischenfall läßt mir meine restlichen Haare zu Berge stehen. Bin hergekommen, um die Ehrenburgs und *Malereau* zu sehen und werde ein, zwei Tage in Moskau bleiben. A. M. hat mir alle möglichen Redaktionsarbeiten aufgehalst. Ich ließ deswegen mein Szenarium links liegen; die verlorene Zeit kann ich keinesfalls wieder aufholen. Wegen der Nerven und der literarischen Arbeit hat Mama recht, aber da mit meinen Nerven alles zum Besten steht, ist auch alles übrige in Ordnung.

Gestern war ein Festtag – die Ankunft der TSCHELJUSKIN-Leute. Für sie hat man eine Art Triumphzug veranstaltet, wie im alten Rom – auf der Straße wurden Blumen gestreut, die ganze Stadt war geschmückt. Ganz Moskau hat, wie man erzählt, gefunkelt und geblitzt. Morgen mache ich mich endlich auf, um die Bücher für Euch zu kaufen, und dann schreibe ich wieder.

I.

USPENSKOJE, 9. JULI 1934

Teures *Mamachen,* ich bin in letzter Zeit nur noch herumgewirbelt und habe deswegen nicht geschrieben. Ich hatte eine

Menge Redaktions- und Kinoarbeit, dann sind die Schweden bei mir eingefallen und haben Grüße überbracht. Sie kosten mich sehr viel, und außerdem mußte ich mir viel Zeit für sie nehmen. Sie sind noch nicht abgereist, und so muß ich mich, selbst wenn ich nicht in Moskau bin, um sie sorgen, muß organisieren, telephonieren und so weiter.

Überhaupt kann ich mich nicht retten vor lauter Gästen: die Ehrenburgs, Malraux; und keiner ist so wie ich, d.h. alle brauchen sie irgend etwas, ich könnte mich geradezu in Stücke reißen.

In Zukunft muß ich das anders organisieren – Enta das Material schicken und mich nicht mit Gästen abplagen; das geht über meine Kraft. Ich bekam die Nachricht, daß Enta auch im Juli die Unterstützung erhalten hat; ich warte auf ihre Bestätigung. Alle, die mir ihre Aufwartung machen, erzählen, daß Shenja ein hübsches Haus hat, daß beide gut aussehen, und natürlich wäre es nicht übel, wenn sie im August zur Kur fahren würden, aber mir scheint, das muß nicht mit aller Gewalt sein, sie leben doch auch so schon auf dem Land. Für das Geld, das ich verdient und für sie in letzter Zeit ausgegeben habe, könnte man hier ein Haus bauen und ein Jahr lang herrlich leben, in Wirklichkeit aber ist, was für sie dabei herauskommt, nicht der Rede wert, und für mich ist es – weder von der Arbeit, noch vom Persönlichen her – ein Leben, wie es sein sollte…

Ich habe nicht das Herz, Dir aus der Entfernung Ratschläge zu erteilen, aber ich meine, es wäre am besten, wenn Du zu Natascha fahren – die beiden können sich nicht vom Fleck rühren – und mit ihr gemeinsam den Sommer verbringen würdest. Morgen werde ich Shenja schreiben.

Meine finanziellen Angelegenheiten stehen in letzter Zeit sehr günstig, aber wie ich Euch bereits schrieb, wird das alles verausgabt, ohne eigentlich eine Wirkung zu haben. Ein bißchen Geld habe ich Katja gegeben, etwas habe ich nach Odessa geschickt, jetzt kleiden wir Katja neu ein, ich setze mich weiterhin für sie ein und außerdem noch für eine Menge anderer Leute…

Habt Ihr die Bücher bekommen? Jetzt, wo ich auf dem Lande bin, werde ich regelmäßiger schreiben. Ich komme einfach nicht dazu, etwas Richtiges zu arbeiten, dabei könnte ich sterben dafür...

Bis morgen.

I.

Moskau, 14. November 1934

Verehrte entfernte Verwandte,
ich schreibe selten, nicht etwa weil ich an irgendeiner Unbill leide (Ihr habt also keinen Grund zur Beunruhigung), sondern weil das Leben so kompliziert ist. Selbige Kompliziertheit hat drei Wurzeln: erstens – die Literatur, zweitens – ich muß mehr Geld beschaffen, als sich das gehört, und dazu noch mein weicher Charakter. Ständig bürdet man mir Scherereien auf und verfolgt mich mit Bittgesuchen.

Ich arbeite mehr denn je, aber, wie Ihr seht, bislang ohne sichtbaren Nutzen. Das Leben will nicht einmal für fünf Minuten vor dem Schreibtisch stillhalten. Die Philosophie dieser ungestümen Bewegung in künstlerischer Form auszudrücken, ist eine dankbare Aufgabe, jedoch von einer solchen Schwierigkeit, wie sie mir in meinem Leben noch nicht untergekommen ist. Einen – inneren oder äußeren – Kompromiß zu schließen, bin ich nicht imstande, folglich muß ich mich gedulden, mich versenken und warten. Viel Zeit und Kraft kosten allerlei anonyme Arbeiten aus Geldgründen. Ich verdiene so viel, daß es reichen würde, um ein Haus und eine Datscha zu bauen, ein Automobil zu kaufen und damit eine Krim und einen Kaukasus nach dem anderen abzuklappern, aber alles geht drauf für die Begleichung der alten Pariser Schulden und die Geldsendungen an Enta, dabei ist es für sie nur ein kaum fühlbarer Tropfen auf den heißen Stein, während es bei uns ein Vermögen ist. So bleibt mir also nicht einmal die moralische Befriedigung, das Bewußtsein, ihr wirklich zu helfen. All das muß von Grund auf geändert werden, und wenn ich nur eine Atempause bekäme, die Auftragsarbeiten loswürde und mich den Erzählungen (für Übersetzungen) zuwenden könnte – das wäre etwas Wesentlicheres, aber eine solche Atempause kann ich mir nirgendwo abzwacken. Aus alldem folgt, daß ich nicht eine Minute freie Zeit habe. Schreiben – das heißt derzeit nicht, am Tisch zu sitzen, sondern zu reisen, am lebendigen Leben teilzunehmen, sich zu regen, Materialien zu studieren, Verbindung zu irgendwelchen Betrieben oder Behörden zu halten, und manchmal stellt man voller Verzweiflung fest, daß man es nicht schafft, überall dorthin zu kommen, wo man sein müßte.

Ich schrieb Euch bereits, daß sich die materiellen Lebensbedingungen hier bei uns in verblüffender Geschwindigkeit verbessern; Natascha läßt sich hier unermeßlich besser großziehen als in Frankreich, dort sitzen zu bleiben, verliert jeglichen Sinn. Der Winter kommt, und so kann ich nicht auf einer unverzüglichen Übersiedlung bestehen, aber ab Januar, Februar werde ich eine echte Kampagne starten. Hierbei ist B. D. der Stein des Anstoßes, aber ich bin entschlossen, Ljowa gegenüber diese ganze Sache in unzweideutigen Worten klarzustellen. Meiner Ansicht nach wird es auch für Mama Zeit, die Heimat wiederzusehen, ihr Leben läßt sich hier auf die einfachste Art und Weise einrichten, den Zeitpunkt ihrer Ankunft überlasse ich Eurem Gutdünken, aber ich würde sie gerne so bald als möglich wiedersehen.

Die Bemühungen wegen Iossif haben ein glückliches Ende genommen – in ein, zwei Tagen wird er in Moskau sein. Die Wohnung hat man ihm auch zurückgegeben. All das hat mich nicht wenig Mühe gekostet.

Meine Mitbewohner, die zum Anlaß für soviel Geschwätz geworden sind, zerstreuen sich nach und nach, und zum ersten Dezember wird keiner mehr hier sein. Sobald das geschehen ist, werde ich nach Kiew fahren; eine unerläßliche und lange aufgeschobene Reise. Überhaupt träume ich davon, mir einen Stützpunkt irgendwo in der Nähe von Odessa zu schaffen. Das Lebenstempo in Moskau ist dermaßen fieberhaft, daß es schwerlich meinen Gewohnheiten und meinem Bedürfnis nach ausgiebigem Nachdenken entspricht. Moskau ist im Augenblick eine der lautesten Städte Europas, was aber das Ausmaß der Bautätigkeit, was die Revolution angeht, die sich jeden Tag an seinen Straßen und Plätzen vollzieht, kann auch kein New York mit Moskau Schritt halten. Überhaupt kommt bei uns jeden Tag deutlicher das Bild eines in seiner Macht einzigartigen Staates zum Vorschein, und an der Realisierbarkeit der

Losung »Einholen und Überholen« hat nun niemand mehr Zweifel. Ich werde mir zwei Tage Ferien gönnen, und dann schicke ich Euch Bücher und Zeitungen, die bei uns immer interessanter werden. Alsdann, da Ihr freier über Euch verfügen könnt als ich, führt nicht Buch über Soll und Haben unserer Korrespondenz, sondern schreibt mir, sooft es geht. Meine Sehnsucht nach Euch allen ist sehr groß. Von Natascha rede ich gar nicht erst, aber die Rebellion gegen den Zwang, ohne sie zu leben, wird bald ausbrechen, das spüre ich.

Auf Wiedersehen, meine Lieben. Schreibt mir wegen Mamas Kommen.

Euer Sohn und Bruder aus Stahlbeton

I.

Moskau, 26. November 1934

Erst vor knapp zwei Tagen habe ich das Szenarium fertiggeschrieben, nun werde ich etwas freier sein. Habe Euch Bücher geschickt; bestätigt den Empfang. Werde Euch – je nachdem, wie ich sie sammeln kann – weitere schicken.

Natascha hat gekränkelt, wollte Euch nicht davon schreiben. Jetzt ist sie wieder gesund. Der Doktor spricht von Röteln, aber Shenja behauptet, es sei Scharlach gewesen (der sehr glimpflich verlief), wobei ich diesbezüglich skeptisch bin. Ein Freund von mir fährt hin. Ich schicke Natascha ein Pelzmäntelchen mit. Man hat mir versprochen, daß am 27. das Geld an Enta abgeschickt wird. Ich hoffe, daß im Dezember auch für Mama ein kleines Sümmchen abfällt. Werde alle notwendigen Schritte unternehmen.

Ich erinnere Euch daran, daß ich zum Frühjahr Mamas Besuch erwarte. Die Wohnung ist ganz und gar frei. Angesichts dessen, daß unheilvolle Gerüchte jedes noch so unschuldige Tun von mir begleiten, habe ich den Umzug meiner Mitbewohner beschleunigt, und nun gibt es hier keine fremden Leute mehr, nur zwei Junggesellen – Steiner und ich –, zwei Hausmädchen und noch einen elektrischen Samowar, der nie vom Tisch verschwindet.

Ich fühle mich wohl. Der erste Schnee ist gefallen, es ist sehr schön. Die Gier nach Arbeit verzehrt mich, leider habe ich viele Auftragsarbeiten. Das Szenarium werde ich in einer Woche abliefern – ich will es eine Weile liegen lassen –, dann wird sich der genaue Termin für meine Reise in die Ukraine klären.

Vor knapp fünf Tagen ist Iossif zurückgekehrt – in besserer Verfassung, als ich angenommen hatte. Sie richten die Wohnung neu ein, ich bemühe mich darum, daß Iossif in Moskau bleiben darf, und hoffe, daß es gelingt. Somit ist diese Epopöe besser ausgegangen, als ich erwartet hatte. Was soll man mit diesen alten Wickelkindern und Neurasthenikern bloß anstellen…

Ich schicke heute Geld nach Odessa. Sonja schickt mir sehr drollige Dankesbriefe. Sobald in Katjas Wohnung Ordnung herrscht, schicken wir ihr eine schriftliche Einladung – um hier in Saus und Braus zu leben…

Was hat Euch denn die Sprache verschlagen? Ich denke, daß Mamas Kommen beschlossene Sache ist und diese Entscheidung nicht wieder in Frage gestellt werden soll. Euer Schweigen zu dieser Sache beunruhigt mich sehr.

Wie gehen Grischas Geschäfte? Seid Ihr denn mit der Wohnung in der *Alphonse Holle* zufrieden? Es schmerzt mich, daß Ihr dort wohnt.

In unserem Land geschehen Wunderdinge. Der Wohlstand wächst in nie gesehenem Tempo, einen solchen Andrang von Energie und frischem Mut hat die Welt wahrhaftig noch nicht gesehen; jeder, der eine »lebendige Seele« in sich hat, strebt hierher; darüber sollte man gründlich nachdenken… Ohne Übertreibung läßt sich sagen, daß es keine Stadt gibt, in der das Leben interessanter wäre als in Moskau.

Ich bin ein Mensch, der so viel zu tun hat, daß es eine Qual ist – Studien, Arbeit, ein Schwall von Leuten, der mich überfällt –, darum führt nicht kleinlich Buch über meine Briefe und schreibt selbst öfter. Ich küsse Euch, meine Teuren.

I.

MOSKAU, 13. DEZEMBER 1934

Liebwerte Mamaschenka. Meine Bekannte ist erst heute mit dem Pelz für Natascha und etwas Geld abgefahren. Es ist ein

Mäntelchen aus Fehpelz und sehr schön. In ein paar Tagen fährt der Bruder von Slonim; er nimmt ebenfalls Spielzeug und andere Sachen mit. Alle haben für Shenja denselben Auftrag – sie davon zu überzeugen, nach Moskau zu kommen. Nach allgemeinem Dafürhalten ist das Leben hier viel interessanter, besser und, wenn Ihr wollt, auch ruhiger als bei Euch, von dem Umstand ganz zu schweigen, daß damit sofort alle materiellen Belastungen hinfällig wären. Ich schrieb Dir bereits, daß es Blödsinn, sträflicher Blödsinn ist, von hier aus etwas zu schicken. Da sind ganz andere Maßnahmen zu ergreifen. Mein Nachbar fährt im Januar, er nimmt ein Päckchen für Deine dringendsten Bedürfnisse mit. Den genauen Termin seiner Reise werde ich Euch telegraphieren. Meine Arbeitspause hat nicht lange gedauert, ich muß wieder arbeiten, hauptsächlich für Frankreich, muß noch ein Szenarium schreiben. Ich werde einfach meine Schulden nicht los, die ich auf meiner letzten Reise und in diesem Herbst gemacht habe. Freilich ist es angenehm zu arbeiten, aber ich würde dabei gern weniger an die materiellen Ergebnisse denken und meinen Arbeitsplan so umgestalten, daß ich die beste Zeit der Arbeit widmen kann, die mir am Herzen liegt... Das Durchforsten bestimmter Institutionen und Archive hält mich in Moskau fest, sonst wäre ich längst aufs Dorf oder in die Ukraine entfleucht. Hier kann ich mich vor den Besuchern und den Scherereien wegen einer Menge Leute nicht drücken. Was mich allein die Ljachezkijs kosten! Jetzt muß ich für ihre Aufenthaltsberechtigung in Moskau kämpfen. Freilich sind sie dumm und hilflos, aber jetzt, da die Zeit für richtige, ausgedehnte Arbeiten reif ist, habe ich nicht mehr genug Zeit für sie. Man hat mir hier einen Schweden mit langen Beinen und Haaren, weiß wie ausgebleichtes Stroh, als Gast hergeschickt, der nichts Besseres zu tun hatte, als den Verstand zu verlieren – nun muß ich ihm die nötigen Sachen ins Irrenhaus schicken... Diese Dinge lassen sich gar nicht alle aufzählen... Und das alles, ohne die Graphomanen einzurechnen, die reihum ihre zentnerschweren Manuskripte zu mir schleppen... Ich lese schon den dritten Tag an einem sehr langen Roman von Gecht und finde daran leider gar keinen ästhetischen Genuß... Dazu noch – Pferdeliebhaber, Soldaten, Agenten von der Kriminalpolizei, Sitzungen im Schriftstellerverband (um die ich mich übrigens herumdrücke) und noch vieles andere ohne Zahl…

In zwei oder drei Tagen schicke ich Sonja und Anjuta Geld. Dennoch ist es nicht ausgeschlossen, daß ich bald in Kiew und Odessa sein werde. Die Bücher schicke ich Euch. Ich bin in den letzten Monaten viel photographiert worden; ich sollte die Photos sammeln und Euch schicken.

Katja hat Dir geschrieben. Sie richten sich wieder in ihrer alten Wohnung ein. Iossif sieht zu meinem Erstaunen gar nicht übel aus, er ist sogar jünger geworden, aber noch ebenso dumm wie zuvor.

Die Sache mit dem Paß ist ganz einfach. Es gibt nichts Leichteres, als ihn zu verlängern, und ich weiß nicht, warum diese so einfache Aktion bei Euch eine solche Verwirrung auslöst. Der Paß muß unbedingt verlängert werden; ich nehme an, daß wir zum Frühling damit anfangen müssen, uns zu rühren. Wir sind nun lange genug den Weg des geringsten Widerstands gegangen. Kann man ihn nicht aus Brüssel direkt an die Botschaft schicken? Eure Belgier wollen in ihrer Unbeugsamkeit alle anderen Nationen der Welt überflügeln. Anscheinend gibt es einzig und allein in Brüssel keine Botschaft von uns.

Ich bin sehr froh, daß ich trotzdem etwas mehr Freiheit habe als zuvor, und kann zu meinen Sohnespflichten zurückkehren, die ich im übrigen in keiner einzigen Minute meines Lebens vergesse – nur daß meine Arme zu kurz sind, bis zu Euch reichen sie nicht hin… Lebt so gut es geht, meine Lieben. Jetzt werde ich regelmäßig schreiben.

I.

Moskau, 23. Dezember 1934

Habe Meris Drohbrief erhalten. Gerade habe ich ein Telegramm an Euch abgeschickt. Natascha ist gesund, alles ist in bester Ordnung. Das Mädchen hatte eine der vorübergehenden und zahlreichen Kinderkrankheiten. Und ich kann auch auf keine Weise herausfinden, ob das von mir abgeschickte Pelzmäntelchen nun angekommen ist oder nicht. Shenja nahm es mit ihrer Korrespondenz noch nie genau, aber ich weiß, daß sie über alles, was nicht in Ordnung ist, unverzüglich berichtet; ihr Schweigen ist ein gutes Zeichen.

Über Katjas Schwachsinn wundere ich mich nicht – es gibt überhaupt wenig, was mich staunen macht –, aber zutiefst empört bin ich doch. Diese Leute haben mir, bemitleidenswert und unnütz wie sie sind, ein Jahr meines Lebens vergiftet; beim Aufwachen sah ich jeden Tag ein und dieselbe bettelnde und jämmerliche Gestalt vor mir, wodurch ich automatisch meine Arbeitsfähigkeit für den ganzen Tag im voraus verlor. Unter den allergrößten Anstrengungen, und ohne auf meine Würde zu achten, habe ich diese Leute oftmals aus dem tiefsten Abgrund gezogen. Ohne Übertreibung kann man sagen, daß sie allein durch mich noch am Leben sind. Nach alledem stellt sich nun heraus, das es gescheiter ist, wenn ich nichts von mir sage. Meine Nachsicht und Toleranz diesen sogenannten Verwandten gegenüber sind in der Tat beispiellos. Dieses Mal aber ist das Maß meiner Geduld voll.

Ich fühle mich gut. Das Leben bei uns ist außerordentlich interessant, aber der Beruf, den ich gewählt habe, meine Neigungen und Grundsätze – alles oder nichts – haben nie Grund zu der Annahme gegeben, daß mein persönliches Leben leicht, daß mein Weg von Rosen gesäumt und jeder meiner Schritte vom Jubel meiner Verwandten und Bekannten begleitet sein würde. Bei meiner Geburt habe ich keinerlei Verpflichtung für ein leichtes Leben übernommen. Ohne ein Prahlhans zu sein, kann ich mit Recht sagen, daß ich die sogenannten Schwierigkeiten mit einer Leichtigkeit und Tapferkeit ertrage, wie man sie nicht oft antrifft, und wenn ich sie mit Schweigen übergehe, liegt das ebensowenig an meinem Heldenmut wie an meinem üblen Charakter, sondern an dem natürlichen und berechtigten Widerwillen gegen ein so uninteressantes und unbedeutendes Thema. Ihr macht Euch meinetwegen Angst um Dinge, wofür es nicht die Spur eines Grundes gibt. Meine einzige Krankheit ist die Trennung von Mama, von Euch allen. Anstatt herumzujammern – helft mir lieber und kommt her, um mit mir zusammenzuleben.

I.

1935

Moskau, 7. Januar 1935

Allerliebste Mamascha samt Kind und Kegel.

Wir haben hier Frost von dreißig Grad, es ist windstill und außerordentlich anregend. Auf den Straßen ist es sehr schön. Die Schüler haben freibekommen. Vorgestern waren es hier –34 Grad, heute ist es etwas wärmer geworden: –25°.

Vor einigen Tagen ist der Taschkenter Slonim nach Paris gefahren – habe Natascha ein Kleidchen und ein russisches Weibsbild mitgeschickt. Eine andere Puppe – für die Teekanne – liegt auch für Euch bereit; ich warte auf eine günstige Gelegenheit. Vielleicht gelingt es mir, Fenja ein kleines Sümmchen zu überweisen. Ich schicke Euch Bücher. Morgen überweise ich etwas nach Odessa. War bei den Ljachezkijs, sie haben sich in ihrer alten Wohnung niedergelassen; habe bei ihnen Shenja Gofman getroffen, der nach wie vor dumm ist in seiner seligen Dummheit. *Quand on est bôte, c'est pour toujours.* Er zieht offenkundig nach Samara, um dort in einem Fleischkombinat zu arbeiten; das wäre gut – die Wolga, eine schöne Gegend, und die Stadt entwickelt sich aufgrund des Baus eines gigantischen Kraftwerks sehr gut.

Den größten Teil meiner Auftragsarbeiten habe ich abgeschlossen, und nun hat für mich die Ära eines natürlichen Seelenzustands begonnen. Ich möchte der Welt die Reste dessen mitteilen, was ich vom alten Odessa weiß, und anschließend kann ich dann ins neue Odessa umziehen. Ich träume davon, Euch – allesamt oder zum Teil – im Frühjahr wiederzusehen, und werde alles dafür tun, damit dieser Traum Wirklichkeit wird. Ich verstehe mich nicht darauf zu arbeiten, um am rechten Ort und zur richtigen Zeit aus der Literatur materiellen Nutzen zu ziehen, aber vielleicht kommt es dieses Mal ja von ganz alleine.

Bei uns in der Wohnung brennen die Öfen, es brodelt der Samowar, mein Deutscher schafft Sauberkeit. Ich bin nun Besitzer eines neuen achtzylindrigen Fords, der vor einem Monat aus Amerika hier eingetroffen ist. Wir benutzen das Auto zu gleichen Teilen, halten uns einen Chauffeur, und das verschönert und erleichtert unser Leben gewaltig. Von der Verkehrsdichte in Moskau kann man sich nur schwer einen Begriff machen, selbst wenn man sich Paris vorstellt. In einem Monat wird die erste Linie der Untergrundbahn von Sokolniki bis Dewitschje Pole in Betrieb genommen. Das wird eine kleine Entlastung, obwohl zehn Linien gebraucht werden, nicht nur eine. An diesen wird in fieberhafter Eile gebaut.

Ich bin von meinen Werken so sehr in Anspruch genommen, daß ich vorerst alle Reisen verschoben habe; wie es weitergeht, lasse ich Euch wissen. Ich wünsche uns, daß wir uns in diesem neuen Jahr wiedersehen. Das ist mein wichtigster und glühendster Wunsch. Alles Übrige wird sich finden.

Euer Freund I.

Moskau, 3. Februar 1935

In Moskau tagt der Sowjetkongreß. Aus den verschiedensten Ecken des Landes sind meine Freunde angereist: Jewdokimow aus dem Nordkaukasus, aus Kabardinien – Kalmykow, viele Freunde aus dem Donbass. Ich muß mir viel Zeit für sie nehmen. Gewöhnlich komme ich um vier oder fünf Uhr morgens ins Bett. Gestern haben Kalmykow und ich kabardinische Tänzer zu Alexej Maximowitsch gebracht. Sie haben unvergeßlich getanzt.

Bei mir ist alles in bester Ordnung, abgesehen von meinem Charakter, der mir durch seine Nachgiebigkeit viele Scherereien einträgt – so muß ich mich mit einer Menge unnützer Leute herumschlagen, die mir die Zeit stehlen, aber mir fehlt die Kraft, sie rauszuwerfen. In letzter Zeit ist es bei den alten Juden aus Odessa zur Gewohnheit geworden, um eine »Spende« bei mir anzuhalten. Alle berufen sie sich darauf, sie hätten den seligen Papa gekannt, und einer von ihnen, Frenkel (wohl ein Verwandter des Frenkel aus Nikolajew), machte sich meine Abwesenheit zunutze und hat meinem Nachbarn die Brieftasche mit 450 Rub. geklaut. Ein ehrenwerter Greis…

Habe vor kurzem Sonja hundert Rubel geschickt. Ljach. ist im Begriff, eine Stelle anzutreten. Ich schreibe an einer Komödie, in die ich einige Hoffnungen setze – leider verbrauche ich viel Kraft, um auf literarischen Seitenwegen Geld zu verdienen. Vor kurzem wurde ein Sammelband mit allen meinen Erzählungen in 15 000 Expl. herausgegeben; sie waren sehr schnell vergriffen, und jetzt bringen sie eine Nachauflage von 50 000 Expl. heraus. Das alles brachte mir eine erkleckliche Summe Geld ein, wovon der Löwenanteil zur Tilgung der Schulden draufging, immer noch die von der Reise, die ich bis heute noch nicht losgeworden bin.

Ich kann Euch nicht sagen, wie beschäftigt ich bin, wie viele Menschen und Dinge mich belagern. Die Verzweiflung überkommt einen, wenn man daran denkt, wie viel noch nicht getan ist, wie viele Bücher noch gelesen, wie viele Reisen noch unternommen sein wollen… Gesundheitlich geht es mir gut, wenn man die Nase nicht rechnet, die in diesem Winter unter einer Entzündung der Oberkieferhöhle leidet; will mich punktieren lassen… Aus dem oben Gesagten wird deutlich, daß *moi je suis très pris,* aber Ihr, warum schreibt Ihr nicht?…

Bei Shenja ist alles unverändert, aber o weh, Natascha wird ohne mich groß… Und es quält mich, daß die augenblicklichen Bedingungen meines Berufes mir nicht erlauben, sonderlich frei über mich selbst zu verfügen, dabei möchte ich doch schreiben (auch hierzu muß man »O weh!« sagen), und zwar anders als all die anderen. Wenn es mir gelingen würde, bis zum Frühjahr mit meiner Komödie fertig zu werden, dann käme wohl Bewegung in die Sache. Wir wollen uns Mühe geben. Ich bitte Euch unter Tränen – schreibt öfter! Die Sorge um Euch und um die Pariserinnen gehört für mich zu jenen bitteren Gefühlen, die ich schwerer als alle anderen ertragen kann.

I.

Moskau, 4. Februar 1935

Die Arbeit zerreißt mich; habe deshalb auch nicht geschrieben. Werde mich in zwei oder drei Tagen freimachen können, dann will ich Euch mit Briefen überschütten. Zur Zeit läuft hier der Parteitag, mit all meinen Genossen geht es aufwärts und auch mit mir ein wenig. Man beginnt, das Stück zu proben, es hat bereits glühende Anhänger. Katjas Angelegenheiten werde ich hoffentlich ins Reine bringen. Habe vor, Shenja ein Päckchen zu schicken.

Werde in den allernächsten Tagen wieder schreiben.

I.

Moskau, 18. Februar 1935

Guten Tag, glorreiche Mamascha.

Ich lebe, bin gesund und lasse mir sogar die Nase behandeln: Man punktiert mir die Oberkieferhöhle, eine Operation, die nicht gerade zu den angenehmsten gehört, aber ich fühle mich zunehmend besser. Will ein für allemal meinen ständigen Schnupfen loswerden, habe die Nase voll davon.

In der ganzen letzten Zeit habe ich ein im höchsten Maße mondänes Leben geführt, bin zu den Sitzungen des Sowjetkongresses gegangen und habe fast vier Tage hindurch auf dem Kongreß der Kolchosbauern im Kreml verbracht. Das alles sind unvergeßliche Eindrücke. Mein ehemaliger Hauswirt in Molodjonowo kam mich hier besuchen – Karpytsch, der in Moskau folgende Dinge angestellt hat: Zum ersten Mal in seinem 65jährigen Leben hat er durch ein Telephon gesprochen, er ist zum ersten Mal im Kino gewesen (wir haben uns *Tschapajew,* einen wunderschönen sowjetischen Film, angeschaut), und er ist als einer der ersten Bürger der UdSSR mit mir in der Metro gefahren. Zur allgemeinen Benutzung wird sie erst in 2 oder 3 Wochen freigegeben, zur Zeit läuft die Erprobung, und es ist schwer, einen Passierschein zu bekommen. Ein gigantisches Bauwerk, weder mit der Pariser, noch mit der Berliner Metro zu vergleichen und vielleicht allzu luxuriös... Meine Auftragsarbeiten bringe ich zu Ende. Der Film, bei dem ich mit Hand angelegt habe, wird bald in die Kinos kommen.

Bei Voraufführungen hatte er überragenden Erfolg, wir werden sehen, wie es weitergeht. Ich schreibe ein neues Stück. Es sieht danach aus, daß auch *Marija* bald gedruckt und evtl. auch aufgeführt wird…

Iossif hat eine Stelle angetreten und ist in den Donbass gefahren.

Am 22. fährt eine Bekannte nach Paris. Ich packe für Shenja und Natascha ein Päckchen, will ihnen etwas möglichst Schönes schicken. Morgen schicke ich Euch Bücher. Es gibt viele interessante Neuerscheinungen.

Ich habe alle Hände voll zu tun mit den Leuten, die pausenlos zu mir strömen. Ganze Trupps alter Odessiten kommen und verlangen, indem sie sich auf ihre Bekanntschaft mit Papa berufen, Geld und Kleidung, die ich ihnen manchmal nicht ohne Vergnügen gebe. Gestern taucht ein gewisser Dunowez auf und sagt, er habe vor über 20 Jahren als Laufbursche auf der Potschtowaja gearbeitet – ich konnte mich tatsächlich an sein Gesicht erinnern und habe ihm etwas geschenkt… Der ruhmreiche Frenkel, der die 450 Rub. gestohlen hat, läßt sich aus verständlichen Gründen nicht blicken.

Vorgestern fand eine Abendveranstaltung statt – zum Jahrestag von Bagrizkijs Tod. Olescha, ich, Paustowskij und Vera Inber hielten Reden, in der ersten Reihe saßen die Liwschiz; es war ein sehr bewegender Abend.

Jewd. und Kalmykow nötigen mich, in den Kaukasus zu fahren – man kann sagen, daß dieses Gebiet jetzt in unserer Hand ist. Habe mich noch nicht entschieden, was ich mache. Glorreiche Mamaschenka, schreibt öfter, Ihr seid eine freie Dame.

Einen Kolchosgruß an Meri und Grischa.

Euer Euch vergötternder I.

MOSKAU, 24. FEBRUAR 1935

Glorreiche Mamascha. Ich schicke Dir meinen wichtigsten Schatz: Photos. Sie sind erstaunlich. Schick sie mir bitte unbedingt zurück.

Vorgestern hat man mir meine Nase aufs neue durchstochen, ausgebrannt und drangsaliert. Ich bin bei einem hervorragenden Arzt in Behandlung und spüre, daß es meiner Nase mit jedem Tag besser geht. Habe beschlossen, dieses Wehwehchen – koste es, was es wolle – loszuwerden. Ich habe schon ganze vier dieser kleinen Operationen durchgestanden.

Eine Neuigkeit: Man hat beschlossen, *Marija* zu drucken – sie wird im März- oder Aprilheft einer Zeitschrift erscheinen. Das ist ein gutes Omen für eine Aufführung.

Mit meiner Komödie geht es langsam, aber sicher voran. Wenn ich es schaffen würde, sie bis zum Mai zu vollenden – ja, das wäre eine gute Sache... Mit mir vollzieht sich ein seltsamer Wandel – habe keine Lust, Prosa zu schreiben, sondern nur in dramatischer Form.

Iossif ist im Donbass. Alles kommt wieder ins Gleis und wird gut. Die Tanten aus Odessa verlangen von neuem Geld. Muß etwas schicken.

Unser achtzylindriger Ford leistet glänzende Dienste. Vielleicht taucht er eines Tages vor Eurer Wohnung auf und bringt Euch zu mir nach Hause.

Bei uns ist Frühling, alles taut. Sobald es wärmer ist, bin ich ein anderer Mensch und werde fröhlich... Ich schreibe kurz, denn bevor ich sterbe, will ich nochmal schlafen...

Heute ist mein kabardinischer Held Kalmykow abgereist. Wir haben von 8 Uhr abends bis 7 Uhr am nächsten Morgen durchweg miteinander geredet. Ich habe ihn zum Bahnhof begleitet und bin anschließend zu einer geschlossenen Vorstellung eines amerikanischen Films – *Viva Villa* – gefahren und habe so seit dem gestrigen Tag nicht eine Minute geschlafen.

Am 28. macht sich eine Bekannte mit Geschenken von mir auf den Weg nach Paris. Sie hat versprochen, mir das Leben in Robinson ausführlich zu beschreiben. Warum nimmt meine Schwester bei den Briefen an mich nicht die Feder zur Hand? Wie geht es Grischa mit seiner Arbeit?

Mit Zittern und Beben trenne ich mich von den Photos – schickt sie mir zurück.

Gute Nacht – ich gehe schlafen.

I.

MOSKAU, 14. MÄRZ 1935

Wunderschöne Mamascha.

Irgendwie kommen schon lange keine Briefe mehr von Euch.

Ich bin sehr beunruhigt, habe vor zu telegraphieren. Ich wohne jetzt auf einer Datscha in der Nähe von Moskau, ruhe mich aus und arbeite gleichzeitig. Der Frühling ist da.

Prof. Slonim ist aus Paris zurückgekommen, ganz und gar berauscht von Natascha. Er sagt, er habe noch nie ein anmutigeres Wesen getroffen. Was ich mir da nicht alles anhören mußte... Dieser Professor ist ein berühmter Arzt. Er fand, Natascha sei körperlich sehr gut entwickelt und sehe prächtig aus. Shenja streckt allmählich die Waffen vor meinen Argumenten, sie will sich in ihrem Beruf vervollkommnen, damit sie hier nicht Däumchen drehen muß.

Habt Ihr die Photos von Natascha bekommen? Ich erinnere daran, daß Ihr sie zurückgeben müßt. Ich schicke Euch öfter Zeitungen, kommen sie auch an?...

Vor etwa drei Tagen habe ich einem Bekannten für Natascha ein Kleidchen und Süßigkeiten mitgegeben.

Die Straßenbahnbewohner hier sind wegen der bevorstehenden Inbetriebnahme der Metro in Aufruhr. Leute, die Moskau ein Jahr lang nicht gesehen haben, erkennen es nicht wieder. Die warmen Tage rücken näher, wie sieht es mit Eurer Rückkehr in die Heimat aus? Habe große Sehnsucht. Ich träume von einer Reise an die Orte der Heimat – nach Odessa, in die Ukraine. Alles hängt von den Früchten der Arbeit ab. Aber ach, in diesen Dingen hat der gewesene Gott eine große Bedeutung. Jawohl!

Morgen fahre ich nach Moskau, um Bücher zu kaufen, und werde Euch welche schicken. Ich habe mich zum Teil von meinen alten Prinzipien losgesagt und bin dabei, mir eine kleine Bibliothek anzulegen.

In den nächsten Tagen werde ich die Landruhe nutzen, um definitive Pläne für mich zu schmieden, und anschließend vermache ich sie Euch. Laßt Ihr nur öfter von Euch hören, ich bitte Euch.

I.

Moskau, 23. März 1935

Bin in großer Unruhe. Habe gestern ein Telegramm geschickt. Erwarte unverzügliche Antwort. Bekommt Ihr die von mir geschickten Zeitungen? Bei mir ist alles in bester Ordnung.

Gestern Abend: eine Begegnung. Erratet Ihr mit wem?... Mit Stoljarskij. Ihr habt wahrscheinlich gelesen, daß in Warschau und in Leningrad Musikwettbewerbe stattgefunden haben. Wie immer wurden Schüler von Stoljarskij ausgezeichnet. Er ist jetzt ein berühmter, verdienter Professor. Gestern wurde im Konservatorium ein Konzert gegeben, eine Aufführung der Teilnehmer des Leningr. Wettbewerbs. Ich beschloß, meine Jugend wieder aufleben zu lassen, und bin hingegangen. Wir sind uns im Foyer begegnet, haben uns geküßt; er ist frisch, rotbackig wie ein Äpfelchen, trägt eine bunte Krawatte mit Nadel und hat Gamaschen an. Sein geschminktes, dickes Töchterchen, mit einem Schönheitspflästerchen im Gesicht, stand gleich daneben. Stoljarskij produziert nach wie vor Wunderkinder und versorgt alle Konzertbühnen mit Geigern. Einzig und allein mit mir kann er nicht prahlen. Er konnte sich an alles erinnern, an unser Wohnzimmer, den Hof in der Tiraspolskajastraße, an meinen tapferen Widerstand. Ich werde für ihn ein Festessen geben. Erkannt hat er mich auf den ersten Blick. In einem Ausbruch von Begeisterung erklärte er, ich hätte mich um kein Jota verändert...

Meine Arbeit kommt langsam, aber stetig voran. Mich machen die Leute mit all ihren Angelegenheiten ziemlich fertig. Dr. Finkelstejn aus Kiew, mein erster Vermieter, tauchte hier auf. Ich war darüber sehr erfreut, aber wie sich herausstellte, muß ich mich für ihn, genau wie für all die anderen, einsetzen. Ich habe mich jetzt in Swenigorod in Sicherheit gebracht, dann und wann fahre ich nach Moskau. Diesmal ist mir das Herkommen vergällt, weil keine Briefe von Euch da sind. Ihr seid doch freie Menschen und außerdem noch Frauen, Hausfrauen. Was kostet es Euch, ein paar Zeilen aufs Papier zu bringen? Tut das, baldmöglichst, ich bitte Euch inständig. Einen Gruß an Grischa, wie stehen die Dinge bei ihm? Ich wäre ihm sehr dankbar, wenn er mir darüber schreiben würde.

I.

Isaak Babel, 1935

Moskau, 31. März 1935

Liebe Mamaschenka. Mein Herz hat geahnt, daß Du nicht gesund bist. Ich wußte ein paar Tage nicht ein noch aus und hoffe, daß Dich dieser Brief wieder gesund antrifft. Du bist meine wichtigste Liebe auf Erden, darum bitte ich Dich, gesund zu bleiben.

Heute kam der Franzose aus Paris zurück, der das Kleid für Natascha mitgenommen hatte. Ich habe mit ihm am Telephon gesprochen, er kommt morgen zu mir, um mir ausführlich Bericht zu erstatten. Fürs erste sagte er mir, er habe alle in *Plessis-Robinson* wohlbehalten und in sehr guter Verfassung angetroffen. Nach Meris Brief hat mich das ein wenig getröstet. Morgen, nachdem ich mit ihm über alles gesprochen habe, schreibe ich Euch wieder. Ich bekam von Shenja einen Brief, in dem sie mir ihre Pläne auseinandersetzt. Sie studiert jetzt an der ethnographischen Fakultät, ist ganz Feuer und Flamme und wird nach Abschluß des Semesters nach Moskau fahren. Nun wird mir also endlich dieser Stein vom Herzen genommen... Wie es um Natascha steht, könnt Ihr nach den Photographien beurteilen. Ich Trottel bin nicht darauf gekommen, sie hier reproduzieren zu lassen. Morgen werde ich aber viele Photos abgeben und Euch dann alle Aufnahmen schicken. Schickt mir deshalb unverzüglich alle Photos, die Ihr habt, zurück; Ihr bekommt im Austausch dann die Kopien. Ich weiß nicht, was mir morgen der Franzose sagen wird, aber es ist anzunehmen, daß Shenjas materielle Lage schwierig ist. Scheinbar könnte ich sie leicht verbessern, indem ich Artikel und Essays nach Frankreich schicke, ich will schon gar nicht davon reden, daß mir diese Literaturgattung nicht liegt, aber meine Hand ist wie verhext, ich kann keine Prosa schreiben. Das ist mir schon öfter passiert, und ich weiß, daß mir nichts anderes übrigbleibt, als auf eine Wende zu warten. Das Einzige, wonach mir zur Zeit der Sinn steht, ist die dramatische Form, und ich sitze schon viele Monate über einem Werk, das mir auf keine Weise gelingen wollte, aber zu meiner großen Freude zeichnete sich vor etwa zwei Wochen ein Lichtschimmer ab, und jetzt hat es den Anschein, als könnte ich es zu einem guten Ende bringen. Auf alle Fälle gibt es kein Zurück mehr, ich habe schon sehr viel Kraft hineingesteckt, und außerdem warten die Theater und hängen wie eine Gewitterwolke über meinem Kopf. Ihr wißt bereits, daß *Marija* gedruckt wird; sobald sie erscheint, schicke ich sie Euch.

Michoels (vom Staatl. Jüd. Theater) hat nach einem Riesenerfolg von *König Lear* beschlossen, *Sonnenuntergang* zu inszenieren. Derzeit wird nach einem Übersetzer gesucht, und im Sommer beginnen die Proben. Außerdem kommt *Sonnenuntergang* im Weißrussischen Jüd. Theater auf die Bühne. Höchstwahrscheinlich setzen es auch die russischen Theater wieder auf den Spielplan. »Über dies hinaus«, wie Stoljarskij sagt, den ich vor ein paar Tagen gesehen habe, läuft zur Zeit eine sehr lustige Sache, an der ich stiller Teilhaber bin. Ich habe Euch wohl schon geschrieben, daß ich den Auftrag hatte, ein unbrauchbares Szenarium zu verbessern und den Text zu schreiben. Dieses Szenarium habe ich vollständig umgearbeitet, aber da ich nicht an die Zukunft dieser Sache glaubte, habe ich die Kinofabrik angewiesen, meinen Namen wegzulassen. Jetzt hat dieser Film *Piloten* einen Erfolg, der dem von *Tschapajew* kaum nachsteht. Die Eingeweihten wissen natürlich Bescheid, aber ich kann jetzt keinen Rückzieher mehr machen. Aus diesem Anlaß herrscht in der Fabrik unter den Professionellen und den Schriftstellern gleichermaßen Verwirrung und Fröhlichkeit...

Habe einen kurzen Essay über Bagrizkij geschrieben und warte weiter auf die Stunde, da die Fähigkeit, Prosa zu schreiben, zu mir zurückkehrt. Irgend etwas in meiner Seele fängt an zu brodeln, vielleicht kommt dabei auch etwas heraus.

Der Frühling bricht an. Man will mich nach Kabarda, in den Nordkaukasus, nach Pjatigorsk locken. Schmidt lädt mich zum Nordpol ein, aber wie es aussieht, muß ich an Ort und Stelle bleiben und arbeiten; nur auf diese Art und Weise kann ich Euch und Shenja helfen. Könnte ich doch nur diese zerstreute Familie versammeln, dann würde meine Seele in Ordnung kommen. Körperlich und geistig fühle ich mich mehr denn je in der Lage zu arbeiten.

A propos Schmidt: Alle drei Bände über die Leute von der TSCHELJUSKIN besitze ich, aber ich werde sie noch eine Weile brauchen. Sobald ich sie ausgelesen habe, gehen sie an Euch ab. Ich schicke Euch ein paar Bücher mit, gestern habe ich Zeitungen abgeschickt.

Ich unterbreche meinen Brief bis morgen, ein weiterer Bericht folgt nach meinem Gespräch mit dem hier angekommenen Pariser.

Koste es, was es wolle – bleibt gesund.

I.

MOSKAU, 17. APRIL 1935

Uninteressante Verwandte.
Heute Abend ist der erste Sejder, woran ich Euch mit einem Telegramm erinnere. Mit Matze habe ich mich versorgt (nicht über Katja) [.. – ein Wort unleserlich].

Ich werde heute das Haus eines Patriarchen besuchen. Sonja habe ich vor knapp drei Tagen telegraphisch hundert Rubel geschickt. Enta müßte fünfzig Dollar erhalten, vielleicht sind sie schon angekommen. Bei unserer gegenwärtigen geographischen Aufteilung gibt es nur ein Mittel, um Enta und Mama zu helfen – Erzählungen schicken (alles andere geht über meine Kräfte). In materieller Hinsicht hat mich die Reise an den Rand des Ruins gebracht, bis heute ist es mir nicht gelungen, mir die Rückzahlungen, Erniedrigungen und Mißverständnisse vom Hals zu schaffen, und wie viel Kraft, Nerven und Seele für Stümperkram draufgegangen ist!... Folglich ist das einzige Mittel, Erzählungen zu schicken. Und wie man weiß, besteht Nachfrage nach ihnen... Aber in den letzten Jahren sind sie mir nicht gelungen. In mir vollziehen sich Veränderungen, literarische und seelische, über die ich nicht bestimmen kann, die mit der Buchführung der Redaktionen auf Kriegsfuß stehen und keine Rücksicht darauf nehmen, ob Ljowas Geschäfte gut gehen oder schlecht. Ich habe mich von neuem darangemacht, Artikel zu schreiben, die Mama und Enta helfen könnten, aber in diesen Dingen kann ich für nichts garantieren. Wobei mein literarisches Schicksal so aussieht, daß bei mir nur aus solchen Gedanken etwas wird, die ich sorgfältig durchdacht habe, und dabei müssen sie auch noch originell sein, sonst habe ich für nichts Interesse, und wenn ich auch selbst dran glauben müßte, und auch wenn mein Kind vor meinen Augen sterben würde, ich bringe doch nichts zuwege, wenn ich mich gewaltsam zum Schreiben zwinge. Das ist das eine. Zum zweiten habe ich, ohne daß ich einen Finger krumm mache, in Moskau eine Rente, die meiner Familie die Möglichkeit geben würde, im Vergleich zu ihrem gegenwärtigen Leben nicht nur ganz passabel, sondern königlich zu leben, was Dinge betrifft wie Kleidung, Ernährung, Wohnung, die Kurbäder, die Heilbehandlungen, das Meer, Nataschas Erziehung usw. usw. usf. Mit einem Schlag wären die Erniedrigungen wegen des Geldes vorbei, ich könnte arbeiten, wie es sich gehört, dorthin fahren, wohin ich muß (und man muß jetzt viel in der UdSSR umherreisen und intensiv studieren, um zu schreiben), und ich würde endlich das tun, was ich in meiner Arbeit tun kann und muß. Wieso ist das denn eine Frage der Eigenliebe?... Das ist eine Frage der Logik, der Wunsch nach einer in materieller und geistiger Hinsicht geregelten Lebensform. Außerdem – warum muß Natascha in Lyzeen erzogen werden, unter einem fremden Volk, im von Krise und Armut gebeutelten Westen, wo sie doch Bürgerin eines aufblühenden jungen Landes voller Saft und Kraft und Zukunft ist!... Habe ich das Recht, mir das zu wünschen, oder nicht?... Natascha gehört meiner Meinung nach mit Leib und Seele zu Rußland, und die Entfremdung von uns wird sie verderben. Ich fürchte, wir merken das erst, wenn es schon zu spät ist...

Jetzt – zum dritten. Angenommen, der Erzählzyklus, an dem ich gerade arbeite, gelingt mir. Shenja und Mama bekommen ein kleines Sümmchen, aber was dann – geht dann alles wieder von vorne los?... Ich habe schon viele Boten zu Shenja geschickt, alle haben sie ihr erzählt, daß ich in materieller Hinsicht ein Leben führe, von dem sie nicht einmal träumen kann... Ich denke, das müßte sie doch irgendwann einmal überzeugen. Ich habe ihr nicht geschrieben, denn mir war schwer ums Herz, und ich wollte ihr ohnedies düsteres Leben nicht noch mehr verdüstern. Unter sehr ungünstigen seelischen Voraussetzungen werde ich mit aller Kraft arbeiten, und ich weiß wirklich nicht, wovor ich mehr Angst habe – davor, daß mir diese Arbeiten gelingen und sich dadurch unser Getrenntsein verlängert, oder davor, daß es eine weitere Anstrengung ohne Ergebnis wird. Das zweite macht mir keine Angst, denn meine Beharrlichkeit und Kräfte sind unerschöpflich in diesen Dingen. Ich fühle mich zu Einsamkeit und Nachdenklichkeit hingezogen, meine Liebe, zu einem Leben, das nach meinem eigenen Rezept gestaltet ist – das alles ist hier möglich –, doch man zerrt mich auf den Marktplatz, auf den Basar, in eine geschäftige Hetze, zu der ich nicht tauge.

Das alles schreibe ich nicht, um Euch Verdruß zu bereiten. Im Gegenteil. Alle Kraft, die ich habe, wende ich dafür auf, damit unsere Familie anfangen kann, ein besseres Leben zu führen.

Ich schicke Euch einen Vorabdruck des Stückes.

Nächst. Mal schreibe ich über verträglichere und fröhlichere Dinge.

I.

Moskau, 9. Mai 1935

Warum schweigt Ihr?

Habt Ihr die Bücher bekommen?

Bei mir ist alles bestens. Iossifs Angelegenheiten haben sich geregelt. Er ist im Nordkaukasus.

Eine Freundin von mir fährt zu Shenja, werde ein Päckchen mitschicken.

Euer Schweigen regt mich dermaßen auf, daß ich nicht schreiben kann.

I.

Moskau, 13. Juni 1935

Liebe Mamaschka, all meine Anginen sind vorüber, ich spüre, daß mein Organismus wiederhergestellt ist, und genieße die ersten Sommertage, die uns zuteil werden. Habe ein paar Tage in Molodjonowo verbracht. Es ist sehr hübsch dort. Seinerzeit – als in Molodjonowo die bäuerliche Einzelwirtschaft zu Ende ging – herrschte im Dorf Unzufriedenheit und Armut, jetzt blüht alles außergewöhnlich schnell auf: Menschen und Bäume, Jugend und Getreide. Ich habe mit dem Brief gewartet, denn ich wollte nicht von dort schreiben; die dortige Post ist winzig und hat es nicht allzu eilig. Was meine Krankheit betrifft, so wurde ich Opfer einer Art von Epidemie. Zu Beginn des Frühlings litten viele unter dieser abscheulichen Mischung aus Grippe und Angina, die auch mich angesteckt hat. Was die Medizin angeht, führe ich jetzt ein beispielhaftes Leben – in etwa zwei Wochen werde ich meinen Mund vollständig und radikal renoviert haben und fahre für einen Monat zur Kur nach Shelesnowodsk, um die Reizbarkeit meiner Schleimhäute zu kurieren. Wenn ich daran denke, was für ein Leben ich im Nordkaukasus führen werde, fange ich an, mich vor Euch zu schämen, denn es wird ein Leben im Luxus sein. Die höchste Autorität im Nordkaukasus ist ein alter Freund von mir, und dort trifft man anläßlich meines Kommens solche Vorbereitungen, daß ich schon gar nicht mehr fahren mag – es ist mir peinlich. Nach meiner Kur fahre ich nach Naltschik, Pjatigorsk und Dagestan, an zauberhafte Orte…

Katja war vor meiner Abfahrt aufs Land bei mir. Bei ihnen ist nun endlich alles in bester Ordnung. Ich habe diesem alten Schwachkopf eine Stelle in Kislowodsk verschafft (wo man bekanntermaßen hundertzwanzig Jahre alt werden kann), seine Papiere sind allesamt in Ordnung, zur Zeit ist er dienstlich hier bei uns. Wenn doch bloß ein Mensch aus ihm würde, denn ich bin es auf den Tod leid, den Vormund für diese alten Wickelkinder zu spielen… Katja hat Dir geschrieben; es ist anzunehmen, daß sie in ihre *megile* alles hineingeschrieben hat…

Auf dem Weg in den Kaukasus werde ich in der Ukraine haltmachen und unbedingt in Odessa vorbeischauen. Kiew erlebt eine Zeit des ungestümen Aufschwungs. Man sagt, daß auch unsere Heimatstadt bald an die Reihe kommt.

Glorreiche Mamaschka, ich schreibe nicht deshalb selten, weil es mir schlecht geht, daran liegt es ganz und gar nicht – aus der Sicht von Millionen von Menschen habe ich ein leichtes, glückliches und privilegiertes Leben. Ich schreibe selten, weil mein Leben unbestimmt ist, und diese Unbestimmtheit resultiert aus nichts anderem als aus dem Umbruch und den Zweifeln hinsichtlich meiner Arbeit. In einem so geeinten Land wie dem unseren kann es keine der bekannten Schablonen geben. Diese Schablonen will ich überwinden, will neue Gedanken in unsere Literatur bringen, neue Gefühle und einen neuen Rhythmus – o weh, mich interessiert nichts anderes mehr, ich arbeite und denke angestrengt nach, aber zu Ergebnissen bin ich noch nicht gelangt. Und daher, daß mir selbst nicht klar ist, wann und mit welchen Methoden (die inneren Wege sind für mich klar) ich diese Ergebnisse erziele, daher, daß mir selbst nicht klar ist, wie und wo, in welchem Milieu ich leben soll, um das umzusetzen, was ich mir vorgenommen habe, daher rührt meine Angst, ich könnte jemanden mitreißen, die Unsicherheit und Ungewißheit, unter der Ihr alle so zu leiden habt.

Um mich selbst mache ich mir keine Sorgen, solche Heimsuchungen gab es schon öfter in meinem Leben, und ich bin stets als Sieger aus ihnen hervorgegangen. Doch der Gedanke an Euch bereitet mir solche Qualen…

PARIS, 27. JUNI 1935

Unsere Pläne stehen bis jetzt noch nicht fest. Shenja hatte vor, Natascha mit der Schule für zwei Monate ans Meer zu schikken. Ich will mich bemühen, in allernächster Zukunft eine Reise nach Brüssel zu organisieren. Möglicherweise gelingt es mir, hier an Ort und Stelle ein Visum zu bekommen. Unternehmt Eurerseits entsprechende Schritte.

Der Kongreß ist gestern eigentlich zu Ende gegangen. Meine Rede oder vielmehr Improvisation (die ich zudem noch unter schrecklichen Bedingungen gehalten habe, es war fast ein Uhr nachts) kam bei den Franzosen an. Die kurze Zeit, die mir für Paris bleibt, werde ich wie ein Wolf umherrennen und Material suchen. Ich will meine Kenntnisse über die *Ville Lumière* in ein System bringen und sie evtl. publizieren. Aus Moskau habe ich Euch bereits geschrieben, daß bei den Ljachezkijs alles in bester Ordnung ist.

Natascha traf ich in einer glänzenden Form an, sie hat ihren *charme* kein bißchen verloren, freut sich sehr über mein Kommen, aber sie bettelt unaufhörlich für alles und jedes um *dix sous*. Shenja ist ein bißchen dicker geworden, aber sie fühlt sich wohl. Der Alten geht es ganz schlecht, aber sie ist stiller geworden und nicht mehr so lästig wie zuvor, sie sitzt in ihrer Ecke und lebt auf, sobald die Essenszeit näherrückt.

Die Sachen für Natascha haben wir heute erhalten, und sie lösten bei uns allen ohrenbetäubende Begeisterung aus – im Haus herrscht aus diesem Anlaß großer Jubel.

Grüßt mir Grischa von ganzem Herzen. Ich werde schreiben und telephonieren.

Ich warte auf den Paß. Ich werde dort einen ganzen Armvoll Pässe hintragen, um sie in Ordnung zu bringen.

Auf Wiedersehen, *mes petits.*

I.

Grüßt mir Grischa von ganzem Herzen.

Paris, 1. Juli 1935

Heute habe ich mein Visum beantragt. Man hat versprochen, mir in den nächsten Tagen eins auszustellen. Wir kommen nach dem Zehnten zu Euch, um alle drei Geburtstage zu feiern. Aber ach, wir werden nicht lange bleiben. Ich glaube, daß ich nur noch bis Ende Juli hierbleiben darf, und meine wichtigste Arbeit, für die ich Geld bekommen kann, konzentriert sich auf Paris. Im übrigen laß uns leben – wir werden ja sehen.

Ich fühle mich sehr wohl. Ich bin Vater eines Kindes, das für sein Banditentum im Umkreis von mindestens 10 Kilometern berüchtigt ist. Die Sachen, die Natascha bekommen hat, habe ich erst richtig in Augenschein genommen, nachdem ich den Brief an Euch abgeschickt hatte. Es sind wirklich wundervolle Sachen, und sie sind schon voll in Gebrauch. Ich beobachte mein Mädchen – das ist sehr drollig. Die Vererbung wirkt sich hauptsächlich dahingehend aus, daß sie für sich selbst Theater spielt – jeden Morgen zankt sie sich rasend vor Wut mit ihren Eltern, das tut sie aber nur, um einen Streit in Szene zu setzen und Sätze in der Art von *»andouille, va«*... sprechen zu können, tatsächlich ohne jeden Anlaß. Es macht mich traurig, daß Shenja hartnäckig mit ihr französisch spricht, im Russischen hinkt sie hinterher.

Sobald ich das Visum habe, schreibe ich wieder.

Ich eile zu meinen Geschäften – davon gibt es jetzt eine Menge...

I.

PARIS, 4. JULI 1935

Alle Pässe, einschließlich deren von Shenja und B. D. werden am Samstag fertig sein. Zum ersten Mal wird auch Natascha in den Paß eingetragen und damit zur Mitbürgerin... Mit dem belgischen Visum geht wohl alles glatt, Ihr braucht Euch nicht darum zu bemühen... Ich führe ein hektisches Leben, renne viel durch Paris und sitze kaum zu Hause...

Heute ist der größte Teil unserer Delegation abgereist, jetzt wird es ruhiger werden. Fühle mich wohl, werde von meiner Tochter unterdrückt. Wir waren mit ihr beim Arzt; er meint, man sollte ihr die Mandeln herausnehmen. Also, in den nächsten Tagen teile ich Euch mit, wann wir nach Brüssel reisen.

I.

PARIS, 11. JULI 1935

Mamas Paß ist in Ordnung. Beim nächsten Mal wird man ihn, wie ich denke, in Brüssel verlängern können; die Anerkennung der UdSSR durch Belgien wird in den nächsten Tagen erwartet. Dann wird man auch über Meris und Grischas Pässe nachdenken müssen – doch darüber besser, wenn wir uns persönlich wiedersehen. Die Aufenthaltsgenehmigung für die ganze Familie habe ich glänzend in Ordnung gebracht. Die UdSSR ist um eine neue Bürgerin reicher, Natascha wurde in Shenjas neuen Paß eingetragen.

Ich habe Euch nicht angerufen, weil das teuer ist. Ich rechne damit, am Samstag das belgische Visum zu bekommen. Ich spüre, daß ich solange wie möglich in Paris bleiben muß. Hier ist es im Augenblick schrecklich interessant, eine ganz und gar vorrevolutionäre Atmosphäre, und mir scheint, daß ich dieses Mal unvergleichlich mehr spüre und sehe als früher, als wären mir Schuppen von den Augen gefallen. Und gäbe es nicht den glühenden Wunsch, Euch möglichst bald wiederzusehen, würde ich noch etwas länger hierbleiben. Über unsere Abreise werden wir Euch telegraphieren.

Shenja hat wohl eine Frau gefunden, die sie bei B. D. lassen kann. Es ist eine bewährte Frau, wie es aussieht, wird sie ganz dableiben.

Gestern sind wir in ein Konzert von Isa Kremer gegangen; sie singt besser als früher. Mich überfiel die Erinnerung an meine Jugend, ich konnte nicht widerstehen und bin nach dem Konzert auf Heifez (den ehem. Redakteur der ODESSKIJE NOWOSTI) und sie zugegangen. Es entspann sich ein bewegendes Gespräch. Falls sie nicht abreist, sehen wir uns in den nächsten Tagen wieder. Auf dem Konzert habe ich viele alt gewordene Odessiten getroffen…

Ich stromere viel herum und arbeite zur falschen Zeit – jetzt müßte es auch nicht gerade sein…

Meine Tochter ist groß geworden, sie hat schon ihre Tricks, bettelt um *dix sous,* um Bonbons zu kaufen, und hat ihr eigenes Leben. Ihr seht sie ja bald.

Ich schreibe Euch, sobald ich das Visum habe.

A bientôt mes enfants.

I.

Wir können die Sachen, die uns Meri geschickt hat, gar nicht genug bestaunen. Sie ist auf diesem Gebiet ein *»as«* geworden…

PLESSIS-ROBINSON, 15. JULI 1935

Hochverehrte Schwester.

Mir ist es vorgestern gelungen, vor *tout le monde* und insbesondere vor der Familie das traurige Datum zu verheimlichen. Aber ich habe die Pflicht, Dich daran zu erinnern, und bitte Dich, morgen auf unsere gemeinschaftliche Gesundheit zu trinken. Die von uns engagierte Frau kommt am 18., abfahren können wir also am 19., allerspätestens aber am 20.; mit welchem Zug, teilen wir Euch telegraphisch mit. Übermorgen, an Nataschas Geburtstag wird hier ein Kinderfest ausgerichtet, und Du wirst verpflichtet, es in Brüssel zu wiederholen…

Gestern haben wir einen unvergeßlichen Tag verbracht, wir waren auf beiden Kundgebungen, werde Dir persönlich davon erzählen.

I.

Dorf Wilschanka, 4. September 1935

In Kiew habe ich jeden Tag auf der Post nachgefragt; von Euch war nichts dabei, was mich erstaunt und schmerzlich berührt. Im Augenblick reise ich durch das Kiewer Gebiet, ich wohne in einer Kolchose unweit von Belaja Zerkow. Bei dieser Gelegenheit habe ich zum ersten Mal unsere weiter entfernte Heimat gesehen, von dort aus habe ich Euch telegraphiert. Ich fühle mich wohl, sehe interessante Sachen. Die Kolchosen werden wirklich zu sowjetischen Festungen. In ein paar Tagen kehre ich nach Kiew zurück; von dort fahre ich weiter in den Süden. Die Adreßänderung werde ich Euch telegraphieren. Ich rechne damit, in Kiew Briefe von Euch vorzufinden. Ich weiß überhaupt nichts von Euch, wie es Euch in Spa ergangen ist, wo Äskulap ist... *Salut.*

I.

11. September 1935

Ich fahre den Dnjepr hinauf, schreibe auf einem Dampfer. Bin gestern aus Tscherkassy abgereist und kehre zurück nach Kiew. Es ist ein schöner Tag. Ich habe eine wunderbare zehntägige Reise durch kleine Örtchen und Dörfer des Kiewer Gebiets hinter mir. Ich war in Korsun, Belaja Zerkow, Tscherkassy und in vielen Dörfern. All das, was ich gesehen habe, kann man ohne Übertreibung Wunder nennen. Manche Dörfer haben schon zwei, drei Schulen, Krankenhäuser (mit Kreißsälen), Kinos, Frisörsalons, in vielen Dörfern gibt es Strom. Und das alles in einer Gegend, wo vor vier oder fünf Jahren noch Wüste war. Ich genieße meine Reise auf dem Dnjepr. Vor kurzem sind wir an den Gronfajnschen Orten Perejaslaw und Rshischtschew vorübergefahren, in Kiew werden wir gegen Abend sein. Der Dampfer ist sehr komfortabel, er schlingert nicht, und für einen Seemann von meinem Kaliber ist so ein »Dnjeprdampfer« genau das richtige Gefährt. Ich mache mir schon im voraus Sorgen, in Kiew könnte kein Brief von Euch liegen. Will hoffen, daß dieser Kelch an mir vorübergeht.

I.

Odessa, 19. September 1935

Daheim… Man sagt, daß die Berührung mit der Heimaterde neue Kraft schenkt… Ich bin selig, wohne auf einer Datscha, gehe baden. Die Datscha steht in Arkadija und ist sehr komfortabel. Bin hier am Sechzehnten angekommen, habe zwei Tage wie ein Lord im Hotel Londonskaja verbracht, seit gestern bin ich in Arkadija – es ist nicht wiederzuerkennen: die Palmen, die Fußwege, die Sonnenschirme am Strand. Ansonsten ist Odessa zurückgeblieben. Es ist arm, provinziell, steht nicht im Plan, aber nach wie vor ist es wunderschön. Ich war noch nirgends, habe mich noch bei niemandem blicken lassen, bin durch die Stadt gegangen. Die Rischeljewskaja 17 und die Tiraspolskaja 12 sind beide noch wie früher, die Firmenschilder von Natanson und Gurfinkel hängen noch – offenbar sind die noch da… Ich freue mich egoistisch darüber, daß es kaum neue Gebäude gibt und sich wenig verändert hat. Man erkennt alles gleich wieder… Heute werde ich mich bei den Tanten sehen lassen und in »Umlauf« kommen… Werde über alles berichten. Ich warte auf die Adresse von Tobnasch, habe sie verloren… In Kiew habe ich an Manövern teilgenommen und habe Dinge gesehen, die die übrigen Sterblichen noch nicht zu Gesicht bekamen… Irgendwelche trügerischen Geschäfte rufen mich nach Moskau, aber ich werde versuchen, so lange wie möglich hier zu bleiben. Ich spüre, wie ich an Leib und Seele ein neuer Mensch werde. Heute gehe ich zur Post, vielleicht ist ja schon etwas von Euch da. Jetzt gibt es in Odessa zwei große Postämter, einmal das alte auf der Sadowaja, ein anderes an der Stelle eines kleineren auf der Ecke Potschtowaja und Jekaterininskaja.

In Odessa ist die Sprache nach wie vor sehr farbenprächtig – ich habe »selbiges« Gläschen Wodka getrunken, geben Sie mir »selbige« Tifteli… Die Ordnungshüter heißen hier »selbige Leute«. Ich habe um ein paar Tage ein großes Ereignis verpaßt: Von Pelamiden gejagt, haben sich beispiellose Makrelenschwärme der Küste von Odessa genähert und von ganz alleine ans Ufer geworfen, man hat sie mit der Hand eingesammelt, die Straßenbengel haben sich gegenseitig mit Fisch beworfen…

Je nachdem, wie ich etwas Neues erfahre, erstatte ich Euch Bericht.

Heute will ich mich mit Anjuta verabreden, um auf den Friedhof zu gehen.

I.

Odessa, 9. Oktober 1935

Die Badesaison in dieser erstaunlichen Stadt dauert an. Die Tage sind strahlend hell. Ich verbringe sie auf einer Datscha am Ufer des Meeres in Arbeit und Einsamkeit. Die Fischersfrau, meine Wirtin, kocht wunderbare odessitische Gerichte. Mit Schrecken denke ich an meine Abreise nach Moskau. Alles, was ich in der Stadt zu erledigen habe, verschiebe ich auf die Zeit, wenn das schlechte Wetter einsetzt. Im übrigen bietet jeder Besuch in der Stadt reichlich Nahrung für Herz und Verstand. Wieviel ist schon allein ein Besuch bei Stoljarskij wert! Ich habe bei ihnen übernachtet. Der Maestro läuft ganz buntgescheckt herum, mit hochfliegendem Haar, in Pyjama und karierten Hosen. Es gibt hier eine Schule, die seinen Namen trägt, er ist der beste Lehrer fürs Geigenspiel in der ganzen Union, die Wunderkinder kullern ihm wie Erbsen aus den Händen. Sein Wohlstand ist vollkommen – er ist ein Glückspilz und der Liebling aller, und vor kurzem hat sogar seine Tochter, die schon etliche Jährchen auf dem Buckel hat, geheiratet. Er schickt Euch einen dicken Gruß…

Über unsere »Visiten« hat Euch Anjuta höchstwahrscheinlich geschrieben, ich werde mich nicht wiederholen. Ich habe alte seltene Photos beim Photographen zum Reproduzieren abgegeben – was Ihr nicht habt, schicke ich Euch. Von Mama verlangen wir entschieden, daß sie gesund wird. Sie sollte mal sehen, wie frisch und munter Sonja herumrennt, wie sie voller Leben ist und wie jung Anjuta aussieht (viel jünger und besser als Katja). Alle ihre Freundinnen, beispielsweise Sonja Feldstejn, sehen unverwüstlich aus.

Ich hoffe, daß mich meine Arbeit in Odessa einem Wiedersehen mit Euch ein gutes Stück näher bringt. Habe einen rührenden Brief von Natascha bekommen.

Schreibt mir weiterhin nach Odessa. Wenn sich meine

Adresse ändert, informiere ich Euch telegraphisch. In Odessa habe ich die Existenz Gottes wiederentdeckt und bete zu ihm um Mamas Genesung.

I.

Odessa, 13. Oktober 1935

War heute auf der Post. Zu meinem Verdruß habe ich nichts von Euch erhalten. Bin tief beunruhigt.

Habe vor, von meiner Datscha in die Stadt zu ziehen. Werde diese Zeit in guter Erinnerung behalten. Noch heute morgen waren wir im Meer baden; gegen Abend kam ein Herbstwind auf. Ich schreibe Euch nach zwei Uhr in der Nacht, man hört die Wellen schlagen und den Wind pfeifen. Auf der ganzen riesigen Datscha ist niemand außer mir, dem Wächter und der Wächterin. In den letzten Tagen haben wir Vollmond, die Nächte sind von einer solchen Schönheit, daß einem geradezu traurig zumute wird. Ich stehe am Steilufer über dem Meer und finde nicht die Kraft, in mein Zimmer zurückzukehren…

Die Tanten sehe ich oft… Auf sie und Je. Ja. warten in den nächsten Tagen reiche Geschenke…

Werde versuchen, bis Ende Oktober im Süden zu bleiben. Länger wird es nicht gehen, denn in Moskau habe ich ziemlich dringend zu tun. Bemühe mich, für Moskau Kräfte zu sammeln – in der (prächtig ausgestatteten) Lermontow-Kurklinik mache ich entsprechend der Verordnung von Prof. Kalina (dem Bruder des Verstorbenen, einem fröhlichen ausgemachten Dummkopf, aber sehr guten Arzt, der jetzt Professor ist) Inhalationen für meine Nase und liege unter der Höhensonne, das ist meiner Meinung nach die einzig richtige Therapie. In Moskau [… – Ende des Briefes fehlt]

Odessa, 19. Oktober 1935

Allerliebste Mama, Gottesblümchen.
Ich hoffe, Du gewinnst beim nächsten Fußballturnier den ersten Preis. Bei uns springen solche Bürgerinnen wie Du Fallschirm und legen eine Prüfung ab, um in den Rang von Woroschilow-Schützen erhoben zu werden.

In Odessa hält das milde, sonnige Wetter an. Die Leute tragen noch keine Mäntel. Ich rechne damit, bis zum Monatsende hierzubleiben. Anschließend ein kurzer Abstecher nach Kiew und dann: Moskau. Ich lege mir hier einen Gesundheitsvorrat zu. Jeden Tag liege ich unter der Höhensonne, nehme Meerwasserbäder und mache meine Inhalationen. Von Shenja kommen sehr spärliche Nachrichten; habe vor, ihr zu telegraphieren.

Die Frage bezüglich meiner weiteren Ortsveränderungen entscheidet sich in Moskau. Der Nutzen, den mir mein Aufenthalt in Odessa einbringt, ist gewaltig – mein Herz wie auch mein Hirn sind kräftig durchlüftet worden. Vielleicht liegt das auch daran, daß es sich hier gut ganz leben läßt, wenn man sozusagen der Liebling der Stadt ist… Auf der Straße treten unbekannte Leute auf mich zu, alle Stiefelputzer und Zeitungsverkäufer grüßen mich und fangen völlig unvorstellbare Gespräche mit mir an… Einmal gab es einen Abend im Sibirjalowskij Theater, ich habe ein paar Worte vor mich hin gebrummelt, anschließend, als ich nach draußen kam, hatte sich eine Menge von tausenden junger Leute auf der Chersonskaja Straße versammelt, sie versperrten dem Automobil den Weg, brüllten und ließen mich nicht wegfahren. Wie Ihr seht, ist das gute Odessaer Volk noch lebendig…

Ich treffe viele meiner Schulkameraden. Allesamt sind sie Buchhalter, man hat sie alle zurechtgestutzt, und still geworden sind sie, ich bin wohl der einzige, der die Umstände von Zeit und Raum überhaupt nicht spürt…

Nun also, bleibt – koste es, was es wolle – gesund.

J'embrasse Gricha.

I.

Den Bevollmächtigten Vertreter kenne ich anscheinend nicht, aber ich kann mich leicht nach ihm erkundigen…

ODESSA, 23. OKTOBER 1935

Verehrte Verwandte und Schulmeister.

Unaufschiebbare Geschäfte rufen mich nach Moskau, aber ich sperre mich noch dagegen. In Odessa wächst das Brot für meine Seele, und hierher muß ich zurückkehren. Nach wie vor – eine besondere Stadt. Nach Moskau muß ich wegen literarischen und internationalen Angelegenheiten, muß herausfinden, ob im November das Plenum in Paris stattfindet. In Moskau erkundige ich mich bei dieser Gelegenheit nach unserer Vertretung in Belgien. Über meine Abreise werde ich Euch rechtzeitig telegraphieren; schreibt mir also unterdessen weiter nach Odessa. Die Tanten sehe ich regelmäßig – aus Moskau müßte ich jeden Augenblick Geld erhalten, dann werden Gesten folgen.

Ich führe hier ein weises Leben: atme durch die Nase alle möglichen Laugen und Öle ein, wärme mir die Fresse unter der Bachschen Lampe und nehme obendrein noch, erst recht weil es nichts kostet (alles ist gratis in diesem erstaunlichen Land!), Meerwasser- und Kohlensäurebäder mit Kreislaufduschen… All das bekomme ich in der Lermontow-Kurklinik… Hier ist noch immer Frühling, die kurzen Zeichen, mit denen sich der Herbst in Erinnerung bringt, vergehen, ohne Spuren zu hinterlassen.

Mehr habe ich nicht zu schreiben, denn ich muß laufen und mich an die Arbeit machen.

I.

Odessa, 30. Oktober 1935

Heute ist der erste Herbsttag, es regnet. Ich muß nach Moskau fahren. Die Geschäfte wollen nicht länger warten. Werde für ein, zwei Tage in Kiew haltmachen, in Moskau rechne ich am Sechsten zu sein. Also ist meine Adresse die Moskauer: Bolschoj Nikolo-Worobinskij-Gasse. Gleich mache ich mich auf den Weg, meine Visiten abzustatten; werde alle abklappern.

Wie man hört, ist Ljachezkij hier angekommen, aber ich habe ihn noch nicht gesehen, und mein Aufenthaltsort ist so geheim, daß er ihn nicht finden wird… Will mich bemühen, ihn zu treffen… Die Tanten und L. werde ich beschenken, das Geld erhalte ich heute oder morgen. Ich kann Euch gar nicht sagen, wie zufrieden ich über meine Reise nach Odessa bin. Ich habe mich hier erholt, mich an Leib und Seele wiederhergestellt und viel gearbeitet, mit Leidenschaft und Frische wie in meiner Jugend... Aus dieser Lektion muß ich ein für allemal die Lehre ziehen, daß Moskau nichts für mich ist, nur muß ich mir dort einen Stützpunkt erhalten...

Vor meiner Abreise nach Moskau, oder genauer: vor meiner Ankunft – werde ich Euch über all meine Angelegenheiten und Ortswechsel unterrichten.

I.B.

Gerade erhielt ich auf der Post Deinen Brief vom 24.; das Soll schicke ich Dir aus Moskau, sobald ich dort bin; jetzt geht das leicht.

I.

Moskau, 13. November 1935

Schade, daß ich Euren Brief nicht in Odessa erhalten habe, man muß ihn mir hierher nachschicken, ich habe dort meine Adresse hinterlassen. Anjuta habe ich eine Vollmacht für den Empfang von zweihundert Rub. für sie selbst und von 300 Rub. für Jelena Jakowlewna dagelassen. Dieses Geld ist, wie ich hoffe, bereits angekommen. Der Kassierer der Kinofabrik ist kein anderer als Moissej Pawlowitsch, unser Untermieter. Ungeachtet dessen, daß die Odessaer Kinofabrik keine reiche Institution ist, hat sich besagter Pawlowitsch die Beine ausgerissen, um das Geld fristgerecht auszuzahlen. Sobald ich die Bestätigung erhalte, gebe ich Euch Bescheid.

Ljachezkij, der die ihm eigene dümmliche Miene zur Schau trägt, habe ich in Odessa getroffen. Er ist wieder mit Mandaten und Vollmachten ausgestattet, repariert wieder alte Autos und legt eine beneidenswerte Lebensfähigkeit an den Tag. Narezkin wurde wieder ein Stück seines Beins amputiert; ich war nicht dort, aber ich weiß, daß ihn sein Sohn, der wieder auf große Fahrt gegangen ist, unterhält.

Mein Nachbar, der Deutsche, fährt in ein paar Tagen ins Ausland und wird Kaviar für Euch mitnehmen. Will mich bemühen, möglichst viel mitzuschicken – gut, daß es kalt geworden ist, dann kommt er frischer an. Werde versuchen, Euch das ein oder andere durch Ehrenburg zu schicken, ich habe mich mit ihm getroffen, morgen gebe ich ein Festessen für ihn.

Nach Odessa fühle ich mich gut. Nachdem ich meine Nase kuriert habe, lasse ich mir nun die Zähne weiterbehandeln. Wenn ich damit fertig bin, kann ich wieder zum Weltreisenden werden.

Ljubow Michajlowna Ehrenburg berichtete mir, sie habe Shenja in der allerprächtigsten Verfassung angetroffen. Das Plenum, das für November vorgesehen war, ist um einige Zeit verschoben worden. Man gab mir zu verstehen, ich könne meine Verwandten jederzeit besuchen, sobald ich nur irgendeine »Produktion« vorlege, und einzig und allein damit muß ich mich nun befassen. Nach dem vielen Herumreisen sitze ich jetzt genüßlich in meinen daunenweichen Brüsseler Hausschuhen am warmen Ofen und kritzle in aller Ruhe vor mich hin…

Natascha schicke ich heute Kinderbücher. Soll ich denn meine Büchersendungen fortsetzen? Habt Ihr die vorigen schon gelesen?…

Hiermit verbleibe ich mit einem Odessaer Gruß als Euer sehr ergebener

IB.

Mamanka, schreib mir öfter, denn daß Puschkin besser geschrieben hat als Du, ist hinlänglich bekannt; also geniere Dich nicht und schreib auf, was Dir in den Sinn kommt…

Moskau, 21. November 1935

In Odessa habe ich bei Anjuta eine Menge Familienphotographien entdeckt. Da sie sie nicht hergeben wollte, habe ich in der Kinofabrik Kopien bestellt. Heute bekam ich sie hergeschickt. Beiliegend je ein Exemplar für Euch beide. Ich glaube, die habt Ihr noch nicht.

Mir könnte es nicht besser gehen. In Moskau ist Winter. Aber ich bin dermaßen ausgerüstet, daß ich sogar zum Nordpol fahren könnte. In den Zimmern ist es warm, hell und still – ich arbeite. Odessa hat mir gehörig Dampf gemacht. Ich kann mich zur Zeit nicht vom Fleck rühren, solange die Behandlung meiner Zähne nicht abgeschlossen ist und ich eine neue Brücke erhalten habe. Ich lasse mich im Kremlkrankenhaus von Schapiro behandeln, der seinerzeit in der Obuchowgasse gegenüber von uns gewohnt hat. Er ist jetzt der berühmteste Arzt in Moskau.

Habe die Bestätigung erhalten, daß die Kinofabrik in Odessa 250 Rubel an Anjuta ausgezahlt hat, gleichzeitig sollten sie Jelena Jakowlewna etwas geben. Ich hoffe, das ist auch geschehen.

Gestern war Katja bei mir, sie hat selten so gut ausgesehen. Wir wollen versuchen, Anjuta nach Moskau zu locken.

Von Shenja kam schon lange kein Brief. Vor ein paar Tagen habe ich Natascha prächtige Bücher geschickt. Ich bekam nur durch Ehrenburgs Frau einen Gruß bestellt. Sie sagt, Shenja spaziere von oben bis unten in Silberfuchspelze gehüllt herum. Bekommt Ihr die Bücher? Könnt Ihr sie brauchen? Den Kaviar für den Doktor und für *Colier* schicke ich in den nächsten Tagen ab, da scheint sich eine Gelegenheit aufzutun.

Mehr werde ich jetzt nicht schreiben, denn ich habe Kohldampf, und man ruft zum Essen. Euer sehr ergebener

I.

STALINO, 5. DEZEMBER 1935

Glorreiche Mamascha, allerliebste Verwandte.
Ich bin wieder unterwegs. Gestern Nacht ging hier ein Treffen literarischer Zirkel aus dem Donbass zu Ende, bei dem mir meine Leser eine solche Liebe entgegengebracht haben, daß Ihr geheult hättet wie die Schloßhunde. Mein Programm: eine Besichtigungsreise durch die Kohlegruben, Fabriken und Sowchosen des Donbass (bei meiner Arbeit bin ich darauf gestoßen, daß mir Faktenmaterial fehlt), anschließend fahre ich weiter ins Kiewer Gebiet und werde noch einmal eine Rundfahrt durch einige ausgewählte Kolchosen machen. Ich rechne damit, zum 1. Januar wieder in Moskau zu sein. Schickt Eure Antwort auf diesen Brief nach Kiew – Hauptpost, postlagernd. (Vermutlich brauchen die Briefe von hier aus lange.) Jede Ortsveränderung werde ich Euch telegraphisch mitteilen. Vor meiner Abreise habe ich verzweifelte und vergebliche Anstrengungen gemacht, um mich mit Euch telephonisch in Verbindung zu setzen, aber ach – eine Telephonleitung nach Brüssel

existiert (im Unterschied zu allen anderen europäischen Hauptstädten) nicht. Shenja könnte man anrufen, und die hat kein Telephon. Natürlich lassen sie nichts von sich hören... Für diese Reise mußte ich etlichen Mut zusammennehmen. In der Nikolo-Worobinskij-Gasse war es still, warm und sauber; mich in diese widrige Welt zu stürzen, hatte ich keine große Lust, aber es muß sein.

Werde Euch oft schreiben, denn ich denke unablässig an Euch.

IB.

Stalino, 9. Dezember 1935

Liebreizende Mamascha und glorreiche Schaposchnikows, seid gegrüßt!

Ich lebe nach wie vor mit großem Vergnügen im Donbass (mein Hauptquartier ist Stalino – das ehemalige Jusowka), mache Abstecher nach Gorlowka und Makejewka, habe vor, nach Mariupol zu fahren. Die Macht und Kraft dieser Orte läßt sich schwer wiedergeben: Hier schlägt wahrhaftig das Stahl-, Strom- und Kohleherz eines großen Landes. Ich werde hier noch etwa acht Tage verbringen, dann geht es nach Kiew. Schreibt mir nach Kiew, wahrscheinlich brauchen die Briefe von hier unendlich lange. Ich werde wohl noch bis Ende des Monats herumstreunen. Meine letzte Reise wird nach Kabardino-Balkarien gehen – und dann wollen wir uns über andere Länder Gedanken machen.

Es bedrückt mich sehr, ohne Nachricht von Euch zu sein. Bei den Tanten ist alles in bester Ordnung.

Mit einem Gruß aus dem Donbass

IB.

Stalino, 13. Dezember 1935

Mein Aufenthalt im Donbass zieht sich in die Länge. Das ist nur gut so, daran gibt es nichts Schlechtes. Ein Unglück ist es aber, daß ich Eure Briefe so spät erhalten werde – erst in Kiew, wo ich um den 20. sein werde. Im übrigen sind die Briefe so lange unterwegs, daß sie höchstwahrscheinlich sowieso nicht früher ankommen. Zu meinem Glück ist das Wetter hier warm, und ich streune furchtlos umher. Indem ich hier erfahre, was ich wissen muß, spüre ich, daß ich lebe, wie es sein sollte – wenn es doch dieses Moskau am besten überhaupt nicht gäbe! Die Lebensbedingungen hier sind vortrefflich – Wohnung, Direktorenkost, Auto, Pferde. Besonders üppig habe ich es in Makejewka, beim Direktor des dortigen, wirklich gigantischen Hüttenwerks. Genug, wenn ich Euch sage, daß es neben meinem Zimmer einen Wintergarten gibt.

I.

Stalino, 15. Dezember 1935

Ich setze meine Tätigkeit im Donbass mit voller Energie fort. Mein Hauptstützpunkt ist das Hüttenwerk in Makejewka. Ich fahre heute in einen Bezirk, an verschiedene, selten besuchte Orte, anschließend kehre ich nach Stalino zurück, und dann verdufte ich nach Kiew. Die Fahrt dorthin dauert mehr als vierundzwanzig Stunden, das wird langweilig. Der Winter hier ist etwas für Waisenkinder, man kann im Übergangsmantel herumlaufen. Ich wohne beim Redakteur der hiesigen Zeitung, sehr komfortabel. Kost und Logis sind umsonst, allerdings nicht ganz: Meine Gastgeber wollen unterhalten sein, und ich habe das Verlangen zu schweigen. Gestern habe ich den ganzen Tag in der Hochofenabteilung zugebracht – ein feuriges und imposantes Schauspiel. Ich langweile mich ohne Neuigkeiten von Euch. Rechne damit, in Kiew bündelweise Briefe vorzufinden.

I.

Stalino, 20. Dezember 1935

Übermorgen fahre ich nach Kiew. Es fällt mir sehr schwer, ohne Neuigkeiten von Euch zu leben. Einige Tage bin ich herumgestreunt, war in zwei Sowchosen, in Artjomowsk (dem früheren Bachmut) und in Gorlowka. In die Bergwerke bin ich diesmal nicht eingefahren. Im Donbass brodelt es zur Zeit überall – die Stachanow-Bewegung. Heute Abend fahre ich nach Makejewka in mein Stabsquartier, und von dort geht es direkt weiter nach Kiew. Ich hoffe, von Euch reichlich Post vorzufinden. Wie steht es um Eure kollektive Gesundheit? In meinem Herzen drängen sich die Erinnerungen an die Reisen dieses Jahres: Brüssel und meine Spaziergänge durch Odessa, zu den Orten von damals…

I.

Moskau, 30. Dezember 1935

Wundervolle Verwandte. Heutigentags bin ich zu Hause angekommen. Hier haben wir einen herrlichen Winter, viel Schnee und einen gleichmäßigen und friedlichen Frost. Im Süden ist Matschwetter, es regnet viel, das Klima wird mit jedem Jahr milder. Meiner Nase hat die Kur in Odessa offenkundig unschätzbaren Nutzen gebracht. Wo und unter welchen Bedingungen ich mich im Donbass auch immer aufhielt, kein einziges Mal bekam ich so etwas wie einen Schnupfen. Im Sommer muß ich diese Kur auf jeden Fall wiederholen. Die Ausbesserung meiner Zähne geht auch ihrem Ende zu, im Januar wird alles fertig sein. Ich habe mich voller Hingabe behandeln lassen – kostenlos, dafür aber von den besten Ärzten Moskaus.

Als ich in Euren Briefen las, daß Ihr einigermaßen gesund seid, habe ich vor Freude getanzt. Ich wünsche Euch allen im Jahr 36, daß Ihr Euch als Boxer, Gewichtheber, Speerwerfer und Fallschirmspringer mit Ruhm bekleckert.

Ich werde jetzt in Moskau, oder genauer: in der Umgebung von Moskau bleiben: muß endlich ein *opus* herausbringen. Werde Euch auch Kaviar schicken. Ich hatte sie hier damit beauftragt, aber während ich weg war, wurde nichts erledigt. Shenja kann ich in keinem Winkel dieser Welt aufspüren. Werde Ihr in alle Richtungen Telegramme schicken. Meine arme Tochter war krank. Mir selbst wünsche ich für das Jahr 36, daß ich gut arbeiten und meine ganze Familie wiedersehen werde.

Ich schreibe Euch wenig, bin erschöpft von der Reise.

Soll ich Euch auch weiterhin Bücher schicken?

Also, ein gutes Neues Jahr, *mes très chers*…

Mama, benimm Dich…

I.

1936

Moskau, 7. Januar 1936

Wir leben wie die Maden im Speck. Und von meiner Nachkommenschaft keinerlei Nachricht. Katja ist am Zweiten, ausgestattet mit Geschenken, nach Odessa gefahren. Anjuta und Sonja haben im letzten Monat auf meine Rechnung ein wenig Geld bekommen. Der Kaviar (zum Verschenken) wird in den nächsten Tagen einem Franzosen für Euch mitgegeben. Ich bin nun erfüllt von Weisheit, sitze still, arbeite den ganzen Tag, rauche ab und zu, spaziere in Pantoffeln herum, schlendere gemütlich durch die Gassen. Schnee gibt es nicht allzu viel, das Wetter ist warm, ein milder Winter. Ringsum brodelt ein Meer des Wohlstands und Aufschwungs, die Einwohner Rußlands stürmen vorwärts wie die Tiger… Was soll aus den Büchern und Zeitungen werden? Ich schreibe wenig, denn es gibt keine Neuigkeiten, nur damit ich etwas von mir hören lasse, worum ich auch Euch unbedingt bitte. Wenn ich die Verbindung zu Euch verliere, nimmt mich sogleich die Einsamkeit und eine schlechte Stimmung gefangen…

I. B.

Moskau, 28. Januar 1936

Alles steht zum Besten. Winter haben wir keinen, es ist warm, und das Atmen fällt leichter. Ich arbeite viel und habe viel zu tun. Bis zum 1. März werde ich alle meine Schulden getilgt haben, werde alle Aufträge abschließen und mich einzig… der »reinen Literatur« widmen können. Gestern bekam ich von der Kinofabrik ein Geschenk, einen wunderschönen Peking-

Teppich. Er ist zweitausend Goldrubel wert. Das nenne ich eine anständige Prämie! Falls meine Arbeit gefällt, schickt man mich zweifelsohne zum Sommeranfang auf Dienstreise, und dann werde ich Fenja und Enta wiedersehen können. Nataschas Schicksal läßt sich aus der Entfernung schwer beeinflussen. Es wird absolut unumgänglich, daß sie gemeinsam mit ihrer Mutter hierher übersiedelt, und die Lösung dieser Frage kann nur noch bis zu unserem nächsten Wiedersehen aufgeschoben werden und nicht länger. Eine weitere Ungewißheit ist für keinen mehr zu ertragen. Ich werde hier zwar ganz und gar von meiner Arbeit in Anspruch genommen und kann darin Vergessen finden, aber nicht das ist das Entscheidende, sondern Natascha...

Katja ist hier angekommen, ich habe sie noch nicht gesehen, die Zeit ist zu knapp, aber nach unseren Telephongesprächen zu urteilen, ist sie guter Stimmung und zufrieden mit ihrer Reise.

Gerade eben hat mich Lilja Warkowizkaja angerufen, sie läßt Euch grüßen. Ich habe sie mit dem entsprechenden Menschen zusammengebracht, und evtl. entläßt man ihren Verrückten aus der Klinik. Lilja befaßt sich mit Literatur, und gäbe es nicht diese Liebesgeschichte mit dem Geisteskranken, würde es ihr gutgehen.

Obendrein habe ich, abgesehen von meinen Geschäften, noch eine Menge Gäste: Kalmykow aus Kabardinien, Bergleute aus dem Donbass, alte Freunde aus Kiew, und alle wollen eingeladen werden, ich muß sie verköstigen und komme vor vier Uhr morgens nicht zum Schlafen. Das stehe ich körperlich nicht durch. Lilja geht es genauso wie Sinaida Lwowna. Erinnert Ihr Euch an die Jüngste der Wirtsleute in der Obuchowgasse? Auch bei ihr ist im gesetzten Alter (über das sie eigentlich schon hinaus ist) die Leidenschaft entbrannt, und auch der Ihrige ist ein krankes Kerlchen, und auch hier lastet diese Ehe in ihrer ganzen Schwere auf mir...

Im Unterschied zu den letzten Jahren führe ich ein strenges, zurückgezogenes und arbeitsreiches Leben, und dennoch stürmen die Menschenwogen mit solcher Gewalt gegen meine Mönchszelle an, daß sie hin- und herwankt, wie ein Baum im Sturm... Was soll's, wir werden damit schon irgendwie fertig!

Ich denke voller Entzücken an die Wochen zurück, die ich in Odessa verbracht habe – ja, das war ein Leben…

Damit – fürs erste auf Wiedersehen. Ich schreibe Euch im »Zwischenakt«. An meinem »freien Tag« werde ich tüchtiger zum Schreiben kommen. Ich verlange, daß Ihr alle unbedingt ganz und gar gesund bleibt.

Euer Cousin und Neffe

I.

MOSKAU, 2. FEBRUAR 1936

Meine liebe und hochgeschätzte Mamascha. Finde keine Zeit, Euch zu schreiben. Finde keine Zeit, die Zeitung zu lesen. Habe mir eine wichtige Arbeit aufgehalst, nämlich mich von allen Schulden und Nebenbeschäftigungen zu reinigen, damit ich mich der »reinen Kunst« widmen kann. Sie allein kann mich entlarven (im positiven Sinne dieses Wortes) und zu einem Wiedersehen mit meinen Verwandten führen. Dieser großen Reinigung werden zwei Monate, Januar und Februar, geopfert. Ich werde die Auftragsarbeiten ausführen, wobei ich allerdings mehr Aufträge übernommen habe, als ich bewältigen kann. Trotzdem werde ich ihrer bis zum 7. März Herr werden. Zum Glück fühle ich mich körperlich sehr gut. Offenkundig ist Arbeit ein nützlich Ding für die Gesundheit. Den ganzen Winter über hatte ich kein einziges Mal eine Erkältung oder einen Schnupfen. Gelobt sei die Odessaer Kur und dieser Dummkopf Kalina. Die ganze Zeit über hatten wir hier keinen Winter, doch vor etwa drei Tagen hat sich der Frost revanchiert. Jeden Tag zwischen –25 und –28°, aber es ist windstill und sehr schön. Ich sitze mit untergeschlagenen Beinen auf meinem Diwan am kräftig geheizten Ofen und weide meine Augen an meinem Teppich. Wenn Papa den noch gesehen hätte! Er ist wahrhaftig ein Kunstwerk und gut und gerne dreitausend in Gold wert.

Ich schicke Euch ein Bündel Zeitungen. Im März werden wir uns Robinson vornehmen. Werde Shenja bitten, daß sie und Eure Enkeltochter Euch besuchen kommen. Auf Wiedersehen, meine Liebsten.

I.

Moskau, 1. März 1936

Der erste März… Und bei uns gibt's Wind und Schnee… Es sind schon fast fünf Tage, daß ich mich wieder gesund fühle, aber ich gehe noch nicht vor die Tür. Für morgen habe ich vor, meinen ersten Ausflug in die Welt zu machen, zur Wohnung von Alexej Maximowitsch, um Euch anzurufen.

Voller Ungeduld warte ich auf das Erscheinen der Sismans. Über sie könnte ich Fenja Bücher schicken. Bis dieser Brief bei Euch eintrifft, wird *Colier* hoffentlich schon Fenja die Bücher übergeben haben, die aus Paris an sie abgegangen sind. Ich warte auf Bestätigung. Bin sehr froh, daß Shenja zu Euch kommt. Dann werde ich endlich auch mit ihr am Telephon sprechen können. Was es auch kosten mag, sie muß sich in Paris auch ein Telephon einrichten lassen.

In finanzieller Hinsicht nehmen meine Angelegenheiten zur Zeit einen sehr günstigen Verlauf. Ich verfolge beharrlich mein Ziel. Ich arbeite *comme un nègre* und hoffe, ich werde mich bis Ende März ausnahmslos von allen Schulden befreien und dann endlich arbeiten können, ohne an den nächsten Tag zu denken.

Ich schicke ein paar Bücher für Natascha mit. Alles, was Ihr über sie schreibt, erfüllt mein väterliches Herz mit Glück, doch auch mit Bitternis, wegen unseres Getrenntseins… Ich werde danach streben, daß dieses Getrenntsein nur von kurzer Dauer ist…

Habe Sonja Geld geschickt. Schreibt mir öfter – damit auch ich *nacheß* von meinen *krojwim* habe…

Die Akademie hat mir die Verantwortung übertragen, die Werke Scholem Alejchems zu redigieren. Ich lese sie in meiner freien Zeit und sterbe dabei vor Lachen… Ich muß an die alten Zeiten zurückdenken.

Schreibt mir baldmöglichst wegen der Bücher.

I.

Grischa. Ich setze gewaltige Hoffnungen in Sie betreffs der Photographien. Ich bitte Sie, nehmen Sie Natascha aus allen Perspektiven auf und schicken sie mir die Photographien. *Salut.*

I. B.

Natascha, meine kleine Freundin. Ich hoffe, morgen am Telephon mit Dir zu sprechen. Ich bin sehr froh, daß Mama zu Dir kommt. Ich bitte Dich, mit Großmutter ein bißchen vorsichtiger umzugehen, denn sie ist schon eines unserer zerbrechlichen Gefäße; mit der Tante und dem Onkel kannst Du ruhig strenger sein, damit sie keinen Unfug treiben.

Ich schicke Dir Bücher. Schreib mir, ob sie Dir gefallen haben. Bei Euch in Brüssel verkauft man bestimmt schon an jeder Ecke Blumen, und bei uns liegt auf dem Hof – ich kann es von meinem Fenster aus sehen – der Schnee zwei Meter hoch, gerade so hoch wie die Hausmeisterbude, und es schneit und schneit... Auf Wiedersehen, meine Liebe.

Dein I.

MOSKAU, 5. MÄRZ 1936

Eine unerwartete Neuigkeit: Heute abend fahre ich zu Alexej Maximowitsch auf die Krim und zwar mit Michail Kolzow und *Malereau,* der aus Paris hierher gekommen ist. Bin am 11. zurück. Ich bin schrecklich traurig, weil ich es nicht geschafft habe, Euch anzurufen. Die Ankunft von Malraux hat alle meine Pläne über den Haufen geworfen. Ich gehe schon seit ein paar Tagen wieder vor die Tür, von der Grippe keine Spur mehr. Gerade eben erhielt ich von Grischa die Nachricht, daß die Bücher angekommen sind, worüber ich mich sehr gefreut habe. Sobald ich etwas Entsprechendes finde, werde ich es wieder als eingeschriebenes Kreuzband abschicken. Wegen der Sismans werde ich Katja vorwarnen. Ich hoffe, daß sie in Moskau ist, wenn ich zurückkomme. Ich würde mich freuen, den Freund von *Mr. Coles* zu treffen (übrigens, wie heißt er denn?), und werde mir Mühe geben, ihm ein zuverlässiger Fremdenführer zu sein, obwohl ich im Augenblick natürlich noch nicht sagen kann, wo ich im Juli bin, vielleicht ja sogar bei Fenja...

Ich hoffe, dieser Brief wird Shenja in Brüssel antreffen. Vom alten Gaikis ist die Bestätigung eingetroffen. Ich küsse mein übermütiges Töchterchen.

Wir reisen in einem Sonderwagen der Eisenbahn. Morgen schreibe ich Euch.

I.

Moskau, 18. März 1936

Schreibe Euch in aller Eile. Ich habe mir so viele Terminarbeiten aufgeladen, daß mir keine Zeit bleibt, um Atem zu schöpfen. Diese Hetze wird noch etwa zwei Wochen anhalten. In dieser Zeit werde ich hauptsächlich mit Euch telephonieren. Annuschka reist heute ab. Sie wird Enta und Fenja Bücher überbringen, Bücher, die meiner Meinung nach sehr interessant sind. Ich kam nicht dazu, mich viel um Annuschka zu kümmern, weil ich sehr beschäftigt bin, und außerdem waren sie insgesamt nur drei Tage hier. Heute essen wir gemeinsam zu Mittag. Gestern habe ich ihnen Karten für das Künstlertheater besorgt.

Es bekümmert mich, daß Shenja und Natascha abgereist sind. Froh bin ich, daß es ihnen in materieller Hinsicht besser geht; und überdies liegen die Dinge jetzt so, daß auch der liebe Papa endlich seine Pflicht erfüllen kann...

Die Handschuhe und Krawatten habe ich erhalten – *merci.* Katja ist Kaviar kaufen gegangen – werde ihn Annuschka anvertrauen. Es ist nicht weiter schlimm, selbst wenn er verloren geht.

Ich habe vor, Annuschka mit einer Menge aller erdenklicher Dinge zu beauftragen; ich hoffe, sie wird Fenja über alles Bericht erstatten, auch daß ich damit rechne, Fenja im Sommer zu sehen... Damit – auf Wiedersehen, bis morgen... Jetzt sind schon alle möglichen Kino- und Literaturleute hier, die nach meiner Seele trachten.

I.

Moskau, 15. April 1936

Habe vor, Euch heute Abend anzurufen, und im Vorgefühl dessen werde ich mich kurz fassen. Bei uns gibt es zur Abwechslung gerade Regen, unter den sich Schnee mischt. Wir hatten überhaupt nur zwei sonnige Tage. Ich denke mit Begierde an Odessa. Die katastrophal dringlichen Arbeiten habe ich abgeliefert. Zum Monatsende zeichnet sich eine Erleichterung ab. Im Mai werde ich mich mit Dingen befassen, an denen mein Herz hängt.

Wie sehen Eure Pläne für den Sommer aus? Ich meine, darüber sollte man sich ernsthafte Gedanken machen. Ich möchte, daß Ihr diesen Sommer so richtig im Schoße der Natur verbringt. Ich hoffe, Ihr werdet eine Möglichkeit dafür finden. Habe einen Dankesbrief von den Tanten aus Odessa bekommen. Bei ihnen steht alles zum Besten. Wie sieht es mit Eurer vereinten Gesundheit aus? Ich habe die ganze Zeit über Matze gegessen.

Also, bis heute Abend.

I.

MOSKAU, 26. APRIL 1936

Verehrte geborene Schwechwel. Die hier um den Mittagstisch Versammelten, als da sind: die außerordentliche Professorin K. A. Ljachezkaja, ihre und zugleich Deine Nichte A. Gofman mitsamt ihrem Kinde Sinaida sowie der Fußbodenbohnerer I. Babel senden Dir einen Gruß. Serviert wurden außer Sprotten und Maisbrei auch gefüllter Fisch, dem die Nachbarn die für ihn bestimmte Soße gestohlen haben, sowie Matze. Ich überlasse Adotschka meinen Platz und ersuche Dich, gesund und wohlhabend zu bleiben und öfter zu schreiben.

I. B.

[Andere Handschrift]
So seltsam es auch scheinen mag, doch es hat mich, meine Lieben, nach 10 Jahren mit Sinotschka nach Moskau zu Katja verschlagen. In diesem Augenblick sitzen wir mit Eurem geliebten Sohn und meinem einzigen Cousin bei Katja, und nachdem wir jüdischen Fisch gegessen haben, tratschen wir nun boshaft über Euer Leben, wie er über das unsrige. Katja und ich werden noch ausführlicher schreiben. Seid fest, ganz fest geküßt.

Ada.

[Kinderschrift]
Liebe Tante Fenja und Merotschka. Sina.

Moskau, 27. Mai 1936

Wunderschöne Mamaschka. Vor über einem Monat habe ich Steiner die Bücher für Euch mitgegeben, um die Du mich gebeten hattest, und erst gestern erhielt ich von ihm die Nachricht, er werde sie Dir in den nächsten Tagen übersenden. Ich habe heute einen Drohbrief an ihn abgeschickt, ich fürchte, er könnte sich die Bücher aneignen. Übrigens hat es so etwas bei ihm noch nie gegeben. Gib mir per Luftpost Nachricht, sobald Du sie erhalten hast. Unter den Büchern waren Puschkin, Gorkij und Scholochow in einer sehr guten Ausgabe.

Ich bin verärgert darüber, daß Du Shenjas Schulden zahlst. Ich finde, sie hätte mehr Möglichkeiten, das zu erledigen. Seit Rajas Ankunft hat sie mir nicht mehr geschrieben. Ich würde gerne das Photo von Natascha haben. Über all dies schreibe ich ihr heute.

Wir haben endlich Sommer (Frühling gab es keinen). Ich fühle mich wohl. Die meisten Schulden und Auftragsarbeiten bin ich losgeworden und arbeite für mich selbst. Nach etlichen Jahren des quälenden Suchens und Forschens habe ich nun anscheinend einen geraden Weg gefunden und arbeite mit einer Leichtigkeit, wie ich sie seit langem nicht an mir kannte. Ich hoffe, daß bis zum Herbst echte Früchte reifen werden. Befinde mich in einem Zustand großer Begeisterung.

Die Generalüberholung meines Mundes, die ich mir vorgenommen hatte, geht ihrem Ende zu. Ich werde von Schapiro (Du erinnerst Dich doch, unser Nachbar aus der Obuchowgasse) im Kremlkrankenhaus behandelt, und er hat versprochen, mit dieser Riesenarbeit in der zweiten Junihälfte fertig zu werden. Ich habe radikale und heldenhafte Maßnahmen ergriffen, aber dafür kommt der Mund jetzt endlich auch ganz in Ordnung.

Natascha schicke ich oft Bücher, nur weiß ich nicht, ob sie für sie geeignet sind. In *Plessis* herrscht zur Zeit wahrscheinlich ein fröhliches Tohuwabohu; ich weiß nicht, ob Raja mit ihrer Familie gekommen ist oder allein.

In den allernächsten Tagen werde ich Euch anrufen. Mich bedrückt der Gedanke, daß Ihr in der Stadt hockt, statt die frische Luft der Felder und Wälder zu atmen. Ich beschwöre

Merotschka, ihr Strickzeug und die russischen Bücher einzupacken und Mama in einem Taxi in den Park zu kutschieren. Ein altes Mütterchen kann man mit Milch und Zwieback füttern, das Geld fürs Fleisch solltet Ihr lieber für ein Taxi ins Grüne ausgeben… Der Teufel soll Steiner holen! Ihr hättet Lektüre in Hülle und Fülle, wenn er pünktlich gewesen wäre. Und vor allem ist die gute Puschkinausgabe nicht so leicht zu kriegen… Ich werde ihn wohl heute anrufen müssen.

Den Tanten werde ich Geschenke schicken. Ach, wäre ich doch nur in Odessa… Damit – auf Wiedersehen. Euer für Euch betender

I.

Moskau, 2. Juni 1936

Bei uns ist endlich Sommer. Eine Wonne. Manchmal überwältigt einen sogar die Faulheit. Es hat sich herausgestellt, daß mein Mund, d.h. alle meine Zähne, erst Ende Juli kuriert sein wird. Ich war bei einem Kremlarzt in Behandlung, jetzt ist das Stadium erreicht, wo die Arbeit an den Prothesen beginnt, die ein anderer Kremlarzt macht: Schapiro, mein früherer Nachbar aus der Obuchowgasse. Es steht zu vermuten, daß ich einen unverwüstlichen Mund bekomme. Bis Juli werde ich mich, wie es aussieht, nicht vom Fleck rühren können. Aus Wien habe ich bisher keinerlei Nachricht; habe von meinem Verleger die Mitteilung erhalten, daß man Fenja das Honorar im Laufe des Juni zahlen wird; damit kann sie am 1. Juli irgendwohin zur Kur fahren…

Heute schreibe ich Shenja. Wüßte sehr gerne, wie Rajas Besuch verläuft. Ich werde ihr nochmals wegen Eurer Photos und des Telephons schreiben.

Im Laufe des Juni werde ich Haus- und Landbesitzer. Dreißig Kilometer von Moskau entfernt ist in einem dichten Kiefernwald eine sehr komfortable Datschensiedlung errichtet worden – für mich baut man dort ein zweistöckiges Haus mit allem Komfort. Es soll zum 20. Juni fertig sein – das Haus ist mit allen Bequemlichkeiten ausgestattet, zu ihm gehört ein halber Hektar Wald. Das wäre absolut ideal, wenn es keine Schriftstellersiedlung wäre; aber wir haben alle beschlossen, daß jeder für sich alleine lebt und wir uns nicht gegenseitig besuchen werden.

I.

MOSKAU, 7. JUNI 1936

Mir ist sehr schwer ums Herz. Alexej Maximowitsch ist krank, und wie es aussieht, gibt es dieses Mal keine Rettung. Zwar machen die Ärzte heute ein wenig Hoffnung, aber ich glaube nicht daran.

Ansonsten ist alles in bester Ordnung. Da mein Vertrauen, daß Ihr die Bücher bekommen habt, gestern erschüttert wurde, schicke ich sie Euch nochmals – ich hoffe, sie kommen bis zum 1. Juli an, höchstwahrscheinlich erst in der zweiten Junihälfte. Ich rechne damit, daß Ihr den Juli auf dem Land verbringt. Ich für meine Person würde alle Bemühungen darauf richten, daß Ihr möglichst weit nach Süden in die Sonne fahrt. In den letzten zwei Wochen habe ich von Shenja keinerlei Nachricht...

In den nächsten Tagen schreibe ich wieder. Vielleicht geht ja alles gut aus...

I.

MOSKAU, 17. JUNI 1936

Hier schreibt Euch Euer leiblicher Sohn und Bruder, der Besitzer eines für keinen zu bemerkenden Stiftzahns. Seien Sie gegrüßt, teure Mamascha, und auch Sie, mein Schwesterchen, und auch Sie, mein lieber Grischa. Habt Ihr wirklich noch immer keinen Gruß aus Wien bekommen? Ich habe diesbezüglich positive Nachricht. Ich bitte um formellen Bescheid...

Dann habe ich gestern Sima getroffen, die für ein paar Tage nach Leningrad gefahren ist. Sie rechnet damit, Ende des Monats zu Hause zu sein, und wird ihren kleinen Mädchen – Enta und Fenja – haufenweise Geschenke mitbringen. Was gibt es noch?... Habe den Tanten in Odessa je fünfzig Rubel geschickt. Bei uns ist es heiß. Habe keine Lust zu arbeiten, aber ich muß. Steiner verspricht zu kommen. Er verspricht auch, Euch am Monatsende mein Honorar zu schicken – ich hoffe, Ihr könnt dann aufs Land fahren. Gerade habe ich einen Schmähbrief an Shenja abgeschickt – einen Schmähbrief, denn sie schweigt. Im Laufe der nächsten Tage erfahre ich den mehr oder minder genauen Termin für meine Reise zur Familie – dann rufe ich Euch an…

Begonnen habe ich mit einem Scherz – schließen muß ich ernst. Gorkijs Gesundheitszustand ist nach wie vor kritisch, doch er kämpft wie ein Löwe. Wir schwanken ständig zwischen Hoffnung und Verzweiflung. In den letzten Tagen machen uns die Ärzte mehr Hoffnung als vorher. Heute trifft *André Gide* im Flugzeug hier ein. Werde ihn abholen.

Ich wünsche Euch Sonne, Gesundheit und Heiterkeit.

I.

MOSKAU, 19. JUNI 1936

Teures Mamachen. Ein großes Unglück für das ganze Land, besonders aber für mich. Dieser Mensch war für mich Gewissen, Richter und Vorbild. Zwanzig Jahre durch nichts getrübter Freundschaft und Liebe verbinden mich mit ihm. Jetzt sein Andenken zu ehren, bedeutet leben und arbeiten. Und das eine wie das andere gut zu tun. Die sterbliche Hülle von A. M. ist im Säulensaal aufgebahrt, eine zahllose Menschenmenge strömt am Sarg vorüber. Der Tag ist heiß, sommerlich. Will mir ein wenig die Beine vertreten. Werde nochmals schreiben.

I.

MOSKAU, 24. JUNI 1936

Am 17. Juli sollte ich gemeinsam mit anderen zu einem Schriftstellerkongreß nach London fahren. Wegen des Todes von A. M. wurde unsere Reise auf den Herbst vertagt. Ich mußte meine Pläne für den Sommer von Grund auf revidieren. Mitte Juli fahre ich nach Odessa, wo ich mindestens zwei Monate bleiben werde. Die Behandlung meiner Zähne wird Anfang des kommenden Monats abgeschlossen sein. Aus Odessa werde ich nach Moskau zurückkehren, um meine Familienreise in die Tat umzusetzen.

Gestern ist Sima abgereist. Sie hat einen Haufen Geschenke

für Enta und Fenja mitgenommen. Ich habe ihr eingeschärft, daß die beiden aufs Land fahren müssen. Fenja ist es endlich gelungen, eine Pension für sich zu erstreiten. Ich hoffe, sie widmet ihrer Gesundheit nun mehr Aufmerksamkeit und läßt sich nicht von Lappalien die Laune verderben…

Von Euch sind schon ziemlich lange keine Briefe mehr gekommen, was mich sehr beunruhigt. Was schreibt man Euch aus Wien? Wir haben hier einen sehr heißen Sommer, und ich bin es zufrieden. Ich hatte geplant, die zweite Hälfte des Sommers in Südfrankreich zu verbringen. Zwar ist Odessa ein vollgültiger Ersatz für jedes beliebige Land oder Klima, doch schmerzen mich die drei Monate, die sich das Wiedersehen mit Euch deswegen verzögert.

Von den Tanten habe ich Dankesbriefe bekommen – ich hoffe, ich kann Ihnen am Ort wesentlichere Hilfe leisten. Falls von Euren Bekannten jemand hierher fährt, dann schickt mir Havanna-Zigarren, Marke *Claro* – die mildesten von allen, die es gibt – sie können ruhig teurer sein…

Mit der kleinen Photographie, die Ihr mir geschickt habt, bin ich nicht zufrieden. Ich hätte gern ein Familienphoto… Laßt Euch von einem guten Photographen aufnehmen. Werde Euch in den allernächsten Tagen anrufen…

Was mich hauptsächlich beunruhigt, ist der Umstand, daß Ihr den Sommer verstreichen laßt. Wollt Ihr denn nirgends hinfahren?… Wie hoch sind dieses Jahr die Preise in Frankreich? Könntet Ihr nicht in den Süden fahren? Oder nach Italien? Was Eure *villégiature* betrifft, erwarte ich einen ausführlichen Brief. Damit – auf Wiedersehen. *De tout mon cœur* umarme ich Euch alle.

I.

MOSKAU, 12. JULI 1936

Glorreiches Schwesterchen. Ich gratuliere Ihnen zum Geburtstag. *Eh passons*… Wir wollen nicht auf diesen Daten beharren… Ich bitte Sie, sich von Mamas Kapitalien selbst ein Geschenk zu machen…

Von Shenja kommt auch schon seit zwei oder drei Wochen kein Brief. Ich weiß nicht *ce qu'elles deviennent*. Weiß nicht, ob sie

Sima getroffen hat; anzunehmen ist es ja... All das interessiert mich sehr.

Ich schicke Ihnen den kleinen Gronfajnling – mit der Bitte, ihn zurückzugeben... Natascha ist aus demselben Holz, nur hübscher natürlich...

Katja ist gestern nach Odessa gefahren. Wir haben einander das Versprechen gegeben, daß wir uns Ende Juli dort treffen. Bei uns hier herrscht eine tropische Hitze, Tag für Tag – ein herrlicher Sommer. Heute waren es in der Sonne 40°. Ich, als Blume des Südens – fühle mich pudelwohl. Je heißer, desto besser...

Beim letzten Mal war Deine Stimme am Telephon sehr gut zu hören; in den nächsten Tagen werde ich mir dieses Vergnügen noch einmal leisten...

Ich habe nicht begriffen, ob Ihr die Bücher von Tolstoj, die ich Euch geschickt habe, nun erhalten habt oder nur eine Mitteilung, daß sie eingetroffen sind? Benachrichtigt mich *par avion*. Abgeschickt habe ich die ersten vier Bände.

Ich habe leidenschaftliche Sehnsucht nach Odessa. Ich verspüre weniger ein Bedürfnis nach Erholung als vielmehr nach einem Tapetenwechsel und nach der Natur des Südens, nach dem Meer... Bezüglich meiner Abreise werde ich Euch rechtzeitig telegraphieren. Schreiben müßt Ihr mir in der ersten Zeit ans Hauptpostamt, postlagernd...

Vergeßt nicht, Natascha zu gratulieren. Ihrer Mamascha werde ich heute wegen ihres Schweigens einen Verweis erteilen...

Wegen des schrecklichen Vorfalls ist eine sehr gute und seltene Gelegenheit verpaßt worden, um Natascha wiederzusehen... Im Augenblick läßt sich für mich bis zum Herbst keine andere absehen, aber ich werde alles daransetzen, eine zu finden.

Was meine Arbeit angeht, bin ich bis zum Stumpfsinn fleißig geworden. Ich denke, ich werde wohl irgend etwas erfinden. Mit dem Druck meiner Werke werde ich im Herbst beginnen. Auftragsarbeiten nehme ich zur Zeit nicht an, mein luxuriöser *train de vie* wird zusammengestrichen, meine vielen Patenkinder in allen Städten der Union werden auch auf Sparration gesetzt...

Steiner soll endlich am 15. hier eintreffen. Eine Aussicht auf Zigarren, Krawatten, Rasierklingen *etc*…

Eine tiefe Verbeugung. Euer unermüdliches und aufrichtiges Gebetbuch

I.

P.S. Das Bild könnt Ihr nochmals reproduzieren lassen und die Kopie behalten.

Moskau, 22. Juli 1936

Vor ein paar Tagen hat sich herausgestellt, daß Steiner nicht nach Moskau zurückkehrt, und so hatte ich mich mit Wohnungsangelegenheiten zu befassen. Meine Abreise hat sich deswegen um ein paar Tage verschoben. Ich fahre am 27. nach Odessa. Vor der Abreise werde ich telegraphieren, und für alle Fälle rufe ich an, evtl. seid Ihr ja schon in Brüssel. Meine Situation sieht folgendermaßen aus: Meine Zähne sind kuriert, so daß ich meine volle Bewegungsfreiheit wiederhabe; die Schulden sind bezahlt, die Auftragsarbeiten erledigt, und nun will ich mich auf heimatlichem Boden der »reinen Kunst« widmen, ohne ans Geldverdienen oder ähnliche Belanglosigkeiten zu denken… Übrigens, die »reine Kunst« ist das Einzige, das mich auf meinem Lebensweg weiterbringen kann und zugleich hilfreich ist, was Natascha, Fenja u.a. betrifft. Aus Odessa – »in der Freiheit« – werde ich Euch ausführlich über meine Arbeit, die Termine und so weiter schreiben. In Moskau geht der Bau einer riesigen Datscha für mich seiner Vollendung entgegen, aber ich will sie als Tauschobjekt in Reserve halten, ich wünschte, diese Datscha stünde irgendwo am Strand von Odessa. Ich freue mich sehr auf meine Reise. Ich weiß, daß ich mich gleichermaßen erholen und eine nützliche Arbeit leisten werde. Habe Briefe von Sima und von Borja bekommen. Ihnen geht es gut, sie gehen Shenja regelmäßig besuchen und versprechen hoch und heilig, daß diese lobenswerten, verwandtschaftlichen Gefühle nie versiegen werden. Es wird Zeit, daß ich mich ernsthaft um meine Verwandten kümmere; ich merke, ich habe sie vernachlässigt. Von Euch erwarte ich in nächster Zeit nur eins: *Voyages de plaisir,* Kuren, hin zur Natur – und überhaupt ein herrliches Leben im Taxi, nicht in der Straßenbahn. Ich finde, es wäre an der Zeit, daß Grischa sich ein Auto anschafft... Vielleicht würde er dann irgendwann einmal, wie die Zigeuner, in diesem Auto mit seiner ganzen Familie hier angebraust kommen... Von Euren Krankheiten mache ich mir mein eigenes und, wie ich glaube, richtiges Bild: Ihr habt nicht genug Sonne. Da wir allem Anschein nach ein und dieselbe Konstitution haben, kann ich nach mir selbst urteilen. Im Sommer, in der Hitze, bin ich ein völlig neuer Mensch, im Winter dagegen... Diesbezüglich hat einfach der *lieu de naissance* große Bedeutung!... Darum, sucht nach der Sonne... Aber o weh, in Belgien ist das ja Mangelware. Da ich mich schön langsam aus allen unnützen Angelegenheiten herauspelle, werde ich auch öfter schreiben... Wie ist es Euch in den Ardennen ergangen? Was ist das denn für eine Gegend? Ab August werden wir von Meer zu Meer miteinander korrespondieren...

Euer Gebetbuch

I.

Moskau, 30. Juli 1936

Morgen fahre ich nach Kiew, werde dort ein, zwei Tage bleiben und rechne, in Odessa am 4. oder 5. anzukommen. Meine Adresse: Odessa, Hauptpostamt, postlagernd, was ich Euch auch schon telegraphiert habe. Ausführliche Episteln dürft Ihr aus Odessa erwarten. Ich habe weitreichende und resolute Pläne. Ich hoffe, die Berührung mit der Heimaterde wird mir die Kraft geben, sie zu verwirklichen. Bei uns herrscht ununterbrochen eine Hitze wie in Afrika; wäre nicht übel, Brüssel ein bißchen davon abzugeben... Schreibt mir oft aus Ostende. Mich interessiert, wie die Saison dort verläuft, was für Leute dort sind... Ich bin in Odessa mein eigener Herr und werde Euch deshalb mit meinen Briefen bis zum Überdruß beglükken.

Habe einen Brief von Shenja bekommen und ihr gestern geantwortet. Die Ärzte meinen wohl, daß es für Natascha zur Stärkung ihrer Mandeln vorteilhaft wäre, den Winter in der Schweiz zu verbringen. Ich habe dem nicht widersprochen, aber Shenja gebeten, trotzdem den August über zu Euch nach

Ostende zu ziehen. War Raja denn bei Euch, und was für einen Eindruck macht sie?

Boris hat mir mitgeteilt, er werde Ende August bei Fenja sein. Was Sima angeht – die ist gesund; Enta hat die Absicht, großen Druck auf sie auszuüben, wogegen ich natürlich keinen Einspruch erheben werde; im Gegenteil – in dieser Sache, so glaube ich, sollten ihr Annuschka, Fenja und alle anderen beistehen...

Den einzigen Kummer im Zusammenhang mit meiner Abreise bereitet mir der Umstand, daß ich mich empfindlich weit von Euch entferne – es gibt kein Telephon, die Korrespondenz kommt nicht so schnell an, und es wird keine Gelegenheit mehr geben, ein kleines Päckchen für Euch zu schnüren, Bücher zu schicken u.a.m. Übrigens werde ich für all diese Dinge Vertrauenspersonen in Moskau zurücklassen. Das ist der einzige negative Umstand. Was den ganzen Rest angeht, glaube ich, daß diese Reise mir unschätzbaren Nutzen für Leib und Seele bringen wird, was ich, *mes enfants,* auch Euch wünsche. Ich küsse Euch fest.

Schreibt mir, sooft es geht. Seid nicht böse auf Shenja, sie hat sich dort vermutlich von allem unterbuttern lassen, und haltet die Verbindung zu ihr aufrecht.

Ich muß packen. *Je vous embrasse.*

I.

ODESSA, 8. AUGUST 1936

Unvergeßliche Landsleute.
Ich habe eine Woche voller Umzüge, Hotels und Qualen in stickiger Hitze hinter mir. Gestern habe ich eine Unterkunft am Meer gefunden, in der Jewangelitscheskij Gasse, unweit der Lermontow-Kurklinik, wo ich mich behandeln lasse. Gestern haben mich die Ärzte untersucht, sie stellten eine starke Überanstrengung fest und weiter nichts. Einer von ihnen, der Internist, hat gesagt: »Es sind die Bronchien, die Ihnen ins Zeug pfuschen; wenn die nicht wären, könnte man Sie um Ihren Organismus nur beneiden.« Mit meiner Nase werde ich eine Kur bei Kalina machen – die letztjährige hat zu glänzenden Ergebnissen geführt –, Inhalationen und Höhensonne,

ich werde Bäder nehmen und allerlei Mechanotherapien machen…

Odessa ist nach wie vor bezaubernd, aber leergeplündert und halt arm. Gestern habe ich Katja und Ljachezkij vor der Lermontow-Kurklinik getroffen; sie unterziehen sich allen möglichen Heilkuren, und eigentlich haben sie auch das Zimmer für mich gefunden…

Was das Wetter betrifft, ist es hier paradiesisch. Die Hitze hier hat nachgelassen, sonst würde man hier draufgehen. In Odessa stieg das Thermometer bis auf 60° in der Sonne, in Moskau bis 50°. Seit etwa drei Tagen hält sich hier ein außergewöhnlich angenehmes, kühles und sonniges Wetter…

Die übrigen Tanten und Onkel habe ich noch nicht gesehen, aber ich werde alle besuchen…

Nun habe ich an Euch die Bitte, mir, sooft es geht, zu schreiben. In Odessa gibt es kein Telephon, die Briefe kommen nicht so schnell an wie in Moskau, und schon fühle ich mich abgeschnitten – und Sima ist leider weit weg. All das macht mir Sorgen, und darum schreibt mir, wenn auch nur kurz, über alles…

Wie ergeht es Euch in Ostende? Hat Shenja Euch geschrieben? Ich bin immer noch bekümmert. Könnte ich Euch doch ein Viertel unserer Sonne schenken…

Über alle kleinen Begebenheiten meines Kurlebens werde ich Euch pünktlich Bericht erstatten. Zahlt es mir mit gleicher Münze heim… Ich gönne mir erst den zweiten Tag Ruhe und habe mich schon dermaßen erholt, daß mir aus dem Spiegel eine völlig andere Visage ins Gesicht schaut. Die Adresse ist stets ein und dieselbe: Hauptpostamt, postlagernd. Einen Gruß an Grischa.

I.

Odessa, 10. August 1936

Wir erholen uns von der Hitze. Das Wetter ist kühl und windig, heute Nacht gab es einen Sturm. Am 14. beginne ich mit meiner Kur für die Nase (Inhalationen und Bachsche Lampe) und allerlei anderen wohltuenden Dingen – Bäder, Massage und anderes mehr. Ich fühle mich schon unvergleichlich besser als in Moskau. Ich wohne anscheinend in der ehemaligen Villa von Birnbaum (wie Katja behauptet), die Ljachezkijs wohnen nicht weit von mir – am [..]-Boulevard [ein Wort unleserlich]. Er ist überaus kauzig. Zu Mittag verpflegt mich meine Wirtin. Die Speisekarte: Kaulköpfe blau, Mais, Melone und andere traditionelle Dinge, außer Makrelen, die es dieses Jahr nicht gibt... Schreibt öfter.

I.

Odessa, 13. August 1936

Habe Euren ersten Brief nach Odessa erhalten. Wir haben hier, so leid es mir tut, prächtiges Wetter, anders als in Ostende! Bisher habe ich außer Katja noch niemanden gesehen; erhole mich von der Moskauer Hast, sammle meine Kräfte. Etwas Gescheiteres, als nach Odessa zu fahren, hätte mir gar nicht einfallen können. Mit den Kuranwendungen beginne ich ab dem 15. Auf Anraten der Ärzte sollte ich dem Organismus, bevor ich mit der Behandlung in der Kurklinik anfange, vollständige Ruhe und ein Maximum an Schlaf gönnen, was ich auch nach Kräften zu verwirklichen suche. Ich wünsche Euch in erster Linie Sonne und gutes Wetter. Mit gleicher Post schreibe ich an Shenja und Natascha.

I.

Odessa, 25. August 1936

Nichts Neues. Ich durchlaufe die sog. Anwendungen, bade, gehe spazieren und atme die poetische und literarische Luft Odessas. In sie setze ich große Hoffnungen. Ich wohne in luxuriösen Räumlichkeiten, allerdings nur vorübergehend. Ich war in Blishnije Melnizy, ein paradiesischer Ort – wenn das Meer in der Nähe wäre. Schön langsam halte ich Ausschau nach einer Hundehütte für mich. Ach ja, und von Shenja kommt keine Nachricht. Bei den Tanten ist alles so, wie es sich gehört. Das einzige Unglück ist, daß das Wetter allmählich schlechter wird; es riecht nach Herbst. Wie ist bei Euch? Schreibt mir öfter, meine Goldstückchen.

I. B.

Odessa, 28. August 1936

Mes enfants. Eure Klagen sind mir unbegreiflich. Ich schreibe Euch sehr regelmäßig. Meine ganzen Briefe stapeln sich wahrscheinlich in Brüssel. Es tut mir sehr leid, daß Euer Urlaub zu Ende geht. O weh, nun hat sich das belgische Wetter bis zu uns ausgebreitet. Schon seit zwei oder drei Tagen weht hier ein beißender Wind, und es ist kalt. Aber wir hoffen noch... Und dann – wie kommt Ihr auf all diese eingebildeten Ängste wegen meiner Krankheiten? Ich mache bei ein und demselben unverwüstlichen Kalina ein und dieselbe Kur wie letztes Jahr – Bachsche Lampe und Inhalationen. Das ganze Jahr über hatte ich keinen Schnupfen. Ich schreibe dies der Kur zu und ergreife nun prophylaktische Maßnahmen für das kommende Jahr.

Ich habe hier keinerlei Nachricht von Shenja und ebensowenig von Sima und Borja; Borja hat mir versprochen, Euch Ende August zu schreiben. Ich weiß nicht, ob er sein Versprechen gehalten hat. Gewöhnlich ist er überaus pünktlich. Katja ist mit ihrem strohdummen Gemahl (der überdies an der linken Hand einen halben Finger verloren hat) gestern nach Moskau abgereist.

Ich warte hier auf gutes Wetter und schicke Euch meinen Segen. Schreibt *par avion.*

I. B.

Odessa, 1. September 1936

Gestern hat man mir in der Straßenbahn die Uhr geklaut, einen meiner liebsten Gebrauchsgegenstände. Eben solche Diebe habe ich vor Zeiten besungen, folglich habe ich kein Recht, mich zu beklagen. Da habt Ihr die wichtigste Neuigkeit. Auf der Durchreise nach Jalta ist Eisenstein bei mir zu Besuch. In Jalta beginnen in einigen Tagen die Dreharbeiten nach meinem Szenarium, und wir arbeiten hier die letzten Szenen durch.

In den letzten Septembertagen mache ich mich wahrscheinlich auch auf die Reise nach Jalta, werde dort Weintrauben essen und mir die wichtigsten Aufnahmen anschauen. Eisenstein sagt, verglichen mit Moskau sei ich nicht wiederzuerkennen, weder körperlich noch geistig. Ich arbeite zehnmal besser als in Moskau.

I. B.

Odessa, 5. September 1936

Ich wohne immer noch in der Nähe der Lermontow-Kurklinik, aber es sind die letzten Tage. Zur Auswahl stehen mehrere Wohnungen. Morgen werde ich wahrscheinlich in einer von ihnen Quartier beziehen. Ich bin kerngesund hier angekommen, aber ich war extrem überarbeitet und ganz zerschlagen von der Moskauer Hast. Nun schöpfe ich – nicht nur jeden Tag, sondern jede Stunde – neue Lebenskraft. Leib und Seele finden gleichermaßen zu ihrem gewohnten Zustand zurück. Jetzt lasse ich mich von hier keinesfalls verjagen, es sei denn nach Brüssel. Ich denke, daß auch meine Arbeit gut vorankommt, wenn nicht... Bis heute habe ich kaum jemanden besucht. Habe die ärztlichen Vorschriften befolgt, mich ausgeruht und geschlafen. Sobald ich nun einen festen Wohnsitz habe, werde ich anfangen, meine Visiten zu machen und mich um die Tanten zu kümmern. Heute will ich im Sanatorium wegen der Massage nachfragen. Irgendwie habe auch ich das Gefühl, das könnte eine wohltuende Sache sein.

Die Photographien habe ich erhalten und zum Gemeingut der ganzen Familie erklärt. Alle haben geseufzt, gestaunt und waren begeistert.

Es ist sehr ärgerlich, daß die Briefe so lange unterwegs sind und man nicht miteinander telephonieren kann. Moskau ist mittlerweile eine richtige Hauptstadt – ganz *moderne,* während hier noch immer die alten Zeiten herrschen, die zwar das Herz erfreuen, aber, wie man sieht, unbequem sind. Das Wetter war die ganze Zeit über mittelmäßig, aber es wird sich wohl einrenken. Wie man in Odessa sagt – »selbiges« Wetter.

I.

Odessa, 10. September 1936

Ich schicke Euch (unbedingt zurückzugeben) einen eigenhändigen Brief von Natascha. Shenja berichtet Wunderdinge über sie. Ihre Adresse: *Kensington Hôtel, La Croix (Var)*. Das ist bei *St. Raphaël.* Folglich haben wir uns an drei verschiedenen Meeren angesiedelt. Sima hat ihnen geholfen zu fahren. Natascha kommandiert, wie zu erwarten, die ganze Truppe und bezaubert alle Herzen. Shenja bittet alle um Vergebung, weil sie nicht geschrieben hat – sie redet sich auf ihre schlechte Handschrift und ihre extreme Abneigung gegen die Kunst des Briefeschreibens heraus. Bei ihr ist alles bestens. Die Gegend, in der sie wohnen, ist ein gesegnetes Fleckchen…

Was mich betrifft, so weigern sich die Leute, die mich in Moskau gesehen haben, mich in Odessa wiederzuerkennen, so glänzend sehe ich jetzt aus. Ich fühle mich mit jedem Tag besser. Es war schon eine blitzgescheite Idee von mir, nach Odessa zu fahren. Das läßt sich gar nicht erzählen. Werde möglichst lange hierbleiben, bis ich ein Büchlein, das mir sehr am Herzen liegt, abgeschlossen habe. Ich warte auf Eure Photographien und verspreche Euch im Austausch die meinigen. Katja und Ljachezkij sind schon längst abgereist; ich habe Euch rechtzeitig darüber geschrieben. Um die Angelegenheiten der Tanten kümmere ich mich bisher noch nicht, denn ich habe alle Hände voll mit meiner eigenen Einrichtung zu tun. Um die Wahrheit zu sagen, habe ich hier ein Auge auf ein kleines Anwesen in einer Datschensiedlung geworfen, das ich als ständigen Besitz erwerben möchte, um einen Ort zu haben, wohin ich nötigenfalls fliehen könnte, um zu arbeiten, denn unser Lebenstempo und -rhythmus sind dergestalt, daß – mir nichts, dir nichts – alle Termine verstreichen und man weder so noch anders Zeit findet, nachzudenken und sorgfältig seinem Handwerk nachzugehen. Sobald ich mit dieser Sache im Reinen bin, kümmere ich mich um Anjutas Wohnungsangelegenheiten. Was die Skljars betrifft, sind sie in der Gospitalnaja Straße sehr prächtig *logés,* und ihre riesige Barschaft ermöglicht ihnen ein rundum befriedigendes Auskommen. Odessa ist überfüllt von Intourist-Reisenden, in erster Linie Amerikanern, die aus Odessa stammen und die (mit Intourist) hergekommen sind, um ihre Verwandten zu besuchen, nachdem sie zwanzig, dreißig oder vierzig Jahre nicht mehr hier waren. Man sollte Rosa auf diesen Geschmack bringen… Im Londonskaja kommt es zu unbeschreiblichen Szenen. Aus der Gospitalnaja, der

Basarnaja und der Justezkaja schleppen sich die Juden zu den Onkeln aus Amerika... Schreie, Freudenrufe, Umarmungen – man kann sich das alles unschwer vorstellen... Ich hätte natürlich auch Lust, daß mich meine Onkelchen besuchen kommen...

IB.

Odessa, 17. September 1936

Wohltätige Lüfte... Von neuem ist hier der Sommer und die »Lebensfreude« eingezogen. Ich wünsche Euch ein gutes Neues Jahr. Gestern habe ich einen unvergeßlichen Abend erlebt. Bin mit dem trotteligen Ljachezkij (er ist wieder zurück) in die Synagoge auf der Masterskaja Straße (hinter der Kolontajewskaja) gegangen – die mir von Kindesbeinen an vertraute Umgebung, die Gesichter, die alten Mütterchen in ihren *fartschejles,* die Greise mit ihren donnergleichen Stimmen. Bin sehr froh, daß ich hingegangen bin. Natürlich ging es nicht ohne Beten ab, aber auf meine eigene Art und nicht zu jenem Gott – in erster Linie für Euch... Da Shenja ihre Schuld eingesteht, müßt auch Ihr ihr schreiben. Die Adresse habt ihr. Wie ist das Wetter in Brüssel? Man hat mich für ein paar Tage nach Jalta eingeladen. Falls ich fahre, werde ich Euch telegraphieren. *Salut!*

IB.

Odessa, 22. September 1936

Am Sechsundzwanzigsten fahre ich nach Jalta. Meine Adresse: Jalta, Kinofabrik, zu Händen von Eisenstein, an mich. Ich denke, die Zeit wird reichen, um dort ein, zwei Briefe von Euch zu erhalten. Wir haben wunderschönes Wetter hier, in Jalta ist es wahrscheinlich noch besser, wenn bloß bis zum Sechsundzwanzigsten das Meer nicht zu toben anfängt – im Augenblick ist es windstill –, denn mit der Schaukelei stehe ich nicht auf sonderlich gutem Fuß. In Jalta werden wir Weintrauben essen und die Südküste entlangfahren. Anschließend kehre ich nach Odessa zurück; die Datscha steht hier schon bereit. Die Adresse bleibt die alte. Schreibt mir unbedingt.

Nach meiner Rückkehr werde ich mich um die ganze Verwandtschaft kümmern, werde ihnen Blusen nähen lassen und meine Beiträge zahlen. Ich glaube, daß von Euch ein Brief auf der Post liegt – gestern kam ich zu spät und erhielt ihn nicht ausgehändigt. Beachtet, daß ich im Gegensatz zu Euch ein vielbeschäftigter Mann bin, und schreibt oft, die Portokosten werde ich Euch ersetzen. Damit – seid gegrüßt von Eurem Cousin und Neffen.

IB.

JALTA, 29. SEPTEMBER 1936

Bin gestern aus Odessa hier angekommen. Ich hatte Angst vor dem Seegang, aber die Reise war zauberhaft. Das Wetter ist sommerlich, alle gehen baden. Werde etwa zehn Tage hierbleiben. Wohne im ehemaligen Hotel Rossija, mein Balkon geht hinaus auf die Strandpromenade, bis zum Meer sind es zehn Schritte. Die Arbeit, wegen der ich herbestellt wurde, habe ich schon in Odessa erledigt, und so kann ich mich hier erholen und für mich arbeiten. Ich fühle mich sehr wohl. Es ist sehr schade, daß Ihr all diese Schönheiten nicht seht. Auf der Krim ist jetzt *haute saison,* Weintrauben und so weiter. Ich weiß nicht, ob es mir noch glückt, hier einen Brief von Euch zu erhalten. Blüht und bleibt gesund.

I.

JALTA, 4. OKTOBER 1936

Ich bin seit dem 27. hier, zwei Tage war es bedeckt, die ganze restliche Zeit über brennt die Sonne, wie bestellt, auf Palmen und Weinberge herunter. Als Blume des Südens geht es mir hier ausgezeichnet. Eisenstein und ich lassen uns mit der Arbeit Zeit, damit wir noch ein paar Tage länger hierbleiben können. Ich reise zwischen dem 12. und dem 14. ab; schreibt also nach wie vor nach Odessa. Darüber, was sich in der Welt und insbesondere bei Euch so tut, weiß ich nichts, denn man schickt mir meine Post nicht nach. Ich hoffe, daß alles zum Besten steht. Ich schreibe Euch selten und verfluche mich dafür, aber in der Sonne und in all den Gärten weicht man dermaßen auf, daß keineswegs ein Schriftsteller aus einem wird, doch in Gedanken bin ich bei Euch.

IB.

Jalta, 7. Oktober 1936

Ich lebe wie Gott in Frankreich. Wir essen Weintrauben, an sonnigen Tagen gehen wir baden und arbeiten zum eigenen Vergnügen, der Kinofabrik haben wir ein Auto geklaut und bereisen die Umgebung durch all die Mißchors, Gursufs und Alupkas. Wir haben vor, nach Massandra zu fahren, um Einlaß in die berühmten Keller zu erhalten und edle Weine zu verkosten. Unsere Expedition löst sich am Zwölften auf, alle fahren nach Moskau, ich nach Odessa. Euer Brief *par avion* kam sehr schnell an, nach kaum vier Tagen. Shenja schafft es wahrscheinlich bloß, nach Odessa zu schreiben. Ich weiß nicht, wie sich die Abwertung des Franc auf sie und Sima auswirkt. Während ich den Segen des gewesenen Herrgotts auf Euch herabflehe, gebe ich meinem Wunsch Ausdruck, das Klima von Jalta möge nach Brüssel übersiedeln, und die Brüsseler Tabakläden nach Jalta...

I.

Jalta, 10. Oktober 1936

In zwei, drei Tagen fahre ich nach Odessa. Mit dem morgigen Tag vollende ich meine Werke und bereise die Umgebung – Liwadija, Gursuf, Alupka. Heute haben wir »selbiges« Wetter. Ich hoffe, daß das Schiff auch auf der Rückreise nicht schlingern wird. Fühle mich ausgezeichnet, und was die Hauptsache ist – mein Hirn arbeitet, verglichen mit Moskau, hier unermeßlich besser. Ich will noch in Tesseli vorbeifahren, auf halber Stecke zwischen Jalta und Sewastopol, wo ich A. M. zum letzten Mal gesehen habe. Mein Denken und Fühlen kehrt ununterbrochen zu ihm zurück... Erwarte von Euch in Odessa interessante Korrespondenz.

I.

[JALTA?, OKTOBER 1936]

Ich bin immer noch auf der Krim, das Wetter ist schlecht. Wir haben keinen festen Plan. Eisenstein und ich, wir sitzen in unseren luxuriösen Zimmern und beenden ganz allmählich das Szenarium. Uns bleibt nur noch ein Drehtag, und wir warten sehnlichst auf Sonne. Gestern habe ich den Aj-Petri und seine Bergweiden erklommen. Wie man weiß, ist der Blick hinunter auf Jalta und das Meer sehr berühmt. Ich hoffe, daß wir uns dennoch in zwei, drei Tagen auf den Weg machen. Schreibt nach Odessa.

I.

JALTA, 19. OKTOBER 1936

Ich fahre übermorgen früh mit dem Dampfer nach Odessa. Das Wetter war die ganze Woche schlecht, heute scheint die Sonne, das Meer liegt windstill; wenn es nur übermorgen ebenso ist. Eisenstein fährt heute abend nach Moskau. Ich fühle mich sehr wohl. Das Klima ist wohltuend, aber ich war wenig spazieren und habe wenig von der Umgebung gesehen; sitze die ganze Zeit in meinem Hotelzimmer – der Balkon hängt über dem Meer – und schaue den Schiffen beim Ein- und Auslaufen zu. Aus Odessa schreibe ich Euch ausführlich. Hoffe, daß ich dort reichlich Post vorfinde. Ich umarme und küsse Euch, *mes amis*.

I.

ODESSA, 23. OKTOBER 1936

Bin gestern abend hier angekommen. Vor Jalta hat das Schiff ein bißchen geschlingert, dafür war nach Sewastopol das Wasser so ruhig wie kalte Suppe in der Schüssel, d.h. gerade das Richtige für einen Seewolf wie mich, so daß ich in glänzender Verfassung hier ankam. Hier ist es bedeckt, aber nicht kalt. Gerade war ich auf der Post, wo entsetzlich viel Korrespondenz für mich lag. Ich schreibe Euch jetzt nur provisorisch. Sobald ich meine Angelegenheiten geordnet habe, mache ich mich richtig ans Briefeschreiben. Bislang habe ich nur ein Ziel:

soviel wie möglich zu arbeiten und nicht nach Moskau zurückzukehren, bevor ich meine Arbeit beendet habe. Ich will Meris Rat befolgen und mir eine Reihe von Massagen verabreichen lassen, sonst geht meine schlanke »Linie« verloren. Werde Meerwasserbäder nehmen. Was mein Stückchen Land und das Gemüsegärtchen angeht, schreibe ich Euch nach dem 25.; bis dahin werde ich eingehende Erkundigungen anstellen. Hiermit – gebe ich Euch die strikte Anweisung: Bleibt gesund.

IB.

Odessa, 25. Oktober 1936

Ich schreibe auf dem Postamt. Seht mir meine Schönschrift also nach. Außerdem habe ich mich heute den ganzen Tag, von morgens bis abends, mit dem Dichten beschäftigt, und mein Hirn ist augenblicklich auf Urlaub. Bin am 22. hier eingetroffen, was ich Euch schon geschrieben habe. Und erst jetzt, am 25. abends, bin ich wieder vor die Tür gekommen – völlig ausgelaugt. Wie es aussieht, ist mir etwas Gescheites eingefallen, deswegen habe ich es auch so eilig. Außerdem muß ich mir jetzt alle meine Reisen eigenhändig erarbeiten, es gibt keinen Wohltäter mehr. Nach Moskau will ich erst fahren, wenn ich meine Arbeit fertig habe, und ich habe Angst, man könnte mich wegen irgendwelcher Kinoangelegenheiten hinzitieren. Die Arbeit mit Eisenstein in Jalta hat mich zufriedengestellt; hoffentlich hat die Kinofabrik kein Blut geleckt und beordert mich noch einmal hin. – Morgen mache ich mich an meine Datschaangelegenheiten. Ich würde sehr gern in Odessa, weit weg von der Hast der Welt (auch kann ich nur hier arbeiten) ein Häuschen mit einem kleinen Garten besitzen, d.h. dasselbe, wovon auch Ihr träumt, nur daß es für mich leider einfacher zu bekommen ist als für Euch. Und so würde ich mir hier gern, bevor ich alle möglichen Umzüge und Reisen unternehme, eine solche Hundehütte reservieren – ich glaube, das wäre für meine Arbeit wie für meine Familie äußerst vorteilhaft. Ich habe die Überzeugung gewonnen, daß man nach Moskau fahren sollte, um sich zu amüsieren, Geld abzuholen, Verträge abzuschließen, aber arbeiten muß man irgendwo in der Natur. Wir alle haben das bisher genau umgekehrt gemacht... Über meine Errungenschaften auf diesem Gebiet werde ich Euch gewissenhaft Bericht erstatten. Ich wünschte, auch Ihr würdet Euch ein Gärtchen und ein Auto zulegen – das wäre doch gesünder und lustiger... Bislang habe ich außer meiner Wohnung in Moskau noch eine riesige, gerade erst fertiggebaute Datscha außerhalb der Stadt, aber mir gefällt nicht, daß sie in einer Schriftstellersiedlung liegt; vielleicht tausche ich sie gegen irgend etwas Gleichwertiges.

Bin sehr besorgt um Shenjas finanzielle Situation. Ich weiß nicht, wie sich die Abwertung des Franc auf sie auswirkt. Wie steht es mit Euch? Geht es Euch deswegen besser oder schlechter? Und überhaupt, bei uns ist es zur Zeit wohl ruhiger als in Paris und sogar noch ruhiger als in Brüssel.

Von Sima und Marjassja habe ich keinerlei Nachricht, ich wüßte sehr gern, was mit ihnen los ist und wo sie sind. Wie geht es Borja? Wann habt Ihr ihn gesehen? Wird er denn bald in Brüssel sein? Schreibt mir baldmöglichst.

Während meines Aufenthalts in Odessa und Jalta sind die Tantchen vermutlich verkümmert. Alle meine unbegrenzten Erwerbsquellen liegen in Moskau – hier lebe ich friedlich von meinem Gehalt –, deshalb habe ich sie einen ganzen Monat lang nicht erquickt. Ich verspüre deswegen *charote* und werde diese Nachlässigkeit wiedergutmachen. Das Wetter in unserer Heimat ist frisch, aber klar und sonnig. Man kann sich trotzdem nur wundern, wie sehr hier an Leib und Seele ein neuer Mensch aus mir wird. Für meinen Wanst gibt es hier Symphonien ohne Ende: Butte, Meeräschen, Halwa, Sesam- und Mohnkringel, mit einem Wort: Speisen, wie sie »Künstlern« würdig sind. Ungeachtet dessen, daß ich auf der Post bin, habe ich nun doch gekritzelt, bis meinem *stylo* die Tinte ausgegangen ist. Ich grüße und küsse Euch – bis morgen oder bis übermorgen brieflich, aber ich glaube, auch ein persönliches Wiedersehen ist nicht mehr allzu fern.

I.

Es ist fürchterlich, noch einmal zu lesen, was ich Euch da für eine *megile* geschrieben habe...

Odessa, 29. Oktober 1936

Da habt Ihr den unverwüstlichen »Duc«, der nach wie vor alle Arbeiten erledigt, die die Leute scheuen – »der Duc wird's schon machen« –, und der sich viele Reden anhört, gemäß der Regel: »Ich hab's dem Duc gesagt«... Wir haben hier einen warmen Herbst, es fällt ein warmer Regenschauer. Wir werkeln zufriedenstellend, leben friedlich dahin. Ich lege mich um 11 Uhr abends zu Bett, stehe um 7 Uhr auf, genieße »selbiges« Essen, genau wie zu Hause in meiner Kindheit, vielleicht sogar noch ein bißchen üppiger. Ich spüre, daß ich von diesem Essen gescheiter werde. Morgen schreibe ich ausführlicher – habe haufenweise zu tun.

I.

Odessa, 1. November 1936

Ich lebe, was Stille und Frieden angeht, in einer Glückseligkeit, wie ich sie seit langem nicht mehr erfahren habe. Man kann sagen, daß ich mich vom wirklichen Leben völlig abgekapselt habe. In meinem Zimmer ist es so still und friedlich, daß man gar keine Lust hat, etwas anderes zu tun, als zu arbeiten. Ich bemühe mich, Versäumtes nachzuholen und Reserven für die Zukunft zu sammeln, für alle möglichen Reisen nach Moskau und so fort (wohin man mich schon wieder bestellt hat, hauptsächlich wegen Kinoangelegenheiten, aber noch wehre ich mich dagegen). Mit meiner Arbeit geht es, wie mir scheint, jetzt wirklich besser voran, und ich gebe mir Mühe, Rhythmus und Tempo nicht zu verlieren. – Morgen werde ich Shenja schreiben; ich werde einer Reise von Natascha in die Schweiz kategorisch widersprechen – jetzt sind unruhige Zeiten; sich von dem Kind zu trennen, ist meiner Meinung nach schlichtweg gefährlich. Morgen gehe ich zur Post. Hoffentlich finde ich einen Brief von Euch vor. Heute abend schaue ich bei Anjuta vorbei – über meine Eindrücke berichte ich morgen. Das Wetter ist bedeckt und warm. Seelenruhig gehe ich in meiner Einsamkeit spazieren und fühle mich rundum glücklich.

I.

ODESSA, 11. NOVEMBER 1936

Habe Mamas Brief vom 31. X. bekommen. Werde der Reihe nach antworten. Um Sonja braucht Ihr Euch keine Sorgen zu machen; Päckchen zu schicken, ist Blödsinn. Ich habe ihr vor ein paar Tagen etwas Geld gegeben, und nach dem 15. gebe ich ihr wieder etwas. Diesbezüglich kommt alles ins Lot. Anjuta erhält nach dem 15. gleichfalls 100 Rubel. Habe angefangen, mich um eine Wohnung für sie zu bemühen. Dieser Strohkopf hat sich selbst derart übers Ohr gehauen, daß er nun überhaupt kein Anrecht auf zusätzlichen Wohnraum mehr hat. Erstaunt hat mich, was Mama über das Päckchen schreibt, daß sie in Brüssel Zollgebühren zahlen müsse. Ist das wirklich so? Dann wird die Zigarrenbestellung natürlich storniert. Ich habe geglaubt (und glaube es noch), daß die Zollgebühren nur einmal zu bezahlen sind. Wenn meine Annahme richtig ist, dann könnt Ihr den Zigarren noch ein Schächtelchen Ersatzzahnbürsten der Marke *Gibbs* beilegen (einen Griff habe ich), und auch ein paar (möglichst viele) Päckchen Zigarettenpapier *La Croix*.

Man hat mich in Kinoangelegenheiten dringend nach Moskau bestellt, aber noch wehre ich mich dagegen und verlange, daß die Regisseure hierherkommen. Ich habe auf den Tod keine Lust, mich jetzt von hier wegzurühren, habe mich gerade erst richtig warmgeschrieben. Ich denke, daß ich Ende Dezember für etwa zwei Wochen nach Moskau fahren muß. Ich warte darauf, daß Ihr mir Einzelheiten über Borjas Leben und Treiben schreibt, wie sein Studium verläuft und so weiter. Bezüglich meiner Basis in Odessa befinde ich mich zur Zeit im Stadium der »Brautschau«. Ich habe beschlossen, daß es nicht gut wäre, allzuweit außerhalb der Stadt zu wohnen (bei uns ist es auch auf der Deribassowskaja Straße ruhig); die Gemeindeverwaltung überläßt mir jedes beliebige Grundstück. Die Datscha von Kowalewskij zu beziehen, hat keinen Sinn (man muß in Betracht ziehen, daß es auch ein Winterquartier sein muß); von allem, was ich gesehen habe, reizen mich die Blishnije Melnizy und die Gubajewka (hinter der 7. Station) am meisten. Ich hoffe, daß ich im Laufe der nächsten beiden Wochen endgültig bei einem »Objekt« bleibe.

Eure Befürchtungen bezüglich Natascha teile ich; wenn Shenja sie doch bloß nicht in die Schweiz schickt – das kann man in der heutigen Zeit nicht zulassen. Überhaupt bereitet mir die Situation des europäischen »Ungleichgewichts« schon aus rein familiären Gründen große Sorgen. Was alles Übrige angeht, durchlebe ich im Augenblick wohl eine gute Periode, einen sog. »Aufschwung«.

Damit – auf Wiedersehen. Ich möchte hoffen, daß der politische Sturm an Brüssel vorüberzieht. Wie fühlt Ihr Euch selbst diesbezüglich? Ich küsse Euch, *mes bons amis,* unzählige Male.

I.

Odessa, 15. November 1936

Gestern auf der Post habe ich Euch eine verworrene Ansichtskarte vollgekritzelt. Die Telegramme von der Kinofabrik werden immer nachdrücklicher – ich muß fahren. Werde versuchen, nicht länger als einen Monat in Moskau zu bleiben; werde versuchen, unerbittlich zu arbeiten (ich hatte mich hier gerade erst warmgeschrieben). Hier wegzufahren, ist sehr schade, aber notwendig. Werde viel Neues erfahren, werde Informationen über die Pariser Ausstellung sammeln. Schickt die Antwort auf diesen Brief nach Moskau. Ich rechne damit, am 25. oder 26. dort zu sein. Die mir verbleibenden 10 Tage werde ich derart arbeiten, daß ich nur zum Essen und für einen kurzen Spaziergang eine Pause einlege. Je mehr ich arbeite, umso besser.

I.

Odessa, 21. November 1936

Nach Moskau fahre ich in etwa fünf Tagen. Wenn ich den Weg betrachte, den ich in Odessa hinter mich gebracht habe, empfinde ich eine gewisse Befriedigung. Obwohl mein Werk nicht bis zur Reinschrift gediehen ist, habe ich doch solche Schritte nach vorn getan, daß selbst Moskau mich jetzt kaum aufhalten kann. Ich habe wohl eine neue »Form« gefunden, daher fühle ich mich frischer und zuversichtlicher als zuvor. Ich rechne damit, in Moskau einen Brief von Euch vorzufinden. Päckchen braucht Ihr vorerst, wie Ihr wißt, nicht zu schicken. In Odessa ist heute der erste kalte Tag – bei mir ist eingeheizt –, trotzdem ist es hier besser als in jedem Arbeitszimmer…

Vorgestern habe ich meinem Mathematiklehrer Poprushejn einen rührenden Besuch abgestattet. Der Alte hat mir den ganzen Abend hindurch auf dem Flügel vorgespielt. Ich habe bei Moschess zu Mittag gegessen, umringt von boshaften Frauen vom Schlag der Rachmilowitschs; dort saß auch Tonja Terschuni, die sich die ganze Zeit über in exaltierten Ausdrücken an Meri erinnert. Im Ernährungswissenschaftlichen Institut, wo Ljonja Tscherkes Direktor ist, habe ich den Sohn von Natanson getroffen, einen jungen Mann mit östlichem Einschlag – einen Doktor… *Voilà*…

I.

Odessa, 24. November 1936

Es ist Winter… Gestern hat es kräftig geschneit, heute sind an den Fenstern Eiszapfen gewachsen. In gewisser Weise, zur Abwechslung, ist das sogar sympathisch… Nach Moskau fahre ich am 27. Der D-Zug braucht nach Moskau jetzt nur 26 Stunden; wir fahren um 2 Uhr nachmittags ab und kommen am nächsten Tag gegen Abend an. Ich arbeite schon den dritten Tag nicht mehr, die Etappe der Entwurfsarbeiten ist abgeschlossen, jetzt muß ich eine Pause einlegen, mich mit anderen Dingen ablenken, meinen Geist sammeln, und dann denke ich, in zwei, drei Monaten alles in eine druckreife Form zu bringen. Meine Mußestunden habe ich mit der Lektüre von Zeitungen verbracht; na, da ziehen ja schöne Wolken auf!… Sogar das kleine Belgien ist in Aufruhr geraten… Ich bitte Euch, mir jetzt öfter zu schreiben, wie Ihr Euch fühlt, wie es Grischa mit seiner Arbeit geht… Ein Elend. Bleibt nur die Hoffnung, daß der Lebensinstinkt letzten Endes die Oberhand behält…

I.

Moskau, 7. Dezember 1936

Natürlich hält mich Moskau wieder in seiner eisernen Umklammerung, aber diesmal verhalte ich mich klüger, werde mich nicht verzetteln und nach dem Odessaer Schema arbeiten. Natürlich habe ich mir unverzüglich nach der Ankunft einen Schnupfen geholt, aber dank eines ausländischen Heilmittels (etwas in der Art von *Albin Leo,* gibt es denn so etwas?) war ich ihn nach einem Tag wieder los. Das Wetter bei uns ist eher herbstlich, und am Verfassungstag gab es leichten Regen und Nebel. Ich habe Euch nicht geschrieben, denn ich mußte mich hier erst wieder zurechtfinden, ja und außerdem rechne ich mit häufigen Telephongesprächen. Nach Paris habe ich ausführlich geschrieben. Die Nachricht betreffs Ljowa hat mich sehr betrübt. Wißt Ihr denn Genaueres?

Mein Gesundheitszustand ist noch auf dem Niveau von Odessa, d.h. gut. Zu arbeiten habe ich viel, über die Maßen viel, weil das Kino jetzt noch dazukommt. Das Szenarium für Eisenstein ist fertig, jetzt bleibt noch Alexandrow (der Regisseur von *Lustige Burschen* und *Zirkus*). Meine Zeit ist auf die Minute genau verplant, und als guter Pariser bin ich genötigt, die Leute, mit denen ich geschäftlich zu tun habe, jeden Tag zum Essen einzuladen, weil man sonst keine Zeit findet. Mein Büchlein hoffe ich im Frühjahr zu publizieren. Langsam aber stetig geht es seiner Vollendung entgegen... Ich glaube, es wird interessant.

Ich schreibe nur eine Ansichtskarte, denn ich habe außerhalb der Stadt zu tun. Jetzt gewöhne ich mich erst an die Moskauer Lebensweise, und dann werde ich oft schreiben, was ich auch von Euch erwarte...

Anjuta und Sonja habe ich ihr »Stipendium« geschickt...

I.

Moskau, 12. Dezember 1936

Liebe *krojwim,* habe keine Zeit zum Schreiben... habe keine Zeit, eine Postkarte zu bekritzeln... Früher habe ich mich immer nur mit einer Sache beschäftigt, entweder mit einer, die mir am Herzen lag, oder mit einer, mit der ich Geld verdient habe, und damit bin ich irgendwie zurechtgekommen, aber nun habe ich es mit beiden zur selben Zeit zu tun... Ich habe noch einen Kinoauftrag zu erledigen (ein Szenarium für Alexandrow, den Regisseur von *Lustige Burschen* und *Zirkus*), eine schwierige Arbeit, die mir, ehrlich gesagt, überdies sehr ungelegen kommt... Im Augenblick habe ich Lust zu schreiben (was bekanntermaßen nicht oft vorkommt), und nun soll ich mich mit etwas anderem befassen... Ich versuche, beide Arbeiten unter einen Hut zu bringen, aber das bereits auf Kosten meiner Briefe, meines Umgangs mit den Menschen, meiner Lektüre, und zwar nicht nur der Lektüre von Büchern, sondern sogar meiner Zeitungslektüre, und so weiter und so fort... Der allerschwerste Monat wird der Dezember sein, danach wird es leichter gehen... Wir wollen oft am Telephon miteinander sprechen... Shenja werde ich auch telegraphieren, um ihre Nummer zu erfahren. Natascha habe ich gestern als Ergänzung zu Euren Geschenken viele gute Bücher geschickt. Ich mache mir große Sorgen um Ljowa. Wie es aussieht, geht es der glückseligen Berta von allen noch am besten...

Gestern habe ich mir den Abend über Zeit genommen und ihn bei der Familie Gorkijs verbracht. Wir saßen in seinen Zimmern, haben seiner gedacht, uns war leicht und zugleich traurig ums Herz... Gestern nacht ist Liwschiz auf Urlaub (aus Batumi) hier angekommen, mein steter und unwandelbarer Gefährte...

Der Winter in Moskau ist wundervoll, leichte, frische und klare Frosttage ohne Wind. Ich atme hier nicht schlechter als in Odessa... An Meri habe ich die inständige Bitte, die Behandlung ihrer Zähne zum Abschluß zu bringen, koste es, was es wolle. Es ist ja wahr, daß man mich im Kremlkrankenhaus kostenlos behandelt hat, aber ich bin froh, daß ich die Sache hinter mich gebracht habe, und jetzt denke ich nicht einmal mehr daran. Ich fühle mich gut und freue mich vor allem, daß meine Arbeitsfähigkeit größer wird und nicht umgekehrt. Unsere Wohnung ist warm, still und geräumig, in den Öfen prasselt das Holz, durchs Fenster schauen schneeüberzogene Bäume – wenn doch nur mein Grips reichen würde...

Mit Katja plaudere ich bisweilen am Telephon, wir haben uns noch nicht gesehen, mir fehlt die Zeit; eine schneidige

Stimme hat sie jedenfalls. Sonja habe ich 50 R. und Anjuta 100 R. geschickt.

Jeden Tag schlage ich voller Angst die Zeitung auf. Die Wolken am politischen Horizont sind furchterregend, und abgesehen von den allgemeinen Gefühlen meiner Mitbürger habe ich jemanden, um den ich mich persönlich sorgen muß...

Ich werde mich bemühen, Euch morgen oder übermorgen telephonisch zu erreichen. Ich wünsche Euch: 1. Gesundheit, 2. Ruhe, 3. zwei Existenzminima, 4. ein Automobil.

IB.

Moskau, 18. Dezember 1936

Wie gewöhnlich schreibe ich Euch wenig, Brocken und Stückwerk und wie es eben kommt, aber ich habe eine gute Entschuldigung. Ich habe unter den Filmleuten einen Skandal ausgelöst. Ich will meinen Vertrag brechen, auch wenn sie das in eine schwierige Situation bringt. Ich habe dermaßen Geschmack an anderen Dingen gefunden. Es ist absolut notwendig, daß ich das Buch vollende. Ich sehe voraus, daß es entsetzlichen Ärger mit der Filmgesellschaft geben wird, aber ich will hart bleiben. Wenn es mir gelingt, mich von den finanziellen Verpflichtungen bezüglich des zweiten Films (der erste mit Eisenstein ist abgeschlossen) zu befreien, bin ich ein glücklicher Mensch.

Der gewesene Gott steh mir bei!

Es grüßt Euch Euer Großpapa

I.

Moskau, 22. Dezember 1936

Soeben habe ich einen Brief von Meri erhalten, gestern einen von Shenja. Mein verrückter Schwede (in Wirklichkeit ist er längst geheilt) hat sie in Paris besucht, auf der Durchreise von Stockholm nach Barcelona. Er ist, wie man von ihm erwarten konnte, unterwegs, um sich den Internationalen Brigaden anzuschließen. Er wird bald gegen die Faschisten kämpfen, und er gibt, daran zweifle ich nicht, einen guten Soldaten ab. Meine besten Wünsche begleiten ihn. Er erzählt in einem Brief von Natascha, ganz hingerissen ist er von ihr. Ich wünsche mir für Meri, daß sie nach Paris fährt. Macht Ihr Euch im Januar auf diese Reise?

Ich habe hier allen möglichen beruflichen Ärger am Hals. Laut meinem jüngsten Vertrag mit der Filmgesellschaft war ich gehalten, mich nach meiner Ankunft nur mit Szenarien zu befassen. Ich werde mir gegenwärtig darüber klar, daß das, was mir zuvor als eine kleine Arbeit erschien, zu einer Zeit, wo ich mich mit literarischen Arbeiten beschäftige, für mich undurchführbar geworden ist. Ich konnte es schlicht nicht mehr ertragen, mich von meiner eigentlichen Arbeit loszureißen. Also habe ich eine Vertragsauflösung hingeschickt. Da gab es Heulen und Zähneklappern, wie es bei Soschtschenko heißt, aber gestern hat sich alles in Wohlgefallen aufgelöst, und ich bin ein glücklicher Mensch, vollkommen frei.

Mama erteile ich eine strenge Rüge für ihr Benehmen und ich hoffe, daß sie sich ändert. Was Meri angeht, kann ich nur sagen, daß ich imstande bin, mit meinen neuen Zähnen Nüsse zu knacken, und ich rate ihr, meinem Beispiel zu folgen.

I.

Moskau, 30. Dezember 1936

Alles Gute zum Neuen Jahr. Tausend wohlwollende Gönner können Euch in hundert Jahren nicht so viel Glück wünschen, wie ich es heute ganz allein auf Euch herabgefleht habe. Wenn ich zurückschaue, kann ich sagen, daß ich in der Literatur zum ersten Mal seit mehreren Jahren den toten Punkt überwunden habe, und ich hoffe nun, das kommende Jahr wird hierfür Beweise liefern. Und noch eine positive Eigenschaft habe ich im Jahr 36 erworben: nicht bloß die Gewohnheit, sondern vielmehr die Lebensnotwendigkeit, fortwährend und beharrlich zu arbeiten. Die Schattenseiten: die Verstreutheit der Familie, die mir, *entre nous,* mehr Leid zufügt, als ich zugebe. Nun zu den laufenden Geschäften: Ich bin beunruhigt, weil von Euch keine Briefe kommen. Ich bitte Euch, vergeßt keinesfalls, Ihr seid im Gegensatz zu mir, der ich keine freie Minute habe, zwei freie Frauen und ein Äskulap, der über seine Abende verfügen kann… Ihr müßt meine und Eure Briefe nicht gegeneinander aufrechnen, sondern ganz im Gegenteil – sollt Ihr mich doch ruhig überflügeln... Und außerdem bei mir wirkt sich die Unruhe auch gleich auf meinen Schlaf aus... Fahrt Ihr denn im Januar nach Paris? Wie geht es Sima, Marjassja und Borja gesundheitlich? Nochmals – *une bonne et heureuse année...*

I.

1937

Moskau, 2. Januar 1937

Also hat es nicht geklappt mit uns, Ihr wart grauenhaft schlecht zu verstehen, aber das ist immer Glückssache. Ich hoffe, nächstes Mal wird es besser. Rufe Euch in den nächsten Tagen an. Ich genieße es, vom Kino befreit zu sein, und beschäftige mich mit meiner eigenen Arbeit. Die Vorarbeiten sind, wie ich meine, bald abgeschlossen, und dann werde ich eine Pause einlegen, damit ich mit frischem Kopf die Reinschrift in Angriff nehmen kann. Aus alldem folgt, daß das gerade begonnene Jahr für mich ein wichtiges Jahr wird. Ich habe mich gefreut, daß es Mama besser geht, aber mich schmerzt, daß ich ihre Stimme nicht hören konnte. Sonja Feldstejn war hier bei Katja, und sie haben Euch gemeinsam einen Brief geschickt. Nach Odessa schicke ich die Neujahrspension. Ich bin sehr zufrieden mit Borja, aber ich weiß nichts über Simas und Marjassjas Schicksal. Merotschka, schreib mir, worum es bei Deiner Zahnbehandlung ging und ob Du Dich wirklich hast behandeln lassen, wie es sich gehört. Es tut mir leid, daß Du nicht nach Paris fährst, obwohl Ihr alle jetzt nicht Paris nötig hättet, sondern den Süden – wir alle leben in der Sonne wieder auf. Aber wohin kann man derzeit fahren? Vielleicht wäre wirklich die Schweiz das Beste. Gibt es in dieser Richtung für Euch nicht doch irgendeine Möglichkeit? Wir hatten hier gestern, zu Eurer Information, 0 Grad, und am Abend zuvor ein leichtes, aber sehr angenehmes Fröstchen…

I.

Moskau, 11. Januar 1937

Gestern klingelte das Telephon – Frenkel. Welcher Frenkel? Sender Frenkel aus Estland, mein alter Schulkamerad, den ich nach dem Abschluß des Instituts nur noch einmal in Saratow getroffen habe. Und gestern sind wir uns wieder begegnet. Ein angesehener Kaufmann aus dem ehem. Reval, ein sehr sympathischer Kleinbürger mit einem Schmerbäuchlein. Seine Brüder sind über alle europäischen Hauptstädte verstreut, die Geschäfte gehen nicht übel. Liwschiz und ich sind zu ihm ins Hotel gegangen, und morgen setzen wir ihm ein üppiges Essen vor. Das ist mir eine Begegnung, nach 20 Jahren der Trennung… Was gibt es bei Euch Neues? Wann bekommt Ihr ein Automobil? Mit einer solchen Maschine hat man haufenweise Scherereien, aber langweilig wird es einem nie.

I.

Moskau, 27. Januar 1937

Megilen werde ich Euch keine schreiben, denn ich habe vor, auf die Datscha zu fahren, wo Gorkij gewohnt hat, um seine Familie zu besuchen, und bei dieser Gelegenheit kann ich mich mitten im Schnee erholen. Bei uns friert es, aber das Wetter ist klar und ruhig. Shenja ist gestern abgereist – in die Alpen, irgendwo unweit von Grenoble. Sie hat versprochen, sich nach ihrer Rückkehr ein Telephon einrichten zu lassen. Sie hat mir zuhauf alle möglichen Aufträge erteilt, die ich von Herzen gern erledigen will, hauptsächlich Bücher für Natascha und allerlei kunsthandwerkliche Staubfänger. Senja Frenkel wird auf jeden Fall zu ihr fahren. Ich hatte nicht das Herz, ihn zu bitten, auch bei Euch vorbeizufahren – er ist ein viel beschäftigter Mann –, und zudem habe ich mir gedacht, daß Ihr ja wenigstens Borja habt, der für Eure Zerstreuung sorgt… In der Wohnung in *Plessis* ist Isa bei der Alten geblieben. Noch eine Neuigkeit: Natascha bekam einen Zahn gezogen, und Shenja schreibt, sie habe sich heldenmütig gehalten. Überhaupt setzt Natascha ihren siegreichen Feldzug durch die Herzen der Menschen fort.

Ich habe Euch Katajews Odessaer Roman *Es blinkt ein einsam*

Segel geschickt, bin überzeugt, daß Euch die Lektüre Vergnügen machen wird. In den nächsten Tagen schicke ich Euch Bücher, die noch interessanter sind.

Vor ein paar Tagen hatte ich ein Telephongespräch mit Euch angemeldet, und buchstäblich eine halbe Stunde vor der Schaltung ging mein Telephon kaputt, mögl. wegen des starken Frostes, den wir an diesem Tag hatten. Morgen rechne ich damit, mit Euch zu sprechen.

I.

USPENSKOJE, 5. MÄRZ 1937

Seit fünf Tagen wohne ich schon außerhalb der Stadt, im Haus des seligen A. M. Das Wetter ist großartig, viel Schnee und Sonne. Im Haus ist niemand, nur manchmal erscheint mir der Schatten des verstorbenen Hausherrn. Habe vor, in Molodjonowo vorbeizugehen.

Wieder und wieder habe ich Gelegenheit, mich davon zu überzeugen, daß ich in Moskau nicht leben und arbeiten kann. Ein Grundstück in Odessa am Ufer des Meeres, zwischen der ehem. Fontan und der Datscha Kowalewskijs ist für mich reserviert; im Frühjahr fangen wir mit dem Bauen an. Ich habe im Augenblick eine eilige Arbeit zu erledigen, deshalb bin ich auch aus der Stadt davongerannt. Gleich am ersten Tag, wenn ich wieder in Moskau bin, werde ich Euch anrufen. Bei uns in der Wohnung herrscht nach wie vor Aufruhr. Schreibt deshalb vorerst an Katjas Adresse.

Sima war für ein paar Stunden in Moskau und ist dann nach Leningrad abgeschwirrt; sie kehrt am 13. oder 14. nach Moskau zurück, und dann werde ich mich mit ihr treffen. Ich hatte hier einen Holländer zu Besuch, mit dem ich irgendwann einmal von Brüssel aus telephoniert habe. Er hat versprochen, Euch zu besuchen, falls er nach Brüssel kommt. Die von Meritschka bestellten Bücher versuche ich zu finden, sobald ich in Moskau bin. Shenja ist meinen Berechnungen zufolge schon wieder nach Paris zurückgekehrt, hoffentlich mit Natascha.

Jetzt zur Hauptsache: Wie kann man Mama nach der überstandenen Krankheit aufpäppeln? Muß sie sich denn an irgendein spezielles Reglement halten? Oder sollte man sie evtl. irgendwohin schicken?

In große Aufregung versetzen mich die Nachrichten über die wachsende Teuerung in Paris. Wie Shenja dort wohl damit fertig wird… Wird diese traurige Entwicklung nicht auch auf Belgien übergreifen?

Schreibt öfter. Mein Kopf und mein Herz haben nach Moskau gerade erst angefangen, wieder zur Ruhe zu kommen. Bald bin ich wieder in guter Form, und dann werde ich regelmäßiger schreiben.

Ich küsse Euch alle fest.

I.

Moskau, 11. März 1937

Bin gerade von der Datscha hier eingetroffen; morgen mache ich mich wieder dorthin auf den Weg. Das Wetter ist bei uns frühlingshaft, der Schnee taut, bald werden die Bächlein fließen. In diesen zwei Tagen habe ich alle Hände voll zu tun. Heute Abend werde ich Katja wiedersehen. Der *inénarrable* Iossif war hier. Ein paar Tage brachte die ganze Familie mit pausenlosen Streitereien zu, daraufhin ist er wieder nach Odessa abgereist. Dann muß ich mich noch mit Sima treffen, die aus Leningrad hier eintrifft. Deshalb bin ich eigentlich auch hergekommen. Ansonsten gibt es nichts Neues, wenn man abrechnet, daß ich begonnen habe, die Früchte jahrelangen Nachdenkens ins Reine zu schreiben, und damit ist es wie stets bei mir: Statt umfangreicher Bände werden die Sachen kürzer als ein Spatzenschnabel. Das »Spektakel« wird wahrscheinlich gewaltig. Habe Katja von der Datscha aus angerufen und erfahren, daß ein Brief von Shenja da ist, habe ihn aber noch nicht gelesen, bekomme ihn erst heute abend. Falls es Neuigkeiten gibt, werde ich sie Euch unverzüglich mitteilen.

Auf der Datscha führe ich ein wonnevolles Leben, habe mich an die ungewöhnliche Umgebung gewöhnt und auch daran, daß der Hausherr nicht mehr da ist… Das Mystische liegt darin, daß ich vor 20 Jahren in seinem Haus angefangen habe; und nun muß ich in einem anderen – verwaisten – Haus von ihm weitermachen. Körperlich fühle ich mich sehr gut, weil es auf der Datscha aber überhaupt nichts gibt, was mich ablenkt, bin ich gegen Abend sehr müde. Für einen Besuch in Molodjonowo reichte die Zeit nicht, dafür habe ich aber einen ganzen Tag auf dem Gestüt verbracht.

Morgen, vor meiner Abfahrt, schreibe ich Euch wieder.

Was auch kommen mag – bleibt gesund.

I.

Moskau, 28. März 1937

Ich wünsche Euch einen schönen Feiertag. Wegen Katjas Nachlässigkeit habe ich keine Matze. Ich bitte Euch, auch mein Teil zu essen. Als Sima hier war, stellte sie mir Annuschkas Cousine vor und bat mich, eine Arbeit für sie zu suchen. Das läßt sich natürlich machen, aber Irina hat selbst keine klare Meinung hinsichtlich einer Anstellung, und so habe ich beschlossen, Annuschka um Rat zu fragen. Ich schreibe ihr heute mit gleicher Post wie Euch und bitte sie, mir umgehend zu antworten. Unsere Violinisten sind z.Z. in Brüssel, darunter, wie sich das gehört, vier kleine Jungen und Mädchen aus Odessa, Stoljarskijs Schüler, allesamt herausragende Virtuosen. Ich hoffe, daß sie in Brüssel ein Konzert geben und Ihr sie hören könnt. Heute oder morgen will ich Euch anrufen, deshalb beschränke ich mich auf eine Postkarte. Ich warte auf Nachricht von Enta, ob sie und Sima sich getroffen haben. Ihr Brief ist eine Woche alt, da waren sie immer noch auf dem Land…

Bei mir gibt es nichts Neues – bin stets bei der Arbeit. Ich hätte mich gern freigemacht, um einen Abstecher nach Odessa zu machen und dort einen verläßlichen Menschen mit dem Hausbau zu beauftragen, aber es sieht wohl danach aus, daß ich den ganzen April in Moskau, oder genauer in der Nähe von Moskau, verbringen werde.

Auf Wiedersehen. Habt Ihr über das, was ich Euch über den Süden geschrieben habe, nachgedacht? Ich spüre es: Das würde Euch von einer beträchtlichen Anzahl von Wehwehchen befreien.

I.

Heute habe ich ein bißchen Geld an Sonja abgeschickt.

Moskau, 13. April 1937

Verehrter Mendelewitsch. Es hat mich sehr erstaunt, was Du gestern wegen der Briefe gesagt hast. Ich schreibe nicht seltener als einmal (wenn nicht sogar zweimal, was eher stimmt) pro Woche. Wo sind die Briefe nur geblieben? Erkundige Dich bei der Concierge, oder habt Ihr keine? Evtl. sind die Briefe in der Zeit, als Ihr in Ostende wart, verlorengegangen? Ich vergaß gestern, Dich zu fragen, ob unsere Landsleute, die Schüler Stoljarskijs, in Brüssel öffentlich konzertiert haben und ob Ihr sie gehört habt?... Unter fünf Preisträgern sind vier Schüler von »Pjotr Solomonowitsch«. Er selbst kommt zusammen mit, wenn ich nicht irre, 48 Schülern nach Moskau, ein ganzes Orchester. Hier gibt es ein Konzert im Konservatorium, werde auf alle Fälle hingehen. Mit gleicher Post schreibe ich Shenja. Von ihr habe ich in den letzten 10 oder 15 Tagen keinerlei Nachricht. Mich interessiert, ob Dir Sima etwas von den Sachen geschickt hat, oder hat sie sich auf einen platonischen Gruß beschränkt? Bezüglich Baja habe ich Dir gestern Bescheid gegeben. Wie es scheint, wäre das alles... Unsere Mama ist, was ihre Krankheiten angeht, in die Kindheit zurückgefallen. Ich zittere jetzt vor Angst, sie könnte auch noch Masern, Ziegenpeter und Keuchhusten kriegen...

I.

Uspenskoje, 20. April 1937

Habe Katja angerufen und erfahren, daß ein Brief für mich da ist. Heute gegen Abend wird man ihn mir herbringen. Hier im Park und im Wald ist es so unsagbar schön, daß ich keine Lust habe, in die Stadt zu fahren. Außerdem habe ich wohl die Gabe, meine Gedanken schriftlich darzulegen, wiedererlangt und beginne, wie in den Tagen meiner Jugend, beim Schreiben von neuem gewisse Befriedigung zu empfinden. Gleichzeitig geht es mit meinem Selbstgefühl steil bergauf. Wir schwachen Menschen, wir brauchen unbedingt einen Anlaß, damit wir uns freuen können. Wie all das Geschreibsel auf die Außenwelt wirken wird, ist eine andere Frage, und die interessiert mich wegen meiner unbegreiflichen Natur weniger, als es gut wäre – das Wichtigste ist für mich immer noch der Spaß beim Erfinden. Ich fühle mich sehr wohl. Im Grunde kann ich mich nicht entsinnen, irgendwann in den ganzen letzten Jahren so wortgewandt gewesen zu sein. Mich beschäftigt die Sorge um Euch und Enta. Der Gedanke, Ihr solltet in den Süden fahren, kommt mir immer wieder. Und dann – wann ist bei Meri die Hochzeit?

Ich nutze die Gelegenheit, daß ein Auto in die Stadt fährt, und schicke diesen Brief ab; den Euren beantworte ich, sobald er hier eintrifft. Damit – bleibt auf alle Fälle gesund. Den Tanten in Odessa schicke ich dieser Tage ihre Pension.

I.

Uspenskoje, 26. April 1937

Soeben erhielt ich den von Ljachezkij übersandten Brief. Bin sehr froh, daß Borja und Sima gesund sind. Ich wünschte, Ihr würdet Euch an der lieben Sonne wärmen, statt Euch naßregnen zu lassen. Bei uns ist der Frühling herrlich (nur heute haben wir keine Sonne, obwohl es sehr warm ist). So herrlich ist er, daß mir die Kraft fehlt, in die Stadt zu fahren. Ich fühle mich selig hier, obwohl ich in harter (aber zumeist angenehmer) Arbeit stecke.

In Moskau läuft zur Zeit ein »Wettbewerb junger Talente«, vorgestern ist die Schule von Stoljarskij mit großem Erfolg aufgetreten; er hat noch mehr als einen Ojstrach oder eine Gilels auf Lager. Ich habe sie alle schon bei ihm zu Hause in Odessa gehört, darum bin ich nicht zum Konzert gegangen. Katja plant, den Alten zu besuchen. Er ist noch um vieles majestätischer geworden als früher und noch komischer, aber als Lehrer ist er wirklich genial. Habt Ihr denn die übrigen drei Violinisten gehört? Ich weiß nicht, ob Mama in den Konzerten war – es sind doch Stückchen des ganz lebendigen Odessa.

Anjuta hat hundert Rubel bekommen; zum ersten Mai schikke ich auch Sonja etwas. Bei dem alten Trottel Ljachezkij scheint sich hinsichtlich seiner Anstellung alles geregelt zu haben, und er kann in Moskau bleiben. Von Shenja bekam ich einen Brief, in dem dasselbe stand, wie in dem Eurigen. Ich schreibe Natascha an ihren »Kurort«... *Sacrebleu,* wie die Zeit vergeht... Werde darauf bestehen, daß Shenja unbedingt auf der Ausstellung arbeitet. Dir traue ich mich aus der Entfernung allerdings nicht, wegen eines Umzugs nach Paris Ratschläge zu erteilen. Unternehmt, was für Euch und Mama am besten ist, und denkt daran, daß unsereinem die Sonne wohltut.

Ich habe Dir bereits geschrieben, daß die zänkische und faule Baja sich weigert zu arbeiten; anscheinend hat sie das auch Annuschka geschrieben. In meiner steten Bereitwilligkeit hatte ich einen Anlauf genommen, aber ich stieß auf unüberwindliche Faulheit. Ich bitte Dich, darauf zu achten, ob sich nicht eine Gelegenheit ergibt, jemandem Zigarren und andere Tabakswohltaten für mich mitzugeben!... Es plant doch bestimmt jemand hierherzukommen. Falls sich etwas absehen läßt, sag mir Bescheid, dann gebe ich eine genaue Bestellung auf.

Die Bücher – ich verspreche es hoch und heilig – werde ich aus Moskau abschicken. Ich habe die ganze Zeit über dermaßen viel zu erledigen und stecke bis zum Hals in Arbeit, daß ich nicht dazu komme, in einen Buchladen zu gehen; überdies sind gute Bücher bei uns im Nu ausverkauft, und es ist nicht leicht, sie zu beschaffen.

Ich bitte Dich inständig, Mama gesund zu machen und sie wieder soweit auf die Beine zu bringen, daß sie sich ohne Schwierigkeit zur Ausstellung nach Paris aufmachen kann.

Ich bleibe indessen Euer ehrerbietiger Neffe

I.

Moskau, 1. Mai 1937

Bin über die Feiertage in die Stadt gefahren. Dieser Tag ist in Moskau so farbenprächtig und angenehm, daß ich keine Lust hatte, auf dem Land zu bleiben. Der herrliche Frühling hat bei uns seinen Höhepunkt erreicht. Morgen werden auf direktem Weg über den neuen Kanal große neue und sehr schöne Motorschiffe von der Wolga hier ankommen. Ich werde mich gemeinsam mit der Millionenstadt auf den Weg machen und sie auf der Uferstraße begrüßen.

Über meine Pläne bin ich mir noch überhaupt nicht im Klaren, ob ich nun nach Odessa fahre oder zu Enta. Ich trete ihnen – den Plänen – jetzt mit einer gewissen Unterwürfigkeit gegenüber. Das Leben hat sich nun einmal so gestaltet, daß es ganz und gar von der Arbeit geschluckt wird, und es ist wohl auch das Beste so. Werde mich erkundigen, ob Stoljarskij noch hier ist; falls er noch nicht abgereist ist, schaue ich bei ihm vorbei. Wie steht es bei Euch um die Sache mit der Sonne? Sonnt Ihr Euch? Von Mama wird verlangt, daß sie zu ihrem Normalzustand zurückfindet und zur Ausstellung nach Paris fährt. Also wünsche ich Euch warmes Wetter und Hitze im Herzen!

I.

Moskau, 17. Mai 1937

Habe einige Tage in der Stadt verbracht und an den tosenden literarischen Zusammenkünften teilgenommen, deren Tragweite Ihr aus den Zeitungen kennt. Ihr wohltuender Einfluß auf die Zukunft steht außer Zweifel, aber auch wenn dem so ist, kommt man eben doch aus seinem Arbeitsrhythmus... Heute kehre ich in den Schoß der Natur zurück, mit den Jahren entflammt in mir ein immer heftigeres Verlangen zu arbeiten...

Es schmerzt mich sehr, daß keine Briefe von Euch da sind. Wie sehr ich mir doch wünsche, Ihr würdet nicht in diesem grauen Brüssel versauern, sondern stattdessen über irgendwelche Waldwiesen tanzen oder mit Mama im Mittelmeer *water polo* spielen...

Seid nicht faul und schreibt öfter.

I.

Moskau, 10. Juli 1937

Gleich fahre ich bis zum 19. 7. nach Kaschira; werde Euch von dort ausführlich schreiben. Ihr laßt auch nichts von Euch hören. Ich hoffe, bei Euch ist alles *all right*. Von Shenja kam ein Brief; sie hat vor, gemeinsam mit Natascha für einen Monat zu Euch auf Besuch zu kommen, worüber ich unendlich froh bin.

Sie lobt Natascha sehr und meint, sie habe noch nie so gut ausgesehen wie zur Zeit. Man kann hoffen, daß Ihr zusammen einen schönen Monat verleben werdet. Shenja hat einen Monat auf der Ausstellung in unserem Pavillon gearbeitet, aber leider Gottes hat sie sich sogleich überanstrengt und ist auf Reisen gegangen, was mich ein wenig verdrießt. Es war eine sehr gute Gelegenheit, ihre Stellung innerhalb der sowjetischen Kolonie zu stärken, und die hat sie nicht gebührend genutzt. Ihren Brief hat sie irgendwo in den Alpen abgeschickt, wohin sie sich, ohne Zeit zu verlieren, auf den Weg gemacht hatte, um sich zu erholen. Anschließend plant sie, kurz in Paris vorbeizufahren, und dann zu Euch. Ich bedaure es sehr, daß sie nicht auf der Ausstellung gearbeitet hat. Ich bitte Euch, mir nicht zum Geburtstag zu gratulieren, und verspreche Euch, Gutes mit Gutem zu vergelten und auch Meritschka nicht zu gratulieren, obwohl ich in meinem Herzen den Segen aller himmlischen und irdischen Mächte auf sie herabflehe. Sonja habe ich gestern ihre Pension geschickt. Euer Euch sehr liebender

I.

Moskau, 30. Juli 1937

Teure und wortkarge Verwandte.
Gerade jetzt, wo es Briefe von Euch nur so regnen sollte, kommt von Euch kein Mucks. Ist etwa Shenja nicht gekommen? Sie hat versprochen, um den 17. herum in Brüssel zu sein. Ich sitze hier wie auf Kohlen. Bitte schreibt mir doch baldmöglichst.

Bei mir gibt es keine besonderen Neuigkeiten, wofür ich dem gewesenen Schöpfer auch dankbar bin. Katja ist nach Odessa gefahren, obwohl die Ärzte auf einem der Kurbäder im Kaukasus bestanden hatten. Zu mir ist mein Schulkamerad Borja Schorman auf Besuch gekommen (einer aus dem Dreigestirn – Tscherkes, Schorman und ich) –, ein sehr sanftmütiges, leicht hinkendes Buchhaltergeschöpf. Nach meinen Berechnungen müßte Sima in Leningrad oder Moskau sein, aber sie läßt nichts von sich hören. Ich durchlebe im Augenblick eine Periode relativer Armut, denn ich habe alle Nebentätigkeiten fallen lassen und widme mich der reinen Literatur. Ich denke, diese Periode des Mangels wird in etwa zwei Monaten zu Ende gehen, und dann werde ich es nicht mehr nötig haben, nebenher Aufträge anzunehmen. Ich habe ein paar neue Erzählungen geschrieben, die ich Euch der Reihe nach schicke, sowie sie im Druck erscheinen. Nach wie vor träume ich davon, im August nach Odessa zu fahren. Körperlich geht es mir dieses Jahr überaus gut, und es wäre nicht schlecht, dasselbe von Euch zu hören. Also, wo stecken nun meine Tochter und ihre Mutter? Es wird Euch nicht wundern, wenn ich Euch sage, daß ich mich sehr nach Euch allen sehne.

Das Wetter hat bei uns einen konstanten Bestandteil: Regen. Heute ist ein Ausgeh- und ein außergewöhnlicher Tag – es regnet nicht. Wie lautet die Bilanz Eurer *villégiature?* Wieviel Kilo habt Ihr zugenommen?

Mehr habe ich nicht zu schreiben, und so küsse ich Euch fest.

I.

MOSKAU, 26. AUGUST 1937

Hochgeschätzte und liebe drei Generationen, als da sind: die ältere, die mittlere und die jüngere. Ich bin heute aus dem alten Kaschira zurückgekehrt, wo ich außer sauren Äpfeln und – zehn Tage hindurch – Wolkenbrüchen in Hülle und Fülle nichts Schönes gesehen habe. Im übrigen habe ich gekritzelt. Trost verschafft mir diese widernatürliche Beschäftigung mehr als zuvor, denn die Sache geht dem Druck entgegen, d.h. sie wird konkret, während es früher stets ein Hin- und Herlavieren ohne Hand und Fuß war. Ich schicke Euch die letzte Nummer von KRASNAJA NOW mit einer ziemlich schlechten Erzählung von mir – die nächsten werden besser.

Die Photos von Natascha haben heute Licht in meinen, was das Wetter betrifft, leicht angegrauten Tag gebracht. Sie ist ein betagtes und liebes kleines Mädchen; ich fühle mich nämlich so, als würden wir, wenn sie noch ein klein wenig älter wird, in dasselbe Alter kommen. Endlich kriege ich also einen Kameraden, denn, wohin ich auch schaue, sind alle entweder klüger als ich oder dümmer, aber jemand, der aus demselben Holz ist wie ich, läßt sich selten finden… Bitte laßt Euch öfter photographieren, denn diese kleinen Stücke aus Pappe sind für mich eine große Freude. Auch ich hätte Lust, unser Familienpanorama zu vervollständigen…

Mamas Photo hat mich gleichfalls bezaubert. Ich finde, man sollte dieses Photo an *Le Soir* schicken, dort gibt es ein Spiel *jeu de ressemblance.* Man sollte es dorthinschicken, um irgendeiner schönen Französin in den besten Jahren eine Möglichkeit zu geben, 250 *frs.* für ihre Ähnlichkeit mit Mama zu gewinnen. Schlecht ist nur, *mes enfants,* daß der Paß abgelaufen ist; ich begreife nicht, in welche Zentrale sie ihn schicken müssen, nach Moskau oder nach Paris? Kann ich denn diese Verlängerung nicht beschleunigen?…

Heute werde ich versuchen, Euch telephonisch zu erreichen. Falls es nicht gelingt, wiederhole ich den Versuch morgen, und danach schreibe ich wieder.

Ich bin aus Kaschira hier angelangt und stehe jetzt am Scheideweg, aber ich werde mich wahrscheinlich folgendermaßen entscheiden: Ich werde hier für einige Zeit im voraus meine materiellen Angelegenheiten regeln, dann fahre ich nach Odessa und gehe auf Jagd nach Sonne und Inspiration (dort ist sie nämlich zu Hause), und außerdem muß ich mein Haus bauen, denn die Stadtverwaltung hat mir ein Schreiben geschickt, man habe mir das beinahe letzte und beste Grundstück am Meer zugewiesen, und ich würde es bis heute noch nicht nutzen. Über alle diese Dinge schreibe ich Euch in ein paar Tagen, wenn sich alles geklärt hat.

Bis heute abend. Evtl. höre ich ja Eure Stimmen.

Ich küsse Euch und umarme Euch kräftig.

I.

Moskau, 6. September 1937

Erstens teile ich Euch mit, daß heute Rosch ha Schana ist, und wünsche Euch Glück in diesem neuen vieltausendsten jüdischen Jahr.

Zu Jom Kippur werde ich in die Synagoge gehen.

Zweitens kann ich mich noch immer nicht von den bewegten Gefühlen erholen, die sich meiner bemächtigt haben, als ich die Stimmen Nataschas und Shenjas hörte. Ich hoffe, Shenja wird sich jetzt ein Telephon einrichten lassen. Natascha hat einen sehr komischen und rührenden Akzent. Schreibt mir ausführlicher über sie.

Drittens hat mich die Nachricht über Grischas Familienfreuden sehr gefreut. Wann war denn die Hochzeit und welchem Stamm und Geschlecht gehört diese belgische Ehefrau denn an? Mit einem Wort, ich möchte über alles gründlich Bescheid wissen. Und nun zu Mama. Am Telephon ist mir nicht ganz klargeworden, ob sich die Geschichte mit ihrem Paß nun hinzieht, ob der Antrag auch abgelehnt werden kann und so fort. Muß ich hier ins Außenministerium gehen? Schreibt mir unbedingt über alle diese Dinge.

Was mich betrifft, gibt es keine Neuigkeiten, und es drängt mich nach wie vor zu arbeiten. Ich sollte nach Odessa in die Sonne fahren (hier ist es Herbst, düster, der Regen rinnt). Aber ich fürchte, ich könnte die Arbeitslaune verscheuchen. Werde mich in den nächsten ein, zwei Wochen entscheiden... Hat Mama denn Katjas Klagelied am Telephon gehört? Es war ziemlich komisch mitanzusehen...

I.

MOSKAU, 11. OKTOBER 1937

Verehrungswürdige, nervöse Mamascha, was ist denn eigentlich los und woher rührt das Tohuwabohu?... Ich schreibe Euch doch wie auf Bestellung... Ich denke, die Unterbrechung bei den Briefen entstand dadurch, daß ab dem 1. Oktober der Luftverkehr eingestellt wurde und die Briefe den normalen, d.h. den langsamen Weg nehmen mußten. Mir könnte es nicht besser gehen, wenn man das beständig wachsende Verlangen nach Sonne abrechnet... Ich versuche, meine Angelegenheiten daraufhin abzuklopfen, ob sie mich nicht in den Süden ziehen lassen?... Bei uns sieht der Himmel so richtig nach Herbst aus, und ich gewinne, je älter ich werde, immer mehr die Überzeugung, daß das schlechte Wetter nichts ist, womit der Mensch sich abfinden muß... Was alles Übrige betrifft, so dauert mein arbeitsreiches Leben ohne irgendwelche anderen Interessen an...

Ich habe Euch in den letzten Briefen haufenweise Fragen gestellt, auf die ich Antwort erwarte. Von Shenja kam ein Brief – *tout va bien.*

Euer Postmeister

I.

MOSKAU, 14. OKTOBER 1937

Ein paar Mal hat es in den letzten Tagen dazu angesetzt zu schneien, es ist kalt, der Himmel ist bleiern. Zur selben Zeit bekomme ich von der Kiewer Kinofabrik beharrlich Einladungen. Wenn es mir in den nächsten Tagen gelingt, meine Angelegenheiten in Moskau zu regeln, dann werde ich fahren; vielleicht werden wir dann ein wenig Sonne tanken…

Ich bin sehr betroffen über den Tod von *Couturier;* zu diesem Menschen hatte ich eine sehr freundschaftliche Beziehung… Ich erinnere mich an die eigenhändig von ihm zubereiteten Frühstücke, die Fahrten nach *Villejuif,* die fröhlichen Gespräche bei einem Glas Wein – und mir wird traurig zumute. Er ist zu früh gestorben…

Alles Übrige ist bestens und unverändert – und es wäre wünschenswert, von Euch dasselbe zu hören.

Salut!…

I.

KIEW, 7. NOVEMBER 1937

Die Sonne hat angefangen zu scheinen, und seither geht sie nur über Nacht unter… Hier allein sollte man die Feiertage verleben, das Wetter ist wunderbar, man hat einfach keine Lust mehr, ins Zimmer zurückzukehren.

Ich wohne in Lipki, in der herrlichen Wohnung des Filmregisseurs Dowshenko; auch Lipki (wie früher noch immer ein schöner Stadtteil) ist jetzt nicht wiederzuerkennen. Die neuen, in einem wunderschönen Stil gebauten Häuser, die wundervoll geschmückten Parks, die Statuen und unten in der steil abfallenden, duftenden Tiefe – der Dnjepr. Gestern war ich den ganzen Abend in der festlich beleuchteten Stadt spazieren und habe es genossen…

Schreibt mir nach Kiew, postlagernd. Da ich hier mehr Freiheit habe, werde ich Euch auch regelmäßiger schreiben.

Euer Euch liebender

I.

Kiew, 12. November 1937

Habe begonnen, in der Kinofabrik zu arbeiten. Die Arbeit ist nicht gerade furchtbar schwer, aber es gibt viel zu tun, weshalb ich ein Weilchen in Kiew werde bleiben müssen; schreibt mir, wie umseitig angegeben, postlagernd.

Ich wohne in außergewöhnlich komfortablen Verhältnissen, eine Wohnung, die vor Sauberkeit blitzt, eine gute Köchin und so weiter, aber was meinen Grips angeht, fühle ich mich nicht besonders, bin erschöpft und sollte ein wenig ausruhen...

Das Wetter hier ist sehr mild und ein wenig feucht... Wenn ich doch nur schneller Nachricht von Euch bekäme, sonst fühle ich mich, kaum habe ich Moskau verlassen, schon wieder abgeschnitten.

Schreiben werde ich oft, denn hier gibt nicht so viele Dinge, die mich ablenken.

I.

Kiew, 16. November 1937

Tiefer Schnee ist gefallen, alles ist weiß, vor dem Fenster steht ein scharfgeschnittener, mächtiger, vom ersten Schnee verbramter Baum... Das Wetter ist mild; der Süden im Schnee...

Ich lebe still und friedlich in einer stillen, warmen, verlassenen und sehr komfortablen Wohnung mit einer guten Bibliothek. Die Arbeit (an einem Szenarium nach dem Roman *Wie der Stahl gehärtet wurde*) kommt gut voran, sie hat mich im übrigen von meiner wahren Bestimmung abgelenkt; trotzdem ist es eine Arbeit, die, wenn sie gelingt, gute Folgen zeitigen wird. Noch immer hat sich nicht geklärt, wohin ich mich von hier aus wenden werde, nach Moskau oder nach Odessa... Eines stört mich immer. Sobald ich mich von Moskau entferne, spüre ich, daß dies im Grunde eine Entfernung von Euch darstellt, es kommen keine Briefe mehr, man kann nicht miteinander telephonieren, und ich mache mir dann mehr Gedanken als gewöhnlich. Schreibt mir an die gewohnte Adresse: Hauptpostamt, postlagernd. Wird Euer Treffen mit den Brüsselern stattfinden? Ich würde sehr gern…

Ich küsse Euch fest.

I.

Kiew, 26. November 1937

Vergangen sind jene glücklichen Zeiten, da ich im Hörer des Moskauer Telephons Eure Stimmen vernehmen konnte… Ich lebe in einem eigentümlichen Sanatorium, abgetrennt von der Welt, in Stille, Reinlichkeit und Abgeschiedenheit, mit Spaziergängen, genau festgelegten Mahlzeiten und mit einer Arbeit, die den ganzen Tag und einen Teil der Nacht beansprucht. Dem Vertrag nach muß ich das Szenarium zum 3. 12. abliefern – und folglich muß ich alles, was möglich ist, aus mir herauspressen. Überdies warten alle, die von mir abhängen, ungeduldig – Regisseure, Schauspieler, Kameraleute, die Fabrik…

Das Wetter hier ist mild, die Menschen sprechen diese halb russische, halb ukrainische Sprache, die ich von Herzen gern habe. Die Sorgen sind gewissermaßen von mir gegangen, mit Ausnahme der einen, die mich niemals auch nur für eine Minute in Ruhe läßt: der Sorge um Euch und um die Robinsons… Habe vor, zur Post zu gehen. Vielleicht bekomme ich heute irgend etwas von Euch.

I.

Kiew, 26. November 1937

Die Arbeit, mit der ich mich hier beschäftige, birgt sehr große Schwierigkeiten. Es geht um die Verfilmung von Ostrowskijs Roman *Wie der Stahl gehärtet wurde,* ein chronologischer, biographischer und nicht sujetorientierter Roman, der sich nicht gerade leicht in eine kinematographische Form gießen läßt. Der Termin für den Abschluß dieser Arbeit wird, wie ich glaube, frühestens in einer Woche klar sein. Meine Adresse bleibt deshalb die alte: Kiew, Hauptpost, postl. Ich bin sehr schwermütig ohne Briefe von Euch. Meine Gesundheit, mein Selbstgefühl und meine Arbeitsfähigkeit sind glücklicherweise auf einem guten Niveau.

I.

Kiew, 27. November 1937

Gestern bin ich zur Post gegangen, um einen Brief an Euch abzuschicken, und habe zum ersten Mal in Kiew Nachrichten von Euch erhalten. Eine davon – die Nachricht, daß Natascha in der Schule gut ist – hat mich in keine geringe Aufregung versetzt. Ich sündiger Mensch habe eine Schwäche für die sog. Hinterbänkler, die auf ihrem Hosenboden sitzen bleiben. Natürlich, die Zeiten haben sich geändert, und evtl. liege ich völlig falsch. Ich würde mir sehr wünschen, daß Ihr die Ferien gemeinsam verbringt; heute schreibe ich diesbezüglich an Shenja (von ihr kommen schon lange keine Briefe). Wie geht es Sima gesundheitlich; von ihr weiß ich überhaupt nichts Genaueres.

Nach Meris Brief, in dem sie schreibt, daß sie sich ganz annehmbar fühlt, ging es mir, als hätte ich Zweihunderttausend in der Lotterie gewonnen, und seit dem gestrigen Tag verspüre ich in mir eine Flut von Ruhe und Kraft. Wie man sieht, sind gute Nachrichten etwas Nützliches für den Menschen. Ich fordere von Euch kategorisch, auch weiterhin nicht zu kränkeln und zu leben, so gut Ihr könnt.

Bei mir ist alles in bester Ordnung. Ich arbeite aus Leibeskräften, aber in Stille und Frieden.

I.

Kiew, 1. Dezember 1937

Teure Mutter. Gestern bekam ich Deinen Brief vom 21. 11. mit dem Bild, auf dem Deine Augen in ihrem alten Glanz funkeln, wovon ich ganz hingerissen war, und ich werde Dir aus Rache irgendeine Photographie von mir schicken, die noch schöner ist. Dein Photo gefällt mir sehr, ich habe es zum Vergrößern gegeben, und so soll es also geschehen, daß ich es gegen meine Prinzipien im Zimmer aufstellen werde, wo bislang nur ein einziges Bild an der Wand hängt – ein Pferd »mit Reiter«: Es ist an der Zeit, sentimental zu werden.

Mittlerweile läßt sich mit Sicherheit sagen, daß meine Arbeit in Kiew in 10 bis 14 Tagen abgeschlossen sein wird. Ich bin hier überanstrengt angekommen, aber die Kraft fand sich, und ich bin mit der schweren Aufgabe ziemlich schnell zurandegekommen. Mein nächstes Ziel ist Odessa oder Moskau; sobald es sich entschieden hat, gebe ich Bescheid. Ich fühle mich im Grunde sehr gut. Es macht doch einen großen Unterschied, wenn man Komfort und Stille hat und einen niemand belästigt. Gestern war ich in Lipki – über dem Dnjepr – spazieren und hatte keine Lust, nach Hause zurückzukehren, so frisch, rein und kristallklar war die Luft... Wie gut wäre es, wenn die Pariser für die Ferien zu uns kommen würden.

Euer werktätiger

I.

Kiew, 7. Dezember 1937

Heute ist es ein Monat, seit ich in Kiew bin.

In dieser ganzen Zeit – ein Brief von Euch, von Shenja kein einziger, und da ich mir diese Familientugend der »Ruhelosigkeit« vollständig zu eigen gemacht habe, weiß ich weder ein noch aus. Es ist schon wahr, ich war zwei Tage nicht auf der Post. Vorgestern, weil ich bis in die tiefe Nacht in der Fabrik zu tun hatte, und gestern war hier ein solches Glatteis, daß es keine Möglichkeit gab, aus dem auf der Höhe liegenden Lipki nach unten zu rutschen.

Ich habe noch Arbeit für etwa acht Tage, und danach habe ich ein Engagement in Odessa, aber ich weiß noch nicht, ob ich hinfahre...

Ich arbeite nach wie vor friedlich und unter sehr guten Bedingungen vor mich hin. Meine »Auftraggeber« scheinen auch zufrieden zu sein. Da Ihr ja nichts zu tun habt, warum schreibt Ihr mir nicht mal mit Hingabe Briefe?...

I.

Kiew, 10. Dezember 1937

Von Shenja ist ein Brief angekommen – kein allzu fröhlicher, wegen Ljowas materieller Mißerfolge. Dieser Umstand hindert Shenja und Natascha offensichtlich daran, nach Brüssel zu fahren, was mich sehr bedrückt. Shenja schildert mir Einzelheiten über Nataschas Schülerdasein. Es hat sich herausgestellt, daß man sie nicht zu wecken braucht, und man muß sie auch nicht anspornen; sie schlägt ganz nach uns. Gelesen habe ich das mit einer Mischung aus Freude und Trauer – was Ihr verstehen werdet, natürlich… Habe Ihnen einen Brief geschickt, in dem ich mich bemüht habe, sie aufzuheitern, aber auf die Entfernung spürt man sehr schmerzlich seine Machtlosigkeit… Man kann nur hoffen, daß Ljowa sich dort von seinen Pleiten wieder erholt und sich ihr Leben in finanzieller Hinsicht wieder normalisiert…

Bei mir ist alles beim alten; ich denke, daß ich die Arbeit hier bis zum 15. 12. abschließen werde, oder, wenn noch etwas zu tun bleibt, dann sind es unbedeutende Anhängsel. Ungeachtet dessen, daß es erdrückend viel Arbeit gibt, fühle ich mich sehr gut, offenkundig weil es in meinem Leben eine Ordnung gibt und eine eigentümliche Arbeitsdiät…

Vergeßt mich nicht und schreibt öfter.

I.

Kiew, 14. Dezember 1937

Ich nähere mich dem Ende meiner Arbeit – und nun laufe ich schon drei Tage böse wie ein Hund umher – die Schlußszenen wollen und wollen nicht gelingen (was wahrhaftig nicht meine Schuld ist, sondern an der »Unszenenhaftigkeit« des Romans liegt), und es kann sein, daß ich mich mit diesen verborgenen Untiefen noch eine Woche herumschlagen muß. Das macht mir eine Stinkwut, denn anstelle des feuchten Kiew schwebte mir schon eine Reise nach Odessa vor, ans Meer, auch wenn es Winter ist, aber ans Meer… Habe einen Dankesbrief von Sonja bekommen, er ist dermaßen komisch, daß ich beschlossen habe, ihn an Euch weiterzuschicken. Skljar ist 78 Jahre alt geworden, aber Sonja schreibt, ihn würde einzig und allein der

Umstand grämen, daß er nicht genug Arbeit habe, wo er doch voller Energie und Tatendrang sei... Das ist jemand, an dem man sich ein Beispiel nehmen kann.

Vergeßt Euren Werktätigen nicht und schreibt öfter...

I.

Kiew, 27. Dezember 1937

Das Neue Jahr werde ich offensichtlich in Kiew feiern müssen. Ich wünsche Euch für dieses Neue Jahr von Herzen alles Gute. Ich hoffe, daß ich meine guten Wünsche nicht auszusprechen brauche, denn, woran mein Herz denkt, wißt Ihr ohnehin...

Was meine Werke angeht, so ist damit zu rechnen, daß sie in einer Woche vollendet sein werden, und dennoch weiß ich immer noch nicht, wohin ich mich aufmachen soll: nach Moskau oder vielleicht nach Odessa. Zur Zeit liegen die Dinge in Moskau so, daß ich dringend hinfahren müßte, aber im Laufe einer Woche kann sich das wieder ändern. Ich schreibe Euch schon seit einigen Tagen ohne »Gegenseitigkeit«, denn aus Zeitmangel war ich 3 Tage nicht mehr auf der Post. Heute morgen um 9 Uhr habe ich in Leningrad angerufen – ich habe einen Auftrag für Ljussja, aber sie war schon zur Arbeit gegangen, und so habe ich mit Wolodja gesprochen; er hat eine muntere Stimme und sagt, daß er mit seiner Gesundheit zufrieden ist. Ich rechne damit, daß sie mich anrufen wird.

I.

1938

Kiew, 3. Januar 1938

Alles ist unverändert, abgesehen davon, daß mir in Moskau meine Verleger, die Kinofabriken und die übrigen Gläubiger, rasend vor Wut über meine sich hinziehende Abwesenheit, schreckliche Rache androhen. Aber ich habe mich entschieden – und ich denke, es war die richtige Entscheidung –, hier nicht wegzufahren, solange ich meine wichtige und wirklich verantwortungsvolle Komposition nicht vollendet habe; ihr Abschluß wird mir erlauben, mich zu erholen und ein wenig frei zu leben…

Also habe ich arbeitend und in sehr bescheidenen Verhältnissen Neujahr gefeiert, mit dem festen Vorsatz, im neuen Jahr mit aller Kraft zu arbeiten und, wenn möglich, mit Erfolg. Ich habe hier zufällig meinen liebsten Schulfreund Miroscha Berkow getroffen. Er ist ebenso gemütlich wie früher und immer noch eine Seele von Mensch, arbeitet seit 20 Jahren bei einer Bank und ist mit Kadja Fran, einer Freundin oder Bekannten von Meri, verheiratet. Wir verbrachten einen bewegenden Abend miteinander, voller Erinnerungen an Odessa, und wandten uns mit Stoßgebeten an den gewesenen Gott, auf daß er es Euch wohlergehen lasse und Euch Gesundheit, Geld und jeden denkbaren Erfolg bescheren möge… Von Euch kommen schon lange keine Briefe. Ihr glaubt wahrscheinlich, ich hätte mich schon vom Fleck gerührt… Ach nein…

Euer IB.

Kiew, 9. Januar 1938

Die Mutter der russischen Städte hält sich zumindest für Wologda – mehr als –20° Frost, tiefer Schnee, die Kinder »zerschneiden klangvoll das Eis mir ihren Kufen«, Ski – alle Arten von Wintervergnügen.

Ich schleppe mich mühsam durch die Schneewehen meiner Werke, die mir Kopfzerbrechen bereiten, und nähere mich langsam aber sicher dem Ende. Ich denke, daß ich etwa am 20. frei sein werde, aber ich weiß nicht, ob ich das Szenarium zum Absegnen nach Moskau bringen muß oder ob ich nicht vielleicht für einige Tage nach Odessa entfleuchen kann, in die Zuflucht aller Leidenden – ins Hotel Londonskaja... Würde gerne den ehrwürdigen Tanten meine Aufwartung machen... Fühle mich – toi, toi, toi – sehr gut, ich bin nicht einmal erschöpft, obwohl ich mich schinde wie ein Zuchthäusler... Ich bin nur sehr beunruhigt wegen der Pariserinnen; bin dermaßen besorgt um ihre Existenz, daß ich es gar nicht sagen kann... Ich weiß nicht, wie schlecht es um Ljowas Geschäfte steht, wie es der Alten dort geht... Ich wäre glücklich, wenn es Euch gelänge, Shenja und Natascha zu Euch zu locken und sie zu zerstreuen. Aus irgendeinem Grund sagt mir mein Herz, daß sie zur Zeit ein trauriges Dasein fristen. Schreibt mir unbedingt weiter nach Kiew, man schickt mir meine Post sowieso nach.

Seht zu und bleibt gesund...

I.

Kiew, 21. Januar 1938

Allerehrwürdigstes Mamachen. Endlich habe ich mal eine Neuigkeit. Beinahe hätte ich mir eine Angina eingefangen, am 18. hatte ich den ganzen Tag über ein wenig Halsweh und leicht erhöhte Temperatur, aber durch die eingeleiteten Maßnahmen (hauptsächlich habe ich reichlich Zitronen konsumiert) gelang es mir, die Gefahr an der Wurzel zu packen, und alles ging gut ab... Meine Freunde, haben wir ein Wetter wie auf den Illustrationen der Wintermärchen – Schnee, Weichheit, durch die Tannen schimmern die Sterne – »Milch und Blut«, wie meine

Moskauer Haushaltshilfe sagt… Von Shenja habe ich einen Brief erhalten: Sie haben schön *Noël* gefeiert, zur Bescherung gab es eine atemberaubende Puppe, Bücher und ein Briefmarkenalbum, denn Natascha ist eine passionierte Philatelistin geworden. O Gott, was habe ich für eine große Tochter!… Anscheinend ist bei ihnen alles bestens…

Unterm Strich könnt Ihr sehen, daß mein Anker tief im Bett des Dnjepr festsitzt. Ich traue mich nicht, einen Termin für die Abreise zu bestimmen, aber dennoch komme ich dem Ende näher.

Schreibt an die alte Adresse.

IB.

KIEW, 26. JANUAR 1938

Meine Allerehrwürdigsten. Auch ich habe eine Glückwunschkarte von Natascha erhalten samt einer Aufzählung aller Geschenke, die sie zu *Noël* bekommen hat, d.h. eine Puppe, ein Briefmarkenalbum und einen Malkasten. Von allen gab es Geschenke, nur von ihrem Papascha nicht. Nach Shenjas Briefen zu urteilen, ist Natascha ein kluges und gutes Mädchen, aber ich bemühe mich, meine Gedanken diesbezüglich zu unterdrücken, denn in diese Gedanken mischt sich eine gehörige Dosis Bitterkeit… Shenjas letzte Briefe klingen fröhlicher; ich denke, ihre finanziellen Angelegenheiten sind wieder im Lot. Meine Arbeit habe ich fast abgeliefert, und gefallen hat sie allen außer einem, d.h. mir selbst. Habe etliche Episoden zur Überarbeitung wieder zurückgenommen. Eine Woche werde ich noch an ihnen sitzen müssen. Kiew habe ich ziemlich über, aber einen so herrlichen milden Winter bekommt man in Moskau nicht zu Gesicht. Ihr habt meine Worte bezüglich der Schulden nicht verstanden. Ich sprach von moralischen Gläubigern, die Gift und Galle spucken, weil ich wegen des Szenariums meine literarische Arbeit schleifen lasse. In diesem Sinne sprach ich von Schulden, das Geld kommt – so leid es mir tut – in diesem Zusammenhang an allerletzter Stelle…

Meine Angina ist spurlos verschwunden, und all meine Anstrengungen zielen nun auf eine Veränderung meines Lebens, auf irgendeine neue Arbeit, denn ich sitze schon zu lange hier und komme nicht vom Fleck... Damit, auf Wiedersehen, und seht nur zu, daß Ihr gesund bleibt.

I.

KIEW, 9. FEBRUAR 1938

Immer noch an Ort und Stelle...
Eine teuflisch schwere Arbeit ist mir da zuteil geworden... Dem Vernehmen nach ist aber etwas Gutes dabei herausgekommen, aber wenn sie die Regisseure nun versauen, war alles für die Katz. Bei nüchterner Betrachtung der Lage läßt sich absehen, daß ich nicht vor dem zwanzigsten Februar nach Moskau komme. Schickt Eure Antwort auf diesen Brief aber dennoch an Katjas Adresse. Ich fühle mich gut. Das Blut meiner Ahnen spricht immer stärker in mir – und ich arbeite, als stünde ich in meinem kleinen Laden und würde jeden Tag 18 Stunden lang Handel treiben.

Ich bitte Euch, nicht über die Stränge zu schlagen, keinen Wodka zu trinken, nicht zu saufen oder zu prassen und so gesund zu sein wie ein Boxer vor dem Match.

I.

KIEW, 15. FEBRUAR 1938

Nichts ist ewig unter der Sonne...

Nun habe also auch ich diese teuflische Arbeit beendet, die dermaßen schwer war, daß man sich nur mit Mühe etwas Schwierigeres vorstellen kann (in dieser Branche natürlich!...). Dieses Werk wird nun abgetippt, dann wird es diskutiert, dann wird es genehmigt. Die Formalitäten werden ein paar Tage brauchen. Ich rechne damit, am 20. 2. nach Moskau abzureisen und bei Katja einen Brief von Euch vorzufinden. Nachdem ich mich dieser Bürde entledigt habe, fühle ich mich einfach nur glücklich, und die in mir verborgenen, echten Werke denke ich mir als einen verführerischen Zeitvertreib. Doppelt glücklich wäre ich, wenn ich erfahren würde, daß Meri sich auf den Weg zu den Robinsons gemacht hat... Ich stelle jetzt für mich ein Erholungs- und Ausflugsprogramm durch Kiew zusammen. Von neuem ist tiefer Schnee gefallen, es ist kälter geworden, das Wetter ist klar und schön. Ich hoffe, Euch im nächsten Brief den genauen Tag meiner Abreise mitteilen zu können.

Euer I.

KIEW, 19. FEBRUAR 1938

Die Arbeit habe ich schon am 15. 2. abgeliefert, aber ich sitze noch in Kiew, weil die ganze Chefetage zu einer Besprechung nach Moskau gefahren ist – keiner ist hier, der prüfen und bewerten, keiner, mit dem ich abrechnen könnte... In der Umgangssprache heißt das: Pech gehabt. Heute gegen Abend werden alle wieder zurückkommen, und ich hoffe, daß ich am 22. oder spätestens am 23. nach Moskau fahren kann. Seit ich diese schwere Last von meinen Schultern abgeworfen habe, fühle ich mich leicht wie ein Federchen. Mit gleicher Post schreibe ich an Shenja, evtl. trifft mein Brief ja Meri dort an. Seid hiermit gegrüßt von Eurem über den Kreschtschatik bummelnden Sohn.

IB.

KIEW, 28. FEBRUAR 1938

Schreibe Euch zwei Stunden vor der Abfahrt des Zuges. Das Szenarium wurde rundum gutgeheißen und angenommen. Nach meiner Ankunft in Moskau werde ich unverzüglich versuchen, Euch anzurufen.

Fühle mich wohl. In der Kiewer Luft liegt ein Hauch von Frühling, in Moskau werde ich wahrscheinlich von neuem in den Winter geraten. Schreibt ausführlich über alles an Katjas Adresse, habe schon lange keine Briefe mehr von Euch bekommen.

IB.

MOSKAU, 3. MÄRZ 1938

Bin den dritten Tag in Moskau. Das Klima ist nicht das wahre – trübes Wetter, Schneeverwehungen, obwohl es nicht kalt ist. Der Arbeitsberg, der sich hier während meiner viermonatigen

Abwesenheit angesammelt hat, ist so riesengroß, daß ich mir erst heute eine Minute abzwacken konnte, um Euch zu schreiben. Allerdings war ich gestern bei den Ljachezkijs zum Essen; auf den Tisch kamen höchst nationale Gerichte: gefüllter Fisch, kleingehackte Eier, Fruchtlikör usf. Katja habe ich nur flüchtig gesehen. Sie kam spät von der Arbeit. Morgen werden wir uns zusammensetzen und ein paar Worte miteinander reden. Ich warte darauf, daß mein Honorar eintrifft, dann schicke ich unverzüglich den Skljars und Anjuta ihre »Pension«.

Habe Euch vorgestern als Büchersendung zwei Nummern von Krasnaja now geschickt mit einem sehr interessanten Roman von Katajew. Heute schicke ich Euch zwei weitere Bücher. Wenn Ihr sie ausgelesen habt, könnt Ihr sie Shenja weitergeben; ich werde meine Päckchen an zwei Adressen schicken. Ist Meri denn zu Natascha gefahren? Was hört man Neues von Grischas Verwandten? Wahrscheinlich nichts allzu Fröhliches…

Das Szenarium wurde heute der GUK (der Hauptverwaltung für Kinoangelegenheiten) vorgelegt; es muß alle vorgeschriebenen Instanzen durchlaufen, dann kommt es in die Produktion, aber ich werde es noch ein wenig überarbeiten müssen – im Kinogeschäft sind allerlei Nacharbeiten, Korrekturen und Ergänzungen unvermeidlich. Und folglich hab ich nicht zu trödeln, und wieder sitze ich am Tisch.

Seht zu und bleibt gesund.

IB.

Moskau, 20. März 1938

Ich schwöre Stein und Bein, daß ich künftig öfter schreiben werde. Zu meiner gewohnten Überlastung kam nun auch noch der Umgang mit vielen Menschen, was in Kiew anders war. Ich werde mit dieser Flut von Dingen kaum fertig, die mir Arbeit und Menschen bescheren. Ich habe mit der Abwicklung alter Kinoangelegenheiten zu tun und muß noch einigen Episoden aus *Wie der Stahl gehärtet wurde* den letzten Schliff (für die Dreharbeiten) geben.

Zum Beginn der Dreharbeiten in etwa zehn oder fünfzehn Tagen werde ich noch einmal nach Kiew fahren müssen; dort werden wir den Frühling in seiner vollen Blüte erwischen. Ich träume davon, auch noch Odessa mitzunehmen – ich habe dort wegen der Datscha zu tun –, keine Ahnung, ob ich es schaffen werde. Die Hauptsache ist jetzt, daß ich mich von den laufenden Geschäften freimache, damit ich mich zumindest ab Mitte April der sog. Belletristik widmen kann; ich habe das Gefühl, gut darauf vorbereitet zu sein.

Habe von Sonja einen Dankesbrief erhalten mit einer vollständigen Auflistung all dessen, was sie für das eingetroffene Geld gekauft hat. Diese eisernen Alten halten sich prächtig. Ende März schicke ich ihnen und Anjuta noch einmal etwas Geld. Die Nachricht über Nataschas lautstarkes Betragen und ihre stillen Erfolge hat mir ein unvergleichliches Vergnügen bereitet, aber natürlich schäme ich mich, es laut zu sagen. Die Briefmarken sind endlich gekauft und abgeschickt; ich hoffe, sie werden das Album verschönern. Ich fühle mich – toi, toi, toi – unglaublich gut, was ich auch Euch wünsche, und dabei schufte ich wie ein Pferd.

IB.

Moskau, 25. März 1938

Am Rand der Gehwege liegt schwarzer, löchriger Schnee, das Frühlingswasser steigt, aber der Frühling selbst kommt nur langsam in Schwung… Einen Tag scheint die Sonne, einen Tag ist es trüb… In Wahrheit habe ich nur ein rein theoretisches Interesse an allem, was außerhalb der vier Wände meines Zimmers vor sich geht, denn zum Spazierengehen fehlt mir die Zeit… Meine Kiewer »Kunden« drängen mich beharrlich, zum Beginn der Dreharbeiten zu kommen. Ich werde Anfang April wohl für ein paar Tage fahren müssen. Bislang stehen weder die Termine noch die Dauer meiner Abwesenheit fest, also schreibt weiterhin an Katjas Adresse. Mit mir geschehen weiterhin Wunderdinge: Ich arbeite und weiter interessiert mich nichts. Was Euch betrifft – bleibt gesund, weiter stelle ich keinerlei Ansprüche an Euch.

IB.

Moskau, 6. April 1938

Ich war schon sehr beunruhigt über Euer langes Schweigen; gestern erhielt ich einen Brief, der mich nicht allzusehr getröstet hat. Ich kann nicht anders, als an Sonja zu denken, die in schlechteren Verhältnissen lebt als Mama und die dennoch voller Leben steckt. Sie versorgt ihren Haushalt, und wahrscheinlich schleppt sie immer noch ihre Kohlen von der Prochorowskaja und ihre Kanne Petroleum von der Stenowaja nach Hause... Ich vertraue auf die Schwechwelsche Rasse und auf den Sommer – die Sonne tut uns Odessiten gut... Ich wünsche Mama (und auch mir selbst) baldige Besserung (ich schreibe »auch mir selbst«, denn wie Utjossow behauptet, sehe ich aus wie ein kriminelles Element, vor allem deshalb, weil ich ein sentimentaler Sohn bin...). Übrigens wird Utjossow heute abend bei mir vorbeikommen, und dann werden wir auf Euer Wohl miteinander Witze reißen... Bei mir ist alles bestens. Ich arbeite und, was die Hauptsache ist, ich habe Freude an der Arbeit...

Was Natascha angeht – es ist nicht nötig, daß Ihr Shenja Eure letzten Groschen schickt, schließlich hat sie noch einen Mann und einen Bruder, die sie unterstützen... Eure Aufgabe ist es, dafür zu sorgen, daß unser altes Mütterchen wie ein Püppchen daherkommt...

I.

Moskau, 16. April 1938

1) esse ich seit dem gestrigen Tag die allerfeinste, irgendwoher aus der Minsker Gegend stammende Matze (ein barmherziges altes Mütterchen hat sie mir feierlich überreicht), was ich auch Euch wünsche. Feiert Ihr denn auch diesen besten aller jüdischen Festtage? Habt Ihr auch das Geschirr koscher gemacht usw.? Kurz und knapp: Ich wünsche Euch Glück...

2) habe ich eine eigenhändige und vorzüglich geschriebene Epistel von Natascha erhalten, in der sie sich für die Bücher und Briefmarken bedankt und mir mitteilt, daß sie in den Osterferien ans Meer fahren, worüber ich mich sehr freue. Evtl. fährt ja eine von Euch beiden dorthin mit?

Ich kämpfe mit dem Wunsch, nach Odessa zu fahren, und den Geschäften, die mich in Moskau festhalten. In ein paar Tagen ziehe ich in meine gewissermaßen eigene Datscha – früher wollte ich mich nicht in einer sog. Schriftstellersiedlung niederlassen, aber als ich erfuhr, daß die Datschen sehr weit voneinander entfernt stehen und ich meinen Mitbrüdern nicht über den Weg zu laufen brauche, da habe ich beschlossen umzuziehen. Diese Siedlung ist 20 km von Moskau entfernt, heißt Peredelkino und liegt im Wald (in dem, nebenbei bemerkt, noch sehr dichter Schnee liegt). Da habt Ihr unseren Frühling! Die Sonne ist ein seltener Gast, es wäre an der Zeit, daß sie sich häuslich bei uns einrichtet.

I.

Moskau, 29. April 1938

Morgen beginnen die Feierlichkeiten. Ich fahre morgens aufs Land zu den Peschkows, wo ich bis zum 3. 5. bleiben werde. Wie Ihr bereits wißt, ist Adotschka mit ihrem Töchterchen hier, ein sehr lebhaftes und drolliges Geschöpf, aber vom Typ her sehr semitisch. Ada ist eine füllige, kleingewachsene Dame und hat eine Menge Sorgen, während ich mir selbst immer noch wie ein junger Kerl vorkomme. Übrigens werde ich dem Charakter nach auch einer bleiben… Zur Bewahrung der ewigen Jugend trägt höchstwahrscheinlich meine Beschäftigung mit der Literatur bei, der Hang zur Verträumtheit, der mit dieser Beschäftigung einhergeht, und die Fähigkeit zur unausgesetzten Erneuerung, die mit der Verträumtheit verknüpft ist. Habe für Adotschka Theaterkarten, darunter auch für das Künstlertheater, besorgt. Bin sehr froh darüber, daß sie sich jetzt amüsiert – nach ihrem Leben *mesquin* mit ihrem guten, dummen und exaltierten Mann in Odessa. Ich fühle mich sehr wohl und spüre, wie mir die sog. Schöpferkraft zufließt. In dieser Flut zerschmelzen alle übrigen Dinge dieser Welt und lösen sich auf, und mir tut es nur leid, daß Ihr kein solches Ventil habt. Wünsche mir von Euch gute Nachrichten über Eure Gesundheit. Meine leidenschaftlichen, unablässigen Gebete müssen doch erhört werden…

I.

Peredelkino, 13. Mai 1938

Gerade habe ich Natascha in Schönschrift einen Brief gemalt und ihm etliche Päckchen mit Briefmarken beigefügt. Seit drei Tagen wohne ich auf der Datscha und gewöhne mich allmählich an das Gefühl, Hauseigentümer zu sein. Das Haus ist sehr komfortabel – es steht aber in einem verwilderten Kiefernwald, – und die paar Möbel machen den Kohl nicht fett. Ich muß mich noch einrichten… Vorerst aber genieße ich in vollen Zügen die Stille, die Möglichkeit, ungehindert zu arbeiten, und bin glücklich darüber, daß es kein Telephon gibt. Die Wasserleitung funktioniert hier nur im Sommer, aber es gibt einen Brunnen mit gutem Wasser; elektrischer Strom ist da, so daß die Elektrogeräte: Kaffeekocher, Teekessel und Kochplatte – meine Passion – ununterbrochen in Betrieb sind. Zu diesem Landgut fährt man von Moskau 25 km über eine sehr gute Straße, die Moshaisker Chaussee; mit dem Zug braucht man etwa 35 Minuten (1 Kilometer bis zum Bahnhof), in Moskau kommt man dann am Kiewer (dem früheren Brjansker) Bahnhof an. Habe mir Bücher mitgebracht, und abends lese ich, eine unerhörte Errungenschaft, denn in Moskau war das bei den stets verplanten Abenden ein unerreichbares Glück. In meinen Diensten steht hier eine Bürgerin namens Motja mit ihrem Mann (einem Arbeiter von der benachbarten Sowchose) und ihrer fünfjährigen Tochter, die allein durch die Gerüchte, die über mich umlaufen, so verschüchtert ist, daß sie mich schweigend anstarrt, ohne sich zu rühren, den Finger im Mund.

I.

Peredelkino, 24. Mai 1938

Ich wohne auf der Datscha, weshalb ich seltener schreibe; ich weiß noch nicht, wo hier die Poststelle ist. Auf einer Datscha bei Moskau zu leben, das bedeutet jeden Tag den Ofen zu heizen, was auch geschieht, andernfalls könnte man erfrieren; ach nein, ist das ein Klima… Rings um mich her wird gehämmert, geschabt und gegraben; die Ofensetzer und die Anstreicher sind bei der Arbeit, die Stromleitung wurde fertig verlegt,

Isaak Babels Datscha, Peredelkino 1938

mein eigener Bediensteter legt Beete an, in denen Radieschen, Salat, Gurken u.a.m. angebaut werden sollen... Auch Hühner und Tauben werden noch angeschafft – und dann kann man anfangen, eine normale Wirtschaft zu führen.

Morgen fahre ich für ein, zwei Tage geschäftlich nach Moskau. Mich interessiert, ob Ihr zu dem Pianistenwettbewerb gegangen seid. Unsere Zeitungen drucken ausführliche Berichte. Gilels ist, wie es scheint, unser Landsmann. Er ist der ältere Bruder der Violinistin Mira Gilels, einer Schülerin von Stoljarskij. Vermutlich wird sich Odessa nicht blamieren... Und was gibt es bei Euch Neues? Wegen all dieser Datschaangelegenheiten habe ich Euch ein bißchen aus dem Blick verloren, und mir will scheinen, daß von Euch schon unendlich lange keine Briefe mehr gekommen sind. Bei mir ist es immer dasselbe – Arbeit für die Seele, Arbeit für den Leib. Ein Leben voller Nachdenken... Schreiben Euch Shenja und Natascha denn? Bleibt unbedingt gesund.

IB.

PEREDELKINO, 21. JUNI 1938

Zu den Neuigkeiten, die der Aufmerksamkeit wert sind, gehört der Kauf von drei Taubenpärchen, die im Augenblick dabei sind, sich kennenzulernen und miteinander zu turteln. Sobald sie geheiratet haben, wollen wir sie fliegen lassen. Einen hervorragenden Taubenschlag hat man mir gebaut – im Kuhstall, wo eine Kuh steht, die der Mann meiner Hausangestellten 250 km weit bis hierher getrieben hat. Wir erwarten noch die Ankunft eines halben Dutzend Hühner und eines Hahns, und dann laufen beide Wirtschaften, die Geflügel- und die Milchfarm, auf Hochtouren... Ich bin bereits neun Tage ohne Unterbrechung in Peredelkino. Die Tage waren voller Arbeit und landwirtschaftlicher Sorgen. Heute abend fahre ich nach Moskau. Werde mich bemühen, Euch Bücher zur Lektüre zu schicken, außerdem habe ich einen Vorrat hübscher Briefmarken für Natascha. Ich fühle mich im Schoße der Natur ausgezeichnet, hier gibt es keine aufdringlichen Telephonanrufe, mit der Arbeit geht es unvergleichlich besser als in Moskau. Katja hat mir ausrichten lassen, daß in der Stadt Briefe von Euch auf mich warten, die Antwort schicke ich aus Moskau ab. Das Wetter bei uns ist sehr regnerisch und trübe.

I.

Moskau, 25. Juli 1938

Mit schönen und auch mit luxuriösen Schulgebäuden setzt man in der Sowjetunion niemanden mehr in Erstaunen, aber die Photographien von Nataschas *Collège* haben sogar auf mich gewaltigen Eindruck gemacht. Und nach den Bemerkungen der Direktrice zu urteilen, wird offenkundig auch gut unterrichtet. Ich finde, daß die Charakteristiken nicht abgeschmackt, sondern mit tiefem Einblick geschrieben sind. Außerdem hat mir Shenja ein Photo von Natascha in ihrer normannischen Tracht geschickt. Es ist sehr rührend und schön – sie ist einfach ein liebes Mädchen... (im Gronfajnschen Stil, worüber ich sehr froh bin). Außer dem oben Erwähnten bekam ich von Natascha eine eigenhändige Auflistung ihrer Geburtstagsgeschenke – da gab es *un jeu des 7 familles* und einen *stylo* und Bälle und Briefpapier *et une vraie montre* und die Aussicht auf ein Fahrrad und 150 Francs von *tante Marie* – und ich bekam sogar eine Rezension über einen Film, den sie im Kino gesehen hat: Interessant, *mais un peu triste*... Da könnt Ihr sehen, was das für ein großes Mädchen ist... und ich muß noch ergänzen, daß die Enkelin in ihrer Normannentracht besser aussieht als die Brüsseler Oma auf ihrem Bild. Obwohl ich nichts von Medizin verstehe, tröste ich mich damit, daß wir eine ziemlich magere Großmutter haben, denn die mageren Leute sind stets gesünder als die fülligen, das Herz arbeitet leichter, und auch selbst fühlt man sich besser. Hab ich nicht recht?...

I.

Moskau, 26. Juli 1938

Meine Werke, die altväterliche Wirtschaft und der weite Weg zur Post haben uns ganz auseinandergerissen, worüber ich ohne Unterlaß weine... Ungeachtet der tropischen Hitze sitze ich für zwei, drei Tage in Moskau, um mich hier zu vergnügen und zu zerstreuen. Bei mir ist die Datscha der Arbeitsplatz und die Stadt der »Ort des Vergnügens«. Es ist schwer, Euch auch nur einen ungefähren Eindruck von der Pracht der Datscha zu vermitteln: Es ist ein zweistöckiges winterfestes Haus mit Wirtschaftsgebäuden, umgeben von etlichen Hektar Wald, und liegt so weitab von den anderen Datschen, daß ich vor dem Haus nackt dusche, denn hier kommt niemand vorbei, und wer sollte hier schon vorübergehen?... Die Zahl meiner Hühner ist auf zehn angewachsen, bei nur einem Hahn; die Kuh nimmt allmählich auch zu; ein Wetter zum Schwindligwerden, im Wald ist es sonnig und angenehm kühl – und wenn ich an dieses Brüssel denke, das man dort gebaut hat, wo alle Nebel und jedes schlechte Wetter zu Hause sind, dann bleibt mir vor Mitleid und vor Wut die Luft weg... Heute gehe ich zu einem Sportfest (die Wiederholung der Sportparade auf dem Roten Platz). Das ist ein absolut zauberhaftes Schauspiel mit 35 000 Teilnehmern; wenn man sich von einem dieser Teilnehmer ein wenig Gesundheit für Euch ausborgen könnte, dann wäre alles in Ordnung.

I.

Moskau, 31. Juli 1938

Habe beschlossen, noch ein paar Tage in Moskau zu bleiben, um hier all meine Angelegenheiten zu Ende zu bringen und anschließend länger auf der Datscha bleiben zu können. Außerdem muß ich hier abwarten, bis ein Brief von Euch eintrifft, sonst wäre das sowieso kein Leben für mich...

Bei uns ist es jeden Tag ein und dasselbe – eine eintönige, furchtbare Hitze; ich dusche an die dreimal täglich und mache ganze Batterien Narsan mit Eis leer. Katja bereitet sich auf ihre Abreise vor und hetzt ständig wie ein Rennpferd hin und her; man kann sie auf keine Weise erwischen. Ich war gestern mit Katajew beim richtigen Rennen, anschließend sind wir essen gefahren und haben beim Reden über unsere Jugendzeit und Odessa eine Flasche französischen Bordeaux geleert... Neuigkeiten gibt es keine, außer solchen, die meine Arbeit betreffen, aber über die sollte man besser nicht reden, sondern sie als *fartike rejd* präsentieren...

Also warte ich voller Ungeduld auf einigermaßen tröstliche Nachrichten von Euch…

I.

Peredelkino, 25. August 1938

Heute steht in den Zeitungen die Notiz, daß eine solche Hitze, wie sie zur Zeit in Moskau herrscht, seit 41 Jahren nicht mehr zu verzeichnen war. Da könnt Ihr einmal sehen… Und Ihr schreibt, daß man in der Normandie vergeblich auf Sonne wartet… Ich lese diese Zeilen, während ich vor Schweiß triefe, und denke mir – die Welt ist groß…

Am 22. hatte ich mich, da ich geschäftlich zu tun hatte, hineingestürzt in dieses Moskau; wegen der drückenden Hitze habe ich die ganze Nacht nicht geschlafen, und am 23. habe ich auf alle Geschäfte gepfiffen und bin wieder hierher gefahren. Wir wollen kühleres Wetter abwarten…

Odessa spare ich mir indessen auf, denn ich muß meine Behausung in Peredelkino für den Winter vorbereiten. Übrigens wurde bereits ein Bild davon auf einen Film gebannt, und Ihr bekommt es bald. Als wichtige Neuigkeit kann ich Euch vermelden, daß der Bestand des Taubenschlags um vier weitere Exemplare aufgestockt wurde. Ich warte auf ganz lange Briefe von Euch.

I.

Moskau, 11. September 1938

Sollte die Zeit wirklich so schnell verflogen und Ihr schon wieder in Brüssel sein? Gerade habe ich eine Postkarte an Shenja abgeschickt – ich mache mich gleich auf den Weg zum Kursker Bahnhof: Ich nehme an einer Exkursion nach Jasnaja Poljana teil, zum Grab Tolstojs. Bin morgen nacht wieder zurück, nach meiner Rückkehr schreibe ich wieder. Neuigkeiten gibt es, dem gewesenen Gott sei Dank, keine besonderen, abgesehen davon, daß diese unerhörte Hitze nachgelassen hat und Wind aufgekommen ist, der Staubwolken mitbringt. Ich will unbedingt Einzelheiten über Eure Ferien wissen und warte auf Photos.

I.

MOSKAU, 20. SEPTEMBER 1938

Wir hatten hier einige herbstliche Tage, heute begann die Sonne wieder zu scheinen. Bin heute morgen von der Datscha hergekommen.

An einem der kalten Tage wurden dort zur Probe die Öfen geheizt. Sie haben gut funktioniert, und als ich im warmen Zimmer saß und den Wald betrachtete, war ich selig. Ich brauche mich nicht sonderlich zu beklagen, daß ich nirgends hingefahren bin, denn wir hatten einen außerordentlichen Sommer, und ich habe ihn jedenfalls vernünftiger verbracht als in all den Jahren zuvor – habe mich um die »Landwirtschaft« gekümmert, war viel spazieren und habe die Luft des Kiefernwaldes eingeatmet. Kann mich nicht mehr erinnern, ob ich Euch bereits von dem bewegenden Eindruck geschrieben habe, den Jasnaja Poljana bei mir hinterlassen hat – man steht in den asketischen Zimmern Tolstojs, und hat das Gefühl, als würde in ihnen die verbissene Gedankenarbeit bis auf den heutigen Tag weiterbetrieben. Heute erhielt ich bei meiner Ankunft Mamas Brief. Wo bleiben denn die Photographien, *mes enfants?* Ich warte mit großer Ungeduld darauf. Wenn ich behaupten würde, ich wäre nicht auf Mama neidisch geworden, als sie Natascha beschrieben hat, dann wäre das gelogen.

I.

PEREDELKINO, 26. SEPTEMBER 1938

Wir verbringen hier wundervolle, sonnige, aber auch kühle Tage. Die Blätter fallen.

Alles wäre schön und gut, würden nicht die täglich aus der Stadt ankommenden Zeitungen Schrecken und Unruhe mitbringen. Nach dieser Lektüre muß man sich mit großer Mühe wieder sammeln, um die Arbeit in Angriff nehmen zu können. Heute fahre ich für zwei Tage nach Moskau. Ich will für Natascha Bücher suchen. Gehe davon aus, daß ich am 28. abends wieder auf die Datscha zurückkehre. Mit Brennholz für den Winter bin ich versorgt. In den nächsten Tagen wird hier renoviert: Das Fundament wird untermauert, und die etwas ausgetrockneten Dielen werden neu verlegt. Ich hoffe, im Winter wird es warm sein. Ich habe alle Bücher aus der Stadt hierhergeschleppt, und während ich nachts am brennenden Kamin sitze, lese ich Scholem Alejchem in unserer ursprünglichen Sprache...

I.

Moskau, 3. Oktober 1938

Glorreiche und allerehrwürdigste Verwandte. Wir haben sehr schönes Wetter, die Sonne scheint, und es ist warm, was ich auch Euch wünsche... Mir tut es sehr leid, nicht in Odessa zu sein. All meine Reiterfreunde sind mit den besten Pferden dorthin gefahren und brechen unter Odessas zauberhaftem Himmel alle Rekorde...

Es wäre schön gewesen, gemeinsam mit ihnen irgendwo bei der vierten Station, gleich neben der Rennbahn, zu wohnen; ja, wer will nicht alles ins Paradies, aber die Sünden...

Von meiner Visage hat ein sehr guter Photograph ein Porträt aufgenommen; sobald es fertig ist, schicke ich es Euch... Im Gegenzug warte ich ungeduldig auf Familienphotographien von Euch. Und seht zu, daß Ihr gesund bleibt...

I.

Moskau, 9. Oktober 1938

Bin gestern in die Stadt gekommen, werde bis zum 11. hierbleiben. Zwar ist der Herbst angebrochen, aber in der Datscha am kräftig geheizten Ofen zu sitzen, den gelbgefärbten Wald zu betrachten, die laubübersäten Pfade entlang zu spazieren – das alles ist soviel besser als das geschäftige Leben in Moskau, daß es mich auch schon wieder zurückzieht... Von Euch sind schon recht lange keine Nachrichten mehr gekommen, dabei langweile ich mich ohne sie und habe schlechte Laune. Voller Ungeduld warte ich auf die Photographien. Nataschas Schulbericht habe ich schon auswendig gelernt, und ich spüre, daß mein Herz neue Nahrung braucht. Ich wüßte sehr gerne, wie Grischas Angelegenheiten stehen, ob er arbeitet, ob er »Progresse« macht, wie eine Jüdin aus Odessa immer sagte...

I.

Isaak Babel, 1938

Moskau, 19. Oktober 1938

Soeben erhielt ich Mamas Brief. Habe ich wirklich versäumt, Euch zu schreiben, daß die Photos von Natascha schon längst angekommen sind, daß ich sie zum Vergrößern gegeben habe und sie nun alle Winkel meines Zimmer schmücken?... Voller Ungeduld warte ich auf die Fortsetzung. Habt Ihr das Photo von meiner Datscha bekommen? Dort hat erst jetzt die echte Seligkeit begonnen. Im Wald rauscht der Regen, der Wind pfeift, während in meinem Zimmer die Tischlampe brennt und ich in warmen Pantoffeln einherstolziere... In diesem Jahr habe ich eine Erfahrung gemacht: Sobald die kalten Tage kamen, habe ich meine morgendliche Dusche gestrichen, und prompt hatte ich keinen Schnupfen mehr. Offensichtlich kam das alles vom kalten Wasser und auch daher, daß ich barfuß auf den kalten Bodenfliesen stand... Die Bücher schicke ich Euch in den nächsten Tagen; ich sollte auch noch Zeitungen sammeln und sie abschicken... Gesundheitlich geht es mir nach wie vor gut, aber für meinen Beruf arbeite ich zuviel, ein paar kurze Unterbrechungen und bisweilen ein wenig Faulheit wären von Vorteil... Es wäre sehr schön, wenn Meri und Grischa einen Abstecher zu Natascha machen würden.
Bis morgen.

I.

Peredelkino, 25. Oktober 1938

Habt Ihr die Photographie von meiner Datscha erhalten? Ich erwarte von Euch die zweite Partie der Photos von Natascha. Möglicherweise fahre ich heute nach Moskau, oder spätestens morgen. Morgen schicke ich auch ein paar Nummern von Nowyj mir ab. Sehr interessant ist das *Spanische Tagebuch* von Kolzow. Ich habe vier Hefte hier – die restlichen sind in der Stadt. Ich schicke Euch alles, was ich habe. Zu meinen zahlreichen Verpflichtungen gehört auch die eines stellvertretenden Vorsitzenden des Redaktionsbeirates von Gosslitisdat; ich werde mir dort für meine Mühen etwas von der neuesten Belletristik ausbitten und Euch schicken. Ich genieße den Herbst in Peredelkino, aber bald beginnt hier die Renovierung, und ich werde für etwa zwei Wochen in der Stadt bleiben müssen. Fühle mich wohl, was ich auch Euch wünsche.

I.

Peredelkino, 30. Oktober 1938

Winter haben wir hier gar keinen, und ungeachtet dessen, daß ein Teil des Hauses wegen der Renovierungsarbeiten aufgerissen wurde, ist es warm in meinem Zimmer, und sobald nur ein freier Tag herausspringt, packt mich die Lust, hierher zu fahren. Abends flackert fröhlich der Kamin, es ist still, keine Telephonanrufe, und das größte Unglück ist es, wenn die Katze eine Taube fortschleppt, was auch leider Gottes vor ein paar Tagen passiert ist… Ist aus der Reise zu Natascha etwas geworden? Wenn ich an die armen Robinsons denke, treten mir auch schon die Tränen in die Augen. Jegliche Zerstreuung ist eine Wohltat für sie. Für Meri und Grischa ist diese Reise jetzt eine Lappalie; es wäre notwendig, daß sie sich bisweilen auch wirklich auf den Weg machen. Was mich betrifft, so beklage ich mich einzig und allein darüber, daß mein Leben nicht leichtsinnig genug, sondern mit Arbeit überfrachtet ist. Manchmal möchte ich mich auch amüsieren, und dazu fehlt mir die Zeit.

I.

Peredelkino, 9. November 1938

Teures Mamachen, Schwesterchen und Äskulap. Ich bin seit dem Dritten auf der Datscha, auf die in diesem Augenblick, in tiefer Nacht bei Mondenschein, zum ersten Mal reichlich Schnee fällt. Es ist wunderschön… Ungeachtet dessen, daß die Datscha renoviert wird und in einigen Zimmern der Fußboden herausgerissen wurde, kann man hier noch wohnen, was ich auch mache. Morgen fahre ich in die Stadt und anschließend vielleicht direkt zu den Peschkows; den Feiertag am Siebten habe ich auch bei ihnen verbracht… Bei mir geht alles seinen ruhigen gemächlichen Gang – ich arbeite und arbeite… Man sagt, dies sei eine überaus hygienische Beschäftigung und alle Überfleißigen seien hundert Jahre alt geworden… Man wird ja sehen… Schreibt mir in großen und in kleinen Schlucken und öfter und auf alle Fälle. Bleibt gesund.

I.

Peredelkino, 2. Dezember 1938

Habe ein paar herrliche Tage auf der Datscha verbracht. Das Wetter ist unwahrscheinlich warm – Frühling; es schneit ein wenig und gleich taut es wieder…

Bin viel spazierengegangen und habe viel gearbeitet – unvergleichlich produktiver als in Moskau. Morgen gegen abend fahre ich in die Stadt. Abgesehen von dringenden Geschäften will ich mir Eisensteins neuen Film *Alexander Newskij* ansehen und auch meinen Freund, den erstklassigen jüdischen Schauspieler Michoels, in einer Inszenierung von Scholem Alejchems *Tewje, der Milchmann.* (Übrigens will ich einige Kapitel aus diesem Buch übersetzen.) Ich rechne damit, in etwa zwei Tagen wieder hier zu sein. Wie steht es um die Reise zu Natascha? Ich träume davon, morgen einen Schrieb von Euch vorzufinden. Im Vorgefühl dessen erteile ich Euch die strikte Anweisung, gesund und munter zu bleiben…

I.

1939

Moskau, 2. Januar 1939

In der vergangenen Nacht habe ich erfolglos versucht, Euch telephonisch zu erreichen. Die Warteschlange war so lang, daß ich fast bis sieben Uhr morgens hätte warten müssen. Ich habe nicht durchgehalten und bin eingeschlafen, und im übrigen hätte ich Euch um sieben Uhr wahrscheinlich geweckt... Es ist trotzdem furchtbar schade. Ich hatte deswegen auch kein Telegrämmchen losgeschickt, weil ich damit rechnete, Eure leibhaftigen Stimmen zu hören... Also, ein gutes Neues Jahr! Wenn ich Gott wäre, dann würden wir leben, wie es sich noch niemand hat träumen lassen... Was mich angeht, so findet mich das Jahr 39 in kämpferischer Arbeitsform vor. Das einzige Unglück ist nur, daß die Zeit nicht reicht für die Belletristik... Ich küsse Euch von ganzem Herzen.

I.

Moskau, 12. Januar 1939

Ich führe einen langgehegten Plan aus, sitze Tag und Nacht über allerlei Auftragsarbeiten, um sie bis zum 1. Februar abzuschließen und mich dann ungehindert nur meiner eigenen Arbeit widmen zu können. Ich muß mich dafür sehr anstrengen, aber ich hoffe, daß der Lohn dementsprechend sein wird, daß es der Mühe wert war. Gestern habe ich die Probeabzüge der vergrößerten Photos gesehen, die Ihr mir geschickt habt; sie sind sehr gut geworden. Sobald sie fertig sind, schicke ich sie Euch. Natascha wirkt darauf sehr ausdrucksvoll. Bei uns friert es wieder, -20° und noch darunter, aber ich halte mich erstaunlich gut, der Schnupfen schleicht irgendwo durch die Nachbarschaft, aber mein Territorium betritt er nicht. Wegen der gewaltigen Menge Arbeit, die ich habe, lebe ich sehr zurückgezogen. Doch mit Herz und Sinn bin ich stets bei Euch. Wenn ich Gott wäre, dann wärt Ihr stark wie Herkules und reich wie Krösus, *je vous assure.*

IB.

MOSKAU, 20. JANUAR 1939

Strahlender Sonnenschein, es ist Frühling, könnt Ihr Euch das vorstellen? Bin heute morgen spazierengegangen, schreibe Euch aus einem Café... Es gibt nichts Neues, abgesehen davon, daß ich mich unbeirrt bemühe, mein Programm durchzuziehen und mir bis 1. Februar alle Nebentätigkeiten vom Hals zu schaffen... Die Renovierung der Datscha hat sich in die Länge gezogen, weil das Bauholz nicht angeliefert wurde, aber nun ist dieses Hindernis aus dem Weg geräumt, und ich hoffe, daß ich zum 15. Februar dort meinen festen Wohnsitz nehmen kann...

Schreibt öfter, Eure ungekünstelten Werke sind immer ein Lichtblick für mich. Wenn ich nach Hause komme, schreibe ich Euch wieder.

I.

MOSKAU, 25. JANUAR 1939

Gestern habe ich die eiligste und schwierigste Auftragsarbeit abgeliefert, und damit ist mir eine Riesenlast von den Schultern genommen. Das Übrige ist weniger kompliziert. Ich hoffe, ich werde jetzt an mich denken können. Will mich in den nächsten Tagen bemühen, beim Ausruhen zu arbeiten, oder genauer, mich bei der Arbeit auszuruhen. Wir haben hier herrliches, mildes Winterwetter. Werde mich bemühen, jeden Tag zwei Stunden spazierenzugehen, was auch Euch zu empfehlen ist. Die Renovierung der Datscha wird erst zum 15. 2. abgeschlossen sein. Ich werde jetzt öfter schreiben.

I.

MOSKAU, 28. JANUAR 1939

Wenn man den Kummer abrechnet, den mir jeden Morgen die Lektüre der Kriegsberichte bereitet, gibt es bei mir nichts Neues. Ich arbeite und träume von Arbeiten, die poetischer sind und weniger zeitraubend. Der Winter bei uns ist wundervoll. Erst jetzt hat es richtig geschneit, und auf meinen Spaziergängen stehe ich stundenlang am Zaun der Eisbahn auf den Tschistyje prudy, erfreue mich am Anblick der Leute und des gleißenden Lichts auf dem Eis und genieße die reine frostige Luft. Von den Neuigkeiten des täglichen Lebens verdient der Umstand Beachtung, daß es – zum ersten Mal seit zwanzig Jahren – wieder Bananen in den Geschäften gibt; wir alle essen sie mit Heißhunger und Vergnügen. Ich wünschte, ich würde von Euch öfter mal einen Schrieb bekommen. Mein untätiges und zärtliches Sohnesgefühl verlangt nach Nahrung.

I.

MOSKAU, 7. FEBRUAR 1939

Teures Mamachen, Schwesterchen und Grischa. Eure Briefe kommen regelmäßig hier an. Ich schreibe selten, weil es keine besonderen Vorkommnisse gibt. Sitze die ganze Zeit an der Arbeit... Natürlich habe ich nicht alles bis zum 1. Februar fertigbekommen, aber einen gehörigen Teil habe ich abgeliefert. Ich kämpfe mich unermüdlich weiter voran, und in ein paar Tagen, so hoffe ich, beginne ich, den reinen Klängen und Gebeten zu leben. Mich zieht es auf die Datscha, aber die Renovierung (eine Generalinstandsetzung) ist noch nicht abgeschlossen – werde nicht vor Ende des Monats dorthin umziehen. Habe von Natascha einen wunderbaren eigenhändigen Brief bekommen. Sie beschreibt, wie fröhlich sie die Ferien verbracht hat... Ich wäre überglücklich, wenn Meri zu ihnen fahren würde. Könnte sie nicht auch gleich die Oma mitnehmen? Ich finde, daß eine Reise im Auto nicht allzu anstrengend wäre. Die Bücher schicke ich Euch in den allernächsten Tagen. Nur das eine – *je vous supplie:* Schreibt öfter.

I.

Moskau, 24. Februar 1939

Auf meine Art habe ich heute »Sonntag« – meinen freien Tag. Habe beschlossen, ihn leichtsinnig zu verbringen, um mein Hirn auszulüften. Bin im Auto heute früh zur Datscha gefahren. Die Renovierung geht dem Ende zu.

Das wird schlichtweg ein Haus wie aus Stahlbeton werden. Aus Ziegelsteinen wurde ein neues Fundament gemauert, alle Fußböden im Erdgeschoß wurden erneuert, im Augenblick verlegt man das Parkett. Zum Ersten wird alles fertig sein, und nun ist es in der Tat ein Haus, das die Jahre überdauern kann. Zwar sind die Nachbarn weit weg, aber ich will mir noch ringsherum einen dichten Zaun ziehen lassen. Meine Tauben sind unversehrt; meine Haushaltshilfe hat eine neue Kuh gekauft. Das wären die ganzen Dorfneuigkeiten. Nachdem ich nun von der Datscha zurück bin, frühstücke ich (als ersten Gang gibt es Rettich mit Gänseschmalz) und mache mich dann auf den Weg zur Rennbahn, wo ich seit vier Monaten nicht mehr war, und anschließend will ich mit einem Freund Schaschlik essen gehen. Da habt Ihr nun mein ganzes Programm.

I.

Moskau, 1. März 1939

Nichts Neues. Ungeachtet dessen, daß bei uns wieder der Winter eingezogen ist, denke ich an den Frühling. In vier oder fünf Tagen ziehe ich auf die Datscha, und in den nächsten Monaten sollte ich irgendwohin in den Süden fahren… Hat Mera denn ihr Vorhaben hinsichtlich einer Reise zu Natascha verwirklicht? Wenn ich mir überlege, daß nur ganze drei Stunden Fahrt zwischen Euch liegen, scheint es mir, daß ich jede Woche fahren würde… Sie ist doch bestimmt schon ein großes Fräulein. Morgen schicke ich Euch einen Almanach, der vor ein paar Tagen herausgekommen ist, und suche dazu noch passende Bücher aus. Wie geht es Borja und seinem ganzen Hausstand gesundheitlich? Ich wünschte mir sehr, auch Mama würde sich vom Fleck rühren und zu Natascha auf Besuch fahren.

Ich warte – wie man in der guten alten Zeit geschrieben hat – auf Eure angenehme Nachricht.

I.

Moskau, 6. März 1939

Der heutige Tag ist – für die Liebhaber des Pferdesports – ein wichtiger Tag: der Kampf um das Winterderby. Aus diesem Grund mache auch ich mich auf den Weg in das Zauberrund. Das Wetter ist sehr mild, gestern hat es ein bißchen geschneit. War gestern in meinem Landhaus. Das Ziegelfundament ist gemauert, die neuen Böden sind fertig, jetzt verlegt man das Parkett. Zum Zehnten kann ich umziehen. Dieser Umstand freut mich sehr. Alles Übrige ist unverändert und bestens. Unten hupt das Auto, das mich zur Rennbahn bringen soll. Schreibt öfter und geniert Euch nicht, wenn Euch die Sujets fehlen: Ihr seid für mich die interessantesten Schriftsteller.

I.

Moskau, 18. März 1939

Aus meinen Berechnungen ergibt sich, daß ich in etwa zwei Wochen ein wohlhabender und der Terminarbeiten lediger Mann sein werde, und dann verwandle ich mich in einen vorbildlichen und pünktlichen Briefpartner. Einstweilen aber habe ich große Gewissensbisse, weil ich so selten schreibe. Ich war auf der Suche nach Büchern für Natascha, und deshalb ergab sich eine solche Unterbrechung. Gestern habe ich einen Brief an sie abgeschickt. Es ist furchtbar schade, daß Meri es nicht geschafft hat, zu ihnen zu fahren. Ich habe vor, Ende dieses Monats auf die Datscha zu ziehen – die Renovierung ist im Grunde abgeschlossen (nur die Farbe muß noch trocknen, und die Parkettböden müssen noch geschliffen und gebohnert werden). Der Keller ist voller Eis. Vorgestern ist das erste Täubchen geschlüpft, heute erwarten wir das zweite. Für den Sommer hoffe ich noch immer auf Odessa, dort kann man sich auch nicht schlechter erholen und kurieren als im Kaukasus. Ich fühle mich allem zum Trotz gut, nur mein Hirn ist ein wenig müde geworden, aber das ist eine Sache, die sich einrenken läßt. Heute oder morgen schicke ich Bücher an Euch ab. Iossif und Katja leben herrlich und in Freuden.

MOSKAU, 31. MÄRZ 1939

Gestern bin ich eine große Last losgeworden, will sagen, habe die Arbeit abgeliefert. Heute fahre ich nach Leningrad – für etwa zehn Tage –, um mir die restlichen Rattenschwänze vom Hals zu schaffen. Diese Reise freut mich sehr, denn der Frühling ist in Leningrad sehr hübsch. Außerdem werde ich die Jugend wieder aufleben lassen, werde die alten Orte aufsuchen, die Ermitage, Peterhof... Es schadet bestimmt nicht, die Sorgen einmal abzuschütteln, ich sitze sowieso schon zu lange auf meinem Hintern. Schreibt mir an die Moskauer Adresse, denn Eure Antwort auf diese Postkarte wird mich, wie ich hoffe, in Moskau antreffen. Sobald ich zurück bin, sause ich auf die Datscha und anschließend nach Odessa. Habe Lust, dieses Jahr ein wenig im Meer zu baden... Da ich hinsichtlich meiner Nebentätigkeiten nun wieder Boden unter den Füßen habe, ist meine Stimmung dementsprechend gestiegen... Aus Leningrad werde ich oft schreiben – werde gemeinsam mit Ljussja schreiben. Der Frühling hatte sich uns schon in seiner ganzen Pracht gezeigt, aber nun läßt er sich schon den zweiten Tag nicht mehr blicken.

LENINGRAD, 3. APRIL 1939

Diese wundervolle Stadt sehe ich nur aus dem Taxi- oder Autobusfenster – habe keine Zeit, um draußen spazierenzugehen, und das wird noch vier oder fünf Tage so bleiben... Leningrad begrüßte mich mit Frost und einem durchdringenden Wind. Ich habe ein großes Programm vor mir. Außer den Museen und der Umgebung der Stadt will ich auch die Orte aufsuchen, die ich studiert habe, als ich Reporter in Petrograd war... Am Tag meiner Abreise habe ich Shenja und Natascha geschrieben; Shenja hat natürlich alle ihre Papiere verfallen lassen, was mir nicht wenig Kummer bereitet. Bei Ljussja war ich noch nicht, und ich werde auch erst in zwei oder drei Tagen zu ihr gehen, wenn sich das erste Arbeitsfieber gelegt hat, und weiter habe ich hier keine Bekannten mehr... In den nächsten Tagen teile ich Euch die genauen Termine meines Aufenthalts hier mit. *Je vous embrasse.*

I.

Leningrad, 7. April 1939

Gestern Nacht ging ich im Petersburger Nebel die Uferstraße an der Newa entlang. Eine zauberhafte Stadt. Jetzt erst habe ich sie erspürt... Ich rechne damit, daß ich in den letzten Tagen meines Aufenthalts hier mehr Freiheit haben werde und auf Schusters Rappen herumstreunen kann. Die Arbeit kommt erfolgreich voran: zum 15. 4. werde ich nach Moskau zurückfahren können. Heute erst kann ich Ljussja anrufen, damit wir uns für morgen verabreden. Bisher war es unnütz anzurufen, weil ich mir unmöglich eine freie Minute nehmen konnte. Heute ist der erste Frühlingstag, und der Wind kommt vom Meer her, aber nicht von unserem südlichen, sondern von einem kalten – und trotzdem geht einem das Herz auf... Wie steht es um Eure kollektive Gesundheit? Will wirklich auch im Frühling niemand von Euch bei Natascha vorbeifahren? Wie geht es Borja? Welche Pläne habt Ihr für den Sommer? Ich möchte gern, daß Ihr sie mit Nataschas Plänen abstimmt.

I.

Leningrad, 11. April 1939

Die Arbeit kommt erfolgreich voran, und ich hoffe, den Leningrader Teil von ihr in einigen Tagen abzuschließen... Den morgigen freien Tag möchte ich gern wie alle Werktätigen verbringen, das heißt, ich werde mich ausruhen, in die Ermitage gehen, und vielleicht schaffe ich es ja, einen Abstecher nach Peterhof zu machen. Habe Ljussja zu mir eingeladen (da ich von ihren restlichen Hausgenossen keine überschwengliche Fröhlichkeit erwartete, habe ich beschlossen, meinen Besuch bei allen auf den letzten Tag zu verschieben); sie sieht prächtig aus und ist noch ganz die alte, obwohl sie erst kürzlich eine Entzündung im Ohr überstanden hat. Hier scheint die nördliche Sonne, aber o weh! – sie wärmt kein bißchen. Und das nennt sich nun April!… Mein Datschen-Majordomus hat mir geschrieben, daß die neuen Parkettböden geschliffen und die Zimmer geheizt sind und den Hausherrn erwarten. Rechne damit, am 18. in Moskau zu sein. Wie man hört, ist es dort wärmer. Ich langweile mich sehr ohne Eure Briefe und träume davon, bei meiner Ankunft reichlich Post vorzufinden.

I.

Leningrad, 20. April 1939

Uff!… Ein ganzer Berg ist mir von den Schultern genommen… Gerade habe ich meine Arbeit abgeschlossen – habe in 20 Tagen ein Szenarium verfaßt… Jetzt kann ich wohl damit anfangen, ein »rechtschaffenes« Leben zu führen… Nach Moskau fahre ich am 22. abends. In der Ermitage war ich schon, morgen fahre ich nach Peterhof. Der Abschluß meiner Werke fiel mit dem ersten Frühlingstag zusammen – die Sonne strahlt… Nach gerechten Mühen werde ich nun bummeln gehen… Ljussja habe ich zweimal gesehen – soll heute abend zu ihnen kommen. Sie beschwert sich darüber, daß sie von Euch kein einziges Mal Antwort auf ihre Briefe bekommen hat. Nebenbei bemerkt: Bleibt unbedingt gesund.

I.

Leningrad, 22. April 1939

Seit zwei Tagen bummle ich herum – zudem ist auch noch Frühling… Gestern war ich bei Soschtschenko zum Essen, danach saß ich bis 5 Uhr morgens bei meinem Redakteur – aus den Zeiten mit Gorkij im Jahre 1918 – und im Morgengrauen bin ich den Kamenostrowskij entlanggegangen – über die Trojzkijbrücke, am Winterpalast vorüber – durch die still gewordene und wundervolle Stadt. Heute nacht reisen wir ab. Rechne damit, von Euch einen Haufen Briefe zu bekommen. Morgen will ich gegen Abend auf die Datscha umziehen. Das wäre fürs erste alles.

I.

Moskau, 25. April 1939

Wie Ihr seht, bin ich in meine Pseudoheimatstadt zurückgekehrt (ich sehe sie nicht als solche an, sondern bleibe bei Odessa…). Heute habe ich Sonja ein mehr oder weniger anständiges Sümmchen geschickt. Ich hoffe, sie wird dadurch ein wenig erquickt. Katja will diese Patriarchin der Schwestern Schwechwel nach Moskau einladen, zum Zeitvertreib… In den nächsten Tagen schicke ich Anjuta ihre Pension. Ich hoffe, daß Ihr ihnen wenigstens ab und zu einmal schreibt… Ich ziehe morgen schon auf die Datscha – draußen ist es recht feucht, aber dort wird es schön sein. Das Haus steht nun so da, wie es noch fünfzig Jahre stehen kann… Was meine Pläne angeht, weiß ich nur das eine genau, daß ich im Sommer und evtl. gleich zu Sommeranfang nach Odessa will… Habt Ihr nicht vor, zu Natascha zu fahren? Es wäre doch gut, die Einsiedler zu besuchen; mir wäre es ein großer Trost… Wie geht es Borja? Diese Glückwünsche zum Neuen Jahr sind von seiner Seite ja sehr rührend, aber könnte dieses sentimentale Gebaren nicht als Vorwand dafür dienen, das alte Mütterchen wieder für ein Jahr zu vergessen? Ihr habt mir schon vor langem geschrieben, daß er im Januar nach Brüssel kommen sollte, aber über einen Besuch von ihm habe ich dann nichts mehr gehört. Ich bitte Euch sehr, öfter zu schreiben.

I.

Moskau, 5. Mai 1939

Bin gestern in die Stadt gekommen und fahre jetzt wieder zurück. Bin voller Freude darüber, daß Meri nun endlich zu den Unsrigen gefahren ist. Ich erwarte die allerausführlichste Berichterstattung. Ich schrieb Dir bereits, daß ich Sonja nach Odessa ein kleines Sümmchen geschickt habe; desgleichen will ich auch Anjuta zuteil werden zu lassen. Bei ihnen ist alles in bester Ordnung. Habe Katja einen Verweis wegen ihrer Unpünktlichkeit beim Briefeschreiben erteilt – sie verspricht, sich zu bessern. Mit Vergnügen habe ich gelesen, daß Ihr und Borja Euch gesehen habt. Wie lange war er denn bei Euch?… Er hatte doch anscheinend schon im Januar vor, zu Euch zu kommen; mögl. habe ich mich auch vertan, und das ist schon seine zweite Reise nach Brüssel. Ich fühle mich – toi, toi, toi – wohl. Mit einer solchen Datscha braucht man im Grunde auch den Süden nicht mehr, aber dieses Jahr werde ich unbedingt fahren. Beim nächsten Mal schicke ich Dir Bücher. Für Natascha habe ich einen ganzen Schub bereitgelegt.

I.

PEREDELKINO, 10. MAI 1939

Zu Eurer Information teile ich Euch mit, daß es hier seit zwei Tagen schneit... Da habt Ihr einen zehnten Mai... Darauf kann doch wohl sogar das Brüsseler Klima noch neidisch werden... Ich habe bereits meine Zelte im Grünen aufgeschlagen und fühle mich dabei blendend – habe es nur so satt, die Öfen zu heizen. Morgen fahre ich für einen Tag nach Moskau. Ich denke mir, daß ich vielleicht einen Brief von Meri vorfinde. Wie ist sie denn gefahren?... Schade, daß Mama diese Spritztour nicht gemeinsam mit ihr unternehmen konnte... Habe Natascha ein paar Bücher geschickt. Die Enkelin ist versorgt, jetzt muß ich an die Großmutter denken. Will mich morgen bemühen, neue Belletristik aufzutreiben... Bei mir gibt es nichts Neues – stecke in Arbeit. Bin dabei, meine letzte Arbeit für das Kino fertigzustellen (das wird ein Film über Gorkij), und bald mache ich mich an die letzte Bearbeitung meines heißersehnten Werkes. Rechne damit, es bis zum Herbst abzuliefern. Schreibt öfter, denn um dicke Bücher zu lesen, fehlt mir die Zeit, und Eure Episteln sind für mich die allerbeste Lektüre. Wie geht es Grischa? Und Boris? Seht Ihr ihn oft?

I.

Anhang

Editorische Notiz

Zur Editionsgeschichte von Babels Briefwerk

Isaak Babels Prosa, die ihn seit den 20er Jahren weit über die Grenzen der Sowjetunion hinaus berühmt machte, zeichnet sich einerseits durch die lakonische Kürze und Prägnanz der einzelnen Erzählung, Skizze oder Novelle aus und andererseits durch den geringen Umfang des Gesamtwerks, das dieser Schriftsteller in einem Zeitraum von mehr als 25 Jahren publizierte. Auch wenn man davon ausgehen muß, daß bei seiner Verhaftung eine Vielzahl »fertiger« Texte und wohl noch erheblich mehr Skizzen und Entwürfe beschlagnahmt wurden, die heute als verloren gelten müssen, ändert dies nichts an dem Eindruck, einem äußerst sparsamen Schriftsteller gegenüberzustehen, dem es zudem schwerfiel, einen Text zur Publikation aus der Hand zu geben. Einen völlig konträren Eindruck erhält der Leser, der sich Babels Briefen zuwendet. Hier zeigt sich, daß Babel ein sehr fleißiger und konstanter Briefeschreiber war, der seinen Impetus zu korrespondieren bisweilen selbst als zwanghaft bezeichnet: »... und ich bin es auch leid, tagelang mit der Feder übers Papier zu kratzen, das ist Graphomanie, diese endlose Korrespondenz mit allen Erdteilen«, schreibt er beispielsweise am 15. Dezember 1932.

Ebenso wie alle an Babel gerichteten Briefe, die sich zum Zeitpunkt seiner Verhaftung in seiner Wohnung befanden, sind heute auch viele Briefe des Autors verloren. Manche Empfänger in der Sowjetunion verbrannten ihre Briefe des zur Unperson gewordenen Babel, da ihnen diese nun als belastendes Material gefährlich werden konnten. Aus ähnlichen Motiven vernichtete Babels erste Frau Jewgenija im von den Deutschen besetzten Frankreich die an sie gerichteten Briefe. Der Briefwechsel zwischen Babel und seiner zweiten Frau Antonina N. Piroshkowa befand sich zum Zeitpunkt der Verhaftung in ihrer gemeinsamen Wohnung und wurde mit allen anderen Materialien beschlagnahmt, die Babels Handschrift trugen oder sich auf ihn bezogen.

Vor diesem Hintergrund stellen die hier vorgelegten 427 Briefe und Postkarten Babels an seine Schwester und seine Mutter, die seit 1925 bzw. 1926 in Belgien lebten, hinsichtlich ihrer Anzahl, aber auch aufgrund des erfaßten Zeitraums von 15 Jahren eine einzigartige Ausnahme dar. Sieht man von den 171 Briefen, Postkarten und Telegrammen aus den Jahren 1925-28 ab, die Babels damalige Freundin und Geliebte Tamara W. Iwanowa (geb. Kaschirina) erst 1992 zusammen mit ihren Erinnerungen an Babel in der Moskauer Zeitschrift OKTJABR veröffentlichte, ist die bis heute bekannte Korrespondenz Babels mit anderen Adressaten in ihrer Gesamtheit weniger umfangreich und weitaus sporadischer als die hier vorgestellten Briefe an seine Angehörigen.

Im Unterschied zu seinen Erzählungen hat Babels Briefnachlaß in russischen Publikationen längst nicht die Beachtung erfahren, die er verdient. Die bislang vielfältigste und umfassendste Publikation von Babels Briefen bietet dem russischen Leser die 1990 in Moskau erschienene zweibändige Werkausgabe. Auf 125 Seiten werden hier 211 Briefe Babels an verschiedene Empfänger vorgestellt, viele davon als Erstveröffentlichung. Und obwohl 51 dieser Briefe an Babels Mutter Fanja A. Babel bzw. seine Schwester Marija E. Schaposchnikowa gerichtet sind, d.h. aus dem hier vorgelegten Komplekt stammen, kann man nur eingeschränkt von einer russischen Veröffentlichung dieser Texte sprechen, da kaum einer dieser Briefe ungekürzt abgedruckt wurde. Die Anmerkung S. N. Powarzows, die Briefe seien prinzipiell vollständig, man habe aus ihnen nur das »allzu Persönliche, Intime« gestrichen, ist durchaus irreführend. Bisweilen wird aus Briefen von mehreren Seiten Umfang nur ein Ausschnitt von einigen Zeilen geboten, und selbst diese rigorosen Kürzungen innerhalb der Briefe werden nicht konsequent gekennzeichnet. Ähnlich waren bereits die Herausgeber des 1963 in New York erschienenen dritten Bandes des Almanachs WOSDUSCHNYJE PUTI verfahren, deren gekürzte Auswahl aus Babels Briefen an seine Angehörigen der Moskauer Werkausgabe zugrunde liegt.

Während der russische Leser also bis heute auf eine umfassende und unzensierte Veröffentlichung der hier vorgestellten Briefe wartet, wurden sie in den 60er Jahren durch Übersetzungen ins Italienische, Englische und Französische westlichen Lesern zugänglich. Das hier erneut erwachte Interesse am erzählerischen Werk Babels war diesen Ausgaben zweifellos förderlich. Umso mehr erstaunt es, daß die Briefe an seine Familie in diesen Jahren nicht auch ins Deutsche übersetzt wurden. Zwar wurden in der Bundesrepublik in Ausgaben der Verlage Walter und Kurt Desch die bereits in den 20er Jahren übersetzten Werke Babels neu veröffentlicht und andere nun erstmals übersetzt – in der DDR gab Fritz Mierau seit 1964 mehrere Werkausgaben heraus, in die zum Teil auch Briefe Babels Eingang fanden–, doch blieben die hier vorgestellten Briefe – vielleicht, weil ihnen der in Deutschland so beliebte Enthüllungscharakter gänzlich abgeht – aus der deutschen Babelrezeption ausgespart.

Somit stellt die vorliegende Ausgabe alle bislang verfügbaren Briefe und Postkarten Babels an seine Mutter und seine Schwester aus dem Nachlaß von Marija E. Schaposchnikowa in deutscher Erstveröffentlichung vor. Dennoch ist auch dieser Teil von Babels Briefwerk nur annähernd vollständig erfaßt.

Einerseits fanden sich im Zuge der Recherchen für diese Ausgabe von Babels Tochter Nathalie Babel weitere Briefe, deren Publikation diese sich noch vorbehält, andererseits ist zu vermuten, daß selbst unter Einschluß der neu aufgefundenen Texte Lücken bleiben. So ist uns aus diesem Nachlaß kein einziges der zahlreichen Telegramme bekannt, die Babel in den Jahren der Trennung an seine Familie richtete. Auch aus Babels Äußerungen – so etwa im Brief vom 13. April 1937: »Ich schreibe nicht seltener als einmal (wenn nicht sogar zweimal, was eher stimmt) pro Woche.« – läßt sich der Schluß ziehen, daß ein erheblicher Teil dieser Korrespondenz nicht erhalten ist.

Vor dem Hintergrund der hier skizzierten Editionsgeschichte schien es daher geboten, die heute verfügbaren Texte in größtmöglicher Vollständigkeit vorzulegen, also auf Kürzungen oder eine – wie auch immer motivierte – notwendigerweise willkürliche Auswahl zu verzichten.

Zur Übersetzung und Textgestaltung

Die deutsche Übersetzung der Briefe folgt den russischen Originaltexten, die sich heute im Besitz von Nathalie Babel befinden.

Babel verwendet in seinen Briefen ein bisweilen von kleineren lexikalischen Extravaganzen durchsetztes Russisch. Dabei schreibt er manche Wörter – allerdings nicht konsequent – nach der alten russischen Orthographie, wie sie bis zur Rechtschreibreform von 1917/18 galt. In diese russische Sprachschicht streut Babel immer wieder Begriffe, Wendungen und seltener ganze Sätze aus anderen Sprachen ein – zumeist aus dem Französischen, aber auch aus dem Deutschen, Englischen oder Italienischen. Um den Charakter dieses Stilmittels zu bewahren, wurden solche Textstellen für die vorliegende Ausgabe bewußt nicht übersetzt. Sie sind im laufenden Text als Kursiva hervorgehoben.

Gleichermaßen wurde mit einer weiteren Textschicht der Briefe verfahren – dem Jiddischen. Der Gebrauch jiddischer Begriffe und Wendungen mußte für Babel, zumal er sich in den vorliegenden Briefen an seine nächsten Angehörigen richtet, die besondere Bedeutung der zweiten Muttersprache – einer zweiten sprachlichen Heimat – haben. Zur Schreibung dieser Ausdrücke bedient sich Babel ausschließlich des kyrillischen Alphabets. Hierbei werden jiddische Wörter bedingt durch die phonetischen Besonderheiten des slawischen Lautbestandes (»mygyly« für »megile«) teilweise leicht verfremdet oder auch russifiziert wiedergegeben, indem Babel sie mit nicht-jiddischen Endungen versieht und in das russische Deklinationssystem integriert. In der deutschen Übersetzung wurde zur Wiedergabe der jiddischen Begriffe die Transkription in lateinischen Buchstaben verwendet, wie sie das von Ronald Lötzsch für den Dudenverlag erarbeitete *Jiddische Wörterbuch* vorsieht.

Russische Begriffe und Eigennamen werden gemäß der Dudenschen Transkription wiedergegeben.

Die Angabe von Ort und Datum wurde der Lesefreundlichkeit zuliebe vereinheitlicht. Dabei wurden von Babel bisweilen verwendete Abkürzungen bei der Ortsangabe (z.B. »M.« für »Moskau«) aufgelöst. Das Datum, dessen Notation bei Babel variiert (z.B. 5.VI. 31; 5/6/31; 5/6 – 31) und das er zumeist am Anfang eines Briefes, teilweise aber auch am Ende setzt, wurde – typographisch hervorgehoben – in ausführlicher Angabe von Tag, Monat und Jahr vor den jeweiligen Brief gestellt.

Russische Werktitel wurden konsequent ins Deutsche übersetzt bzw. unter dem deutschen Titel wiedergegeben, unter dem sie hier bekannt geworden sind (also: *Geschichten aus Odessa* statt *Odessaer Erzählungen*), und sind im laufenden Text kursiv gesetzt. Verzichtet wurde dagegen auf eine Übersetzung der Namen russischer Verlage, Zeitschriften o.ä. Im Text der Briefe werden diese transkribiert und durch Kapitälchen kenntlich gemacht.

Zum Anhang

Die *Daten zu Leben und Werk* verfolgen das Ziel, einen knappen chronikartigen Überblick über Babels Biographie zu liefern. Dabei mußte es – bei den häufig recht unklaren und widersprüchlichen Angaben in der Literatur zu Babel – in erster Linie darum gehen, Gesichertes über diesen Schriftsteller zusammenzutragen. Um nicht weiteren Spekulationen und Thesen Raum zu geben, wurde hier (nicht zuletzt, was Babels häufige Wechsel seines Aufenthaltsortes betrifft) vor allem auf die vorhandenen Primärquellen zurückgegriffen, die im Zweifel den Vorrang erhielten vor solchen Angaben, die aus Erinnerungen von Zeitgenossen stammen. Nur am Rande konnten in diesen Überblick Ereignisse Eingang finden, die nur mittelbare Auswirkungen auf Babels Biographie hatten, da ansonsten der Rahmen einer knappen und überschaubaren Darstellung gesprengt worden wäre.

Die Anmerkungen sind bemüht, dem deutschen Leser neben personenbezogenen Angaben durch topographische Informationen, durch die Auflösung verwendeter Abkürzungen oder jiddischer Begriffe sowie durch Erläuterungen zu russischen Institutionen, Verlagen, Zeitschriften o.ä. das primäre Textverständnis zu erleichtern. Als weiteres wichtiges Ziel versuchen die Anmerkungen, die Briefe Babels in einen informativen Kontext zu stellen, durch den sich viele scheinbar belanglose Textstellen dergestalt erschließen, daß sie wichtige Aussagen zu Babels Leben darbieten. Bewußt verzichtet wurde dagegen auf eine Wertung der von Babel vertretenen Standpunkte und Meinungen. Die Anmerkungen greifen durch beurteilende Kommentare ein, wo dies geboten schien, weil Babel zunehmend häufiger nicht allein die eigentlichen Empfänger der Briefe im Auge hatte, sondern sich beim Schreiben zugleich auch bewußt sein mußte, daß der sowjetische Geheimdienst seine Korrespondenz ebenfalls aufmerksam las.

Das Register erschließt alle in Babels Briefen erwähnten Personen und weist die Stellen ihrer Erwähnung nach. Ausführlichere Informationen zu den einzelnen Personen finden sich in den Anmerkungen an entsprechender Stelle der jeweiligen ersten Nennung.

* * *

Die Übersetzung und Herausgabe des vorliegenden Bandes war nur möglich, weil ich bei dieser Arbeit von vielen Freunden und Bekannten durch wertvolle Hinweise, Ratschläge und kritische Anmerkungen unterstützt wurde. Ihnen allen möchte ich an dieser Stelle für ihre Hilfe danken. Besonders verpflichtet bin ich jedoch der Witwe Isaak Babels, Antonina N. Piroshkowa, die sich während meines Aufenthalts in Moskau geduldig und unermüdlich bemühte, auf meine beharrlichen Fragen befriedigende Antworten zu finden.

G. H.

Von der Vereinbarkeit des Unvereinbaren

Aus *einer* Feder stammen die Briefe dieses Bandes. Isaak Babel hat sie geschrieben, seiner Mutter, seiner Schwester, meist beiden zugleich. Sieht man auf ihre Sprache, man findet – trotz mancher Stilschwankungen, geschuldet den gewandelten Zeitumständen und Veränderungen in Babels Lebenssituation –, es ist eine homogene Sprache, eine stets wiedererkennbare sprachliche Handschrift. Gleichgültig, ob Babel zwischen Tür und Angel oder zwischen Schreibtisch und Bett, Zettel im Postkartenformat bekritzelt oder ob er sich Zeit nimmt für seitenlange Berichte und Nachdenklichkeiten; gleichgültig auch, ob er sich auf scheinbar Belangloses wie das gestrige Wetter oder die alltägliche Verzögerung einer Geldüberweisung beschränkt oder ob er – immer nur beiläufig, im Vorübergehen – Grundsätzliches über seine Arbeit, über die Bemühungen um eine Weiterentwicklung der eigenen Prosa, über das Suchen eines »neuen Stils« jenseits der *Reiterarmee* notiert: In ihrer Schlichtheit, die – läßt man sich auf sie ein – zur Eindringlichkeit wird, sind alle diese hastig geschriebenen Briefe ebenso unverwechselbar wie die Metaphernsprache in Babels Erzählungen, an denen er stets jahrelang gefeilt, gestrichen und nachgebessert hat. Sie erzählen über einen Zeitraum von 15 Jahren von einem Leben so voller Gegensätze und offenkundiger Widersprüche, daß kaum jemand, der sich die Frage vorlegt: »Wer war er eigentlich, dieser Isaak Babel?«, davor sicher ist, durch seine Antwort dem farbenprächtigen »Mythos Babel« nicht einfach nur einen weiteren, ganz aus der individuellen Sicht geschöpften Farbton hinzuzufügen.

Wer ihn kannte und wer Erinnertes, von Babel im Gedächtnis Gebliebenes, aufzeichnete, war sich fast immer sicher zu wissen, von wem er schrieb. So und nicht anders hatte er Babel erlebt. Die Attribute seines Bildes mußten stimmen, schließlich verdankten sie sich dem konkreten Umgang mit Babel. Nur vereinzelt mischen sich in den Memoirenchor zweifelnde Stimmen. Wenige hinterfragen, ob sie diesen Menschen wirklich gekannt haben, oder ob sie verstanden haben, warum sie ihn so und nicht ganz anders erlebten. Die Erinnerungen der Zeitgenossen, die ein 1989 in Moskau erschienener Sammelband vereinigt – als einzelne Texte wirken sie meist überzeugt und überzeugend; erst im Kontext werfen sich

Fragen auf, die der einzelne Autor – heiße er nun Paustowskij oder Ehrenburg, Utjossow oder Kantorowitsch – sich in der Regel nicht stellt.

Und die Frauen, die ihn liebten? Wie erlebte ihn Jewgenija, die Tochter des reichen Kiewer Fabrikanten Gronfajn, die Babel 1919 gegen den Willen ihrer Eltern geheiratet hatte und die ihn 1925 verließ, um fortan in Frankreich zu leben. Mit ihr hielt Babel in all den Jahren bis zu seiner Verhaftung engen Kontakt? Mit ihr lebte er 1927/28 wieder über ein Jahr in Paris zusammen, kehrte aber schließlich ohne sie nach Rußland zurück, wo er von ihrer Schwangerschaft erfuhr und im Sommer 1929 in Kiew sehnsüchtig das Telegramm aus Paris erwartete, das ihm die Geburt seiner Tochter Natascha melden sollte. Babels Briefe an seine erste Frau sind vernichtet, ihre Briefe an ihn seit der Verhaftung verschollen. Ihr persönliches Bild von Babel hat diese Frau nie schriftlich fixiert; als *seine* Frau hat sie sich aber stets gesehen, obwohl ihr – spätestens nach Babels zweitem Frankreichaufenthalt 1932/33 – bewußt sein mußte, daß es keine Option mehr für ein gemeinsames Leben gab.

Und das Bild seiner Geliebten, der Schauspielerin Tamara Kaschirina? Deren Liebesbeziehung mit Babel für seine Frau Jewgenija offenbar zum entscheidenden Anstoß wurde, ihren Mann zu verlassen? Deren Existenz auch Babels Beziehung zu seiner Mutter in eine Krise stürzte, bis er sich schließlich jeglichen weiteren Kommentar verbat? – »Jetzt hast Du Dich zu jenen Leuten geschlagen, die mir die Ruhe rauben. ... Ich muß Dich bitten, mir in Deinen Briefen nur noch über belanglose Dinge zu schreiben...« So liest sich das im Brief vom 5. November 1926. Nur wenig war bekannt über Babels Verhältnis zu dieser Frau, die heute 94jährig als Witwe des Schriftstellers Wsewolod Iwanow in Moskau lebt, bevor sie sich 1992 entschloß, alle Briefe, Notizen und Telegramme, die ihr Babel in den Jahren 1925-28 geschrieben hatte, zu publizieren. Tamara Iwanowa beschränkt sich jedoch nicht auf die Wiedergabe der von ihr bewahrten Briefe, sondern erzählt zugleich die gescheiterte Liebesbeziehung aus ihrer Perspektive. Sie wollte Babels Versprechungen von einem gemeinsamen Glück, einem dauerhaften Zusammenleben glauben. Als sie ein Kind von ihm erwartete, bat er sie jedoch, die Schwangerschaft abzubrechen. Sie weigerte sich. Sie wollte dieses Kind. Und so wurde sie die Mutter von Babels Sohn Emmanuel, geboren am 13. Juli 1926, dem Geburtstag seines Vaters. Iwanowas Geschichte liest sich als Kette enttäuschter Hoffnungen. Noch heute wirft sie Babel vor, er habe nur aus sicherer Entfernung zu seiner Vaterschaft stehen können. Hatte er Tamaras Nähe bereits vor der Geburt nur für kurze Zeit ertragen, so floh er das von ihr ersehnte Familienglück noch entschiedener. Bis heute ist sich diese Frau sicher: Babel ertrug die Enge einer Familie nicht. So erklärt sie das Scheitern seiner ersten Ehe, so deutet sie seine Angst vor einer zweiten Familiengründung. Babel also ein hochbegabter, faszinierender Egozentriker, der sich seine Ungebundenheit zu erkaufen suchte, indem er stets die materiellen Sorgen der ihm Nahestehenden auf sich nahm.

Der für alle das Geld verdiente: für seine Schwester und Mutter in Belgien, für seine Frau in Paris, für seine Verwandten in Odessa und nun auch noch für sie und das gemeinsame Kind. Babel – ein fortwährend wortbrüchiger Phantast, der sie über Jahre hinweg belog, weil er ihr die Wahrheit nicht ins Gesicht zu sagen vermochte...

Und doch traf Babel 1932 jene Frau, mit der er die folgenden Jahre seines Lebens teilte. Antonina Piroshkowa, 16 Jahre jünger als Babel, die als Ingenieurin beim Moskauer Metrobau arbeitete, besaß die Eigenschaften, die ihn für sechs Jahre an sie banden. Sie, die 1937 Babels zweiter Tochter Lida das Leben schenkte, erlebte einen ganz anderen Babel als Lebenspartner und Familienvater. Ihre Erinnerungen liegen seit kurzem unter dem Titel *Ich wünsche Ihnen Heiterkeit* auch in einer deutschen Ausgabe vor. Der Titel ist aufschlußreich: Das von ihr und Babel bewußt gepflegte »Sie« steht nicht für einen gleichgültig distanzierten, stets höflich respektvollen Umgang miteinander – auch wenn sie heute schmunzelnd gesteht, daß es wohl Situationen gab, in denen sie sich duzten... Wenn Antonina Piroshkowa die gemeinsamen Jahre mit Babel heute die glücklichste Zeit ihres Lebens nennt, so konnte dieses Glück wohl gerade auf der Zwanglosigkeit ihres Umgangs miteinander gedeihen. Babel, der sich immerzu neuen Anforderungen ausgesetzt sah, muß die Geborgenheit ihres gemeinsamen Lebens, die ihm nie die Freiheit sich zurückzuziehen beschnitt, genossen haben.

Zweifellos brauchte er stets beides: die »Einsamkeit«, die Abgeschiedenheit eines Molodjonowo als Chance, auf sich selbst zurückgeführt zu leben und zu arbeiten, aber auch die jederzeit offene Möglichkeit, auf seine Mitmenschen zuzugehen. Gorkij hatte ihn 1916 »unter die Menschen« geschickt; Babel hat sich seither nie mehr ganz vor ihnen zurückgezogen. Jeglicher Rückzug in entlegene Winkel bleibt ihm ein vorübergehendes Bedürfnis. Schon nach wenigen Tagen ohne Briefe, fühlt er sich »abgeschnitten« von der Welt, von seinen Nächsten. Auch in den Jahren, in denen ihm das Dorf Molodjonowo zur »Zuflucht« wird, hält es ihn kaum länger als eine Woche hier, ohne daß er die Nähe zu Moskau für einen kurzen Abstecher genutzt hätte. Und als er sich für Monate in seine Heimatstadt Odessa flüchtet, um irgendwo am Stadtrand in einer Datscha versteckt zu arbeiten, genießt er bei jedem Spaziergang durch die Stadt nicht nur seine Popularität, sondern gerade auch die »unwahrscheinlichen Gespräche«, die sich hier mit völlig fremden Menschen immer wieder entspinnen.

Viele Zeitgenossen betonen, daß Babel ein sehr gesprächiger Mensch war, der mitreißend zu erzählen und sich vor allem aufs Zuhören verstand, der seine Gesprächspartner zum Reden brachte. Natürlich hat das Interesse, mit dem er den Inhalt eines Damenhandtäschchens untersuchte, die Vorgänge in Moskauer Spelunken beobachtete oder den Geschichten fremder Leidenschaften und Schicksale lauschte, etwas mit der professionellen Neugier des Schriftstellers zu tun. Und doch wurde dieser gesprächige Mann zum sprichwörtlichen »Schweiger« der russischen Literatur seiner Zeit. Er nahm sich die Freiheit, über Jahre hinweg nichts von dem der Öffentlichkeit des Lesepublikums preiszugeben, was ihn während seiner beständigen Arbeit an seinen Erzählungen umtrieb. Er haßte Gespräche über Literatur – insbesondere neugierige Reporterfragen zu seinem Schaffen – und war doch immer wieder offen, wenn es galt, befreundeten Schriftstellern bei ihrer Arbeit behilflich zu sein. Seit den Jahren in Odessa war er eine wichtige Instanz für zahlreiche jüngere Autoren aus dieser Stadt, die seinem Ratschlag viel verdanken.

Allein dem Trubel des Moskauer literarischen Lebens, dem »Literaturbasar«, steht er die meiste Zeit reserviert gegenüber. Häufig genug liest man in seinen Briefen die Klage, er werde »in Stücke gerissen«, man lasse ihn nicht in Ruhe arbeiten... Im sowjetischen Schriftstellerverband, dessen Gründung nach 1934 zur restlosen Gleichschaltung der Literatur führte, kann sich Babel, der nicht gern über die Literatur redet, sondern lieber an ihr arbeitet, nicht allzu wohl fühlen. Ein Funktionär ist er nun beileibe nicht. Vor den zahlreichen Sitzungen der neu entstehenden Gremien »drückt« er sich lieber. Aber er zollt der stalinschen Literaturpolitik dennoch seinen Tribut, indem er im August 1934 vor dem 1. Allunionskongreß Sowjetischer Schriftsteller eine vielbeachtete Rede hält, die sogleich in der LITERATURNAJA GASETA und in der PRAWDA veröffentlicht wird. Wenngleich Babel hier versucht, hinter humorvollen Formulierungen leise Kritik an der seichten Parteiliteratur anzubringen, wenngleich er den Satz wagt: »Trivialität ist Konterrevolution. Trivialität – das ist einer der schlimmsten Feinde...«, wenngleich er den Kodex des sogenannten »Sozialistischen Realismus«, auf den die Literatur hier eingeschworen werden sollte, mit keinem Wort erwähnt, so ist sein Auftritt vor diesem Auditorium doch auch als ein Zeichen der Loyalität zu verstehen – der Loyalität eines schwer schreibenden, wenig publizierenden Autors, der nirgendwo anders leben und arbeiten will: »...in jedem beliebigen bürgerlichen Land, das etwas auf sich hält, wäre ich längst verhungert und verreckt, und keinen Verleger hätte es geschert...« – zu einer Zeit, da viele andere, die während der 20er Jahre noch geduldet waren, längst verstummt sind. Zumindest sie mußten Babels Rede in der PRAWDA so lesen.

Geradezu naiv wäre es zu unterstellen, Babel hätte den Parolen der sowjetischen Propaganda zu diesem Zeitpunkt blinden Glauben geschenkt. Genauer als die meisten wußte er, was in diesem Lande vor sich ging, blickte vielerorts hinter die Kulissen, war mit zu vielen höchst einflußreichen Menschen befreundet, um blind zu sein für die Entwicklungen, die Stalin als Alleinherrscher dem Land und seinen Menschen aufzwang. Wie also stand Isaak Babel zur »Macht«?

Auch diese Frage fördert eklatante Widersprüche zutage. Es mußte Babel in den mörderischen 30er Jahren immer deutlicher werden, daß ihm von seiten der staatlichen Willkür Lebensgefahr drohte. Wie viele seiner Freunde waren bereits verhaftet und hingerichtet worden! Gorkijs Tod 1936 bedeutete für ihn nicht nur den Verlust eines befreundeten Schriftstellers, sondern auch den einer schützenden Hand. »Jetzt werden sie mich nicht mehr leben lassen«, befürchtet er. Im selben Jahr notiert Ervin Sinkó, Babels jahrelanges Schweigen, sein Verzicht auf die Publikation neuer Werke sei vor allem Folge seiner Angst gewesen, die Parteikritik warte nur auf eine Gelegenheit, um seine Existenz als Schriftsteller zu vernichten. Babel wußte wohl genau: Er war außerstande, sich durch das Abfassen ideologisch konformer Werke bei den Parteifunktionären anzubiedern. Also schwieg er lieber. Aber selbst wenn die Ansicht zutrifft, daß Babel fürchtete, sich um seine Existenz zu schreiben, so überwand er – gerade auf dem Höhepunkt der Verhaftungswelle – immer wieder die Angst um das eigene Leben, um sich bei seinen mit jedem Jahr weniger werdenden einflußreichen Freunden aus der Zeit des Bürgerkriegs für Verfolgte und Inhaftierte einzusetzen. Der nur allzu verständliche Wunsch, diese Terrorjahre zu überleben, mag ein Grund für das fast völlige Verstummen Babels als Schriftsteller gewesen sein. Er hinderte ihn aber nicht daran, regelmäßig im Hause Jeshows zu verkehren, mit dessen Frau er seit einer kurzen Liaison im Jahre 1927 bekannt war. Was brachte den gewiß nicht unbegründet um sein Leben fürchtenden Erzähler in die Nähe von Stalins grausamsten Henker? War es eine besondere Überlebensstrategie? Oder ist dafür eher die Faszination verantwortlich, mit der Babel immer wieder den Grausamkeiten seiner Zeit gegenübertrat?

Als Autor hatte Babel ein existentielles Interesse, jene Orte aufzusuchen, wo sich Gewalt und Schrecken der Umwälzungen seit 1917 unmittelbar im Agieren und Reagieren der Beteiligten offenbarten. Besonders augenfällig wird dieser Zusammenhang an den erhalten gebliebenen Seiten von Babels Tagebuch aus dem Jahre 1920 und der Prosa der *Reiterarmee.* Was er während des Polenfeldzugs der 1. Reiterarmee durchlebte, was er hier »mit eigenen Augen« sah und aus dem unmittelbaren Erleben heraus notierte, wurde zur entscheidenden Voraussetzung, diesem »Stoff« jene Form zu geben, die ihn als Erzähler berühmt machte. Es ist nicht Sensationsgier, sondern das Bedürfnis, dort zu sein, wo sich das Epochale unverwässert im Handeln und Fühlen der Betroffenen zeigt, das Babel ein Jahrzehnt später auch dazu drängt, die Zwangskollektivierung der russischen und ukrainischen Bauern aus nächster Nähe zu erleben. »Es würde mich mein Leben lang quälen, wäre es mir nicht gelungen, diesen Prozeß, der interessanter und bedeutender ist als alles, was wir bisher gesehen haben, mit eigenen Augen zu beobachten«, schreibt er seiner Schwester am 16. Februar 1930 aus der Ukraine, wo er zu erfahren hoffte, wie die Wirklichkeit dessen aussah, was unter der Losung »durchgängige Kollektivierung« Millionen von Menschen das Leben kosten oder ins Elend stürzen sollte. Die 30er Jahre aber waren nicht mehr die Zeit, in der sich das, was der Erzähler Babel aus seinen Eindrücken und Beobachtungen schaffen konnte, publizieren ließ. Aus dem geplanten Buch über das russische Dorf kennen wir nur zwei Erzählungen, von denen die eine – *Kolywuschka* – erst Jahrzehnte nach Babels Tod erscheinen konnte. Und auch sein Vorhaben, einen Roman über die Tscheka zu schreiben – vielleicht nicht zuletzt ein Grund für Babels Umgang mit Leuten wie Jagoda und Jeshow –, scheint in dieselbe Richtung zu weisen. Bei der Suche nach »Material« war Babel alles andere als ängstlich, war ihm kein Ort zu gefährlich, wenn er ihn als Brennpunkt identifiziert hatte, der ihm Einsichten ermöglichte, wie er sie brauchte, um seine ungemein verdichtete Prosa zu schreiben.

Die Arbeit an seiner Prosa, die in den Jahren nach der *Reiterarmee* noch dichter, noch schnörkelloser werden sollte, war für Babel stets das, was er »Arbeit für die Seele« nannte. Für sie wollte er möglichst viel Zeit finden – und mußte sich gleichwohl, je weniger von seiner Prosa zu veröffentlichen war, immer mehr der »Arbeit für den Leib« widmen. So bezeichnete er die vielfältigen Auftragsarbeiten, die er als Drehbuchautor und -redakteur, als Verfasser von Zwischentexten oder Lektor von Übersetzungen immer wieder und meistens anonym übernahm, weil ihn die permanente Notwendigkeit, Geld zu verdienen, dazu zwang: Geld für seine Angehörigen im Ausland, für seine erste Frau und die gemeinsame Tochter, für seine Verwandten in Odessa und Moskau, für zahllose Freunde und Bekannte, die tatsächlich oder vorgeblich in Geldnöten waren. Die Briefe des vorliegenden Bandes erzählen viele Geschichten über »Geldangelegenheiten« dieser Art. Die Klagen Babels, aus finanziellen Zwängen und auf Kosten seiner Arbeit an der »reinen Literatur« ständig Aufträge übernehmen zu müssen, die ihm ein schnelles Honorar versprachen, die schwierige Lage, in die er sich oft genug brachte, indem er Vorschüsse auf Werke nahm, die nie geschrieben wurden oder aber die Zensur nicht passierten – wer davon liest, könnte den Eindruck gewinnen, Babel und die finanziell von ihm Abhängigen hätten tatsächlich bittere Not gelitten. Aber das Klischee vom »armen Poeten« und insbesondere das vom bettelarmen russischen Dichter greift hier keinesfalls. Babel erging es nicht wie Charms oder Mandelstam. Sicherlich war Luxus für ihn keine Voraussetzung für ein glückliches Leben, sicherlich drückten ihn die gemachten Schulden oft genug, doch bricht sich seine Klage über Geldschwierigkeiten in einem anderen Leitmotiv der Briefe – der stets wiederkehrenden Aufforderung an seine Angehörigen, sich um ihre Gesundheit zu sorgen, zur Kur zu fahren, nach Spa, nach Ostende, nach Vichy. Natürlich gehörte Babel in der Sowjetunion zur kleinen Gruppe der Privilegierten. Zeitweise besaß er einen Wagen mit Chauffeur; er wie auch seine Angehörigen beschäftigten selbst in Zeiten, da Babel vom »Bettelstab« spricht, noch Hauspersonal; die letzten Jahre vor seiner Verhaftung stand ihm eine Datscha in der Schriftstellersiedlung Peredelkino zur Verfügung. All dies – nicht gerade Charakteristika dessen, was in der Sowjetunion der 30er Jahre »Armut« bedeutete.

Die Antinomien und Kontraste, die sich als Antworten auf die Frage, was für ein Mensch dieser Isaak Babel nun eigentlich war, anbieten, ließen sich beliebig ergänzen und fortsetzen. Jedoch wenig Eindeutiges und umso mehr Widersprüchliches käme zutage. Der »Mythos Babel« glitzert und funkelt, und – je nachdem, von welcher Seite das Licht auf ihn fällt – unfehlbar leuchtet wieder eine neue Farbe an ihm auf.

Wieviele Unwägbarkeiten Babels Leben auch immer bergen mag, wie sehr auch immer der Wechsel und das Unvereinbare für ihn charakteristisch waren – seine Briefe bezeugen dennoch, wie sehr dieser Mann sich nach Konstanz sehnte. Aufgewachsen im Schutz seiner jüdischen Familie, vermochte er sich mit deren Verlust nie abzufinden. Die Obsessivität, mit der er insbesondere seiner Mutter schreibt, die ungebrochene und stete Kraft, mit der er gegen das Getrenntsein von seinen Nächsten anschreibt – sie zeigen Babel als einen Mann, der keinen Tag seines Lebens aufhört, Sohn und Bruder zu sein. »Wenn ich die vergangenen Jahre vor mir aufrolle, sehe ich, daß es in meinem Leben eine einzige wahre, stete, unauslöschliche Liebe gibt: die Liebe zu Fenja...«, also zu seiner Mutter, wie er dieser am 31. Oktober 1931 gesteht.

Die Briefe des vorliegenden Bandes sind ein hundertfacher Beleg für diese – vielleicht einzige – Konstanz in einem Leben, das so viel Unvereinbares in sich vereinigte. Diese Briefe, sie stammen aus *einer* Feder…

Köln, 13. Juli 1994 *Gerhard Hacker*

Daten zu Leben und Werk

1894

13. Juli – Isaak Emmanuilowitsch Babel wird in Odessa – am Rande des jüdischen Viertels Moldawanka – als Sohn von Emmanuil Isaakowitsch Babel (1865–1924) und dessen Frau Fanja Aronowna, geb. Schwechwel (1862–1942), geboren.
Babels Elternhaus, ein für jene Zeit typisch jüdisch-kleinbürgerliches, ist sowohl der jüdischen Tradition verhaftet als auch um Assimilation bemüht. Die Eltern sprechen untereinander noch jiddisch, mit ihren Kindern jedoch bereits russisch. Babel erfährt eine religiöse Erziehung, zugleich ist vor allem sein Vater auf eine umfassende Bildung bedacht.

Ende der 1890er Jahre

Babels Familie siedelt nach Nikolajew, der Hauptstadt des östlich von Odessa gelegenen Gouvernements, über.

1899

19.–21. April – Babel erlebt das »Passah-Pogrom« in Nikolajew. Drei Tage lang werden unter den Augen der Polizei Läden und Wohnungen von Juden geplündert und verheert.
16. Juli – Babels Schwester, Marija Emmanuilowna Babel (1899–1987) wird in Nikolajew geboren.

1900

Babel besucht ab seinem 6. Lebensjahr den Cheder (jüdische Grundschule). Bis zum 16. Lebensjahr erhält er Hausunterricht in Hebräisch.

1905

20. September – Babel wird in die Nikolajewer Handelsschule eingeschult.

1.–7. November – Blutige Pogrome, toleriert von den staatlichen Organen, finden in über 600 Städten und kleineren Orten Rußlands und der Ukraine gegen Juden statt, u.a. auch in Odessa und Nikolajew, wo Babel erneut ein Pogrom miterlebt. In Odessa, wo das Pogrom vier volle Tage andauert, beklagen die Juden über 300 Tote, Tausende von Verstümmelten und Verletzten, mehr als 40000 wirtschaftlich Ruinierte. Mitglieder der jüdischen Selbstwehr werden zu langjährigen Zuchthausstrafen verurteilt.
Dezember – Babel kehrt ohne seine Familie nach Odessa zurück, um dort die Höhere Handelsschule zu besuchen. Er wohnt bei seinen Tanten und seiner Großmutter mütterlicherseits in der im Zentrum gelegenen Tiraspolskaja Straße 12.

1906

6. Januar – Babel setzt in der 2. Klasse der nach Zar Nikolaj I. benannten Höheren Handelsschule von Odessa seine Ausbildung fort.
Sommer – Babels Familie kehrt nach Odessa zurück und bezieht in der Rischeljewskaja Straße 17 im 3. Stock eine Wohnung. Babels Vater eröffnet in der Polizejskaja Straße als Vertreter für Landmaschinen ein Büro .

1907–10

Babel durchläuft die Höhere Handelsschule. Er erhält von P. S. Stoljarskij Unterricht im Geigenspiel. Angeregt durch seinen Französischlehrer Vadon begeistert er sich für die französische Sprache und Literatur; mit 13 Jahren liest er Flaubert und Maupassant, erste Erzählungen in französischer Sprache entstehen.

1911

3. Juni – Babel erhält sein Abschlußzeugnis der Höheren Handelsschule. Der Zugang zur Universität von Odessa bleibt ihm aufgrund des numerus clausus für jüdische Schüler versperrt; nur 2 % der Studentenschaft dürfen jüdischer Herkunft sein. Babel wird Mitglied eines jüdischen Wohlfahrtsvereins.
11. Juli – Babel bittet um Aufnahme ins Kiewer Finanz- und Handelsinstitut. Nach dem Willen seines Vaters nimmt er hier sein Studium auf.

1912

Über Geschäftsbeziehungen seines Vaters erhält Babel Zugang zum Haus des Landmaschinenfabrikanten Boris Wenjaminowitsch Gronfajn, wo er dessen jüngste Tochter Jewgenija Borissowna (1897-1957), seine spätere Frau, kennenlernt.

1913

9. Februar – In der Kiewer Zeitschrift OGNI erscheint *Der alte Schlojme,* Babels erste publizierte Erzählung.

1914

1. August – Deutschland erklärt Rußland den Krieg. Babel zieht nach Saratow, wohin nach Kriegsbeginn das Kiewer Finanz- und Handelsinstitut verlegt wird.

1915

12. November – Babel beendet in Saratow die Erzählung *Kindheit. Bei der Großmutter.*

1916

April/Mai – Babel legt in Saratow sein Abschlußexamen am Finanz- und Handelsinstitut ab.
16. Mai – Babel beantragt seine Immatrikulation am Petrograder Psycho-Neurologischen Institut.
10. Oktober – Babel wird unter der Matrikel 10157 als Student des Psycho-Neurologischen Instituts eingeschrieben.
26. Oktober – Als Student des Psycho-Neurologischen Instituts erhält Babel in Petrograd eine auf die Zeit seines Studiums begrenzte Aufenthaltserlaubnis, die er jedoch nicht zur Vervollkommnung seiner Ausbildung nutzt, sondern um sich in der russischen Hauptstadt als Schriftsteller zu etablieren.
September/Oktober – Begegnung mit Maxim Gorkij, der zu dieser Zeit in Petrograd die Zeitschrift LETOPIS herausgibt.
November – Im Heft 1916/11 von LETOPIS erscheinen die beiden Erzählungen *Elija Isaakowitsch und Margarita Prokofjewna* sowie *Mama, Rimma und Alla.*

1916/17

Babel arbeitet für die Zeitschrift SHURNAL SHURNALOW und veröffentlicht hier in den Heften 48, 49, 51 des Jahrgangs 1916 sowie den Heften 7 und 16 des Jahrgangs 1917 kurze Prosaskizzen aus dem Zyklus *Meine Zettel.*

1918

März bis Juli – In der von Gorkij redigierten Zeitung NOWAJA SHISN erscheinen Babels Reportagen des Zyklus *Tagebuch.*

Juli bis August – Babel arbeitet für das Volkskommissariat für Bildungswesen und nimmt an Lebensmittelexpeditionen teil.
11. und 13. November – Die Petrograder Zeitung SHISN ISKUSSTWA veröffentlicht zwei weitere Reportagen aus dem *Tagebuch*.

1919

9. August – Heirat mit Jewgenija B. Gronfajn in Odessa.

1920

Januar – In der Odessaer Zeitschrift LAVA 1920/1 erscheint der Zyklus *Auf dem Feld der Ehre*.
Januar bis April – Babel arbeitet in Odessa im Staatsverlag der Ukraine.
April – Babel fährt von Odessa nach Rostow am Don. Ende des Monats folgt er dem Stab der 1. Reiterarmee des Generals S. M. Budjonnyj in die ukrainische Provinzstadt Uman.
Mai bis September/Oktober – Über die Vermittlung von S. B. Ingulow, der zu dieser Zeit Sekretär des Odessaer Gouvernementparteikomitees ist, erhält Babel Papiere auf den Namen *Kirill Wassiljewitsch Ljutow* und nimmt unter diesem Namen als Kriegsberichterstatter am Polenfeldzug der 1. Reiterarmee teil. Die überlieferten Fragmente des von ihm geführten Tagebuchs datieren vom 3. Juni bis 15. September.
November – Babel kehrt von den Strapazen des Feldzugs und einer überstandenen Typhuserkrankung gezeichnet nach Odessa zurück.

1921

Babel lebt in Odessa und arbeitet für lokale Zeitungen. Durch seinen Schulfreund I. L. Liwschiz findet er Kontakt zur Redaktion der Zeitung MORJAK, wo er auch mit K. G. Paustowskij Bekanntschaft macht.
23. Juli – In MORJAK erscheint *Der König*, die erste der *Geschichten aus Odessa*.

1922

Januar – In der Odessaer Zeitschrift SILUETY 1922/1 wird Babels Erzählung *Ein Abend bei der Kaiserin* mit dem Untertitel *Aus dem Petersburger Tagebuch* veröffentlicht.
April – Gemeinsam mit seiner Frau Jewgenija und seiner Schwester Marija reist Babel in die abchasische Hauptstadt Suchumi.
Mai bis Dezember – Babel lebt mit seiner Frau und seiner Schwester in der adsharischen Hauptstadt Batumi am Schwarzen Meer. In dieser Zeit entstehen für die in Tbilissi neugegründete georgische Zeitung SARJA WOSTOKA acht Korrespondenzen aus Abchasien und Adsharien, die zwi-

schen dem 24. Juni und dem 14. Dezember unter dem Pseudonym »K. Ljutow« erscheinen.

1923

30. Januar – Rückkehr nach Odessa.
11. Februar – Mit *Ein Brief* erscheint in den Odessaer ISWESTIJA die erste Novelle aus dem Zyklus *Die Reiterarmee.* In den folgenden Monaten publiziert Babel hier weitere Novellen der späteren Zyklen *Die Reiterarmee* und *Geschichten aus Odessa.*
August bis Dezember – In den Moskauer Zeitschriften KRASNAJA NOW und PROSHEKTOR veröffentlicht A. K. Woronskij diese Erzählungen erneut, wodurch Babel breiteren Leserkreisen bekannt wird. Weitere Nachdrucke erscheinen in der Moskauer Zeitschrift OGONJOK. Die Odessaer SILUETY veröffentlichen Teile eines nicht weitergeführten Buches unter dem Titel *Radierungen.*
Dezember – Babel siedelt nach Moskau über und läßt sich in Sergijew Possad (Sergijewo) nieder. W. W. Majakowskij veröffentlicht in LEF 1923/4 die Novellen *Ein Brief, Salz, Prischtschepa, Der Chef der Kavalleriereserve, Der Brigadekommandeur* und *Der König.* Babel lernt in Moskau S. A. Jessenin kennen.

1924

Die Zeitschriften LEF und KRASNAJA NOW, die Moskauer PRAWDA und die Odessaer Zeitschrift SCHKWAL setzen die Publikation weiterer Teile der *Reiterarmee* und der *Geschichten aus Odessa* fort. Gorkij schlägt Erzählungen Babels zur Übersetzung ins Deutsche vor.
20. Februar – Babel und Majakowskij begegnen sich in Odessa. Majakowskij besucht Babel und seine Familie drei Tage später in deren Wohnung in der Rischeljewskaja Straße.
3. März – Babels Vater stirbt in Odessa.
Mai – Babel verkauft nach dem Tod seines Vaters den Besitz der Familie in Odessa und bringt seine Angehörigen – Mutter, Schwester und seine Frau – nach Sergijew Possad bei Moskau.
November – Babels Schwester emigriert zu ihrem Ehemann G. R. Schaposchnikow nach Belgien.

1925

Januar bis März – Babel arbeitet in Sergijewo an der Buchfassung der *Reiterarmee.*
Ende Januar – Als Nr. 5 der »BIBLIOTEKA OGONJOK« erscheint Babels erster Sammelband *Erzählungen.*
Ende April – Im Verlag GOSSISDAT erscheint ein weiterer Band unter dem

Titel *Erzählungen*. Babel reist in die Ukraine; Kiew (21. April), Worsel bei Kiew (30. April), Charkow (5. Mai).
Mai bis Dezember – Babel wendet sich intensiv der Filmkunst zu und arbeitet an mehreren Szenarien – *Benja Krik* (nach seiner Erzählung *Der König*), *Wandernde Sterne* und *Jüdisches Glück* nach Vorlagen von Scholem Alejchem. Aus finanziellen Gründen übernimmt er weitere Auftragsarbeiten als Redakteur und Übersetzer französischer und jiddischer Literatur. Als Redakteur betreut er eine 1926/27 erscheinende zweibändige Werkauswahl von Scholem Alejchem sowie eine dreibändige Ausgabe von Guy de Maupassant, für die er auch drei Novellen übersetzt.
23./24. Juni – Babel liest S. M. Eisenstein die erste Fassung von *Benja Krik* vor.
12. Juli – Auch A. K. Woronskijs Urteil über seine erste Arbeit für das Kino ist Babel wichtig; in Sergijewo liest er ihm *Benja Krik* vor.
17. Juli – Babel reist ins Gebiet Woronesh, wo er einige Wochen auf dem Gestüt Chrenowaja (ab dem 25. Juli gemeinsam mit seiner Freundin T. W. Kaschirina) verbringt.
20. August – Treffen mit D. A. Furmanow in Moskau. Babel hatte sich um eine Verfilmung von Furmanows Romanchronik *Tschapajew* bemüht. Furmanow betreut als Redakteur von GOSSISDAT die Buchpublikation der *Reiterarmee*.
Ende August/Anfang September – Als Nr. 64 der »BIBLIOTEKA OGONJOK« erscheint Babels dritte Buchpublikation ausgewählter Erzählungen unter dem Titel *Ljubka Kosak*.
Anfang Dezember – Babels Frau Jewgenija emigriert nach Frankreich, wo sie sich in Paris niederläßt.

1926

Januar bis Anfang Februar – Babel ist mit der letzten Bearbeitung der *Reiterarmee* für die geplante Buchpublikation bei GOSSISDAT beschäftigt. Am 4. Februar schickt er D. A. Furmanow das satzfertige Manuskript.
18. Februar. Babel reist nach Leningrad, wo er bei L. O. Utjossow wohnt.
Anfang März – Im Moskauer Verlag SEMLJA I FABRIKA erscheint der Band *Geschichte meines Taubenschlags*.
27. März – Rückkehr nach Moskau.
30. März – Babel schickt I. W. Jewdokimow, dem damaligen Leiter der Belletristikabteilung von GOSSISDAT, die korrigierten Fahnenabzüge der *Reiterarmee*. Vom Berliner MALIK VERLAG erhält er die erste deutsche Buchausgabe der *Geschichten aus Odessa*.
Ende April – Im Moskauer Verlag KINOPETSCHAT erscheint das Szenarium *Wandernde Sterne*.
Mitte/Ende Mai – Die erste vollständige Buchausgabe der *Reiterarmee* erscheint in einer Auflage von 7000 Exemplaren in Moskau. Zugleich publiziert der MALIK VERLAG die deutsche Erstausgabe der *Reiterarmee*.

25. Mai – Babel fährt von Moskau nach Odessa, wo er mit dem Regisseur G. Gritscher das Szenarium *Wandernde Sterne* überarbeitet und mit der ukrainischen staatlichen Filmgesellschaft WUFKU über die Dreharbeiten für diesen Film verhandelt.
19. Juni – Nach einem Zwischenaufenthalt in Charkow (15.–18. Juni) kehrt Babel nach Moskau zurück.
13. Juli – An Babels 32. Geburtstag wird in Detskoje Selo bei Leningrad sein Sohn Emmanuil geboren. Babel unterstützt T. W. Kaschirina, die Mutter seines ersten Kindes, in den Jahren 1925–27 finanziell. Da er sich in Moskau um die Formalitäten für die Ausreise seiner Mutter kümmern muß, kann er T. W. Kaschirina und seinen Sohn zunächst nicht besuchen.
29. Juli – Babels Mutter reist von Moskau nach Brüssel zu ihrer Tochter.
Anfang August – Babel fährt nach Detskoje Selo. Die Begegnung mit T. W. Kaschirina gestaltet sich schwierig. Babel reist nach kurzem Aufenthalt zurück nach Moskau.
15. August – Gemeinsam mit seinem alten Freund D. A. Schmidt fährt Babel von Moskau auf eine Sowchose bei Worsel, einem etwa 40 km von Kiew entfernten Dorf. Hier schreibt er in neun Tagen die erste Fassung seines Stücks *Sonnenuntergang*.
Anfang September – Babel fährt über Kiew auf das Gestüt von Chrenowaja im Gebiet Woronesh, wo er sein Stück einer intensiven Überarbeitung unterzieht.
10. Oktober – Babel kehrt mit dem überarbeiteten Stück nach Moskau zurück.
12. Oktober – Babel liest dem Regisseur P. A. Markow, dem Kritiker A. K. Woronskij und Schauspielern des Moskauer Künstlertheaters sein Stück *Sonnenuntergang* vor. Nach dieser Lesung sieht Babel die Notwendigkeit, einzelne Szenen nochmals zu überarbeiten.
Ende Oktober bis Anfang November – Babel besucht T. W. Kaschirina und seinen Sohn in Detskoje Selo. Pläne, in Leningrad eine gemeinsame Wohnung zu beziehen, scheitern.
Anfang November – Im Verlag SEMLJA I FABRIKA erscheint unter dem Titel *Das Ende des St. Hypatius* ein weiterer Band mit Erzählungen Babels.
November – Babel verbringt die meiste Zeit in einem Erholungsheim des SOWNARKOM (Rat der Volkskommissariate) bei Moskau.
Dezember – T. W. Kaschirina bezieht mit ihrem Sohn das Nachbarzimmer Babels in der Tschistyj Gasse 6 (frühere Obuchowgasse). Babel zieht zu seinen Freunden A. G. und L. I. Slonim in die Warwarka 16, Wohnung 54.

1927

1. Januar – Babel verbringt den Jahreswechsel gemeinsam mit T. W. Kaschirina in Moskau. Kurz darauf reist er nach Kiew, wo er sich knapp drei Wochen aufhält.

Mitte Januar – Premiere des Films *Benja Krik,* den Babel für mißlungen hält. Zugleich erscheint im Verlag KINOPETSCHAT die »Filmerzählung« *Benja Krik.*
Ende Januar – Nach Babels Rückkehr nach Moskau entsteht das Szenarium für den Film *Die chinesische Mühle;* der Film hat im Juli des folgenden Jahres Premiere.
Anfang Februar – Babel löst seine Datscha in Sergijewo auf und wohnt weiterhin bei den Slonims. Im Verlag GOSSISDAT erscheint die 2. Auflage der *Reiterarmee.*
28. Februar – Babel trifft in Kiew ein, wo sein Schwiegervater B. W. Gronfajn im Sterben liegt.
7. März – Babels Schwiegervater stirbt in Kiew. Babel kümmert sich um die Witwe und um Erbschaftsangelegenheiten, wodurch sich die geplante Reise zu seinen Angehörigen im Westen verzögert.
Ende März bis Anfang April – Babel stellt sein Stück *Sonnenuntergang* auf mehreren Lesungen in Kiew (25. März), Odessa (2. April) und Winniza (4. April) öffentlich vor.
April – Babel bemüht sich um die Ausreiseformalitäten für sich und seine Schwiegermutter. Er pendelt in den folgenden Wochen deshalb mehrmals zwischen Kiew und Moskau.
Mai – Nach letzten Korrekturen übergibt er *Sonnenuntergang* dem Moskauer Künstlertheater.
22. Juni – Babel übersendet *Sonnenuntergang* an W. P. Polonskij, den Chefredakteur von NOWYJ MIR.
Ende Juni – Im Verlag SEMLJA I FABRIKA erscheint die zweite Auflage des Bandes *Geschichte meines Taubenschlags.*
9. Juli – Nach kurzem Aufenthalt in Kiew reist Babel mit seiner Schwiegermutter über Berlin nach Paris zu seiner Frau; er lebt bis Anfang Oktober 1928 in Frankreich.
Mitte Juli – Babel lernt in Berlin Je. S. Gladun, die spätere Frau des Chefs des NKWD N. I. Jeshow kennen. Nach seiner Rückkehr nach Rußland im folgenden Jahr steht Babel bis zu ihrem Tod 1938 mit ihr in Verbindung.
23. Oktober – Uraufführung von *Sonnenuntergang* am Arbeitertheater in Baku.
25. *Oktober* – Premiere von *Sonnenuntergang* am Russischen Dramentheater in Odessa.
Mitte Oktober bis Mitte November – Aufenthalt in Marseille.
Anfang Dezember – Im Moskauer Verlag der FOSP (Föderation der vereinigten sowjetischen Schriftsteller) erscheint in Moskau die 3. Auflage der *Reiterarmee.*

1928

Februar – Das Stück *Sonnenuntergang* erscheint in NOWYJ MIR 1928/2 und als Einzelpublikation im Moskauer Verlag KRUG, zeitgleich wird am Moskauer Künstlertheater die Inszenierung des Stücks vorbereitet.

28. Februar – Premiere von *Sonnenuntergang* am Moskauer Künstlertheater.
Mai – In Leningrad erscheint im Verlag ACADEMIA unter dem Titel *I. E. Babel. Aufsätze und Materialien* ein Sammelband mit literaturkritischen Essays zu Babels Erzählungen.
Ende Juli bis Anfang August – Reise nach Belgien (Brüssel, St. Idelsbad und Ostende).
2. Oktober – Babel reist aus Paris ab.
5.–9. Oktober – Aufenthalt in Berlin. Anschließend reist Babel über Warschau nach Kiew, wo er am 15. Oktober eintrifft.
Mitte Oktober bis 4. November – Babel kümmert sich in Kiew um den Verkauf der Hinterlassenschaft seiner Schwiegereltern.
26. Oktober – Die Moskauer PRAWDA und die Leningrader KRASNAJA GASETA drucken S. M. Budjonnyjs *Offenen Brief an Maxim Gorkij,* in dem er Babel heftig angreift. Gorkij reagiert einen Monat später (27. November) gleichfalls mit einem offenen Brief in der PRAWDA und stellt sich schützend vor Babel.
4. November 1928 bis 15. März 1929 – Babel wohnt in einem Vorort Kiews bei einem ehemaligen Dienstmädchen der Familie Gronfajn namens Stepanida.

1929

16. März – Babel reist nach Rostow am Don, wo er bis Ende November 1929 – unterbrochen von kürzeren Reisen durch den Nordkaukasus und die Ukraine – lebt.
20.–29. März – In Kislowodsk nimmt Babel an einem Veteranentreffen ehemaliger Angehöriger der 1. Reiterarmee teil.
Mitte April – Babel verbringt einige Tage in Chrenowoje, Gebiet Woronesh.
29. Juni – Babel reist von Rostow nach Charkow und arbeitet dort bis zum 7. Juli im Bürgerkriegsarchiv.
17. Juli – Babels Tochter Natalja wird geboren; Babel erhält die Nachricht von ihrer Geburt in Kiew.
Ende August – In Lipezk besucht Babel den schwerkranken A. K. Woronskij, der zu dieser Zeit in Moskau Aufenthaltsverbot hat, und dessen Familie.
2.–15. September – Aufenthalt in Chrenowoje.
24. November – Babel verläßt Rostow und kehrt nach mehr als zwei Jahren Abwesenheit nach Moskau zurück.
Dezember – Abgesehen von kurzen Besuchen in Moskau, wohnt Babel in einem Erholungsheim für Schriftsteller, das im Palais der Grafen Scheremetjew in Kuskowo untergebracht ist. In der neuen Wohnung des befreundeten Ehepaares Slonim (Maschkowgasse 13/15, Wohnung Nr. 12) steht ihm dauerhaft ein Zimmer zur Verfügung.

1930

8. Februar – Babel trifft in Kiew ein, um im Kiewer Gebiet die Aktivitäten der neuen Kollektivierungspolitik zu beobachten.
16. Februar – Babel fährt von Kiew aus in Dörfer des Kreises Borispol (Welikaja Stariza u.a.) und nimmt an der sogenannten »durchgängigen Kollektivierung« teil. Durch in Moskau gefaßte Beschlüsse, die das Tempo der Kollektivierungskampagne forcieren sollen, werden nun mit brachialer Gewalt Groß- und Mittelbauern von Haus und Hof vertrieben, wobei es an vielen Orten zu gewaltsamen Auseinandersetzungen kommt. In diesen Wochen und Monaten werden Hunderttausende von Menschen zu Opfern dieser »Entkulakisierung«. Krank und tief erschüttert von den Geschehnissen kehrt Babel vorzeitig nach Kiew zurück. Grundsätzlich steht er jedoch den tragischen Entwicklungen dieser Wochen ähnlich fasziniert gegenüber wie den von ihm beobachteten Schrekken des Bürgerkriegs. Er begreift die Ereignisse als epochal.
30. März bis 2. April – Aufenthalt in Dnepropetrowsk, wo Babel metallurgische Industriebetriebe besichtigt.
4. April – Babel besucht die Baustelle des Staudamm- und Kraftwerkprojekts DNEPROSTROJ.
Mitte April – Babel kehrt nach Moskau zurück.
Mitte Juni – Babel findet in Molodjonowo, einem Dorf in der Nähe von Swenigorod (etwa 50 km westlich von Moskau), beim Dorfschuster I. K. Krupnow eine Unterkunft, die für ihn bis zu seiner zweiten Frankreichreise zum ständigen Wohnsitz wird. In Molodjonowo arbeitet Babel zeitweise auch im Dorfsowjet und in der Kolchosverwaltung mit. Unterbrochen von kürzeren Abstechern nach Moskau, erfährt Babel in diesem dörflichen Milieu in den folgenden Jahren eine sehr produktive Schaffensphase.
17. Juli – Babel setzt sich in einem Brief an die LITERATURNAJA GASETA gegen einen am 10. Juli veröffentlichten Artikel zur Wehr, der ihm unter Bezug auf ein vorgebliches Interview an der französischen Riviera vorwarf, er habe die Sowjetunion geschmäht. Die gegen ihn erhobenen Vorwürfe hatte er bereits am 13. Juli auf einer Sitzung des Sekretariats der FOSP als haltlos zurückgewiesen.
August – Im Verlag GOSSISDAT erscheinen die 4. Auflage der *Reiterarmee* sowie in einer illustrierten Jugendbuchausgabe die Erzählung *Geschichte meines Taubenschlags.*
Anfang September – Babel nimmt als Beobachter an Manövern in der Nähe von Leningrad teil und verbringt anschließend noch einige Tage in der Stadt.
12. September – Rückkehr nach Moskau und Molodjonowo, wo Babel den Winter verbringt.
13. Dezember – Babel befindet sich – wie auch in den folgenden Jahren – in großer finanzieller Bedrängnis. Auf die Rückforderung von erhaltenen

Vorschüssen für nicht abgelieferte Erzählungen reagiert er scherzhaft. In einem Brief an W. P. Polonskij, dem Chefredakteur der Zeitschrift NOWYJ MIR, konstatiert Babel, daß eine mögliche Pfändung bei ihm erfolglos verlaufen werde, da er nicht einmal einen eigenen Schreibtisch besitze.

1931

22. Februar – Babel reist nach Kiew in der Absicht, in der Ukraine jüdische Bauernkolonien zu besichtigen und nochmals das Dorf Welikaja Stariza zu besuchen, das zur Vorlage für das Dorf »Welikaja Kriniza« in seinem gleichnamigen unvollendeten Erzählzyklus über die Kollektivierung der russischen Landwirtschaft wurde. In Kiew wohnt er bei der Familie seines Freundes M. Makotinskij.
Ende Februar bis Anfang März – Die Wetterverhältnisse verzögern die geplante Weiterreise zu den jüdischen Bauernkolonien.
12. März – Babel fährt in die Kreisstadt Makarow im Kiewer Gebiet. Da er dort nicht wie erhofft arbeiten kann, kehrt er nach wenigen Tagen am 16. März wieder nach Kiew zurück.
Ende März – Babel kehrt nach Moskau zurück.
April – Im Moskauer Verlag GICHL erscheinen die 5. und 6. Auflage der *Reiterarmee.*
11. April – Babel lebt wieder in Molodjonowo. Bis zu seiner Reise nach Frankreich im September 1932 verläßt er das Dorf nur zu kurzen Abstechern nach Moskau.
21. Mai – Babel fährt nach Moskau, um Gorkij, der nach Rußland zurückgekehrt ist, nach langen Jahren wiederzusehen. Den 22. Mai verbringen beide gemeinsam außerhalb der Stadt.
Mitte Juni – Babel beginnt mit verschiedenen Redaktionen Verhandlungen über die Publikation neuer Erzählungen.
Anfang Juli – Gorkij bezieht den ehemaligen Landsitz des Industriellen und Kunstmäzens S. T. Morosow, der nur einen Kilometer von Molodjonowo entfernt liegt. Diese Nachbarschaft führt in den folgenden Monaten zu einem intensiven Austausch zwischen Babel und Gorkij.
Juli – In der Leningrader Literaturzeitschrift SWESDA erscheint Babels Erzählung *Karl-Jankel,* seine erste Veröffentlichung nach Jahren des Schweigens.
September – In der Moskauer Zeitschrift MOLODAJA GWARDIJA erscheint Babels 1930 entstandene Erzählung *Erwachen.*
Oktober – In NOWYJ MIR erscheinen *Gapa Gushwa,* die erste Erzählung des unvollendet gebliebenen Zyklus *Welikaja Kriniza,* und die Erzählung *Im Keller,* die wie auch *Erwachen* dem autobiographischen Zyklus *Geschichte meines Taubenschlags* zuzuordnen ist.
Dezember – Im Verlag GICHL erscheint die erste russische Buchausgabe der *Geschichten aus Odessa.*

1932

Januar – In der Zeitschrift 30 DNEJ 1932/1 erscheint die Erzählung *Das Ende des Altersheims.*
Anfang März – Babel erhält im Moskauer Stadtteil Krasnaja Presnja eine Wohnung in der Bolschoj Nikolo-Worobinskij-Gasse 4, die er bis zu seiner Verhaftung bewohnen wird.
März bis Juni – Die Zeitschrift 30 DNEJ veröffentlicht weitere neue Erzählungen Babels; *Der Weg* (1932/3), *Dreifaltigkeitsblume* (1932/4), *Guy de Maupassant* (1932/6).
30. Mai – Babel liest einige seiner Erzählungen im Moskauer Rundfunk.
Juni – Babel lernt seine spätere zweite Frau Antonina Nikolajewna Piroshkowa kennen.
3. September – Nach monatelangen Bemühungen und mehreren Mißerfolgen erhält Babel seinen Auslandspaß und damit die Erlaubnis, seine Angehörigen in Frankreich und Belgien zu besuchen.
Mitte September – Babel reist über Berlin und Paris in die Bretagne, wo seine Frau Jewgenija mit ihrer Tochter Natalja in St.-Jacut-de-la-Mer, einem Fischerdorf in der Nähe von Dinard, die Ferien verbringt. Er sieht seine mittlerweile dreijährige Tochter zum ersten Mal.
30. September – Babel kehrt mit Frau und Tochter nach Paris zurück.
Oktober bis Dezember – In Paris trifft Babel regelmäßig mit I. G. Ehrenburg zusammen, der zu dieser Zeit an seinem Roman *Der zweite Tag* schreibt; zwischen beiden kommt es zu einer intensiven Zusammenarbeit.

1933

Anfang Februar – Im Moskauer Verlag FEDERAZIJA erscheint unter dem Titel *Erzählungen* ein Auswahlband von Babels Prosa.
13. April – Ankunft in Neapel und Weiterreise nach Sorrent zu Gorkij, der Babel zu sich eingeladen hatte.
Mitte April bis 8. Mai – Babel lebt bis zur Abreise Gorkijs nach Rußland gemeinsam mit dessen Familie und weiteren Gästen, u.a. der Lyriker S. Ja. Marschak, in Sorrent und unternimmt Ausflüge nach Capri und Neapel. Er schließt Freundschaft mit Gorkijs Sohn M. A. Peschkow. In dieser Zeit entsteht die erste Fassung des Stücks *Marija.* Babel liest es Ende April Gorkij vor. Nach dessen Abreise wohnt Babel mit Marschak weiterhin in Sorrent.
18. Mai – Eine französische Filmgesellschaft, für die Babel ein Szenarium über Jewno Asef, einen zaristischen Geheimagenten, schreiben soll, drängt ihn zur baldigen Rückkehr nach Paris. Babel reist über Rom (19.-22. Mai) und Florenz (23.-25. Mai) zurück nach Frankreich.
17. Juni – Babel spricht in Paris auf einer antifaschistischen Veranstaltung.
Juni bis Juli – Babel arbeitet am Szenarium *Asef* für die französische Filmgesellschaft. Diese Zusammenarbeit wird jedoch abgebrochen, es

bleibt bei einigen fertiggestellten Szenen, die als verloren gelten müssen.
August – Im Verlag GIChL erscheinen die 7. und 8. Auflage der *Reiterarmee.*
Ende August – Rückkehr nach Moskau.
11. September – Babel hält in Moskau einen Vortrag über seine Auslandsreise, den die Zeitung Wetschernaja Moskwa am 16. September unter dem Titel *Im Westen* veröffentlicht.
Oktober – Babel reist im Auftrag der Prawda in den Kaukasus. Über Rostow, Sotschi, Gagry und Suchumi gelangt er am 20. Oktober nach Naltschik, die Hauptstadt des damals autonomen Gebiets Kabardino-Balkarien.
20. Oktober bis 9. Dezember – Von Naltschik aus unternimmt Babel zahlreiche kürzere Touren durch den Kaukasus (u.a. nach Shelesnowodsk, Pjatigorsk und Kislowodsk).
9.–28. Dezember – Aufenthalt in der Kosakenstaniza Prischibskaja, die etwa 50 km von Naltschik entfernt liegt. Hier stellt Babel sein Stück *Marija* fertig.
29. Dezember – Über Naltschik reist Babel nach Gorlowka im Donbass, wo er den Silvesterabend gemeinsam mit A. N. Piroshkowa bei seinem Freund W. Ja. Furer verbringt.

1934

Anfang Januar – Babel besichtigt verschiedene Industriestandorte in der Nähe von Gorlowka und fährt in ein Kohlebergwerk ein.
12. Januar – Am Moskauer Wachtangowtheater findet eine Leseprobe des Stücks *Marija* statt.
13. Februar – Das Wachtangowtheater und das Staatliche Jüdische Theater in Moskau beschließen, *Marija* zu inszenieren; die Proben beginnen Ende März.
18. Februar – Babel beerdigt seinen zwei Tage zuvor verstorbenen Freund E. G. Bagrizkij; gemeinsam mit Bagrizkijs Frau hatte er am Totenbett des aus Odessa stammenden Dichters gewacht.
28. Februar – Im Moskauer Literaturmuseum stellt Babel *Marija* auf einer öffentlichen Lesung vor.
Anfang März – Babel nimmt das Angebot der Ukrainfilm an, ein Szenarium nach Bagrizkijs Verserzählung *Das Lied von Opanas* zu schreiben. An diesem Projekt arbeitet er von April bis Ende November 1934; der geplante Film wird jedoch nie gedreht. Zugleich plant Babel, bis zum Herbst eine »Fortsetzung« seines Stücks *Marija* zu schreiben. Über diese wohl abgeschlossene Arbeit wurde aufgrund der Beschlagnahmung des unveröffentlichten Manuskripts nie Genaueres bekannt.
11. April – Babel besucht in Moskau ein Konzert des aus Odessa stammenden Violinisten Jascha Heifetz.
27. April – In der Redaktion der Komsomol-Zeitschrift Smena nimmt

Babel an einem Werkstattgespräch mit Nachwuchsschriftstellern teil; im Heft 1934/6 der Zeitschrift erscheint unter dem Titel *Rabota nad rasskazom* (Erzählungen schreiben) eine Zusammenfassung dieses Gesprächs.
12. Mai – Babel nimmt an der Beerdigung von Maxim Gorkijs Sohn M. A. Peschkow teil.
26. Mai – Mit dem Verlag GOSSISDAT schließt Babel einen Vertrag über eine einbändige Ausgabe seiner Erzählungen. Der geplante Veröffentlichungstermin (Herbst) verschiebt sich bis Anfang 1935.
28. Mai bis Mitte Juli – Babel wohnt bei Gorkij in dessen Datscha in Uspenskoje bei Moskau und unterstützt ihn bei Redaktionsarbeiten.
9. Juni – Mit einer Gruppe von Schriftstellern besucht Babel die Baustelle des Moskau-Wolga-Kanals.
20./21. Juni – In Moskau trifft sich Babel mit I. G. Ehrenburg und André Malraux, der zum ersten Mal die Sowjetunion besucht.
23. August – Babel hält auf dem 1. Sowjetischen Schriftstellerkongreß eine Rede, die am nächsten Tag in der LITERATURNAJA GASETA unter dem Titel *Für den Sieg des bolschewistischen Geschmacks* und am 25. August in der PRAWDA unter dem Titel *Unser Feind ist die Trivialität* veröffentlicht wird.
Mitte Dezember – In Moskau studiert Babel Material verschiedener Institutionen und Archive und setzt damit vermutlich die Arbeit an seinem geplanten Roman *Kolja Topus* fort. Für einen Freund, den aus Odessa stammenden Schriftsteller S. G. Gecht, redigiert er dessen Romanmanuskript *Ein Dampfer nach Jaffa und zurück.*

1935

Anfang Januar – Der für Herbst 1934 vorgesehene Auswahlband *Erzählungen* erscheint in einer schon nach wenigen Tagen vergriffenen Auflage von 15 000 Exemplaren (mit der Jahresangabe 1934).
Anfang Februar – Teilnahme am VII. Sowjetkongreß.
Mitte Februar – Babel nimmt an vier Tagen am Kongreß der Kolchosbauern im Kreml teil.
16. Februar – Neben anderen aus Odessa stammenden Schriftstellern – Ju. K. Olescha, K. G. Paustowskij, W. M. Inber) hält Babel eine Rede auf der Gedenkfeier anläßlich des ersten Todestages von E. G. Bagrizkij.
März – In der Zeitschrift TEATR I DRAMATURGIJA erscheint Babels Stück *Marija.* Seine Hoffnung, daß durch diese Publikation einer Inszenierung der Weg geebnet würde, erfüllt sich nicht. Nach heftiger Kritik an seinem Stück werden die bereits laufenden Proben abgebrochen. *Marija* bleibt in der Sowjetunion bis 1988 unaufgeführt.
Ende März – Babel verfaßt einen kurzen Essay über Bagrizkij, der 1936 in einem Erinnerungsband für diesen Dichter erscheint.
Mitte April – Babel teilt seinen Angehörigen mit, daß er an einem neuen Erzählzyklus arbeitet.
21. Juni – Babel wird aufgrund des Drängens französischer Autoren ge-

meinsam mit B. L. Pasternak nach Paris entsandt, um an dem dort vom 21. bis 26. Juni stattfindenden Antifaschistischen Kongreß zur Verteidigung der Kultur teilzunehmen. Seine Rede (26. Juni) wird begeistert aufgenommen. Babel sieht in den folgenden Wochen seine Verwandten in Frankreich und Belgien zum letzten Mal.
20. Juli – Mit seiner Frau Jewgenija und seiner Tochter Natascha reist Babel von Paris zu seinen Angehörigen nach Brüssel.
Anfang August – Rückkehr nach Moskau.
Anfang September – Reise durch das Kiewer Gebiet, wo Babel »Musterkolchosen« besucht und als Beobachter an Herbstmanövern teilnimmt.
16. September – Ankunft in Odessa, wo sich Babel in der Lermontow-Kurklinik begibt und an neuen Erzählungen arbeitet.
Anfang November – Rückkehr nach Moskau.
Anfang Dezember – Reise in den Donbass. Am 3./4. Dezember nimmt Babel in Stalino an einem Treffen literarischer Zirkel teil. In den folgenden Wochen besucht er mit anderen Schriftstellern verschiedene Industriestandorte und Bergwerke (Gorlowka, Makejewka, Artjomowsk).
5. Dezember – Babel schließt die Überarbeitung der russischen Übersetzung von A. Gides Roman *Les nouvelles nourritures* ab. Gide hatte Babel über Ehrenburg gebeten, die von B. Sagorskij angefertigte Übersetzung des schwierigen Textes zu überarbeiten. Der Roman erscheint in der Zeitschrift SNAMJA 1936/1.
22. Dezember – Weiterreise nach Kiew.
30. Dezember – Rückkehr nach Moskau.

1936

Februar – Der Leningrader Verlag ACADEMIA überträgt Babel die Herausgabe der Werke von Scholem Alejchem für die für 1939 geplante Jubiläumsausgabe zum 80. Geburtstag des jüdischen Schriftstellers. Der Vertrag wird im Mai 1937 vom Verlag storniert, da Babel den übernommenen Verpflichtungen nicht nachkommt.
5.–11. März – Zusammen mit André Malraux und M. Je. Kolzow reist Babel von Moskau auf die Krim, um Gorkij in dessen Haus in Tesseli zu besuchen.
21. März – Auf einer Schriftstellertagung in Moskau hält Babel eine Rede, die am 31. März von der LITERATURNAJA GASETA unter der Überschrift *Schöpfer einer neuen Kultur* gedruckt wird.
2. Juni – Babel teilt seinen Angehörigen mit, daß für ihn in der »Schriftstellersiedlung« Peredelkino eine Datscha gebaut wird. Nach anfänglichem Widerstreben wird Babel hier in den Jahren 1938/39 wohnen und arbeiten.
17. Juni – Einen Tag vor Gorkijs Tod trifft André Gide in Moskau ein und wird von Babel vom Flugplatz abgeholt. Der Tod Gorkijs trifft Babel schmerzlich.

27. Juli – In der Komsomolskaja prawda erscheint unter der Überschrift *Der Lehrer* ein mit S. Tregub geführtes Interview, das dem Andenken Gorkijs gewidmet ist.
31. Juli – Von Moskau aus reist Babel über Kiew nach Odessa, wo er am 6. August eintrifft und bis Ende November bleiben wird. Hier läßt er ab Mitte August in der Lermontow-Kurklinik seine chronische Atemwegserkrankung behandeln und arbeitet zurückgezogen an seinem neuen Erzählzyklus.
1. September – Auf der Reise zu den Dreharbeiten für den Film *Die Beshinwiese* in Jalta macht S. M. Eisenstein bei Babel in Odessa Station. Gemeinsam überarbeiten sie einzelne Szenen.
Anfang September – Unter dem Titel *Erzählungen* erscheint im Verlag GIChL in einer Auflage von 50000 Exemplaren der zu Lebzeiten Babels umfangreichste Sammelband seiner Prosa.
Mitte September – Als Band 47 der »Biblioteka Ogonjok« erscheint unter dem Titel *Ausgewählte Erzählungen* die letzte Buchpublikation Babels vor seiner Verhaftung.
26. September – Um bei den Außenaufnahmen zu *Die Beshinwiese* anwesend zu sein, reist Babel von Odessa nach Jalta.
28. September bis 21. Oktober – Aufenthalt in Jalta. Neben der Zusammenarbeit mit Eisenstein unternimmt Babel Abstecher zu verschiedenen Orten auf der Krim.
22. Oktober – Rückkehr nach Odessa. In den folgenden Wochen setzt Babel die intensive Arbeit an neuen Erzählungen fort. Wie er am 21. November seinen Angehörigen schreibt, glaubt er, damit für seine Prosa »eine neue Form« gefunden zu haben.
28. November – Babel trifft wieder in Moskau ein.
Dezember – In Moskau schließt Babel die letzten Arbeiten am Szenarium für *Die Beshinwiese* ab. Die Bearbeitung eines weiteren Szenariums für den Regisseur G. W. Alexandrow bricht Babel ab, um sich seinen Erzählungen intensiver widmen zu können.

1937

18. Januar – Babels Tochter Lida wird in Moskau geboren.
März bis April – Babel wohnt und arbeitet in der ehemaligen Datscha Gorkijs in Uspenskoje. In Moskau hält er sich in diesen Wochen nur kurzzeitig auf.
April – Eine von Babel herausgegebene, Gorkij gewidmete Ausgabe der Zeitschrift SSSR na Strojke erscheint in Moskau. Als Leitartikel wird hier Babels Skizze *M. Gorkij* erstmals veröffentlicht.
Juni bis Ende August – Gemeinsam mit seiner zweiten Frau A. N. Piroshkowa und seiner Tochter Lida verbringt Babel – abgesehen von kürzeren Abstechern nach Moskau – den Sommer auf einer Datscha in Belopessozkaja bei Kaschira (etwa 100 km südlich von Moskau).

18. Juni – Zum Todestag Gorkijs veröffentlichen die PRAWDA und die LITERATURNAJA GASETA Babels Erinnerungsskizze *Der Anfang.*
Juli – In der Zeitschrift KRASNAJA NOW erscheint die Erzählung *Der Kuß*, die Babel in den Zyklus der *Reiterarmee* integrieren wollte.
28. September – Im Haus des sowjetischen Schriftstellerverbandes findet ein Babelabend statt. Bei dieser vom Schriftstellerverband und der Zeitschrift LITERATURNAJA UTSCHOBA gemeinsam organisierten Veranstaltung, der ursprünglich weitere folgen sollten, liest Babel seine Erzählungen *Di Grasso* und *Eine Auskunft* und beantwortet anschließend Fragen aus dem Publikum.
Anfang November – Babel reist nach Kiew, wo er in den folgenden Monaten (bis Ende Februar 1938) im Haus des Schriftstellers und Regisseurs A. P. Dowshenko wohnt und für die Kiewer Kinofabrik ein Szenarium nach N. A. Ostrowskijs Roman *Wie der Stahl gehärtet wurde* schreibt. Der geplante Film wird jedoch nicht realisiert; nur Fragmente des von Babel abgeschlossenen Szenariums sind erhalten.

1938

1. März – Babel kehrt von Kiew nach Moskau zurück.
16. April – Babel entschließt sich, die ihm bereits im Sommer 1936 zur Verfügung gestellte Datscha in Peredelkino zu beziehen.
10. Mai – Babel richtet sich in Peredelkino ein. Bis zu seiner Verhaftung lebt und arbeitet er hauptsächlich hier; in Moskau hält er sich meist nur wenige Tage auf.
26. August – Babel übernimmt die Aufgaben eines stellvertretenden Vorsitzenden des Redaktionsbeirates im Verlag GOSSLITISDAT.
11. September – Mit einer Gruppe von Schriftstellern, u.a. W. B. Schklowskij, besucht Babel anläßlich des 110. Geburtstags von Lew N. Tolstoj Jasnaja Poljana.
30. Oktober – In der LITERATURNAJA GASETA erscheinen Auszüge aus Babels Szenarium nach N. A. Ostrowskijs Roman *Wie der Stahl gehärtet wurde.*
31. Dezember – Die LITERATURNAJA GASETA druckt in der Rubrik *Literarische Wünsche* folgende Notiz von Babel: »Ich wünschte, man könnte 1939 in unseren Buchhandlungen die Werke Lew Tolstojs in einer billigen und vollständigen Ausgabe kaufen. Es ist fast unmöglich, sie zu bekommen. Man entbehrt sie sehr...«

1939

Januar bis Februar – In Moskau beschäftigt sich Babel hauptsächlich mit verschiedenen Auftragsarbeiten, während seine Datscha in Peredelkino renoviert wird.
31. März – Babel reist von Moskau nach Leningrad.
1.–20. April – Babel schreibt während seines Aufenthalts in Leningrad das

Szenarium *Staraja Platz 4*, das neben einem kurzen Geleitwort zu einem Buch seines Freundes L. O. Utjossow der letzte abgeschlossene literarische Text Babels ist.
21. April – Babel besucht M. M. Soschtschenko.
23. April – Rückkehr nach Moskau.
26. April – Babel zieht in seine nunmehr renovierte Datscha in Peredelkino.
10. Mai – Babel arbeitet an einem Buch für einen Film über Gorkij. Für den Sommer plant er, einen Band seiner neuen Erzählungen für den Druck vorzubereiten.
11. Mai – Der verhaftete, frühere Chef des NKWD N. I. Jeshow bezichtigt Babel einer konterevolutionären Spionageverbindung mit dessen Frau, die sich 1938 das Leben genommen hatte.
15. Mai – In den frühen Morgenstunden wird Babels Moskauer Wohnung in der Bolschoj Nikolo-Worobinskij-Gasse und anschließend seine Datscha in Peredelkino durchsucht. Umfangreiches Schriftmaterial wird beschlagnahmt und ist seither verschollen. Babel wird verhaftet und in die Lubjanka (Gefängnis) in Moskau verbracht.
29.–31. Mai – Babel wird drei Tage und Nächte ununterbrochen verhört und gefoltert.
10. Oktober – Babel widerruft die während des Verhörs gemachten Aussagen und bittet darum, erneut vernommen zu werden. Diese Bitte wiederholt er in weiteren Briefen an die Staatsanwaltschaft vom 5. und 21. November sowie am 2. Januar 1940 – immer vergeblich.
Dezember – Babel wird von der Lubjanka in das Butyrkagefängnis überführt.

1940

25. Januar – Babel wendet sich mit einer schriftlichen Erklärung an das Militärkollegium des Obersten Gerichts, widerruft erneut und ersucht um eine Anhörung..
26. Januar – Babel wird nach einer 20minütigen Gerichtsverhandlung, in der er nochmals alle Beschuldigungen von sich weist, zum Tode verurteilt.
27. Januar – Das Todesurteil wird durch Erschießen vollstreckt.

1954

18. Dezember – Babels »Rehabilitierung« wird vom Obersten Gericht der UdSSR vollzogen, das Urteil des Militärkollegiums vom 26. Januar 1940 »mangels eines verbrecherischen Tatbestandes« aufgehoben. Das wahre Todesdatum wird weiterhin verschwiegen. Als Todesdatum wird der 17. März 1941 genannt, zu Todesort und -ursache werden keine Angaben gemacht.

1957

Babels Werke erscheinen erstmals nach seinem Tod wieder in der Sowjetunion. In der von I. G. Ehrenburg herausgegebenen und eingeleiteten Sammlung *I. Babel', Izbrannoe* (Ausgewählte Werke), fehlen jedoch aufgrund großer Rücksichtnahme auf die Zensur der damaligen Zeit wichtige Werke.

1989

Der Journalist W. A. Shentalinski konnte aufgrund umfangreicher Recherchen in KGB-Archiven Babels Gefängniszeit, Gerichtsverfahren und Tod nachzeichnen. Erstmals wird Babels wahres Todesdatum bekannt.

1990

In der Sowjetunion erscheint unter der Mitarbeit von Babels Witwe A. N. Piroshkowa die bis heute umfangreichste russische Werkausgabe in zwei Bänden.

Anmerkungen

23. Februar 1925
Madame Marie Chapochnikoff – Schaposchnikowa, Marija Emmanuilowna (geb. Babel, 1899–1987). In Babels Briefen auch unter den Kosenamen »Marjuschka«, »Mendel«, »Mendelewitsch«, »Mera«, »Meri«, »Merotschka«, »Pupik« erwähnt bzw. angesprochen. Sie emigrierte im Dezember 1924 zu ihrem Mann nach Belgien.
Shenja – Babel, Jewgenija Borissowna (geb. Gronfajn, 1897–1957), Babels Ehefrau, mit der er seit 1919 verheiratet war. Sie emigrierte Ende 1925 nach Frankreich. In den Briefen meist »Shenja« oder »Enta« genannt.
Schap. – Schaposchnikow, Grigorij Romanowitsch (gest. 1985), Babels Schwager, war 1924 nach Belgien emigriert. In den Briefen auch »Äskulap«, »Grischa«, »Sch.«, »Schap.« genannt.
Kaviar, Halwa – Diese und ähnliche Begriffe (»Bücher«, »Brennstoff« etc.) werden von Babel häufig benutzt, um Geldsendungen an seine Verwandten im Ausland zu kaschieren.

12. Mai 1925
Poupik – franz. Schreibweise für russ.: »pupik« (Nabelchen).
Sergijewo – Kleinstadt etwa 75 km nordöstlich von Moskau, wo Babel 1924 mit seiner Familie wohnte. Als Sergijew Possad 1782 entstanden, erhielt die Stadt 1930 den Namen Sagorsk und wurde 1992 wieder in Sergijew Possad rückbenannt. Babel gab diesen Wohnsitz erst Anfang 1927 auf.
B. D. – Gronfajn, Berta Dawydowna (geb. Fejnstejn), Babels Schwiegermutter. In den Briefen auch »Bljuma« oder »die Alte« genannt.
wenn Sch. in diesem Jahr fertig wird – Babels Schwager hatte in Rußland ein Medizinstudium beendet, das in Belgien nicht anerkannt wurde, so daß eine ergänzende Ausbildung erforderlich wurde. Er praktizierte jedoch nie als Arzt, sondern arbeitete in einem pharmazeutischen Unternehmen.
jetzt, da ich bei Generälen ein und aus gehe – Durch die Zeitschriftenpublikation seiner Erzählungen, die 1926 unter dem Titel *Die Reiterarmee* als Buch erschienen, hatte Babel schlagartig Berühmtheit erlangt. Bekanntschaften mit führenden Repräsentanten der UdSSR, darunter auch hohe Militärs, waren die Folge.

ob in Paris mein Buch auf russisch herausgekommen ist – gemeint ist vermutlich die russische Einzelpublikation von *Der König,* die 1926 im Pariser Emigrantenverlag OTSCHAROWANNYJ STRANNIK erschien.

5. JUNI 1925

in vier oder fünf Tagen wird Shenja nach Paris fahren – Es sollte Babel erst Ende des Jahres gelingen, für seine Frau eine Ausreisemöglichkeit nach Frankreich zu finden. In einem Brief vom 25. Juni 1925 bat er den in Italien lebenden Maxim Gorkij (1868–1936) eindringlich, sich für ein italienisches Visum zu verwenden, doch ohne Erfolg (zur schließlichen Ausreise von Babels Frau vgl. die Briefe vom 16. November und 20. Dezember 1925).
Die zu übersetzende Erzählung – Auch der Begriff »Erzählung« wird hier möglicherweise synonym für »Geld« benutzt.

15. JULI 1925

Morgen, am 16. 7. – der Geburtstag von Babels Schwester.
Gestüt von Chrenowoje – im Gebiet Woronesh gelegener Ort, an dem sich Babel Mitte der 20er Jahre wiederholt für längere Zeit aufhielt. Im Sommer 1925 verbrachte er hier zwei Wochen mit T. W. Kaschirina (geb. 1900), mit der ihn zu dieser Zeit eine Liebesbeziehung verband.
Silvia – in Paris lebende Freundin von Babels Frau, bei der diese nach ihrer Ausreise zunächst eine Unterkunft fand.
Kislowodsk – Thermalbad und Luftkurort am Nordrand des Kaukasus.
nach Odessa zu fahren, um den Grabstein setzen zu lassen – gemeint ist ein Grabstein für Babels am 3. März 1924 verstorbenen Vater.
Das Szenarium fürs Kino – Babel arbeitete im Juni und Juli 1925 an einem Szenarium für den Film *Benja Krik.* Am 23. und 24. Juni las er es S. M. Eisenstein (1898–1948) vor, der diesen Film ursprünglich drehen sollte und sich begeistert über das Szenarium äußerte. Wegen Schwierigkeiten im Moskauer Studio von SOWKINO beschloß Babel schließlich, sein Szenarium an die Kinofabrik in Odessa zu geben. Dort wurde der Film unter der Regie von W. Wilner gedreht und kam im Januar 1927 in die Kinos. Zugleich erschien *Benja Krik* im Moskauer Verlag KINOPETSCHAT als »Filmerzählung«.
im Herbst werde ich noch ein Szenarium schreiben – gemeint ist das Szenarium für den Film *Wandernde Sterne* nach Motiven eines Romans von Scholem Alejchem (eigentl. Rabinowitsch, 1859–1916). Auch dieses Szenarium wurde 1926 im Verlag KINOPETSCHAT veröffentlicht. Der Film wurde 1926 unter der Regie von G. S. Gritscher (1898–1945) in Odessa gedreht.
Kolja – Ljachezkij, Nikolaj Mojssejewitsch (Kolja), in Odessa lebender Bruder von Babels Onkel.

21. AUGUST 1925

Mme Rollin – Rollin, Ljolja (geb. Birnbaum), Cousine von Babels Mutter, die mit einem Franzosen verheiratet war und in Paris lebte.

Ledskij – nicht ermittelt.
Das Zeichen des Zorro – Douglas Fairbanks (1883–1939) hatte diesen Film 1920 mit dem Originaltitel *The Mark of Zorro* produziert, das Drehbuch geschrieben und auch die Titelrolle übernommen.

16. November 1925
Medizinskoje obrosrenije – medizinische Fachzeitschrift.
mit der Reiterarmee *zögere ich noch* – Babel bereitete zu dieser Zeit die Buchpublikation seines Erzählzyklus beim Moskauer Staatsverlag Gossisdat vor. Aus seinen Briefen an den Schriftsteller D. A. Furmanow (1891–1926), dem für diese Veröffentlichung verantwortlichen Redakteur, geht hervor, daß es nicht nur um eine stilistische Bearbeitung und die Anordnung der einzelnen Erzählungen ging, sondern auch um die Streichung »gefährlicher Stellen« und »inkriminierter Sätze« (Brief vom 4. Februar 1926), gegen die sich Babel zu wehren suchte.
Ablieferung des Szenariums – gemeint ist *Benja Krik* (vgl. Anm. zum Brief vom 15. Juli 1925).

20. Dezember 1925
Ljussja – Liwschiz, Ljudmila Nikolajewna (geb. Werzner, 1898–1965), Ehefrau von Babels engem Freund I. L. Liwschiz.
Rosa Lwowna – Ginsburg, Rosa Lwowna, eine in späterer Zeit bekannte Ärztin, wohnte gemeinsam mit ihrem Mann Boris Mironowitsch und ihrer Schwester S. L. Ginsburg in der Obuchowgasse 6 (1921 in »Tschistyj Gasse« umbenannt; Babel verwendet in seinen Briefen jedoch immer den alten Namen) die Wohnung Nr. 23. In den Jahren 1925–26 wohnten Babel und seine Mutter hier zur Untermiete.
Bobrowskij – nicht ermittelt.
Vereinigung Rabotpros – (korrekt: Rabpros) Abk. für russ.: »Profsojuz rabotnikov prosveščenija« (Gewerkschaft der Arbeiter im Bildungswesen).

1. Januar 1926
Auftragsarbeiten – Babel klagt im Rückblick auf 1925 über die hauptsächlich von ihm ausgeführten Arbeiten für das Kino, die ihm lukrativer schienen, ihn aber von seiner eigentlichen literarischen Leidenschaft, der Prosa, abgehalten hätten. Die hier augenfällige Gegenüberstellung von »Arbeiten für die Seele« und »Arbeiten für's Geld« zieht sich durch Babels gesamte schriftstellerische Biographie.

6. Januar 1926
Isja Liwschiz – Liwschiz, Isaak Leopoldowitsch (1892–1978), Lektor in den Verlagen Iskusstwo und Sowetskaja Rossija, mit dem Babel seit ihrer gemeinsamen Zeit an der Höheren Handelsschule in Odessa eine lebenslange Freundschaft pflegte.
Kätzchen – Babel verwendet hier das ukrain. Wort »kicja«.

8. FEBRUAR 1926
viel zu arbeiten, langweilige Arbeit, Stümperkram – Abgesehen von der Überarbeitung der *Reiterarmee* war Babel in dieser Zeit genötigt, für den Unterhalt seiner Familie und der schwangeren Freundin T. W. Kaschirina unter anderem durch kleinere Arbeiten für die Moskauer Kinofabrik (Zwischentitel, Textbearbeitungen u.ä.) Geld zu verdienen.

22. MÄRZ 1926
Operation – Babel ist besorgt um den Gesundheitszustand seiner Schwester, bei der Nierensteine festgestellt worden waren. Hierauf beziehen sich auch seine scherzhaften Anspielungen – »Baumaterial«, »Verehrter Steinbruch« – in den folgenden Briefen.
Ljussja – Brodskaja, Ljudmila, Jugendfreundin von Babels Schwester, die nach ihrer Heirat in Leningrad lebte. Babel schenkte ihr die Originale seiner Erzählungen *Kolywuschka* und *Mein erstes Honorar.*

29. MÄRZ 1926
Pretschistenka – Straße im Zentrum Moskaus (1921 in »Kropotkinskaja uliza« umbenannt, 1990 wieder rückbenannt); in einer Kommunalwohnung der Tschistyj Gasse, der ehemaligen Obuchowgasse, einer Nebenstraße der Pretschistenka, teilten sich 1925/26 Babel und seine Mutter bis zu deren Ausreise nach Belgien ein Zimmer. Die beengten Wohnverhältnisse russischer »Kommunalkas« (Gemeinschaftswohnungen, deren Zimmer zumeist jeweils mit einer Familie belegt sind, wobei sich alle Mieter Bad und Küche teilen), die Babel hier anspricht, sind für das Leben vieler Russen auch heute noch typisch.
Pessach, der erste Sejder – Das jüdische »Pessach« (Überschreitungsfest) wird zur Erinnerung an die Befreiung Israels aus Ägypten gefeiert und dauert insgesamt 7 Tage; die ersten beiden Abende heißen Sejderabende, an denen ein häuslicher Familiengottesdienst nach einer genau vorgegebenen Ordnung (»Sejder«) stattfindet. Die Tradition schreibt vor, daß an Pessach und insbesondere am Sejderabend zur Erinnerung an das Elend der ägyptischen Knechtschaft ungesäuertes Brot (Matze) gegessen werden soll. Besonders die Bedeutung des Sejder als jüdisches Familienfest ist im Laufe der Jahrhunderte stark gewachsen. Babel wird sich der Trennung von seinen Angehörigen deshalb, wie auch in den Briefen der folgenden Jahre erkennbar, am Sejder immer besonders schmerzlich bewußt.

31. MÄRZ 1926
Mme Braude – nicht ermittelt; vermutlich eine der fiktiven Geldadressen.
weitere Adressen – Mit der Entscheidung, daß auch seine Mutter nach Belgien übersiedeln sollte, wurde es für Babel doppelt wichtig, Möglichkeiten zu finden, um Geld für seine Angehörigen ins Ausland transferieren zu können. Da es personenbezogene Obergrenzen gab für solche Überweisungen, mußten »Adressen« anderer Personen gefunden werden.

mein kleines Büchlein Gesch. meines Taubenschlages – gemeint ist der Anfang März 1926 im Verlag Semlja i fabrika (Moskau–Leningrad) erschienene Band *Geschichte meines Taubenschlages.* Die Gorkij gewidmete Titelerzählung dieser Sammlung war bereits in der Zeitschrift Krasnaja now 1925/4 erschienen. Babel arbeitete in den folgenden Jahren weiter an diesem Zyklus, in dem er auf Kindheitserinnerungen zurückgriff, und publizierte in den 30er Jahren in verschiedenen Zeitschriften weitere Erzählungen, die diesem Zyklus zuzuordnen sind.
mein im Malik Verlag erschienenes Buch – Im Berliner Malik Verlag erschienen 1926 zunächst die *Geschichten aus Odessa* und kurze Zeit später *Die Reiterarmee* (dt. Titel: *Budjonnys Reiterarmee*) in der Übersetzung von D. Umanskij. Babel lobt hier zwar die deutsche Ausgabe, doch tags zuvor nennt er sie in einem Brief an I. W. Jewdokimow (1887–1941) »ein trauriges Beispiel«, in dem »alles durcheinandergebracht« sei, da Umanskij nach einer unkorrigierten Textvorlage übersetzen mußte.
Die Reiterarmee *kommt im April auf russisch und deutsch heraus.* – Die russische Ausgabe erschien zeitgleich mit der deutschen Ausgabe des Malik Verlags bei Gossisdat in Moskau (vgl. Anm. zum Brief vom 30. Juli 1926).

16. Juli 1926
Peters – nicht ermittelt; vermutlich eine fiktive Geldadresse in Brüssel.
Wufku – Abk. für russ.: »Vseukrainskoe fotokinoupravlenie« (Gesamtukrainische Fotokinoverwaltung), die 1922 gegründete staatliche Filmgesellschaft der Ukraine. Babel spricht hier von den Dreharbeiten zu *Wandernde Sterne* in Odessa.

30. Juli 1926
Fenja – Babel, Fanja Aronowna (geb. Schwechwel, 1864–1942), Babels Mutter, die Ende Juli 1926 zu ihrer Tochter nach Belgien übersiedelte. In den Briefen mit vielen Kosenamen angesprochen – »Fedossejuschka«, »Fenja«, »Fenjale«, »Fenjascha«, »Fenka«, »Feodossija«, »Muska«; überdies findet Babel vielerlei zärtliche Variationen von »Mama«.
Ada – Gofman, Ada (geb. Kuschnir), Cousine Babels, die in Odessa lebte. In den Briefen auch »Adotschka« genannt.
Katja – Ljachezkaja, Katja Aronowna (geb. Schwechwel, gest. 1947), die jüngste Schwester von Babels Mutter, lebte in Moskau.
Kuschnirs – die Familie von A. A. Kuschnir (geb. Schwechwel, gest. 1942), einer Schwester von Babels Mutter, die in Odessa lebte. In den Briefen zumeist als »Anjuta« erwähnt.
Gossisdat – Abk. für russ.: »Gosudarstvennoe izdatel'stvo« (Staatsverlag). Bei der »Abrechnung« geht es um das Honorar für die zweite Auflage der *Reiterarmee,* die Anfang Februar 1927 in einer Auflage von 10 000 Exemplaren erscheinen sollte. In einem Brief vom selben Tag berichtet Babel seiner Freundin T. W. Kaschirina stolz, daß die gesamte Erstauflage des Buches (7 000 Expl.) in 6 Wochen vergriffen war.

unsere misinki – russifizierte Variante von jidd.: »misinek« (jüngster Sohn) bzw. »misinke« (jüngste Tochter), also etwa »unsere Nesthäkchen«, »unsere Kleinen«.

4. August 1926
Negoreloje – Übergang an der damaligen russisch-polnischen Grenze an der Eisenbahnlinie Moskau–Warschau.
Witenberg – nicht ermittelt.

7. September 1926
B. W. – Gronfajn, Boris Wenjaminowitsch (1863–1927), Kiewer Fabrikant, Babels Schwiegervater.
Gilewitsch – Verwalter des Hauses in der Obuchowgasse in Moskau, wo Babel in den Jahren 1925/26 ein Zimmer bewohnte.
Ljachezkij – Ljachezkij, Iossif Mojssejewitsch (gest. 1941), Mechaniker, Babels Onkel, Ehemann von K. A. Ljachezkaja. In den Briefen häufig »Iossif« genannt.
Chrenowaja … Gosskonsawod – Abk. für russ.: »Gosudarstvennyj konnyj zavod« (Staatliches Gestüt); in der Nähe des Dorfes Chrenowoje (s.o.) gelegen. Im September und Oktober 1926 setzt Babel hier die im August im Dorf Worsel bei Kiew begonnene Arbeit an seinem Stück *Sonnenuntergang* fort, das sich thematisch an eine gleichnamige, aber zu Lebzeiten unveröffentlichte Novelle aus den Jahren 1924/25 anschließt.
W. A. Schtschokin – Schtschokin, Wiktor Andrejewitsch, Bekannter Babels vom Gestüt Chrenowaja.

10. September 1926
Tolbinskij – nicht ermittelt.

10. September 1926
alles Gute zum Neuen Jahr – gemeint ist hier wie in späteren Briefen um diese Jahreszeit das jüdische Neujahrsfest »Rosch ha Schana« (Haupt des Jahres), das nach dem jüdischen Kalender mit dem Monat Tischri beginnt, der in den September bzw. Oktober fällt.

29. September 1926
Grigorjew – nicht ermittelt.

3. Oktober 1926
Nach Moskau muß ich eine abgeschlossene Arbeit mitbringen – gemeint ist *Sonnenuntergang*. Babel plante ursprünglich, in Chrenowoje einige Erzählungen zu schreiben, doch fehlte ihm wegen der Arbeit an seinem Stück hierfür die Zeit. In Moskau las er die vorläufige Fassung des Stücks Mitte Oktober dem Regisseur P. A. Markow (1897–1980), dem Kritiker A. K. Woronskij (1884–1937) und Schauspielern des Künstlertheaters vor.

13. Oktober 1926
Pracht – nicht ermittelt.
Raja – Sejliger, Raissa Borissowna (geb. Gronfajn), Babels Schwägerin, die mit ihrem Ehemann W. Sejliger, einem Violinisten, in den USA lebte.
Wescha – nicht ermittelt.
Boris Mironowitsch – der Ehemann von R. L. Ginsburg (vgl. Anm. zum Brief vom 20. Dezember 1925).
Sonja – Skljar, Sonja Aronowna (geb. Schwechwel, gest. 1942), Babels Tante, die älteste der drei Schwestern von Babels Mutter, lebte in Odessa.
Reginin – Reginin, Wassilij Alexandrowitsch (1883–1952), Journalist, Mitbegründer und Redakteur der Zeitschrift 30 DNEJ, in der Babel Anfang der 30er Jahre einige Erzählungen publizierte.
Annuschka, Fekluscha – Hausangestellte von Babels Mutter und deren Schwester Katja in Moskau.

27. Oktober 1926
Rosa – Edelson, Rosa Salomonowna, Freundin der Familie Babel, emigrierte in die USA.
Papa – Babel, Emmanuil Isaakowitsch (1865–1924), Babels Vater, leitete in Odessa eine Firmenvertretung für landwirtschaftliche Maschinen.

5. November 1926
5. November 1926 – Babel schreibt in diesem Brief – gegen seine Gewohnheit – das Datum ohne Ortsangabe; offenbar wollte er seiner Mutter vorenthalten, daß er sich gerade bei T. W. Kaschirina in Detskoje Selo bei Leningrad aufhielt. Hieraus erklärt sich auch seine Bemerkung im folgenden Brief (10.11.26), er habe den nach Moskau adressierten Brief seiner Mutter vom 29. Oktober »mit ungeheurer Verspätung erhalten.«
Jetzt hast Du Dich zu jenen Leuten gesellt, die mir die Ruhe rauben – Hier spricht Babel die Vorwürfe an, die ihm seine Mutter wegen seiner Liebesbeziehung zu T. W. Kaschirina machte. Am 13. Juli 1926 war in Detskoje Selo ihr gemeinsamer Sohn Emmanuel geboren worden, den Babel Ende Oktober zum zweiten Mal dort besuchte. Diese Beziehung hatte Babel stets vor seiner Familie und den meisten seiner Bekannten geheimzuhalten versucht, während T. W. Kaschirina auf ein gemeinsames Leben mit Babel in Leningrad hoffte – ein Wunsch, mit dem sich Babel nie anfreunden konnte, aber nicht die Kraft zu einer eindeutigen Haltung aufbrachte, so daß es zu monatelangen, heftigen Streitereien kam. Die »Ruhe«, nach der er sich in seinen Briefen dieser Monate stets sehnt, konnte er in dieser nach zwei Seiten geführten Auseinandersetzung schwerlich finden.

10. November 1926
vor der Welt aufs Land verkrochen – Babel wohnte wohl bereits zu diesem Zeitpunkt in einem Erholungsheim des Sownarkom nahe Moskau (vgl.

folgenden Brief). Der Rückzug vor der »Welt«, um arbeiten zu können, war in dieser Phase eindeutig ein Rückzug vor der »Familie«: Seine Verwandten hatten sein Zimmer in der Obuchowgasse belegt, von seiner Mutter kamen massive Vorwürfe wegen seiner außerehelichen Liebesbeziehung, und ebendieses Verhältnis wurde für ihn immer problematischer – T. W. Kaschirina war nach Moskau gekommen, um dort eine dauerhafte Wohnung für beide zu finden. Babel brachte sie in Ermangelung eines »freien« Zimmers kurzzeitig in der Wohnung des Schriftstellers W. W. Iwanow (1895–1963) unter. So begegnete sie diesem Kollegen Babels, den sie später heiratete. Iwanow adoptierte Babels Sohn, wobei er dessen Vornamen Emmanuel in »Michail« ändern ließ.
nach Taschkent übersiedeln – Hier und im weiteren steht »Taschkent« für Paris.
Iwan Iwanowitsch – Vermieter von Babels Datscha in Sergijewo in den Jahren 1924–27. In den Briefen auch »Iw. Iw.« genannt.
Ljolja – vgl. Rollin, L. (Anm. zum Brief vom 21. August 1925).

15. NOVEMBER 1926
mein Stück in die nötige Bühnenfassung zu bringen – Im Anschluß an die Lesung von *Sonnenuntergang* vor einem kleinen Kreis Moskauer Literaten und Schauspieler entschloß sich Babel, sein Stück ein weiteres Mal zu bearbeiten, um es dann im Frühjahr 1927 auf mehreren Lesungen einem größeren Publikum vorzustellen (vgl. Brief vom 16. März 1927).
Erholungsheim des SOWNARKOM – Abk. für russ.: »Sovet narodnych kommissariatov« (Rat der Volkskommissariate); unter dieser Bezeichnung fungierten von 1917–46 die höchsten Repräsentanten der Exekutive in der UdSSR. 1946 wurde dieses Regierungsgremium in »Sovet ministrov« (Ministerrat) umbenannt.
Wolodka – Sejliger, Wolodja, Violinist, Babels Schwippschwager, Ehemann von R. B. Sejliger (geb. Gronfajn), der mit seiner Frau in den USA lebte.

29. NOVEMBER 1926
»Moskauer Periode« aus meinem Leben tilgen – »Moskau« steht hier wohl v.a. für die Beziehung zu T. W. Kaschirina. Nachdem sich für sie eine Möglichkeit ergeben hatte, das Nachbarzimmer Babels in der Obuchowgasse zu beziehen, floh Babel dieses neue »Familienleben« und wohnte bis zu seiner Abreise nach Frankreich bei seinen Freunden L. I. Slonim (1883–1945), einem Ingenieur, der zunächst in Petrograd, später in Moskau arbeitete, und dessen Frau A. G. Slonim (1887–1954). Mit beiden war Babel eng befreundet, seit er 1916 in Petrograd bei ihnen zur Untermiete gewohnt hatte. Babel hatte sich wohl schon zu diesem Zeitpunkt für eine endgültige Trennung entschieden. Seiner Mutter gegenüber betont er, er wolle für »längere« Zeit ins Ausland, d.h. zu seiner Ehefrau fahren, von der er zu dieser Zeit »erfrischende, gute Briefe« bekomme.
die »zore«, die Du mir vererbt hast – jidd.: »zore« (Unglück, Leid, Elend).

17. Dezember 1926
Kunzewo – am westlichen Stadtrand gelegener Außenbezirk Moskaus.

22. Januar 1927
Meine Moskauer Wohnung ist bei Slonim, L. I. – Nachdem Babel Anfang Januar 1927 nach Kiew gereist war, kehrte er nicht mehr in seine alte Moskauer Wohnung in der Obuchowgasse zurück.

28. Januar 1927
die Geige habe ich verkauft – Babel hatte in seiner Jugend bei P. S. Stoljarskij (1871–1944) Unterricht im Geigenspiel erhalten (vgl. auch Brief vom 23. März 1935). Der Verkauf des Mobiliars der Datscha in Sergijewo hängt mit Babels geplanter Auslandsreise zusammen.
Adresse der Tante – vermutlich eine fiktive Adresse, über die Geld nach Brüssel überwiesen werden sollte.

1. März 1927
und nebenbei auch noch zum Jahrestag – Babel bezieht sich hier auf den Tod seines Vaters am 3. März 1924.

7. März 1927
verschied Boris Wenjaminowitsch – Im Zusammenhang mit dem Tod seines Schwiegervaters mußte Babel seine Pläne, bereits im Frühjahr 1927 zu seiner Familie zu reisen, aufgeben. Er kümmerte sich um die Angelegenheiten seiner Schwiegermutter, da seine Frau und deren Bruder bereits im Ausland lebten und nicht nach Kiew kamen.

11. März 1927
Winniza – ukrainische Stadt, am Südlichen Bug unweit der Grenze zu Moldawien gelegen.
Ljowa – Gronfajn, Lew Borissowitsch, Babels Schwager, der Bruder seiner Frau Jewgenija, emigrierte Anfang der 20er Jahre in die USA und handelte mit Sanitärbedarf. Nach deren Ausreise aus der UdSSR unterstützte er über viele Jahre hinweg seine Schwester in Paris finanziell.

18. März 1927
öffentlicher Literaturabend – Außer in Kiew (25. März) fanden Anfang April 1927 öffentliche Lesungen in Odessa und Winniza statt, wo Babel sein Stück *Sonnenuntergang* vorstellte.
Jekaterinoslaw – Diesen Namen trug die südlich von Kiew am Dnjepr gelegene Stadt Dnjepropetrowsk bis 1926.

26. März 1927
Stepanida – Hausangestellte der Familie Gronfajn in Kiew.
gestern habe ich zum ersten Mal mein neues Stück vorgelesen – Im Anschluß an die

öffentlichen Lesungen von *Sonnenuntergang* arbeitete Babel weiter an Korrekturen, bevor er das Stück im Juni 1927 an W. P. Polonskij (1886–1932), Chefredakteur der Moskauer Zeitschrift NOWYJ MIR, schickte, wo es schließlich im Februar 1928 publiziert wurde – zeitgleich mit der Inszenierung des Stücks am Moskauer Künstlertheater II. Zuvor war *Sonnenuntergang* am Arbeitertheater in Baku am 23. Oktober 1927 uraufgeführt worden, zwei Tage später folgte die erste Inszenierung in Odessa am Russischen Dramentheater und am 1. Dezember 1927 wurde das Stück ein zweites Mal in Odessa vom Ukrainischen Dramentheater auf die Bühne gebracht. In der Zeitung WETSCHERNIJ KIEW erschien am 26. März 1927 eine Rezension zu Babels öffentlicher Lesung.
die alte Sejliger – Sejliger, Raissa Solomonowna, in Kiew lebende Schwiegermutter von R. B. Sejliger (geb. Gronfajn), Babels Schwägerin.

17. APRIL 1927
a hejm balebuste – jidd.: »Hausfrau«, »Hausherrin«.
Stejnach – nicht ermittelt.

23. APRIL 1927
Lubny – Stadt im Gebiet Poltawa, am Fluß Sula unweit von dessen Mündung in den Dnjepr gelegen.
die Ablieferung eines Szenariums an SOWKINO – gemeint ist das Szenarium für den Film *Die Chinesische Mühle,* das Babel im Frühjahr 1927 geschrieben hatte. Der Film wurde 1927 unter der Regie von A. Lewschin gedreht und hatte im Juli 1928 Premiere.
Verhandlungen mit dem Künstlertheater – über die Inszenierung von *Sonnenuntergang.*
Der Regisseur Gritscher in Odessa – Gritscher, Grigorij, drehte 1926 in Odessa den Film *Wandernde Sterne* nach Babels Szenarium (vgl. auch Anm. zum Brief vom 15. Juli 1925).

28. APRIL 1927
in Berlin habe ich viel zu tun – vermutlich steht hier »Berlin« v.a. für den MALIK VERLAG, der im Jahr zuvor die wichtigsten Werke Babels in deutscher Sprache verlegt hatte.

26. JUNI 1927
Alexandrinskij Theater – Das älteste russische Dramentheater, 1756 in Petersburg gegründet, trug seit 1832 diesen Namen. Babel verwendet hier noch diesen alten Namen. Seit 1919 hieß es Petrograder, seit 1924 Leningrader Akademisches Dramentheater. Zu einer Aufführung von *Sonnenuntergang* kam es nicht.

2. APRIL 1928
Reise nach Italien – Babel plante, Maxim Gorkij in Sorrent zu besuchen,

doch kam diese Reise wegen der Schwierigkeiten, ein italienisches Visum zu erhalten, nicht zustande. Gorkij reiste am 20. Mai 1928 in die Sowjetunion, noch bevor Babel ein Visum ausgestellt wurde.

Das Stück läuft immerhin noch in Moskau – gemeint ist *Sonnenuntergang*, das am 28. Februar 1928 am Moskauer Künstlertheater II Premiere hatte (vgl. auch den Brief vom 28. April 1928). Babel äußert in Briefen aus dieser Zeit mehrfach große Skepsis gegenüber der Moskauer Inszenierung. Während das Stück im Oktober 1927 mit großem Erfolg in Baku und Odessa aufgeführt worden war, wurde es in Moskau bereits nach 16 Aufführungen abgesetzt.

nach Polonskij haben sie Olschewez … rausgeschmissen – Polonskij (eigentl.: Gussin), Wjatscheslaw Pawlowitsch (1886–1932), ein wichtiger Literaturkritiker der frühen Sowjetzeit, war 1926–31 Chefredakteur von NOWYJ MIR. Die 1925 gegründete, monatliche politische und Literaturzeitschrift erlebte in den ersten Jahren ihres Bestehens einige Umstrukturierungen innerhalb der Redaktion, in der bis 1931 auch A. W. Lunatscharskij (1875–1933) ein einflußreiches Mitglied war. Olschewez, Mark Ossipowitsch, ein Journalist und Kritiker, hatte 1924 noch als Redakteur der Odessaer ISWESTIJA gearbeitet.

a jid, a schiker – jidd.: »ein Jude, ein Trinker«.

Ingulow – Ingulow, Sergej Borissowitsch (1893–1939), Schriftsteller, Journalist und Kritiker; leitete 1923 beim ZK der Kommunistischen Partei das Pressebüro der Abteilung für Agitation und Propaganda. Er hatte 1920 als damaliger Sekretär des Gouvernementsparteikomitees von Odessa Babel bei dessen Eintritt in die 1. Reiterarmee unterstützt.

»Wind an den Ort, da er anfing« – Zitat aus dem *Buch Prediger* I, 6.

In Amerika dauern die Verhandlungen immer noch an – Zu einem Vertragsabschluß über eine Aufführung von *Sonnenuntergang* kam es nicht.

Wasserklosett-Millionen – Babels Schwager handelte in Amerika mit Sanitärbedarf.

24. APRIL 1928

B. D. könnte Mama wieder Paris verleiden – Babels Mutter war bereits Januar/Februar 1928 zu Besuch in Paris gewesen, wobei die Schwiegermutter Berta Dawydowna Babels Mutter offenbar nie allein gelassen hat, weshalb letztere kaum Gelegenheit hatte auszugehen.

Ataman – in freier Wahl gewählter Führer der Kosaken.

Die Italiener erteilen auch keine Visa – vgl. Anm. zum Brief vom 2. April 1928.

28. APRIL 1928

Villa – Babel lebte zu dieser Zeit in Paris in sehr bescheidenen Verhältnissen. Die scherzhaft gemeinte Bezeichnung »Villa« bezieht sich nicht auf ein Haus, sondern auf die Straße »Villa Chauvelot«, in der er im Haus Nr. 15 wohnte.

Ljubka Monarchist – bezieht sich vermutlich auf eine Hausangestellte von

Babels Frau Shenja in Paris; zugleich wohl auch eine scherzhafte Anspielung auf die Titelfigur von Babels 1924 entstandener Erzählung *Ljubka Kosak*.
einen ziemlich gescheiten Artikel von P. Markow – Markow, Pawel Alexandrowitsch (1897–1980), Theaterkritiker, Regisseur und langjähriger Spielplanleiter des Moskauer Künstlertheaters, an dem er 1925–62 tätig war. Markow gehörte zu den ersten, denen Babel sein Stück vorgelesen hatte. Als Regisseur und Theaterwissenschaftler fand er in seiner Kritik einen Zugang zu Babels Stück, die sich deutlich von anderen, zumeist politisch motivierten Kritiken seiner Zeitgenossen abhob.
Halewaj! – jidd.: »Gebe Gott…!«, »wenn doch…!«, bei irrealem Wunsch.

10. Mai 1928
die wohlfeilen fünfhundert Francs – Vermutlich handelt es sich hierbei um ein Honorar für die im Malik Verlag erschienenen deutschen Ausgaben von Babels Erzählungen.
Ljolja und Nadja – gemeint sind Ljolja Rollin (vgl. Anm. zum Brief vom 21. August 1925) und deren Tochter Nadja.
eine dunkle Geschichte – Ein junger Cousin von Babels Mutter hatte eine junge spanische Adlige geheiratet, die kurze Zeit später an der Schwindsucht starb. Daraufhin nahm sich Babels Verwandter – der »Sohn aus dem Hause Salomons« – das Leben.
die Früchte dieser Arbeit – Babel arbeitete während seines ersten Frankreichaufenthaltes weiter an dem Erzählzyklus *Geschichte meines Taubenschlages* sowie an einem nicht erhaltenen Roman über das Leben eines ehemaligen Banditen unter den Gegebenheiten der frühen Sowjetzeit, der den Titel *Kolja Topus* erhalten sollte.

21. Mai 1928
ein Sammelband mit Aufsätzen über mich – Gemeint ist ein 1928 in der Reihe »Mastera sovremennoj literatury« (Meister der zeitgenössischen Literatur) im Verlag Academia in Leningrad erschienener Band, der literaturkritische Aufsätze von N. L. Stepanow (1902–72), P. I. Nowizkij und G. A. Gukowskij (1902–50) über Babel enthält.
Altman – Altman, Natan Issajewitsch (1889–1970), Künstler, Bildhauer und Graphiker.

17. Oktober 1928
Boris Markowitsch – nicht ermittelt.
S. A. Finkelstejn – Kiewer Arzt, bei dem Babel nach seinem ersten Frankreichaufenthalt für einige Zeit wohnte.

20. Oktober 1928
Sowtorgflot – Abk. für russ.: »Sovetskij torgovlennyj flot« (Sowjetische Handelsflotte).

22. Oktober 1928
Chalshonnow – nicht ermittelt.

28. Oktober 1928
»Jedalnja« – ukrain.: »Kantine«, »Speisesaal«.
Budjonnyjs Brief an Gorkij – Budjonnyj, Semjon Michajlowitsch (1883–1973), der Oberbefehlshaber der 1. Reiterarmee, seit 1935 im Marschallsrang, griff Babels Erzählungen mehrfach an. Er hatte sich bereits 1924 (lange vor der Buchpublikation der *Reiterarmee*) kritisch zu jenen Erzählungen Babels geäußert, die den Kampf seiner Kavallerieeinheit gegen die Polen 1920 behandeln. Sein Offener Brief an Maxim Gorkij, der im wesentlichen von S. Orlowskij (1891–1935), einem anderen Veteranen der Reiterarmee formuliert worden war, erschien am 26. Oktober 1928 in der Prawda und greift Babels »Realismus« in scharfer Form an: »Weiberklatsch erzählt Babel über die Reiterarmee, wühlt in Weiberkram und berichtet mit weibischem Entsetzen, wie ein hungriger Rotarmist sich irgendwo ein Huhn und einen Brotlaib nahm.« Für Budjonnyj stellt Babels Werk eine »Karikatur« dar, das »vor kleinbürgerlich spießiger Weltanschauung und Psychologie« strotzt. Er schließt mit dem Satz: »Ich glaube, daß man den Heroismus unserer Tage nicht wie Babel beschreiben darf.«
Gorkij – Gorkij, Maxim (eigentl.: Peschkow, Alexej Maximowitsch, 1868–1936), Prosaiker, Dramatiker, hatte Babel zu dieser Zeit bereits mehrfach gegen die Angriffe Budjonnyjs verteidigt. Mit Babel war er bekannt, seit er 1916 zwei Erzählungen Babels in der von ihm in Petrograd herausgegebenen Zeitschrift Letopis veröffentlicht hatte. Babels Beziehung zu Gorkij blieb lebenslang die eines Verehrers und Schülers, auch wenn er sich stark von Gorkijs Ästhetik absetzte. Noch 1936 nannte er Gorkij seinen »ersten und einzigen Lehrer«. Gorkij setzte sich immer wieder für Babel ein; auch auf den hier zitierten offenen Brief reagierte er prompt: am 28. November 1928 druckte die Prawda seine Antwort an Budjonnyj. In seinen Briefen erwähnt Babel ihn zumeist als »A. M.« oder »Alex. Maxim.«.

19. November 1928
Iljuscha … Annuschka – Hier und im weiteren fiktive Namen, die dem Zweck dienten, Geldsendungen Babels an seine Familie zu kaschieren.

4. Dezember 1928
Sisman – nicht ermittelt.

15. Dezember 1928
zores – vgl. Anm. zum Brief vom 29. November 1926.
Sascha Ljachezkij – Ljachezkij, Alexander Mojssejewitsch, Bruder von Babels Onkel I. M. Ljachezkij.
Genossen Buchbinder – Babels Schwester und Mutter hatten begonnen,

Bücher zu binden, um das Familienbudget aufzustocken. Dieses Vorhaben wurde aber bald aufgegeben.

20. Dezember 1928
a hohe Schu – jidd.: »hohe Schuhe«, steht hier stellvertretend für damenhafte, elegante Kleidung.

2. Januar 1929
Kriwaja Balka – russ.: »Krumme Schlucht«; jüdisches Viertel in Odessa.

22. Januar 1929
Kinofabrik – In den 20er und 30er Jahren üblicher sowjetischer Terminus für ein Filmstudio.
Borew – nicht ermittelt.
Briefe voll guten Mutes – Babels Frau Shenja ist zu dieser Zeit schwanger.
einen großen Auftrag in puncto Malerei – Babels Frau, die sich in Paris mit Malerei beschäftigte, hatte einen Auftrag erhalten, Gemälde zu restaurieren.

6. Februar 1929
grimmiger Winter – der sog. Jahrhundertwinter 1929 (vgl. hierzu auch die folgenden Briefe); in Deutschland friert der Rhein zu.
Merotschka aus Taschkent – Auch hier ist vermutlich nicht »Taschkent« gemeint, sondern Paris bzw. Brüssel. In verschlüsselter Form gibt Babel demnach Auskunft auf die Anfrage seiner zu dieser Zeit arbeitslosen Schwester (vgl. auch Brief vom 20. Februar 1929: Babels Frau soll seiner Schwester »Aufträge« verschaffen).

28. Februar 1929
Mitja Schmidt – Schmidt, Dimitrij Arkadjewitsch (gest. 1938), war mit Babel seit dem Bürgerkrieg eng befreundet. Er leitete in den 20er Jahren die Kavallerieschule von Krasnodar, wurde später Kommandeur einer Panzerdivision in der Ukraine; Opfer des Stalinschen Terrors.
Sej gesund – verbreitete jiddische Abschiedsformel.

27. April 1929
eins von mir auf englisch – Die englische Ausgabe der *Reiterarmee,* übersetzt von Nadia Helstein, erschien unter dem Titel *Red Cavalry* im Verlag Alfred Knopf 1929 in London.
Jüdin aus Moldawien – In der o.g. Ausgabe wurde offensichtlich bei der Übersetzung von Babels *Autobiographie* aus dem Jahre 1924 das russische Wort »moldavanka« (Moldauerin, Moldawierin) mit der »Moldawanka«, dem jüdischen Viertel von Odessa, verwechselt.
Royat – französischer Kurort in unmittelbarer Nähe von Clermont-Ferrand.
megilen – jidd.: »megile« (Schriftrolle, insbesondere das *Buch Esther*).

5. Mai 1929
meine materiellen Dinge regeln – Babel führte zu dieser Zeit intensive briefliche Verhandlungen mit dem Verlag Gossisdat über eine Neuauflage der *Reiterarmee*.

1. Juni 1929
Schwangerschaft – Babels Frau sah zu dieser Zeit bereits ihrer Niederkunft entgegen.
Ira – nicht ermittelt.

29. Juni 1929
Bürgerkriegsarchiv – Babel beschäftigte sich in dieser Zeit wieder intensiver mit den ersten Jahren nach der Oktoberrevolution. Die erste Juliwoche verbrachte er deshalb in Charkow. Im Frühjahr (20.–29. März 1929) hatte Babel in Kislowodsk an einem Treffen von Soldaten und Kommandeuren der 1. Reiterarmee teilgenommen. Möglicherweise betreffen diese Studien einen geplanten Roman über die Tscheka, an dem Babel nach dem Zeugnis seines Freundes I. L. Liwschiz gearbeitet hat.

23. Juli 1929
Natascha – Babel, Natalja Isaakowna (geb. 1929); Babels erste Tochter wurde am 17. Juli in Paris geboren.

31. August 1929
A. K. hat sich sehr verändert – Woronskij, Alexander Konstantinowitsch (1884–1937), Literaturkritiker und Publizist, Gründer und 1921–27 Chefredakteur der Zeitschrift Krasnaja now. 1927 als Trotzkist verhaftet und aus Moskau verbannt, konnte er nach einer »Selbstkritik« 1930 zunächst nach Moskau zurückkehren. Nach seiner erneuten Verhaftung 1935 wurde er schließlich als »Volksfeind« erschossen. Für Babel war er ein wichtiger Freund und Unterstützer auf dem literarischen Weg von Odessa nach Moskau. In Krasnaja now erschienen 1923/24 viele Erzählungen der *Reiterarmee* und der *Geschichten aus Odessa* erstmals bzw. in Nachdrucken. Als Kritiker widmete sich Woronskij bereits 1924 den neuen Qualitäten von Babels Prosa. Sein Eintreten für viele der sog. »Mitläufer« (russ.: »poputčiki«; ein von A. W. Lunatscharskij 1920 geprägter Begriff für nichtkommunistische Autoren, die der Revolution nicht negativ gegenüberstanden, sich aber nicht durch die Partei vereinnahmen ließen) machte Krasnaja now in diesen Jahren zur vielseitigsten Literaturzeitschrift. Babel besuchte Woronskij und dessen Familie in Lipezk aus alter Freundschaft (vgl. auch Brief vom 2. Dezember 1929).
Sima, Galotschka – Frau und Tochter A. K. Woronskijs.

12. September 1929
As Got wil – jidd.: »wenn Gott will«.

23. NOVEMBER 1929
Klub nacheß – jidd.:»nacheß« (Vergnügen bzw. Genuß); »Klub nacheß« meint in etwa »Vergnügungsklub«.

2. DEZEMBER 1929
ehemaliges Gut der Scheremetjews in Kuskowo – Palais der Grafen Scheremetjew, in dem nach der Revolution zeitweise ein Erholungsheim für Schriftsteller eingerichtet wurde. Kuskowo liegt im Osten Moskaus an der Bahnlinie nach Kursk.
Judenmädel – Babel verwendet hier das russische Wort »židovočka«. Den Wortstamm bildet der extrem pejorative russische Begriff für »Jude« (»žid«, im Gegensatz zu dem neutralen »evrej«); er wird aber mit dem Diminiutivsuffix »-očka« kombiniert, wodurch eine nicht übersetzbare Konnotation von Beschimpfung und Kosewort entsteht.

16. JANUAR 1930
ich arbeite und warte auf meinen Urlaub – Gegenüber seinen Angehörigen kündigte Babel in regelmäßigen Abständen sein baldiges Kommen an, das sich dann stets um immer wieder neue Zeiträume verzögerte. Obwohl viele seiner Bekannten aus der Zeit des Bürgerkriegs einflußreiche Positionen innehatten, konnte er nur unter größten Schwierigkeiten die Erlaubnis für eine Auslandsreise bekommen. Seine 1929 in Paris geborene Tochter sah er deshalb erstmals auf seiner zweiten Auslandsreise 1932/33.

4. FEBRUAR 1930
Dalnizkijstraße, Ecke Balkowskaja – Frühere Wohnung von Babels Eltern im Südwesten der Moldawanka, dem jüdischen Stadtviertel Odessas.

9. FEBRUAR 1930
Mutter der russischen Städte – Kiew trägt diesen Beinamen aufgrund seiner historischen Bedeutung als erstes urbanes Zentrum der Ostslawen.

16. FEBRUAR 1930
Habe … all meine Angelegenheiten geregelt – Babel hatte von der Kiewer Kinofabrik einen Vorschuß für ein Szenarium *Fettklößchen* nach der Erzählung von Guy de Maupassant (1850–1893) erhalten, dachte aber nicht daran, dieses zu verfassen, sondern fuhr von Kiew aus in verschiedene Dörfer des Bezirks Borispol, um die Auswirkungen der »durchgängigen Kollektivierung« (s.u.) zu beobachten.
Gebiet der sog. durchgängigen Kollektivierung – russ.: »splošnaja kollektivizacija«; bereits am 5. Januar 1930 hatte das ZK der Kommunistischen Partei einen Beschluß über das Tempo der Kollektivierung gefaßt und das Land in drei Kollektivierungszonen eingeteilt. Am 30. Januar folgte ein weiterer ZK-Beschluß über Maßnahmen zur Liquidierung der Kulakenwirtschaften (große und mittlere Bauernhöfe). Diese Maßnahmen führten

dazu, daß im ersten Halbjahr 1930 über 320 000 landwirtschaftliche Betriebe »entkulakisiert« wurden. Die örtlichen Verantwortlichen hatten die legale Möglichkeit, Land, Häuser und anderen Besitz zu beschlagnahmen und Groß- bzw. Mittelbauern aus Gegenden mit Kollektivwirtschaften auszuweisen. Dies geschah mit brutaler Gewalt und militärischer Unterstützung. Als Babel nach Kiew zurückkehrte, war er den Erinnerungen M. Makotinskijs zufolge völlig konsterniert von dem, was er in den Dörfern gesehen hatte (vgl. M. Makotinskij: *Umenie slušat'* in: *Vospominanija o Babele.* Moskau 1989). In seinen Briefen ins Ausland konnte er selbstredend hiervon nicht berichten.

1. April 1930
Dnjeprostroj – Babel besuchte hier ein Zentrum der Industrialisierung, die nach Stalins Strategie neben der Kollektivierung der Landwirtschaft Rußlands zweites Standbein auf dem Weg zum Kommunismus werden sollte. Das riesige Staudammprojekt am Unterlauf des Dnjepr sollte die metallurgischen Betriebe in Dnjepropetrowsk mit der nötigen Elektrizität versorgen.

27. April 1930
nur der Tod von W. M. hat Bestürzung hervorgerufen – Majakowskij, Wladimir Wladimirowitsch (1893–1930), Lyriker und Dramatiker, gab 1923–25 die futuristische Zeitschrift LEF heraus, in der Erzählungen Babels erschienen, die ihn überregional bekannt machten. Majakowskij hatte sich am 14. April in Moskau das Leben genommen. Ursache war sicherlich nicht allein eine unglückliche Liebe. Seit Ende der 20er Jahre hatte er sich zunehmenden Angriffen von seiten der RAPP (Abk. für russ.: »Rossijskaja associacija proletarskich pisatelej« (Russische Assoziation proletarischer Schriftsteller)) ausgesetzt gesehen. Die Parteilinie erlaubte immer weniger experimentelle Kunst. Majakowskijs Versuch, durch den Beitritt zur RAPP seine Position in der totalitärer werdenden Literaturhierarchie zu sichern, schlug fehl, sein Stück *Das Schwitzbad* wurde verboten, ein Auslandsvisum verweigert.
Seitdem das Geheimnis nun gelüftet ist – Offenbar geht es hier darum, daß ein Weg, über den Babel seinen Angehörigen Geld ins Ausland transferiert hatte, entdeckt worden ist.
Orechowo-Sujewo – etwa 70 km östlich von Moskau gelegene Stadt an der Eisenbahnlinie nach Wladimir.

13. Mai 1930
Onkel Tomgorskij – vermutlich eine fiktive Geldadresse.

26. Mai 1930
Onkel Iljuscha – Ehrenburg, Ilja Grigorjewitsch (1891–1967), Lyriker, Prosaiker und vielseitiger Journalist, war lange Jahre mit Babel und dessen

Familie befreundet. 1921–41 reiste er häufig ins westliche Ausland (Berlin, Paris). Sein 1954 publizierter Roman *Tauwetter* gab der Periode nach Stalins Tod den Namen.

14. Juni 1930

Molodjonowo ... in der Nähe von Swenigorod – In diesem Dorf, das etwa 50 Kilometer westlich von Moskau liegt, fand Babel beim Dorfschuster I. K. Krupnow (1870–1953) eine Unterkunft, in der er bis zu seiner Abreise nach Frankreich 1932 größtenteils wohnte. In der schlichten Umgebung dieses Dorfes konnte er in dieser Zeit am produktivsten arbeiten. Zugleich interessierte er sich sehr für die Angelegenheiten der Dorfbewohner und arbeitete einige Zeit in der Kolchosverwaltung und im Dorfsowjet von Molodjonowo mit.
Werst – (russ.: »versta«), russisches Längenmaß; eine Werst entspricht 1,0668 km.

6. Juli 1930

»Ich ein Bild, du ein Porträt...« – Babel spricht hier scherzhaft den regelmäßigen Austausch von Photographien an.
Lew Iljitsch – Slonim, L. I. (vgl. Anm. zum Brief vom 29. November 1926).
Iljuscha – Slonim, Ilja Lwowitsch (1906–73), Bildhauer, Sohn der Slonims.
Deine Frage bezüglich Ilja Grigor. – I. G. Ehrenburg (vgl. Anm. zum Brief vom 26. Mai 1930) hatte zu dieser Zeit häufig die Möglichkeit, ins Ausland zu reisen, und bemühte sich stets, Babels Aufträge bezüglich der Versorgung seiner Angehörigen in Paris und Brüssel zu erledigen.
majne tajbelech – jidd.: »meine Täubchen«.

22. Juli 1930

»Interview an der Riviera« ... Lit. gaseta – In der Literaturnaja gaseta 1930/28 war ein gegen Babel gerichteter polemischer Artikel von B. Jassenskij erschienen, der ein Interview aufgreift, das Babel während seines ersten Frankreichaufenthaltes an der Riviera einem gewissen Alexander Dan gegeben haben soll. Dieses »Interview« war in der in Polen erscheinenden Wochenzeitschrift Literaturnyje wedomosti publiziert worden. Babel wurde hier scharfe Kritik an den Verhältnissen in der Sowjetunion unterstellt, die in der Äußerung gipfelte, es sei unmöglich, in diesem Land frei zu arbeiten. Babel setzte sich gegen die ihn betreffenden Unterstellungen in einem Brief an die Literaturnaja gaseta vom 17. Juli zur Wehr, dementierte, je ein solches Interview gegeben zu haben, und warf der Zeitung schlampige Recherche vor. Gleichermaßen nahm Babel bereits am 13. Juli auf einer Sitzung des Sekretariats der Föderation der Vereinigungen sowjetischer Schriftsteller zu den gegen ihn erhobenen Vorwürfen Stellung.
warum man meinen Urlaub so lange hinausgezögert hat – Die Spielräume für literarische »Mitläufer« wurden in dieser Zeit immer enger. Babels haupt-

sächliche Befürchtung mußte nach mehreren Jahren ohne größere Publikation sein, man könnte seinen Wunsch, ins Ausland zu seinen Angehörigen zu reisen, als Fluchtversuch interpretieren.
Sina – Gofman, Sinaida Jewgenjewna (geb. 1930), Tochter von Babels Cousine Ada Gofman (geb. Kuschnir).

12. August 1930
Chadshibejskij Liman – Einer der drei bei Odessa gelegenen Mündungsseen, etwa 8 km außerhalb der Stadt, dessen mineralienreiches Wasser für vielfältige Kuranwendungen genutzt wurde.

8. September 1930
»Feindfahrt« – Babel hatte in der ersten Septemberwoche an Manövern bei Leningrad teilgenommen.

21. Oktober 1930
Feiern zur »Unabhängigkeit der Belgier« – Nach dem Wiener Kongreß wurde das heutige Belgien unter niederländische Herrschaft gestellt. 1830 begann in Brüssel ein Aufstand, der schließlich am 18. November 1830 zur Unabhängigkeitserklärung führte. Das 100jährige Jubiläum dieser Ereignisse wurde in Belgien feierlich begangen.
Iwan Karpytsch – Krupnow, Iwan Karpowitsch (1870–1953), Dorfschuster in Molodjonowo, bei dem Babel von Juni 1930 bis zu seiner zweiten Auslandsreise ein Zimmer bewohnte.

17. November 1930
Sawrassows – nicht ermittelt.
Sehr kompetente Leute fanden – Babel weist nun also eindeutig auf die ausschlaggebenden Gründe für das wiederholte Aufschieben seiner geplanten Auslandsreise hin: die Befürchtung, man könne ihm, der ohnehin mit dem Etikett des »Mitläufers« behaftet war, das als »Drückebergerei« auslegen (vgl. auch Anm. zum Brief vom 16. Januar 1936).

14. Dezember 1930
Anzeichen eines Anfalls – Babel litt lange Jahre unter Asthmaanfällen.

28. Dezember 1930
»mit far ase gliacht« – jidd.: »es gibt dafür keinen Vergleich«, im übertragenen Sinne: unglaublich aber wahr.

14. Januar 1931
Wanjucha – Sohn von Babels Hauswirt I. K. Krupnow in Molodjonowo.

8. Februar 1931
Costes und Bellonte – Am 1./2. September 1930 hatten D. Costes und

M. Bellonte einen der ersten Atlantikflüge erfolgreich durchgeführt (in 37 Stunden von Paris nach New York).
dann werde ich Dich als Hüter … ablösen – Babels Mutter war erneut erkrankt, und seine Schwester hatte geklagt, daß sie Tag und Nacht am Krankenlager wachen müsse und selbst ausgelaugt und verzweifelt sei.

11. Februar 1931
WUFKU, für die ich zwischendurch … Aufträge ausführe – Um seine finanzielle Situation aufzubessern, schrieb Babel anonym die Zwischentitel für viele Filme bzw. redigierte die Textvorlagen anderer Autoren.
Welikaja Stariza – ursprünglich sollte Babels geplanter Erzählzyklus über das russische Dorf den Namen *Welikaja Stariza* (nach einem Dorf in der Nähe der Kreisstadt Borispol im Kiewer Gebiet, das er im Februar 1930 besucht hatte) erhalten; vgl. auch Brief vom 14. Oktober 1931.
neue jüdische »Bauernkolonien« – vgl. Anm. zum Brief vom 19. Februar 1931.

19. Februar 1931
KOMSET (Komitee zur Agraransiedlung werktätiger Juden) – KOMSET (Abk. für russ.: »Komitet po zemel'nomu ustrojstvu evreev trudjaščichsja«), eine 1924 durch einen Erlaß des Zentralen Exekutivkomitees der UdSSR gegründete Organisation, deren Aufgabe darin bestand, jüdischen Siedlern in der Ukraine und auf der Krim Land zuzuteilen und die dadurch entstehenden Kolonien in die neue Wirtschaftsstruktur der UdSSR zu integrieren. 1938 wurde das KOMSET aufgelöst. Im Jahre 1939 gab es in der Ukraine und auf der Krim fünf jüdische Bezirke bzw. Agrarkolonien.

27. Februar 1931
Wohnungsverhältnisse und Wohnungsinhaber sind gut – Babel wohnte bei seinen Kiewer Freunden, der Familie von M. Makotinskij.
das Schnürchen in der Hand – Babels zweite Frau, A. N. Piroshkowa (geb. 1909), erinnert sich: »Wenn Babel arbeitete, saß er auf dem Sofa, häufig im Schneidersitz, oder er ging im Zimmer auf und ab, in der Hand einen Bindfaden oder eine dünne Schnur, die er ständig um die Finger wickelte, um sie dann wieder abzuwickeln. Ab und zu trat er an den Tisch oder das Regal und notierte etwas auf einem Blatt. Dann nahm er seine Wanderung wieder auf und dachte nach.« (A. Piroshkowa: *Ich wünsche Ihnen Heiterkeit. Erinnerungen an Babel.* Berlin 1993, S. 54)

2. März 1931
Kreisstadt Makarow – Makarow liegt etwa 45 km westlich von Kiew.

15. März 1931
meine OSET-Angelegenheiten – OSET, Abk. für russ.: »Obščestvo zemleustrojstva evreev trudjaščichsja« (Gesellschaft zur Agrarorganisation

werktätiger Juden), eine von 1924 bis 1938 existierende, halb private Organisation zur Unterstützung des offiziellen Komset (s.o.). 1936 hatte OSET eine halbe Million Mitglieder, deren Hauptaufgabe darin bestand, die Ansiedlung jüdischer Arbeiter in der Landwirtschaft zu propagieren und zugleich den Antisemitismus in der Sowjetunion zu bekämpfen. Aktive Unterstützung leistete OSET bei der Finanzierung und Ausstattung neuer jüdischer Kolonien.

11. April 1931
Kulitsch – russischer Hefekuchen mit Nüssen und kandierten Früchten, der zu den traditionellen Osterspeisen der orthodoxen Christen gehört. Der Kulitsch wird nur zu Ostern zubereitet und zumeist nach der Segnung durch einen orthodoxen Priester am Ostersonntag verzehrt.

16. April 1931
Alfons XIII. – Nachdem bereits im Jahr zuvor die antimonarchistischen Kräfte in Spanien stark an Einfluß gewonnen hatten und die Regierung immer häufiger mit Unruhen im Land konfrontiert wurde, erbrachten die Gemeindewahlen am 12. April 1931 den Republikanern die Mehrheit. Zwei Tage später dankte daher König Alfons XIII. (1886–1941) ab und ging nach England ins Exil.
Don Cascara Sagrada – Ein Scherz Babels. »Cascara Sagrada« ist nicht der Name eines spanischen Politikers, sondern der Fachterminus für die amerikanische Faulbaumrinde, ein starkes Abführmittel.

25. April 1931
Witja Sejliger – nicht ermittelt; möglicherweise ein Sohn von Wolodja und Raissa Sejliger.

3. Mai 1931
Namenstag – Nach dem orthodoxen (julianischen) Kirchenkalender fallen die Feste des hl. Isaak und der hl. Natalja auf den 3. bzw. den 26. August (16. August bzw. 8. September neuen Datums). Babel äußert damit also seine Hoffnung, den Spätsommer 1931 in Frankreich zu verbringen.

15. Mai 1931
Jaschka Ochotnikow – Ochotnikow, Jakow Ossipowitsch (1891?–1933), Bürgerkriegsveteran, der Anfang der 30er Jahre Chef von Giproawia, einer Institution zum Aufbau der sowjetischen Luftwaffe, war. Bis zu seiner Verhaftung und Hinrichtung 1933 (wegen einer Rede über Trotzkijs Verdienste um die Revolution!) war er Babel ein einflußreicher Freund, der ihn oft auch persönlich mit Lebensmitteln versorgte.
Magnitogorsk – Die Zeitschrift Oktjabr entsandte zwei »Schriftstellerbrigaden« zu Großprojekten der sowjetischen Industrialisierungskampagne; im Mai fuhr die erste Gruppe zu den Ölfeldern bei Baku, eine

zweite besuchte den metallurgischen Industriekomplex im Südural. Magnitogorsk entstand als Stadt erst mit dem Aufbau des Hüttenkombinats und zählt heute über 400 000 Einwohner.

21. Mai 1931
Bin in die Stadt gefahren, um Gorkij zu treffen – Nach Babels fehlgeschlagenem Versuch, Maxim Gorkij im Frühjahr 1928 in Sorrent zu besuchen, begegneten sich beide nun nach zehn Jahren zum ersten Mal wieder. Seit Gorkij 1921 Rußland verlassen hatte, hatte sich keine Gelegenheit für ein Treffen gefunden. Es war bei brieflichen Kontakten geblieben. Infolge der Nachbarschaft in Molodjonowo im Sommer 1931 fanden die beiden Schriftstellern zu einem intensiven Austausch; Babel besprach mit Gorkij regelmäßig seine in dieser Zeit entstehenden Werke (vgl. hierzu auch den folgenden Brief).
Kirill – nicht ermittelt.

5. Juni 1931
Terminarbeit – Im Juni 1931 reichte Babel nach einer mehrjährigen Pause wieder einige Erzählungen bei den Redaktionen von Nowyj mir und Molodaja gwardija ein. Diese publizierten im Herbst 1931 drei dieser Erzählungen (vgl. Anm. zum Brief vom 14. Oktober 1931).
Turgenjew – Turgenjew, Iwan Sergejewitsch (1818–83), Prosaiker und Dramatiker, wurde durch seine Novellen und Romane zu einem der wichtigsten Vertreter des russischen Realismus.

17. Juni 1931
Den Rezensionen nach … die Worte Deines Slonim – Babel spricht hier vermutlich keine publizierten Rezensionen an, sondern bezieht sich auf die Reaktionen der Zeitschriftenredakteure, die seine neuen Erzählungen gelesen hatten. Slonim, Mark Lwowitsch (1894–1976), ein zu dieser Zeit in Paris lebender russischer Literaturwissenschaftler und Kritiker, der bereits in den 20er Jahren für Prager und Pariser Emigrantenzeitschriften gearbeitet hatte, veröffentlichte 1933 sein Buch *Portrety sovetskich avtorov* (Portraits sowjetischer Autoren), in dem er sich auch eingehend mit Babels Prosa auseinandersetzte.

29. Juni 1931
La Bourboule – französischer Kurort, etwa 20 km südöstlich von Clermont-Ferrand.

7. Juli 1931
im ehemaligen Haus von Morosow – Maxim Gorkij wurde nach seiner Rückkehr aus Italien der ehemalige Landsitz des Großindustriellen und Kunstsammlers S. T. Morosow (1862–1905) überlassen.
Bald hat unsere ganze Familie Geburtstag – Die Geburtstage Babels, seiner

Schwester Marija sowie seiner Tochter Natascha folgten einander am 13., 16. und 17. Juli.

3. August 1931
Semitschow – Semitschow, Nikolaj Romanowitsch (1879–1964), ein Jockey, mit dem Babel eng befreundet war.

17. August 1931
St.-Jacut-sur-la-Mer – französischer Badeort an der Nordküste der Bretagne in der Nähe von Dinard.
die T.S.F. – Abk. für franz.: »téléphonie sans fil« (drahtlose Telephonie), Bezeichnung für ein Rundfunkgerät.

14. Oktober 1931
Molodaja gwardija – literarisch-politische Monatszeitschrift (gegründet 1922 durch die kommunistische Jugendorganisation Komsomol); im Septemberheft der Zeitschrift erschien Babels auf 1930 datierte Erzählung *Erwachen,* seine einzige Publikation in dieser Zeitschrift.
Geschichte meines Taubenschlages – vgl. Anm. zum Brief vom 21. März 1926.
zwei Erzählungen in Nowyj mir – Im Oktober 1931 erschienen hier die Erzählungen *Gapa Gushwa* und *Im Keller* (vgl. hierzu auch den Brief vom 8. November 1931). Der Chefredakteur W. P. Polonskij notierte 1931 in seinem Tagebuch, daß Babel in der Redaktion von Nowyj mir die Erzählungen *Im Keller* und *Argamak* gelesen und ihm drei weitere Manuskripte übergeben habe, die allesamt »durch und durch erotisch« waren: »Unmöglich zu drucken. Das würde bedeuten, seine Reputation als ›Mitläufer‹ zu untergraben. Acht Jahre lang zu schweigen und dann einen Strauß ganz und gar erotischer Sachen auf den Tisch zu zaubern – ist das etwa die Pflicht eines Mitläufers? Aber die Sachen sind bemerkenswert. Der Lakonismus hat sich noch verstärkt. Die Sprache ist schlichter geworden... [...] Er schuldet Nowyj mir zweitausend Rubel. Die Buchhaltung droht mit einer Disziplinarstrafe. Er hat das Manuskript abgeliefert, um die Buchhaltung zu beruhigen.« (W. P. Polonskij: *Iz dnevnika 1931 g.,* in: *Vospominanija o Babele,* a.a.O., S. 197) *Gapa Gushwa* ist die erste von zwei erhaltenen Erzählungen, die Babel in einem Buch über das russische Dorf und die durch die Kollektivierung hervorgerufene Situation unter dem Titel *Welikaja Kriniza* zusammenfassen wollte. Babel wollte dabei nicht nur die Erfahrungen seines Aufenthalts in Molodjonowo aufnehmen, sondern auch seine im Februar/März 1930 im Kreis Borispol gemachten Beobachtungen. Das Buch sollte daher nach einem Dorf in der Nähe von Borispol »Welikaja Stariza« heißen. Diesen Namen änderte Babel bei der Veröffentlichung von *Gapa Gushwa* in »Welikaja Kriniza«, während die zweite erhaltene Erzählung dieses Zyklus, *Kolywuschka,* die nicht mehr zu Lebzeiten Babels veröffentlicht wurde, noch den ursprünglichen Namen beibehält.

Literaturrummel – Polonskij notierte sich zu dieser Zeit, Babel habe sich der Revolution zunehmend entfremdet und stehe ihr wohl im Innern feindlich gegenüber. Babels Begeisterung für die großen Aufbauprojekte und das »neue Dorf« hielt Polonskij zu diesem Zeitpunkt bereits für gespielt. In einer Situation, da der Totalitarismus auch die letzten »Nischen« im literarischen Leben zu beseitigen versuchte und die Vordenker der stalinistischen Kulturpolitik bereits an den Dogmen des Sozialistischen Realismus feilten, konnte dies existenzgefährend werden. Babels Flucht vor dem (literarischen) Moskauer Leben wird immer mehr zum Versuch zu überleben.
»in Purpur und in Gold gekleidete Wälder« – Zitat aus A. S. Puschkins (1799–1837) Gedichtfragment *Herbst.*

16. Oktober 1931
Morgan – Morgan, John Pierpont jun. (1867–1943), der von seinem Vater eines der größten Bankhäuser der USA geerbt hatte und ein gewaltiges Industrieimperium beherrschte, vermittelte bereits im 1. Weltkrieg Staatskredite für die französische Rüstung und griff in den 20er Jahren zur Stützung der französischen Währung ein.
schept nacheß – jidd.: »schöpft Vergnügen«.

31. Oktober 1931
Die Feiertage fallen hier … mit dem »Schutzheiligen« zusammen – Mit den offiziellen »Feiertagen« ist der Jahrestag der Oktoberrevolution (7./8. November) gemeint; um welchen Schutzheiligen es sich handelt, läßt sich aufgrund der Vielzahl der orthodoxen Heiligen, deren Jahresfest an diesen Tagen gefeiert wird, nicht zweifelsfrei feststellen.

8. November 1931
Oktoberheft von Nowyj mir – vgl. Anm. zum Brief vom 14. Oktober 1931.
die schweren Geschütze halte ich noch zurück – Außer den in Heft 1931/10 publizierten *Im Keller* und *Gapa Gushwa* waren für Nowyj mir noch die Erzählungen *Dreifaltigkeitsblume* (Ivanda-Mar'ja), *U Troicy* (Bei der Dreifaltigkeit), *Med'* (Honig), *Vesna* (Frühling) und *Adrian Marinec* vorgesehen. Die *Dreifaltigkeitsblume* erschien schließlich im April 1932 in der Zeitschrift 30 dnej, die übrigen sind gemeinsam mit Babels Archiv seit seiner Verhaftung verschwunden.
Baja – nicht ermittelt.

27. November 1931
Achuz – jidd.: »außer«.
Militärbüchlein – gemeint ist die *Reiterarmee,* von der 1931 die 5. und 6. Auflage erschienen.
Swesda – Leningrader Literaturzeitschrift, die in den 20er Jahren v.a. Literatur der »Mitläufer« (so z.B. die Werke fast aller »Serapionsbrüder«)

publizierte. In Heft 1931/7 der Zeitschrift erschien Babels Erzählung *Karl-Jankel* (vgl. Anm. zum Brief vom 2. Januar 1932).

30. November 1931
sollte mir Reginin die Korrekturfahnen herbringen – Im Januar 1932 erschien in der Zeitschrift 30 DNEJ, deren Mitbegründer und Redakteur W. A. Reginin war, die Erzählung *Das Ende des Altersheims.* In den folgenden Heften publizierte Babel hier außerdem die Erzählungen *Der Weg,* 1932/3, *Dreifaltigkeitsblume,* 1932/4, und *Guy de Maupassant,* 1932/6.

12. Dezember 1931
eine neue deutsche Ausgabe – gemeint ist eine einbändige Werkausgabe, die in Berlin und Prag im Malik Verlag unter dem Titel *Drei Welten* erschien.

21. Dezember 1931
Pud – russische Gewichtseinheit; 1 Pud = 16,38 kg.

2. Januar 1932
solche Nichtigkeiten wie Karl-Jankel – Die Erzählung hatte scharfe Angriffe in der Presse hervorgerufen, so daß Babel offensichtlich fürchtete, die lange geplante Auslandsreise sei dadurch gefährdet.
mit dem Schnürchen in der Hand – vgl. Anm. zum Brief vom 27. Februar 1931.

7. Januar 1932
»Onkelchen aus Amerika« – gemeint ist Babels in Amerika lebender Schwager Ljowa, der seine Schwester Shenja und seine Mutter Berta Dawydowna in Paris finanziell unterstützte.
Heute ist der erste Weihnachtstag – Babel spricht vom Weihnachten der russisch-orthodoxen Kirche, das wegen der Beibehaltung des julianischen Kalenders auf den 6.–8. Januar fällt. Diese Feiertage wurden von der kommunistischen Regierung aufgehoben und gewissermaßen durch den Neujahrstag ersetzt.
Nefjedowna – Frau von I. K. Krupnow, Babels Hauswirt in Molodjonowo.

4. März 1932
eine Wohnung ... vorübergehend, bis etwas Größeres gefunden ist – Diese Wohnung in der Bolschoj Nikolo-Worobinskij-Gasse 4 im Moskauer Stadtteil Krasnaja Presnja, die Babel im März 1932 zugewiesen wurde, bewohnte er bis zu seiner Verhaftung. Seine zweite Frau A. N. Piroshkowa (geb. 1909) und seine Tochter L. I. Babel (geb. 1937) wohnten bis zum Jahr 1965 hier.
Wera – Werzner, Wera, Schwester von L. N. Liwschiz (geb. Werzner).
neue Ausgabe der Geschichten aus Odessa – Die hier erwähnte Ausgabe war Ende 1931 im Verlag GIChL in Moskau und Leningrad erschienen. Die Tuschezeichnung des Umschlags zeigt Babel, wie er mit einer seiner Figuren, dem alten Reb Arje Lejb, auf einer Friedhofsmauer sitzt.

16. März 1932
Tretjakow – Tretjakow, Sergej Michajlowitsch (1892–1937), Prosaiker und Dramatiker, der in den 20er Jahren eng mit S. M. Eisenstein und W. E. Meyerhold (1874–1940) zusammenarbeitete; fiel dem Stalinschen Terror zum Opfer.

5. April 1932
Dora – Ljachezkaja, Dora Mojssejewna, eine in Odessa lebende Schwester von Babels Onkel I. M. Ljachezkij.

9. April 1932
Meine Deutschen – Babel zog in die Wohnung, die der österreichische Ingenieur B. Steiner (vgl. Anm. zum Brief vom 5. August 1932) zuvor mit anderen Mitarbeitern einer Elektrofirma genutzt hatte. Mit den »Deutschen« könnte Babel also Kollegen Steiners meinen, die sich zu dieser Zeit noch in Moskau aufhielten.
Der Pariser Verlag Rieder – Dieser Verlag hatte bereits 1928 die erste französische Ausgabe der *Reiterarmee* unter dem Titel *Cavalerie rouge* ediert, übersetzt von Maurice Parijanine unter Mitarbeit von Babel.

23. April 1932
habe mir einen Zahn kurieren lassen – Babels Tante K. A. Ljachezkaja war Zahnärztin.
Der Schauspieler Stepan Kusnezow – Kusnezow, Stepan Leonidowitsch (1879–1932), populärer Schauspieler, hatte seit 1901 an verschiedenen Bühnen gespielt und gehörte seit 1925 fest zum Ensemble des Malyj Theater, des ältesten und traditionsreichsten Moskauer Dramentheaters. Mit *Adelsnest* meint Babel eine Dramenfassung von I. S. Turgenjews gleichnamigen Roman. *Der Revisor* ist die bekannteste und meistgespielte Komödie von N. W. Gogol (1809–52).

11. Mai 1932
Iossif … hat sich unversehens in ein Sanatorium einweisen lassen – gemeint ist, daß I. M. Ljachezkij in Kiew verhaftet wurde.
Sein Neffe mußte eingreifen – Babel spricht von sich selbst.
Freken und Agafja – Hausmädchen von Babels Frau in Paris.

5. August 1932
Mein Nachbar ist auf Urlaub nach Wien gefahren – Der österreichische Ingenieur Bruno Steiner (gest. 1942), mit dem sich Babel seit dem Sommer 1932 eine Wohnung teilte, leitete die Vertretung einer Firma, die in der UdSSR elektrische Geräte vertrieb und für ihre Arbeit die Wohnung in der Bolschoj Nikolo-Worobinskij-Gasse zugewiesen bekommen hatte. Als schließlich Steiner als letzter Repräsentant seiner Firma in Moskau blieb, befürchtete er, die große Wohnung zu verlieren, und bat die Schrift-

stellerin L. N. Sejfullina (1889–1954), unter ihren Bekannten einen verläßlichen Mitbewohner zu suchen. So kam es zu dieser Wohngemeinschaft.

17. AUGUST 1932
Shenja Gofman – Gofman, Jewgenij, der Ehemann von Babels Cousine Ada Gofman (geb. Kuschnir) in Odessa.
Mischa Potjozkij – nicht ermittelt.

25. SEPTEMBER 1932
da Machno in Paris lebt – Machno, Nestor Iwanowitsch (1884–1934), führte 1918 in der Ukraine anarchistische Bauernaufstände gegen die Gutsbesitzer an, verbündete sich zeitweise mit der Roten Armee gegen die Weißen Truppen, kämpfte aber seit Anfang 1919 seinen eigenen erbitterten Kampf gegen die Kommunisten. Erst im Sommer 1921 wurden seine von allen Kriegsparteien gefürchteten Truppen endgültig zerschlagen, und Machno floh über Rumänien ins Ausland, wo er 1934 im Pariser Exil starb. Babel nennt seine Tochter Natascha bisweilen scherzhaft »Machnos Tochter« oder bezeichnet sie direkt mit diesem Namen.

2. OKTOBER 1932
ein gutes Neues Jahr – s. Anm. zum Brief vom 10. September 1926.

4. OKTOBER 1932
Bevollmächtigte Vertretung – (russ.: »Polnomočnoe predstavitel'stvo«), bis 1941 offizielle Bezeichnung der diplomatischen Auslandvertretungen der UdSSR.

6. OKTOBER 1932
de Monzie – Anatole de Monzie (1876–1947), französischer Politiker, von 1909–20 und 1928–40 radikaler Abgeordneter im französischen Parlament.
Mme Birkgam – nicht ermittelt.

12. OKTOBER 1932
wir leiden bloß unter Geldnöten – Die finanziellen Probleme, die Babel hier erwähnt, plagten ihn während seines gesamten Frankreichaufenthaltes 1932/33. An L. W. Nikulin (1891–1967) schrieb er am 30. Juli 1933: »Hättet Ihr, meine Freunde, mir wenigstens Geld für die Reise oder die Fahrkarte geschickt. Vor fünf Monaten habe ich deswegen geschrieben, niemand hat mir geantwortet. Was das bedeutet? Das bedeutet, daß ich auf mich selbst gestellt bin in einer fremden und feindlichen Umgebung, wo man als ehrlicher Sowjetbürger nichts verdienen kann. […] Die Erniedrigung und Unsinnigkeit besteht darin, daß ein Mensch, der für sich persönlich nichts braucht, der sich daran gewöhnt hat, ohne alles Bitten auszukommen, sich darauf verlegen muß, und weil er das gegen sein eigenes Gefühl, seinen eigenen Stolz macht, macht er es schlecht.«

Schereschewskij – nicht ermittelt.

28. OKTOBER 1932
Ljonja Trojanowskij – nicht ermittelt.

30. OKTOBER 1932
Dr. Marschak – nicht ermittelt.

2. NOVEMBER. 1932
Jubiläumssammelband – Vermutlich spricht Babel hier den für 1932 (zum 15. Jahrestag der Oktoberrevolution) im Verlag FEDERAZIJA angekündigten Band *Rasskazy* (Erzählungen) an, der sein Porträt enthielt; der Band erschien im Februar 1933.

1. JANUAR 1933
Halles – Pariser Markthallen.

24. APRIL 1933
eine »Geschichte« – gemeint ist die erste Fassung von Babels Stück *Marija.*

2. MAI 1933
Sonja – gemeint ist hier nicht Babels in Odessa lebende Tante, sondern eine Hausangestellte seiner Frau in Paris.
Da es natürlich nicht der Generallinie entspricht – Die Schwierigkeiten, die Babel hier für sein zweites Stück voraussah, sollten sich bewahrheiten. Erst 1988 konnte *Marija* in der Sowjetunion aufgeführt werden. Die starken Widersprüche zur »Generallinie«, womit Babel auf den sich etablierenden Begriff des »Sozialistischen Realismus« verweist, führten letztlich auch zur scharfen Kritik parteikonformer Institutionen an *Marija,* wodurch die für 1935 vorgesehene Inszenierung am Wachtangowtheater scheiterte.

5. MAI 1933
Tizian – Tiziano Vecellio (1489–1576), italienischer Maler, Haupt der venezianischen Schule.
Raffael – Raffaello Santi (1483–1520), italienischer Maler und Architekt der Hochrenaissance.
Velásquez – Rodríguez de Silva Velásquez, Diego (1599–1660), spanischer Hofmaler Philipps IV.
wo man ihn schon seit 30 Jahren kennt – Maxim Gorkij war nach der Revolution von 1905 gezwungen, ins Exil zu gehen. Die Jahre 1906–13 verbrachte er auf Capri. Nach mehreren Jahren in Rußland ging er 1921 erneut ins Ausland. Auch in seiner zweiten Emigrationsphase lebte er meist in Italien. Unter dem Titel *Italienische Märchen* veröffentlichte er 1913 Erzählungen, die hier Erlebtes verarbeiten.

Marschak – Marschak, Samuil Jakowlewitsch (1887–1964), Lyriker, der seit 1904 mit Gorkij befreundet war und als »Kinderdichter« große Bekanntheit erlangte. Als Leiter der Kinderbuchabteilung des Leningrader Staatsverlages unterstützte er viele Autoren wie D. I. Charms (eigentl. Juwatschow, 1905–1942), A. I. Vvedenskij (1904–1941) u.a., Autoren, die ihre Werke nicht veröffentlichen konnten und sich in die Kinderliteratur »flüchteten«.
A. M. hat … neue Erzählungen von mir genommen – gemeint ist der 1933 erschienene *Almanach Šestnadcatyj god* (Das sechzehnte Jahr). Für die zweite Nummer dieses Almanachs hatte Babel Ende Mai 1933 die Erzählungen *Mein erstes Honorar, Froim Gratsch, Erdöl* und *Rue Dante* nach Rußland geschickt. Maxim Gorkij empfahl die Erzählungen *Froim Gratsch* und *Mein erstes Honorar* im selben Jahr für den Druck. Beide wurden jedoch abgelehnt und konnten erst 1966 bzw. 1967 in der Sowjetunion veröffentlicht werden.

11. Mai 1933
einige Artikel über Neapel – Die Absicht, über seinen Italienaufenthalt zu schreiben, hat Babel nicht verwirklicht.

18. Mai 1933
der Regisseur telegraphiert – Babel hatte v.a. aus finanziellen Gründen in Paris ein Angebot angenommen, ein Szenarium über Jewno Asef (1869–1918) zu schreiben, einen Mitarbeiter der zaristischen Geheimpolizei, der als agent provocateur zugleich Leiter der Kampforganisation der russischen Sozialrevolutionären Partei war. Es kam jedoch nicht zur Fertigstellung des Szenariums (vgl. hierzu auch die folgenden Briefe), da vermutlich noch während Babels Arbeit an diesem Projekt ein anderer Autor der Filmfirma ein fertiges Szenarium zum selben Thema lieferte. Nach A. N. Piroshkowa hatte Babel O. Je. Kolbassina, der Witwe des Sozialrevolutionärs W. M. Tschernow (1873–1952), in Paris zwei Szenen dieses Szenariums diktiert, die aber bislang nicht aufgefunden wurden.

24. Mai 1933
Das Ende krönt das Werk. – wörtliche russische Wiedergabe des mittellateinischen Sinnspruchs: »Finis coronat opus«.
Michelangelo – Michelangelo Buonarroti (1475–1564), ital. Bildhauer, Maler und Architekt.
Benvenuto Cellini – (1500–71), ital. Bildhauer, Goldschmied und Schriftsteller.

29. Mai 1933
In Italien habe ich eine Übersetzung der Reiterarmee *gefunden* – gemeint ist die italienische Ausgabe der *Reiterarmee,* übersetzt von Renato Poggioli, 1932 unter dem Titel *Armata a cavallo* im Verlag Frassinelli in Turin erschienen.

18. JUNI 1933
daß Ljachezkij in irgendeine Stadt im Norden verbannt wurde – I. M. Ljachezkij, Babels Onkel, wurde nicht aus politischen, sondern aus strafrechtlichen Gründen verbannt.
In Deutschland stehe ich nun auf der Liste der verbotenen Autoren – Babels *Reiterarmee* war bereits auf der ersten nationalsozialistischen Liste verbotener Bücher aufgeführt; vgl. Wolfgang Herrmann, Prinzipielles zur Säuberung der öffentlichen Büchereien, Börsenblatt für den Deutschen Buchhandel, 1933/12 vom 16. Mai 1933.

1. SEPTEMBER 1933
beide Ljussjas – gemeint sind Ljussja Liwschiz und Ljussja Brodskaja.
Hier waren absurde, aber unheilvolle Gerüchte im Umlauf – Babel wechselte bereits während seines Frankreichaufenthaltes regelmäßig Briefe mit A. N. Piroshkowa, seiner späteren zweiten Frau; sie hatte ihn schon im Frühjahr 1933 davon unterrichtet, daß in Moskau Gerüchte im Umlauf seien, denen zufolge Babel die Absicht habe, nicht mehr nach Rußland zurückzukehren, sondern im Ausland zu bleiben (vgl. auch Anm. zum Brief vom 12. Oktober 1932).

8. SEPTEMBER 1933
einige Expl. der Reiterarmee *(Neuausgabe)* – Im August des Jahres war in einer Auflagenhöhe von 10 000 Exemplaren die *Reiterarmee* in der 7. und 8. Auflage erschienen.

21. SEPTEMBER 1933
Habe einen Vortrag über meine Auslandsreise gehalten – Babel bezieht sich auf seinen in der Tageszeitung WETSCHERNAJA MOSKWA vom 16. September 1933 unter dem Titel *Im Westen* publizierten Vortrag.
Wir haben einen hervorragenden Ingenieur aus Wien zu Gast – gemeint ist ein Bekannter von B. Steiner namens Fischer.

21. OKTOBER 1933
Ich habe eine wundervolle Reise hinter mir – Diese Reise hatte Babel sicherlich recht ambivalente Erlebnisse beschert. In Gagry, wo der Film *Lustige Burschen* gedreht wurde, hatte man unmittelbar vor Babels Ankunft seinen Freund N. R. Erdman (1902–70) verhaftet – eine Nachricht, die Babel tief erschütterte. Über seine Beziehung zu A. N. Piroshkowa, die diese Reise gemeinsam mit ihm unternahm, schweigt Babel gegenüber seinen Angehörigen im Ausland jedoch beharrlich.

29. OKTOBER 1933
und fahre mit seinem Gebieter über Berg und Tal – Hier erwähnt Babel erstmals Betal Kalmykow, einen legendenumwobenen Bürgerkriegshelden, der lange Jahre als Sekretär des Gebietsparteikomitees von Kabardino-Bal-

karien als nahezu unumschränkter Herrscher die Entwicklung dieser Kaukasusregion bestimmte. Kalmykow, Betal Edykowitsch (1893–1939) wurde 1938 als Volksfeind verhaftet und kam 1939 während seiner Lagerhaft ums Leben. Mit dieser schillernden Figur befaßte sich Babel intensiv, er plante einen Erzählzyklus über Kabardino-Balkarien, von dem aber nichts weiter bekannt ist.

8. NOVEMBER 1933
Steiner – vgl. Anm. zum Brief vom 5. April 1932.
Ich durchstreife noch immer das Gebiet (Kabardino-Balkarien) – Das damalige autonome Gebiet, das 1936 zur Autonomen Sowjetrepublik wurde, zeichnet sich durch große landschaftliche Schönheit aus. Die Sowjetunion übernahm im wesentlichen die regionale Verwaltungsstruktur des Zarenreiches, das sich in Gouvernements gegliedert hatte. Unabhängig von ihrer flächenmäßigen Größe wurden die ehemaligen Gouvernements in »Gebiete« (russ.: oblast') umgewandelt, deren administrative Aufgaben in etwa denen der deutschen Regierungsbezirke entsprechen.

12. NOVEMBER 1933
Morgen fahre ich in eine deutsche Kolchose – Seit der zweiten Hälfte des 18. Jahrhunderts waren aufgrund der Siedlungspolitik der Zaren in den Gebieten »Neu-Rußlands« viele deutsche Kolonien entstanden. Außer an der mittleren und unteren Wolga siedelten sich die Deutschen v.a. an der Nordküste des Schwarzen Meeres an. Die deutschen Kolonien von Noworossijsk und im nördlichen Kaukasus brachten dieser Region eine autarke und effektive landwirtschaftliche Nutzung.
Jewdokimow – Jewdokimow, Grigorij Jeremejewitsch (gest. 1936), ehemaliger Angehöriger der Tscheka, mit dem Babel seit dem Bürgerkrieg bekannt war; in den 30er Jahren Parteisekretär im Gebiet Stawropol; Opfer des stalinschen Terrors.
Kalmykow – vgl. Anm. zum Brief vom 29. Oktober 1933.
sonst fühle ich mich ganz und gar wie ein alter Hagestolz – Diese Äußerung ist irreführend. Gerade in diesen Tagen und Wochen bereiste Babel zusammen mit A. N. Piroshkowa den Kaukasus, von Naltschik fuhren sie nach Shelesnowodsk, sie besuchten das Gestüt von Terek, die Lermontow-Gedenkstätten in Pjatigorsk und den Kurort Kislowodsk, bevor Piroshkowa die Heimreise nach Moskau antrat und Babel zur Staniza Prischibskaja fuhr.

13. DEZEMBER 1933
eine ... waschechte Kosakenstaniza – Mit dem Begriff »Staniza« werden größere, zumeist aus mehreren Dörfern bestehende Ansiedlungen bezeichnet, die im Laufe der Geschichte v.a. als von Kosaken besiedelte Wehrdörfer in den jeweiligen Grenzregionen des russischen Reiches entstanden.

Die Kolchosbewegung hat dieses Jahr entscheidende Fortschritte gemacht – Bereits hier besteht eine gewaltige Diskrepanz zwischen Babels Wissen um die Folgen der Kollektivierung für das russische Dorf und seinen Äußerungen hierzu in den Briefen an seine Angehörigen. Ihm mußte bewußt sein, daß seine Korrespondenz kontrolliert wurde, so daß sich kritische Bemerkungen über die politischen Entwicklungen in der UdSSR von selbst verboten. Vielerlei Zeugnisse von Freunden und Bekannten Babels belegen, daß er die schwierige Situation auf dem Land genau kannte und seine tatsächliche Einstellung zur Kollektivierung bereits lange vor den Hungerjahren 1935/36 eben nicht den Leitartikeln der PRAWDA entsprach.
der Umstand, daß ich schon ein anderes (Stück) begonnen habe – vgl. Anm. zum Brief vom 13. Februar 1934.

29. DEZEMBER 1933
Heute fahre ich geschäftlich nach Gorlowka im Donbass – Babel verbrachte den Jahreswechsel 1933/34 bei W. Ja. Furer (gest. 1936), dem damaligen Sekretär des Stadtparteikomitees von Gorlowka. Hier im Donbass (Abk. für russ.: »Doneckij kamenougol'nyj bassejn« (Donezksteinkohlebecken)) besichtigte er im Januar Kohlegruben und fuhr in ein Bergwerk ein. Neben diesen »Geschäften« festigte sich in diesen Tagen seine Beziehung zu A. N. Piroshkowa. Sie erinnert sich: »Kurz vor Neujahr bekam ich einen Brief, in dem Babel schrieb: ›Ich bin ein abergläubischer Mensch und möchte Silvester unbedingt mit Ihnen verbringen. Nehmen Sie Ihre Arbeit noch nicht auf und kommen Sie am 31. nach Gorlowka, ich werde Sie abholen.‹ Mit seiner Einladung machte mir Babel den Antrag, künftig mit ihm zu leben. Meine Reise nach Gorlowka, am 31. Dezember 1933, bedeutete, daß ich den Antrag annahm.« (A. Piroshkowa, a.a.O., S. 44)

20. JANUAR 1934
eine Leseprobe des Stücks – Die Befürchtung, daß sein Stück *Marija* Probleme auf sowjetischen Bühnen bekommen werde, hatte Babel bereits zuvor (vgl. seine Briefe aus Sorrent) geäußert. Geplant war für 1935 eine Inszenierung am Wachtangowtheater, einer der in dieser Zeit noch experimentierfreudigsten Bühnen der Sowjetunion (vgl. die Briefe vom 2. März 1934 sowie vom 4. und 24. Februar 1935).
Plessis-Robinson – im Südwesten gelegener Vorort von Paris.

13. FEBRUAR 1934
Das abgeschlossene Stück ist nur eine Vorarbeit – Man weiß von der Absicht Babels, seinem Stück *Marija* zwei weitere folgen zu lassen. Genauere Angaben über die ins Auge gefaßte Trilogie fehlen jedoch.

18. FEBRUAR 1934
Heute wurde Bagrizkij beerdigt – Babel verbrachte mehrere Tage gemeinsam mit der Frau seines Freundes an dessen Sterbebett. Seine enge Beziehung

zu dem gleichfalls aus Odessa stammenden Lyriker Bagrizkij (eigentl. Dsjubin), Eduard Georgijewitsch (1895–1934), der zu einem der führenden »romantischen« Dichter der frühen Sowjetzeit wurde, fand nach dessen Tod auch ihren Ausdruck in Babels Bemühungen um eine Verfilmung von Bagrizkijs Hauptwerk *Das Lied von Opanas* sowie in einem kurzen Essay.

Michoels – Michoels (eigentl. Wowsi), Solomon Michajlowitsch (1890–1948), Schauspieler und Regisseur, der seit 1919 an verschiedenen Bühnen gespielt hatte, wurde 1929 künstlerischer Leiter des Moskauer Staatlichen Jüdischen Theaters. Seine berühmtesten Rollen spielte er als Tewje, der Milchmann, und als König Lear.

25. Februar 1934

Lurçat – Lurçat, André (1894–1970), französischer Architekt, nahm 1934 gemeinsam mit Le Corbusier (eigentl. Jeanneret, Charles Eduard, 1887–1965) an der Ausstellung für moderne Architektur in Moskau teil.

2. März 1934

mein Beileid anläßlich Eures schweren Verlustes – Babel spricht hier ironisch vom Tod des belgischen Königs, Albert I. (1875–1934), dem sein Sohn, Leopold III., auf den Thron folgte.

Ich habe meine Werke öffentlich gelesen – Am 28. Februar las Babel sein Stück *Marija* im Moskauer Literaturmuseum.

ein Szenarium nach Bagrizkijs Verserzählung – In diesem Werk behandelt Bagrizkij die Konflikte, in die ein Bauer gerät, der während des Bürgerkriegs von der Roten Armee zu den Machno-Anarchisten überläuft und den man zwingt, seinen früheren Kommissar zu erschießen. Der Begriff »Duma« (Lied) im Titel verweist auf die formale Tradition, in der diese Verserzählung steht; die Duma ist eine Gattung des ukrainischen Volksliedes meist historischen Inhalts, die v.a. im 15.–17. Jahrhundert blühte und durch ukrainische Dichter im 19. Jahrhundert wiederbelebt wurde.

daß man Kiew jetzt zur Hauptstadt der Ukraine macht – Charkow war nur in den Jahren 1918–34 Hauptstadt der Ukrainischen SSR, während Kiew seit dem frühen Mittelalter Hauptstadt und Machtzentrum war.

3. März 1934

Papas Todestag – An diesem Tag jährte sich der Tod von Babels Vater zum zehnten Mal.

Odessaer Iswestija, wo ich angefangen habe – Babel hatte ab Februar 1923 in dieser Zeitung einzelne Erzählungen aus der *Reiterarmee* veröffentlicht, so *Ein Brief, Die Kirche in Nowograd, Die Lehre vom Maschinengewehrwagen, Grischtschuk* und *Der Friedhof von Kosin;* außerdem erschien hier im Mai 1923 erstmals *Wie es in Odessa gemacht wurde.*

Rischeljewskaja – hier hatte Babels Familie seit ihrer Rückkehr aus Nikolajew nach Odessa im Jahre 1906 gewohnt. Diese Straße trägt ihren

Namen nicht nach dem französischen Kardinal des 17. Jahrhunderts, sondern nach Arman Emmanuel du Plessis Richelieu (1766–1822), einem französischen Herzog, der als politischer Emigrant während der Französischen Revolution nach Rußland kam, 1805–14 Generalgouverneur von »Neu-Rußland« wurde und entscheidend zur Entwicklung Odessas beitrug.
Goje – jidd.: »Nichtjüdin«.

5. April 1934
Kulitsch und Paßcha – zu »Kulitsch« vgl. Anm. zum Brief vom 11. April 1931; auch Paßcha ist eine typisch russisch-orthodoxe Osterspeise aus Quark und vielen verschiedenen süßen Zutaten, die mit den kyrillischen Buchstaben »XB« für »Christos voskres'e« (Christus ist auferstanden) verziert wird.

14. April 1934
den Text für ein anderes Szenarium (Tonfilm) – Babel hatte die anonyme Bearbeitung des Szenariums für den später sehr erfolgreichen Film *Piloten* übernommen.
Jascha Heifetz – russischer Violinist (1901–87), lebte seit 1917 in den USA.
Leute von der Tscheljuskin – Der Eisbrecher Tscheljuskin war Anfang 1934 bei einer Polarexpedition ins Treibeis geraten und wurde von der Besatzung aufgegeben. Die 104 Männer trieben wochenlang auf einer Eisscholle, von der sie schließlich durch den Einsatz sowjetischer Flugzeuge gerettet wurden.

29. April 1934
Shenja Trojanowskaja – nicht ermittelt.
Ljuba – nicht ermittelt.

13. Mai 1934
Gestern wurde Maxim Peschkow beerdigt – Peschkow, Maxim Alexejewitsch (1897–1934), starb nicht, wie lange angenommen, an einer Lungenentzündung, sondern wurde, wie man heute weiß, vom sowjetischen Geheimdienst ermordet.

26. Mai 1934
Tschlenow – Mitarbeiter der Bevollmächtigten Vertretung der UdSSR in Paris.
Vertrag über eine einbändige Ausgabe all meiner geschätzten Werke – Die Ausgabe *I. Babel', Rasskazy* (Erzählungen), die im Januar 1935 noch mit der Jahresangabe »1934« erschien, enthält neben der *Reiterarmee* und den *Geschichten aus Odessa* einen dritten Abschnitt unter der Überschrift »Erzählungen«, der Babels Anfang der 30er Jahre in verschiedenen Zeitschriften publizierten Prosawerke vereinigt.

8. Juni 1934
Baustelle des Moskau-Wolga-Kanals – Nachdem im Sommer 1933 das erste große Kanalbauprojekt des 1. Fünfjahresplans, der sog. Weißmeerkanal, unter der Beteiligung von über 250 000 Zwangsarbeitern fertiggestellt worden war, stand nun der Bau dieses strategisch wichtigen, 128 Kilometer langen Wasserweges im Zentrum der Aufmerksamkeit. Die feierliche Eröffnung erwähnt Babel in seinem Brief vom 1. Mai 1937.

18. Juni 1934
Im Auftrag von A. M. war ich die ganze Zeit über mit Redigieren beschäftigt – Nach dem Tod von Maxim Gorkijs Sohn verbrachte Babel im Mai und Juni 1934 mehrere Wochen in Gorki bei Moskau, wo Gorkij zu dieser Zeit wohnte, und unterstützte seinen tief erschütterten älteren Freund bei dessen Arbeit.
Verlag GIChL – Abk. für russ.: »Gosudarstvennoe izdatel'stvo chudožestvennoj literatury« (Staatsverlag für schöne Literatur); Babel spricht hier seine Werkauswahl an (vgl. Anm. zum Brief vom 26. Mai 1934).
Schmidt … von der Tscheljuskin erzählt – Schmidt, Otto Juljewitsch (1891–1950), Mathematiker, Physiker und Polarforscher, hatte 1934 die Expedition der Tscheljuskin geleitet (vgl. Anm. zum Brief vom 14. April 1934).

20. Juni 1934
Schaljapin – Schaljapin, Fjodor Iwanowitsch (1873–1938), berühmter Opernsänger, dessen Karriere noch im zaristischen Rußland begann. Seit 1922 lebte er im französischen Exil.
Malereau – So schreibt Babel den Namen von Malraux (eigentl. Berger), André (1901–76). Malraux war als französischer Schriftsteller und Politiker bis 1939 Verfechter kommunistischer Ideen. Er besuchte im Sommer 1934 zum ersten Mal die Sowjetunion.
eine Art Triumphzug – Die Feierlichkeiten für die gerettete Polarexpedition können als Beginn der Propagierung des neuen Sowjetpatriotismus gewertet werden, der nach der Verkündung der Stalinschen Doktrin vom »Sozialismus in einem Lande« beschworen wurde.

9. Juli 1934
dann sind die Schweden bei mir eingefallen – Gemeint ist eine Gruppe schwedischer Journalisten, die Babel in Frankreich kennengelernt hatte und um die er sich während ihres Aufenthalts in der Sowjetunion kümmerte. Mit diesen Journalisten kam auch der schwedische Fabrikantensohn Tidström nach Moskau (vgl. auch Anm. zum Brief vom 13. Dezember 1934.

14. November 1934
Meine Mitbewohner, die zum Anlaß für soviel Geschwätz geworden sind – Babel hielt das Zusammenleben mit A. N. Piroshkowa zeit seines Lebens vor seinen Angehörigen geheim. Ob sich die hier gemachte Äußerung

möglicherweise auf Gerüchte bezieht, die dennoch nach Brüssel bzw. Paris gedrungen waren, ließ sich nicht zweifelsfrei klären.
Stützpunkt irgendwo in der Nähe von Odessa – Den Wunsch, zumindest zeitweise in Odessa zu leben und dort eine ständige Bleibe zu haben, hegte Babel wohl bis an sein Lebensende. Gemeinsam mit dem Schriftsteller L. I. Slawin (1896–1984) pachtete er in Odessa zwei nebeneinander gelegene Grundstücke. Auf Babels Grundstück wurde eine Wasserleitung verlegt, das geplante Haus blieb jedoch ungebaut. Mit O. N. Sossjura, der Mutter der Schriftstellerin T. N. Tess (eigentl.: Sossjura; 1906–1983) stand Babel 1937/38 im Briefwechsel, um in ihrer Nachbarschaft im am Rande Odessas gelegenen Stadtteil Blishnie Melnizy ein Haus zu finden. In diesen Briefen spricht Babel kontinuierlich davon, daß für ihn mit dieser Wohnung ein alter Traum in Erfüllung gehen würde.

26. November 1934
Szenarium – Babel hatte am 24. November sein Szenarium nach Bagrizkijs *Lied von Opanas* abgeschlossen. Dieses Szenarium ist nicht erhalten (vgl. Anm. zum Brief vom 2. März 1934).

13. Dezember 1934
einen Schweden ..., der nichts Besseres zu tun hatte, als den Verstand zu verlieren – Der junge Fabrikantensohn Tidström wurde von Babel in seiner Wohnung aufgenommen, als er den Wunsch äußerte, in der Sowjetunion zu leben. Er lernte Russisch, und Babel erreichte über einflußreiche Freunde für Tidström mehrfach eine Visumsverlängerung. Als ihn die Russin, in die er sich verliebt hatte, betrog, brach Tidström zusammen und mußte in eine psychiatrische Klinik eingewiesen werden. Babel kümmerte sich um die Versorgung seines Gastes im Krankenhaus und besuchte ihn regelmäßig, bis der Bruder Tidströms ihn nach Schweden zurückbrachte.
ein sehr langer Roman von Gecht – Gecht, Semjon Grigojewitsch (1903–63), Prosaiker aus Odessa, wurde mit anderen Nachwuchstalenten von Babel seit den 20er Jahren gefördert und arbeitete ab 1923 in Moskau mit M. A. Bulgakow (1891–1940), Ju. K. Olescha (1899–1960), K. G. Paustowskij (1892–1968) u.a. zusammen. Babel las vermutlich Gechts Roman *Ein Dampfer nach Jaffa und zurück*, der 1936 veröffentlicht wurde.

7. Januar 1935
Taschkenter Slonim (auch: »Prof. Slonim«) – nicht ermittelt.
Samara – Die 1935 in Kujbyschew zu Ehren von W. W. Kuibyschew (1888–1935), einem kommunistischen Revolutionär, umbenannte Gebietshauptstadt (bis 1991) an der Wolga wurde im Zuge des 2. Fünfjahresplans stark in die Stalinsche Industrialisierungskampagne eingebunden.

3. Februar 1935
In Moskau tagt der Sowjetkongreß – Die wichtigsten Entscheidungen dieses

VII. Sowjetkongresses beziehen sich auf die Vorbereitung einer neuen Verfassung der UdSSR. W. M. Molotow (1890–1986) bekam zunächst den Auftrag, Änderungen vorzubereiten; am 5. Februar billigte der Sowjetkongreß bereits zahlreiche von ihnen und beschloß tags darauf eine grundsätzliche Neuredaktion der Verfassung von 1924. Die neue, sog. »Stalinsche Verfassung« war seit 1936 über vier Jahrzehnte in Kraft.
Frenkel – nicht ermittelt.
ein Sammelband mit allen meinen Erzählungen – vgl. Anm. zum Brief vom 26. Mai 1934.

4. Februar 1935
Man beginnt, das Stück zu proben – Die am Wachtangowtheater begonnenen Proben von *Marija* wurden nach der Publikation des Stücks und der einsetzenden scharfen Kritik abgebrochen (vgl. die Briefe vom 20. Januar 1934, 2. März 1934 und 24. Februar 1935).

18. Februar 1935
Kongreß der Kolchosbauern – Am Tag zuvor wurde hier ein neues Musterstatut für die Kollektivwirtschaften beschlossen, das festlegte, daß ehemals reiche Bauern und deren Nachkommen nicht in Kolchosen aufgenommen werden durften. Man wollte damit der Bildung von Individualwirtschaften und möglichen Landansprüchen entgegentreten.
Tschapajew, ein wunderschöner sowjetischer Film – Dieser Film wurde 1934 unter der Regie der Brüdern S. D. (1900–59) und G. N. Wassiljew (1899–1946) nach dem gleichnamigen Roman (1923) von D. A. Furmanow gedreht.
Metro … zur Zeit läuft die Erprobung – Der erste Teilabschnitt der Metro wurde am 15. Mai 1935 offiziell in Betrieb genommen. Babel war es durch die beim Metrobau beschäftigte A. N. Piroshkowa leicht möglich, bereits in der Erprobungsphase Zutritt zu erhalten.
Der Film, bei dem ich mit Hand angelegt habe – gemeint ist *Piloten* (vgl. Anm. zum Brief vom 14. April 1934).
Dunowez – nicht ermittelt.
Abendveranstaltung zum Jahrestag von Bagrizkijs Tod – Alle hier aufgeführten Redner waren Schriftsteller, die wie Bagrizkij aus Odessa nach Moskau kamen; Olescha, Jurij Karlowitsch (1899–1960), Prosaiker und Dramatiker, lebte und arbeitete seit 1923 in Moskau; Inber, Wera Michajlowna (1890–1972), Lyrikerin und Prosaikerin, arbeitete 1924–26 auch als Korrespondentin in Paris, Berlin und Brüssel; Paustowskij, Konstantin Georgijewitsch (1892–1968), Prosaiker, arbeitete als Journalist Anfang der 20er Jahre in Kiew und Odessa und war seither mit Babel bekannt.

24. Februar 1935
Man hat beschlossen, Marija *zu drucken… Das ist ein gutes Omen für eine Aufführung* – Hierin täuschte sich Babel. Just nach der Publikation des

Stücks im Märzheft der Zeitschrift TEATR I DRAMATURGIJA setzte harsche Kritik ein. Aufgrund dieser Kritik wurden die Proben am Wachtangowtheater wieder abgebrochen (vgl. die Briefe vom 20. Januar 1934, 2. März 1934 und 4. Februar 1935). Babels Angst, durch die Publikation anderer Werke in die Mühlen der gleichgeschalteten Moskauer Literaturszene zu geraten, auf den »Marktplatz«, den »Basar gezerrt« zu werden, mußte nach dieser Erfahrung wachsen.
Viva Villa – Der 1934 von Jack Conway (1887–1952) und Howard Hawks (1896–1977) gedrehte Film spielt im Jahre 1880 vor dem Hintergrund der mexikanischen Revolution. Durch ihn wurde das Lied *La Cucaracha* weltbekannt.

23. MÄRZ 1935
Stoljarskij produziert nach wie vor Wunderkinder – Stoljarskij, Pjotr Solomonowitsch (1871–1944), Professor für Violine am Konservatorium in Odessa, aus dessen Schule viele berühmte Solisten (Ojstrach, Gilels u.a.) hervorgingen. Babel hatte in den Jahren 1907–10 bei ihm Unterricht genommen. Babels Begeisterung geht mit einer starken Rückbesinnung auf seine Wurzeln in Odessa einher. Die Suche nach einem Wohnsitz in Odessa und nach alten Beziehungen in dieser Stadt sowie der wachsende Widerwille gegen das Leben in Moskau können als ein resigniertes Beiseitetreten gedeutet werden, als Rückzug aus einem Milieu, das keine Hoffnung auf eine Integration des »Mitläufers« mehr zuläßt. Für Babel wird es immer wichtiger zu »überleben«. Seine Briefe aus Odessa (1935/36) verdeutlichen an vielen Stellen den Wunsch, eine Nische zu finden.
unser Wohnzimmer, der Hof an der Tiraspolskajastraße – Hier hatte Babel in den Jahren 1905/6 bis zur Übersiedlung seiner Familie aus Nikolajew bei seinen beiden Tanten und der Großmutter gewohnt, als er die Odessaer Handelsschule besuchte.

31. MÄRZ 1935
Shenja ... wird nach Abschluß des Semesters nach Moskau fahren – Ebenso beharrlich wie Babel seiner Mutter die Existenz seiner zweiten Frau verschwieg, betonte er ihr gegenüber leitmotivisch die Notwendigkeit, gemeinsam mit seiner Frau Shenja und seiner Tochter Natascha zu leben, da er wußte, daß dies ein Herzenswunsch seiner Mutter war. An eine Rückkehr seiner Frau nach Rußland dachten zu dieser Zeit in der Tat weder sie noch er.
Michoels ... hat beschlossen, Sonnenuntergang *zu inszenieren* – Zu einer Inszenierung durch Babels Freund S. M. Michoels am Moskauer Jüdischen Theater kam es nicht. In Minsk wurde das Stück jedoch 1936 in einer gelungenen jiddischen Übersetzung von M. Tejf unter der Regie von B. Nord aufgeführt.
Habe einen kurzen Essay über Bagrizkij geschrieben – vgl. Anm. zum Brief vom 18. Februar 1934.

17. April 1935
Ich werde heute in das Haus eines Patriarchen gehen – gemeint ist der Besuch bei Bekannten, um auf traditionelle jüdische Weise Pessach zu feiern.

13. Juni 1935
Shelesnowodsk – Seine Pläne, in diesen Kurort im Nordkaukasus zu fahren, wurden durch Babels überraschende Delegierung nach Paris hinfällig (vgl. die folgenden Briefe).

27. Juni 1935
Der Kongreß ist gestern eigentlich zu Ende gegangen – Auf den vom 21. bis 26. Juni 1935 in Paris stattfindenden Antifaschistischen Kongreß zur Verteidigung der Kultur wurde von der Sowjetunion eine Delegation ohne B. L. Pasternak (1890–1960) und Babel entsandt. Als mehrere französische Schriftsteller fragten, warum gerade diese beiden nicht mit nach Paris gekommen seien, gab Stalin die Anordnung, sie nachzuschicken. In wenigen Stunden waren die Pässe bereit, und Babel reiste mit Pasternak nach Paris. Die Auftritte der beiden fanden – im Unterschied zum offiziellen sowjetischen Redebeitrag – beim Publikum großen Anklang. Bereits am 27. Juni erschien in der Moskauer Iswestija ein Bericht von I. G. Ehrenburg *(Pis'mo s kongressa. Poslednee zasedanie)*, in dem dieser über Babels Rede schrieb: »Die Leute lachten, und zur selben Zeit begriffen sie, daß das alles sehr ernst und tief war, daß unter dem Schein lustiger Geschichten vom Wesen unserer Menschen und unserer Kultur die Rede war.«
Ich will meine Kenntnisse über die Ville Lumière … *evtl. publizieren* – In der Zeitschrift Pioner 1937/3 erschien Babels Essay *Reise nach Frankreich*, in dem er über seine Reise zum Kongreß zur Verteidigung der Kultur und seine früheren Erfahrungen in Frankreich berichtet.

1. Juli 1935
alle drei Geburtstage – vgl. Anm. zum Brief vom 7. Juli 1931.
Die Vererbung wirkt sich hauptsächlich … für sich selbst Theater spielt – Babel war dafür bekannt, daß er gerne in bestimmte Rollen schlüpfte und auf diese Weise sein jeweiliges Gegenüber verwirrte; am Telephon verstellte er die Stimme, beim Spazierengehen spielte er unversehens einen Hinkenden u.ä. Von seiner Mutter sagte er, sie habe »komödiantische Begabung«.

11. Juli 1935
die Anerkennung der UdSSR durch Belgien wird … erwartet – Belgien und die Sowjetunion nahmen am folgenden Tag (12. Juli 1935) diplomatische Beziehungen miteinander auf.
Isa Kremer – Kremer, Isa Jakowlewna (1885–1956), in Bessarabien geborene, berühmte Interpretin russischer und jüdischer Balladen und Romanzen.

Heifez – nicht ermittelt.

15. Juli 1935
das traurige Datum zu verheimlichen – gemeint ist sein eigener Geburtstag.

4. September 1935
reise ich durch das Kiewer Gebiet – Babel reiste im Auftrag der Zeitschrift SSSR na strojke, um gemeinsam mit einem Photographen Material über die Ergebnisse der Kollektivierung der Landwirtschaft (Rübenanbau) zu sammeln. Den Auftrag für diese Reise hatte er von Je. S. Jeshowa (1904–1938) erhalten, der Frau des berüchtigten Geheimdienstchefs N. I. Jeshow (1895–1940), die diese Zeitschrift leitete, und die Babel seit einer Liaison in den 20er Jahren kannte. Welche Kolchosen besichtigt wurden, war zuvor von Vertretern des ukrainischen ZK festgelegt worden. A. N. Piroshkowa, die Babel auf seiner Reise begleitete, bestätigt, daß sie im Kiewer Gebiet ausschließlich prächtige Kolchosen zu sehen bekamen; man zeigte ihnen Sanatorien, ließ sie bei der Einweihung einer Zehnklassenschule teilnehmen u.a.m. Die gerade in der Ukraine aufgrund der Abgabennormierung verursachten Hungersnöte, denen Millionen von Menschen zum Opfer fielen, waren nicht geeignet, die »Sowjetunion im Aufbau« zu zeigen.

11. September 1935
was ich gesehen habe, kann man ohne Übertreibung Wunder nennen – Bereits zwei Jahre zuvor, auf seiner Reise in den Nordkaukasus, bemerkte Babel auf dem Markt der Staniza Prochladnaja: »Von dem einstigen Überfluß ist nichts mehr übrig, der Hunger in der Ukraine und die Zerrüttung des Dorfes machen sich bemerkbar.« (A. N. Piroshkowa, a.a.O., S. 23)
die Gronfajnschen Orte Perejaslaw und Rshischtschew – Die beiden Städte liegen sich südlich von Kiew an den Ufern des Dnjepr gegenüber. Die Familie von Babels Frau Shenja kam von dort nach Kiew.

19. September 1935
Die Datscha steht in Arkadija – Arkadija ist eine Datschensiedlung am Meer, südlich von Odessa. Babel und A. N. Piroshkowa bewohnten hier zwei sehr schlichte Räume mit getrennten Ausgängen.
Die Rischeljewskaja 17 und die Tiraspolskaja 12 – vgl. Anm. zu den Briefen vom 3. März 1934 und 23. März 1935.
In Kiew habe ich an Manövern teilgenommen – Babel nahm auf Einladung des mit ihm befreundeten Armeekommandanten I. E. Jakir (1896–1937) als Beobachter an diesen Manövern teil, wobei ihn besonders die Manöver der Panzer- und Luftlandetruppen beeindruckten. Nach Abschluß der Manöver folgte eine Einladung ins Lager einer Panzerdivision, zu Babels altem Freund D. A. Schmidt, der die Division kommandierte. Jakir und Schmidt wurden 1937 bzw. 1938 Opfer des Stalinschen Terrors.

Tifteli – Eine kulinarische Spezialität Odessas: gekochte Bällchen aus Hackfleisch und Reis, die in einer Pfanne mit Salz, Pfeffer und Zwiebeln angebraten und sodann nebeneinandergelegt und mit Tomatensoße übergossen werden.

9. OKTOBER 1935
Sonja Feldstejn – nicht ermittelt.

13. OKTOBER 1935
Je. Ja. (Jelena Jakowlewna) – nicht ermittelt.
Lermontow-Kurklinik – Im Zentrum Odessas, in der Lermontowgasse, gelegene Kurklinik, die auch heute noch einen guten Ruf genießt.
Prof. Kalina – nicht ermittelt.

19. OKTOBER 1935
springen Bürgerinnen wie Du Fallschirm … Woroschilow-Schützen – Babel hatte sicherlich während der von ihm beobachteten Manöver bei Kiew Frauen gesehen, die ihn als Fallschirmspringerinnen und Scharfschützinnen beeindruckt haben. Der Ehrentitel »Woroschilow-Schütze« wurde in der UdSSR von 1932–41 vergeben, wenn jemand die festgesetzte Zahl beim Gewehrschießen erfüllte oder übertraf, und bezog sich auf K. Je. Woroschilow (1881–1969), der als kommunistischer Kämpfer und Truppenführer 1934/35 zum Marschall und Volkskommissar für Verteidigung avancierte. Babel war nach dem Zeugnis von B. Suwarin (1895–1984) mit Woroschilow gut bekannt.

13. NOVEMBER 1935
Moissej Pawlowitsch – nicht ermittelt.
Narezkin – nicht ermittelt.
Ljubow Michajlowna Ehrenburg – Ehefrau von I. G. Ehrenburg.
Puschkin – Puschkin, Alexander Sergejewitsch (1799–1837).

21. NOVEMBER 1935
Schapiro – nicht ermittelt.
Obuchowgasse – vgl. Anm. zum Brief vom 29. März 1926.
Colier – nicht ermittelt.

5. DEZEMBER 1935
Stalino – Die Gebietshauptstadt des Donbass hieß bis 1924 Jusowka, 1961 wurde sie in Donezk umbenannt.
ein Treffen literarischer Zirkel aus dem Donbass – Babel traf sich hier mit den Teilnehmern des Kongresses junger Schriftsteller des Donbass, nahm u.a. mit einer Gruppe internationaler Schriftsteller an Werksbesichtigungen teil und trat auf literarischen Lesungen und Diskussionen auf.

9. Dezember 1935
Gorlowka, Makejewka … Mariupol – Gorlowka und Makejewka sind Industriezentren und Verkehrsknotenpunkte an der Eisenbahnlinie, die in Nord-Süd-Richtung die Orte Artjomowsk, Donezk und das am Asowschen Meer gelegene Mariupol miteinander verbindet.

20. Dezember 1935
Artjomowsk (das frühere Bachmut) – Die Stadt wurde 1924 zu Ehren von F. A. Artjom (eigentl. Sergejew, 1883–1921), einem kommunistischen Revolutionär, der im Bürgerkrieg gegen Denikin kämpfte und Vorsitzender des Gebietsparteikomitees im Donbass wurde, umbenannt und liegt am Fluß Bachmut.
Stachanow-Bewegung – Eine »Massenbewegung« zur Erhöhung der Arbeitsproduktivität und effektiveren Nutzung der Technik, die nach A. G. Stachanow (1905–77), einem Bestarbeiter in einem Bergwerk im Donbass, der im August 1935 einen Rekord beim Kohleabbau aufgestellt hatte, benannt wurde. Die darauf folgende Propagandakampagne zog weitere »Rekordarbeiter« in verschiedenen anderen Industriezweigen und der Landwirtschaft nach sich.

28. Januar 1936
Lilja Warkowizkaja – Warkowizkaja, Lilja Mojssejewna, Freundin Babels, deren Mann mit ihm das Kiewer Handelsinstitut besucht hatte.

1. März 1936
nacheß von meinen krojwim – jidd.: »nacheß« (Vergnügen); jidd.: »krojwim« (Verwandte).
Die Akademie hat mir die Verantwortung … übertragen – Der Verlag Academia plante für 1939 eine Jubiläumsausgabe zum 80. Geburtstag von Scholem Alejchem, in die all seine Werke aufgenommen werden sollten, und schloß mit Babel im Februar 1936 einen Vertrag als Übersetzer und Herausgeber dieser Ausgabe. Da Babel die vereinbarten Termine für seine Übersetzungen nicht einhielt, stornierte der Verlag im Mai 1937 den Vertrag und forderte den bereits gezahlten Vorschuß wieder zurück.

5. März 1936
Malereau – vgl. Anm. zum Brief vom 20. Juni 1934.
auf die Krim – Der Besuch mit André Malraux und Michail Kolzow bei Maxim Gorkij in dessen Villa an der Südspitze der Krim bot Babel zum letzten Mal Gelegenheit, seinen Freund und Gönner zu sehen. Kolzow (eigentl. Fridljand), Michail Jefimowitsch (1898–1940), Schriftsteller und Journalist, arbeitete u.a. als Redakteur der Prawda und war Mitbegründer der Zeitschriften Ogonjok, Tschudak und Krokodil. Nach einem Spanienaufenthalt während des Bürgerkriegs wurde er Opfer des Stalinschen Terrors.

Mr. Coles – nicht ermittelt.
Gaikis – nicht ermittelt.

26. April 1936
Fußbodenbohnerer – Scherzhafte Anspielung auf Babels Stück *Marija,* in dem die Figuren Andrej und Kusma als Fußbodenbohnerer auftreten.

27. Mai 1936
Scholochow – Scholochow, Michail Alexandrowitsch (1905–84), Prosaiker und Literaturfunktionär, Nobelpreisträger 1965; als sein Hauptwerk gilt der Roman *Der stille Don.*

17. Juni 1936
Sima – nicht ermittelt.
André Gide – Gide, André (1869–1951), französischer Schriftsteller, Nobelpreisträger 1947, besuchte 1936 die UdSSR und wandte sich nach diesem Aufenthalt vom Kommunismus ab; Babel hatte die russische Übersetzung von Gides Romans *Les Nouvelles Nourritures* für eine 1935/36 erschienene vierbändige russische Werkausgabe überarbeitet.

19. Juni 1936
Säulensaal – gemeint ist der Säulensaal im Haus der Gewerkschaften, einem Gebäude, das 1775 als Adelsklub gebaut wurde. Dieser Saal wurde in der Sowjetzeit ausschließlich für bedeutsame politische Ereignisse genutzt, u.a. fanden hier in den 30er Jahren die großen politischen Schauprozesse statt, auch wurden hier bedeutende verstorbene Politiker und Künstler aufgebahrt.

12. Juli 1936
Tolstoj – Tolstoj, Lew Nikolajewitsch (1828–1910); die ersten Bände der umfangreichsten Gesamtausgabe dieses wohl bekanntesten russischen Romanciers erschienen in den 30er Jahren.
Mit dem Druck meiner Werke beginne ich im Herbst – Im September 1936 erschien im Verlag Gosslitisdat in einer Auflagenhöhe von 50000 Exemplaren der umfangreichste Sammelband von Babels Erzählungen.

22. Juli 1936
Borja – nicht ermittelt.

10. August 1936
Birnbaum – ein Onkel von Babels Mutter, dessen Tochter Ljolja Rollin (vgl. Anm. zum Brief vom 21. August 1925) in Paris lebte.

25. August 1936
Blishnije Melnizy – südlich des Stadtzentrums von Odessa gelegener Außenbezirk, wo Babel sich gerne eine Datscha gekauft hätte.

1. SEPTEMBER 1936
Eisenstein – Eisenstein, Sergej Michajlowitsch (1898–1948), Regisseur und Filmtheoretiker, mit dem Babel seit den 20er Jahren vielfach zusammenarbeitete.
die Dreharbeiten nach meinem Szenarium – In Jalta wurde im Herbst 1936 unter der Regie von S. M. Eisenstein der Film *Die Beshinwiese* nach Motiven der gleichnamigen Erzählung aus I. S. Turgenjews *Aufzeichnungen eines Jägers* gedreht (vgl. Babels Briefe aus Jalta).

10. SEPTEMBER 1936
St.-Raphaël – zwischen St.-Tropez und Cannes gelegener Badeort an der französischen Riviera.
ein Büchlein, das mir sehr am Herzen liegt – Die hier geplanten und später realisierten Erzählungen sollten nach langen Verzögerungen schließlich im Herbst 1939 erscheinen und müssen seit Babels Verhaftung als verloren gelten.

17. SEPTEMBER 1936
fartschejles – jidd.: »Kopftücher«.

7. OKTOBER 1936
durch all die Mißchors, Gursufs und Alupkas – Luft- und Badekurorte an der Südküste der Krim, südwestlich bzw. nordöstlich von Jalta.

25. OKTOBER 1936
Die Arbeit mit Eisenstein in Jalta – Babels Befriedigung über die Arbeit an der *Beshinwiese* sollte keine Bestätigung durch die politischen Machthaber erhalten; der Film wurde von offizieller Seite vernichtend angegriffen, auf Befehl der Kinohauptverwaltung vom 17. März 1937 verboten und S. M. Eisenstein zu einer grundsätzlichen Selbstkritik gezwungen, wobei viele der ihm vorgeworfenen Punkte auch auf Babel als maßgeblich Beteiligtem zurückfielen.
Marjassja – nicht ermittelt.
charote – jidd.: »Reue«.

29. OKTOBER 1936
»duc« – Babel schickt hier eine Postkarte mit der Abbildung des Odessaer Richelieudenkmals (vgl. Anm. zum Brief vom 3. März 1934). Um den Generalgouverneur und französischen Herzog (»duc«) ranken sich in Odessa viele Legenden und Redewendungen, von denen Babel hier zwei anführt.

11. NOVEMBER 1936
Deribassowskaja – Hauptstraße im Zentrum von Odessa.
Kowalewskij – nicht ermittelt.

15. November 1936
Informationen über die Pariser Ausstellung – gemeint ist die Weltausstellung 1937, bei der die Sowjetunion mit einem Pavillon vertreten war.

21. November 1936
Ich habe wohl eine neue »Form« gefunden – Über die neue »Form« (Manier) Babels ist so gut wie nichts bekannt, weil seine nach 1935 entstandenen Werke im wesentlichen als verloren gelten müssen. In einem Werkstattgespräch am 28. September 1937 nahm er ausführlicher zu seiner neuen Art zu schreiben Stellung.
Poprushejn – S. G. Poprushejn war Babels Mathematiklehrer am Odessaer Handelsinstitut.
Rachmilowitsch; Tonja Terschuni; Ljonja Tscherkes; Sohn von Natanson – nicht ermittelt.

7. Dezember 1936
Alexandrow – Alexandrow, Grigorij Wassiljewitsch (1903–83), Regisseur, arbeitete eng mit S. M. Eisenstein zusammen. An mehreren Projekten Alexandrows war auch Babel beteiligt.

22. Dezember 1936
mein verrückter Schwede – vgl. Anm. zum Brief vom 13. Dezember 1934.
Soschtschenko – Soschtschenko, Michail Michajlowitsch (1895–1958), russischer Prosaiker, der aus der Ukraine stammend seit den frühen 20er Jahren in Petrograd lebte und arbeitete. Seine kurzen, satirisch-grotesken Prosastücke erlangten breite Popularität. In den 30er und 40er Jahren wurde er von offizieller Seite wiederholt heftig angegriffen.

11. Januar 1937
Frenkel – Frenkel, Sender, ein Schulfreund Babels, der mit ihm das Kiewer Handelsinstitut besucht hatte.

27. Januar 1937
Isa – nicht ermittelt.
Katajews Odessaer Roman – Dieser in Odessa spielende autobiographische Roman (der Titel zitiert die erste Zeile eines bekannten Gedichts von M. Ju. Lermontow (1814–41) – russ.: »Beleet parus odinokij« – war 1936 erschienen und fand weithin Anerkennung und Verbreitung. Katajew, Walentin Petrowitsch (1897–1986), ein aus Odessa stammender Prosaiker und Dramatiker, arbeitete zunächst während des Bürgerkriegs als Journalist in der Ukraine und war ab 1922 als Schriftsteller in Moskau ansässig.

5. März 1937
Bei uns in der Wohnung herrscht nach wie vor Aufruhr – Am 18. Januar 1937 wurde Babels zweite Tochter Lida Isaakowna Babel geboren; möglicher-

weise bezieht sich Babels Äußerung darauf. Seine Angehörigen informierte er über die Geburt dieses Kindes ebensowenig wie über sein jahrelanges Zusammenleben mit seiner zweiten Frau A. N. Piroshkowa.

28. März 1937
Feiertag … Matze – zum jüdischen Pessach vgl. Anm. zum Brief vom 29. März 1926.
Annuschka … Irina – nicht ermittelt.

20. April 1937
Hochzeit – Offenkundig handelt es sich hier um eine Hochzeit in der Verwandtschaft von Babels Schwager G. R. Schaposchnikow.

26. April 1937
Ojstrach – Ojstrach, Dawid Fjodorowitsch (1908–74), Violinist aus der Odessaer Schule P. S. Stoljarskijs, gewann 1937 den ersten Ysaye-Wettbewerb in Brüssel und wurde ab 1939 als Professor am Moskauer Konservatorium selbst Begründer eine berühmten Schule.
Gilels – Gilels, Mira Grigorjewna, Violinistin aus der Schule P. S. Stoljarskijs.
Ausstellung – vgl. Anm. zum Brief vom 15. November 1936.

1. Mai 1937
neuer Kanal – vgl. Anm. zum Brief vom 8. Juni 1934.

10. Juli 1937
Kaschira – Babel mietete im Juni 1937 eine Datscha in Belopessozkaja bei Kaschira an der Oka, etwa 100 km südlich von Moskau, wo er gemeinsam mit seiner zweiten Frau und seiner Tochter Lida den Sommer verbrachte.

30. Juli 1937
Borja Schorman – nicht ermittelt.

28. August 1937
die letzte Nummer von Krasnaja now – Im Heft 1937/7 dieser Zeitschrift erschien die Erzählung *Der Kuß*, die Babel in den Zyklus der *Reiterarmee* integrieren wollte, was allerdings zu seinen Lebzeiten nicht mehr gelang, da es vor 1957 zu keiner Neuauflage der *Reiterarmee* mehr kam.

6. September 1937
Rosch ha Schana – vgl. Anm. zum Brief vom 10. September 1926.
Jom Kippur – Wichtigster jüdischer Feiertag, der letzte der zehn Bußtage, die nach dem jüdischen Neujahrsfest beginnen. An Jom Kippur (Sühnetag oder Versöhnungsfest) sollen die gläubigen Juden fasten und um Vergebung ihrer Sünden gegenüber Gott und den Menschen beten.

14. OKTOBER 1937
bekomme ich von der Kiewer Kinofabrik beharrlich Einladungen – Babel sollte ein Szenarium auf der Grundlage von N. A. Ostrowskijs (1904–36) autobiographischem Roman *Wie der Stahl gehärtet wurde* schreiben. Aus diesem Grund verbrachte er die Monate November bis Februar in Kiew, wo er bei A. P. Dowshenko (1894–1956) wohnte (vgl. auch die folgenden Briefe).
Couturier – Vaillant-Couturier, Paul (1892–1937), kommunistischer Politiker und Schriftsteller, Mitglied der französischen Nationalversammlung, seit 1928 Chefredakteur der L'HUMANITÉ, des Zentralorgans der KPF.

7. NOVEMBER 1937
Dowshenko – Dowshenko, Alexander Petrowitsch (1894–1956), ukrainischer Drehbuchautor, Dramatiker und Prosaiker, der seit 1926 in verschiedenen ukrainischen Studios als Filmregisseur arbeitete, bis er 1932 von der Parteipresse scharf kritisiert wurde. Im Auftrag der MOSFILM konnte er in den folgenden Jahren dennoch einige seiner Drehbücher realisieren.

26. NOVEMBER 1937
die Robinsons – gemeint sind Babels Frau Shenja, seine Schwiegermutter B. D. Gronfajn und seine Tochter Natascha, die in Plessis-Robinson (vgl. Anm. zum Brief vom 20. Januar 1934) wohnten.

14. DEZEMBER 1937
Skljar – hier ist der Ehemann von Babels Tante Sonja (geb. Schwechwel) gemeint.

27. DEZEMBER 1937
Wolodja – nicht ermittelt.

3. JANUAR 1938
in sehr bescheidenen Verhältnissen Neujahr gefeiert – Gemeinsam mit Babel verbrachten A. N. Piroshkowa und Ju. N. Solnzewa den Silvesterabend 1937 in der Kiewer Wohnung des Regisseurs A. P. Dowshenko.
Miroscha Berkow – Berkow, Miron Naumowitsch, ein alter Schulfreund von Babel.
Kadja Fran – nicht ermittelt.

9. JANUAR 1938
die Kinder »zerschneiden klangvoll das Eis mit ihren Kufen« – Zeile aus dem Roman in Versen *Jewgenij Onegin* (4. Kapitel, Strophe 42) von A. S. Puschkin.

19. FEBRUAR 1938
Kreschtschatik – Die prachtvolle Hauptstraße im Zentrum Kiews.

3. MÄRZ 1938
ein sehr interessanter Roman von Katajew – 1937 war in KRASNAJA NOW W. P. Katajews Roman *Ich bin ein Sohn des werktätigen Volkes* erschienen, der in dramatisierter Form am Wachtangowtheater inszeniert wurde.
GUK – Abk. für russ.: »Glavnoe upravlenie kinematografami« (Hauptverwaltung für Filmschaffende), die zentrale Aufsichts- und Zensurbehörde des sowjetischen Filmwesens.

6. APRIL 1938
Schwechwelsche Rasse – Sonja Skljar (geb. Schwechwel) war die älteste der drei Schwestern von Babels Mutter.
Utjossow – Utjossow, Leonid Ossipowitsch (1895–1982), aus Odessa stammender, populärer Sänger und Schauspieler, gründete 1929 das erste sowjetische Jazzensemble TEA-JAZZ, mit dem 1934 auch der Film *Lustige Burschen* gedreht wurde. Babel schrieb ein hymnisches Vorwort zu Utjossows 1939 erschienenem Buch *Notizen eines Schauspielers,* das nach Babels Verhaftung wieder entfernt wurde und erst 1964 in der Sowjetunion publiziert werden konnte.

16. APRIL 1938
Peredelkino – Dieser Ort im Südwesten Moskaus wurde in den 30er Jahren als »Schriftstellerdorf« ausgebaut, wo viele namhafte Schriftsteller eine Datscha erhielten. Eine der Sehenswürdigkeiten von Peredelkino ist heute die zum Museum ausgebaute Datscha, auf der B. L. Pasternak bis zu seinem Tod lebte und arbeitete.

29. APRIL 1938
zu den Peschkows – Gemeint ist die Familie von A. M. Gorkij, der eigentl. Peschkow hieß.

13. MAI 1938
Motja – nicht ermittelt.

24. MAI 1938
Gilels – Gilels, Emil Grigorjewitsch (1916–85), weltberühmter, aus Odessa stammender Pianist, der 1938 beim Brüsseler Musikwettbewerb den ersten Preis gewann.

31. JULI 1938
Narsan – Bekanntes Mineralwasser aus dem Nordkaukasus.
fartike rejd – jidd.: »fartik« (fertig); jidd.: »rejd« (Reden, Sprechfähigkeit, Aussprache). Babel meint hier also etwa »abgeschlossene Werke«.

11. SEPTEMBER 1938
Jasnaja Poljana, zum Grab Tolstojs – Lew N. Tolstoj wurde auf dem in der

Nähe von Tula gelegenen Familiengut Jasnaja Poljana geboren und verbrachte hier etwa 60 Jahre seines Lebens. 1938 wurde Tolstojs 110. Geburtstag in der UdSSR feierlich begangen. (Über die vom Schriftstellerverband organisierte Exkursion, die von dem populären Parteilyriker W. I. Lebedew-Kumatsch (1898–1949) geleitet wurde, und seine letzte Begegnung mit Babel berichtet W. B. Schklowskij (1893–1984) ausführlich in seinen Erinnerungen an Babel: *Čelovek so spokojnim golosom,* in: *Vospominanija o Babele,* a.a.O., S. 189f.)

26. September 1938
Schrecken und Unruhe – Babel bezieht sich hier offensichtlich auf die »Böhmen-Krise«, die drei Tage später durch die auf der sog. Münchner Konferenz beschlossene Abtretung des Sudetenlandes an das Deutsche Reich beigelegt wurde.

25. Oktober 1938
das Spanische Tagebuch von Kolzow – M. Je. Kolzow (vgl. Anm. zum Brief vom 5. März 1936) reiste als Korrespondent der Zeitschrift Sa rubeshom in den Jahren 1932–38 häufig ins westliche Ausland; 1936/37 verbrachte er längere Zeit während des Bürgerkriegs in Spanien. Sein *Ispanskij dnevnik* (Spanisches Tagebuch) wurde nach seiner Erstpublikation 1938 häufig neu aufgelegt.
stellvertretender Vorsitzender des Redaktionsbeirates von Gosslitisdat – Babel hatte sich am 26. August 1938 bereiterklärt, im Redaktionsbeirat des Verlags Gosslitisdat (Abk. für russ.: »Gosudarstvennoe izdatel'stvo chudožestvennoj literatury« (Staatlicher Verlag für Literatur)) mitzuarbeiten.

2. Dezember 1938
Eisensteins neuer Film – Nach der scharfen Kritik, die S. M. Eisenstein für den 1936 gedrehten Film *Die Beshinwiese* einstecken mußte, fand der 1938 gedrehte Film *Alexander Newskij* – nicht zuletzt aufgrund der stark nationalistischen, antideutschen Stimmung – weithin Anerkennung der Machthaber (Stalinpreis 1941).

28. Januar 1939
Lektüre der Kriegsberichte – gemeint sind die Berichte über den Verlauf des spanischen Bürgerkriegs; die faschistischen Truppen hatten zwei Tage zuvor Barcelona erobert.
Tschistye prudy – dt.: »reine Teiche«; ein langgezogener Teich am südöstlichen Abschnitt des Moskauer Boulevardrings, der im Winter als Schlittschuhbahn genutzt wird.

3. April 1939
als ich Reporter in Petrograd war – Nach seiner Begegnung mit Maxim Gorkij arbeitete Babel im Jahre 1918 für dessen Zeitung Nowaja shisn, in

der knapp zwanzig kurze Reportagen und Skizzen von ihm gedruckt wurden.

20. APRIL 1939
habe in 20 Tagen ein Szenarium verfaßt – gemeint ist das Szenarium *Staraja Platz 4*, das erst 1963 in der Sowjetunion – in der Zeitschrift ISKUSSTWO KINO 1963/5 – veröffentlicht wurde. Neben einem kurzen Vorwort zu L. Utjossows Buch *Notizen eines Schauspielers* ist dieses Szenarium das letzte Werk, das Babel vor seiner Verhaftung vollenden konnte.

10. MAI 1939
letzte Bearbeitung meines heißersehnten Werkes – Babel plante für den Herbst 1939 eine Buchausgabe noch unveröffentlichter, in den 30er Jahren entstandener Erzählungen. Diese offenbar fast fertige Arbeit ist seit seiner Verhaftung ebenso verschollen wie zahlreiche weitere Entwürfe und unvollendete Werke.

Personenregister

CIP-Titelaufnahme der Deutschen Bibliothek

Babel', Isaak Ė.:
Briefe: 1925–1939 / Isaak Babel. Hrsg. und aus dem Russ.
übers. von Gerhard Hacker. – Münster: Lang, 1995
ISBN 3-9801472-7-4
NE: Hacker, Gerhard [Hrsg.]; Babel', Isaak Ė.: [Sammlung ‹dt.›]

Die Photographien von Isaak Babel und seinen Angehörigen
wurden dem Verlag freundlicherweise von Nathalie Babel
und Antonina Piroshkowa zur Verfügung gestellt.

Satz von Petra Mittag, Grafik–Satz–Layout, Greven
Druck und Bindung von Clausen & Bosse, Leck

ISBN 3-9801472-7-4 Printed in Germany